2022年上海市体育决策咨询研究成果报告

上海市体育局 编

2022 NIAN SHANGHAISHI
TIYU JUECE ZIXUN YANJIU CHENGGUO BAOGAO

上海大学出版社
·上海·

图书在版编目(CIP)数据

2022年上海市体育决策咨询研究成果报告／上海市体育局编.—上海：上海大学出版社,2023.8
ISBN 978-7-5671-4779-9

Ⅰ.①2… Ⅱ.①上… Ⅲ.①体育事业-研究报告-上海-2022 Ⅳ.①G812.751

中国国家版本馆CIP数据核字(2023)第144799号

责任编辑　傅玉芳
封面设计　柯国富
技术编辑　金　鑫　钱宇坤

2022年上海市体育决策咨询研究成果报告
上海市体育局　编
上海大学出版社出版发行
(上海市上大路99号　邮政编码200444)
(https://www.shupress.cn　发行热线021-66135112)
出版人　戴骏豪

*

南京展望文化发展有限公司排版
上海颛辉印刷厂有限公司印刷　各地新华书店经销
开本787mm×960mm　1/16　印张32.5　字数549千
2023年8月第1版　2023年8月第1次印刷
ISBN 978-7-5671-4779-9/G·3533　定价　85.00元

版权所有　侵权必究
如发现本书有印装质量问题请与印刷厂质量科联系
联系电话：021-57602918

编委会名单

主　　编　徐　彬

副主编　许　琦

编　　委　（以姓氏笔画排序）

　　　　　王才兴　刘学华　吴苏贵

　　　　　余诗平　宋　娟　张　蓓

　　　　　俞　剑　郭　蓓　钱　洁

　　　　　戴　健

编　　辑　路　宁

加快全球著名体育城市建设步伐

（代序）

上海市体育局党组书记、局长　徐　彬

按照"十四五"发展目标，到 2025 年上海体育将实现全领域、全方位高质量发展，体育发展水平稳居全国前列，市民参与体育的获得感、幸福感大幅提升，体育综合实力和国际影响力明显增强，基本建成全球著名体育城市。

2023 年是贯彻党的二十大精神的开局之年，也是实施"十四五"规划承上启下的关键一年。"十四五"前半程，上海市体育局积极构建党委领导、政府主导、社会协同、公众参与、法治保障的全民健身工作格局，加强"一江一河"空间利用，推动体育健身设施提档升级，提升公共体育场馆服务质量，创造多方参与、开放包容的健身环境；持续推动政府体制与市场机制有机结合，畅通各类体育人才培养流通机制，加强青少年后备人才培养，不断提升竞技体育成绩；贯彻落实新《体育法》，加快完善本市体育法治体系，保障促进体育事业和体育产业协调发展。

船到中流浪更急，站上新起点，踏上新征程，全球著名体育城市建设要展现新作为，要深入学习贯彻党的二十大精神，认真贯彻落实习近平总书记关于体育的重要论述，全面实施新《体育法》，把体育工作放在加快建设体育强国中去谋划，放在践行人民城市理念中去思考，放在服务城市重大战略任务中去部署，放在建设具有世界影响力的社会主义现代化国际大都市进程中去推进，统筹体育发展和安全，更加注重体育公共服务质量，更加注重青少年强健体魄，更加注重社会力量参与体育人才培养，更加注重体育赛事和产业提升能级，更加注重体育监管和治理效能，更好满足人民群众多层次、多样化、高品质的体育需求，加快全球著名体育城市建设步伐。

一是推进健身设施补短板，构建更高水平全民健身公共服务体系。持续完善全民健身公共服务体系,贯彻落实《上海市关于构建更高水平全民健身公共服务体系的实施意见》。在全民健身工作联席会议框架下,深化"体教""体文""体旅""体医""体养""体绿""体农"等融合。拓展市民身边的高品质健身空间,提挡升级年度为民办实事项目,加快推进街镇社区市民健身中心建设,优化布局"五个新城""一江一河一带"等区域健身设施,继续推动都市运动中心、长者运动健康之家、社区足球场等补短板设施项目建设,完成徐家汇体育公园、上海自行车馆、久事国际马术中心、体育宫和临港水上运动中心(帆船帆板基地)重大体育设施建设。加强全民健身赛事活动和运动指导,安全有序举办上海城市业余联赛,力争第五届全国智力运动会取得优异成绩,落实《上海市运动促进健康三年行动计划(2021—2023年)》各项任务,总结形成可复制可推广的经验和模式。

二是备战巴黎奥运会、杭州亚运会、广西学运会,全方位提升竞技体育实力。抓好训练参赛工作,组建第一届学生(青年)运动会上海代表团,力争实现杭州亚运会参赛成绩和参赛运动员超上届,输送更多运动员和教练员入选国家集训队,助力国家备战巴黎奥运会。加强竞技人才培养,从严抓好做好运动员训练备战,研究制定群众体育教练员职称评价标准,拓展面向社会的体育教练员职称评审项目,进一步扩大职称评审工作的覆盖面,持续推进反兴奋剂管理。强化科技助力和医务保障,深化上海市体育局、市科委体育专项合作,推动转化应用,持续推进体育运动医疗康复中心建设,初步建成运动训练四级医疗保障体系,加强高水平医疗人才培养和特色病种工作室建设。健全运动员伤病会诊、巡诊、治疗和康复工作机制,深化与上海中医药大学等院校合作。

三是深入实施体教融合,切实加强青少年体育工作。落实体教融合重点工作任务,研究制定学校体育"一条龙"课余训练管理办法,推动在普通学校设立教练员岗位,引导"一条龙"学校加强课余训练管理,组织开展新周期二线运动队布局工作,推进区级体校改革转型,指导开展试点工作,延展体校功能。加强青少年后备人才培养,强化体育后备人才社会办训基地建设与管理,推进"青训名教练工作室"建设,组建复合型训练团队,组织举办青少年精英系列赛、各项目锦标赛、二线测试赛等,推动部分项目竞赛分层改革。优化青少年体育公共服务,开展青少年体育冬夏令营、周末营等活动,举办"奔跑吧 少年"儿童青少年主题健身活动、青少年体育俱乐部联赛、少儿体育联赛、幼儿体育联赛等体育赛事活动,加强青少年科学健身指导,促进青少年掌握2~3项体育技能。着力打造"MAGIC 3 上海市青少年三对三超级篮球赛"品牌赛事。

四是创新举办国际性、都市型赛事,促进竞赛表演业态升级。推进国际重大赛事筹办与传统品牌赛事回归,做好 2024 年国际滑联四大洲花样滑冰锦标赛筹备,推进 2025 年世界赛艇锦标赛、2026 年场地自行车世界锦标赛前期准备。促成 ATP1000 大师赛、汇丰高尔夫冠军赛等顶级赛事重启。提升自主品牌赛事办赛质量与能级,聚焦上海马拉松、上海赛艇公开赛、上海超级杯、上海明日之星系列赛、上海杯象棋大师赛等本市自主创办、具有一定影响力的赛事,拓展品牌价值。结合城市发展规划布局赛事,探索创办与"一江一河""五个新城"发展相匹配的体育赛事。完善赛事政策与安全监管服务机制,贯彻落实新《体育法》,建立高危险性体育赛事审批制度。联合市场监管部门,共同推进"上海赛事"品牌培育工作,建立信息互通、资源共享、标准衔接、结果互认的品牌培育协同机制。

五是融入城市发展战略,加快打造都市体育产业生态。服务城市重大发展战略,加快长三角体育服务内容和模式创新,积极推动长三角体育标准化工作深度融合。支持五个新城建设,落实《关于加快推进本市体育领域向"五个新城"导入功能的实施方案》,持续推动建设项目资源和赛事资源向新城倾斜。推进完善虹桥国际开放枢纽体育功能。支持继续在进博会设立体育用品及赛事专区。深化产业发展平台建设,做优做强上海市体育产业联合会、上海体育产业投资基金等产业支撑平台,鼓励各区结合城市发展重大战略布局规划建设体育产业特色集聚区,推动体旅产业融合发展,做好市级体育旅游精品项目储备,完成长三角地区体育旅游精品项目评定和中国体育旅游精品项目、国家体育旅游示范基地推荐工作。多措并举促进体育消费,办好"上海体育消费节"等体育领域促消费活动,推进徐汇区、杨浦区国家体育消费试点城市建设。参与中国体育文化博览会、中国体育旅游博览会、中国国际体育用品博览会、中国体育消费博览会等国家级会展活动,支持在沪体育展览展会做大做强。开展新一轮体育消费券配送,支持体育彩票事业发展。提高体育市场监管水平,贯彻落实中央"双减"政策要求,完善体育类校外培训机构项目设置标准,指导体育、教育、市场监管部门依法推进体育类校外培训机构联合审核、监管工作,逐步规范机构培训行为。持续加强对体育企业的经营状况调研和风险监测,健全预警预防机制,做好非正常停业应急处置工作。

六是深化依法治体和文化建设。健全上海体育法治体系,高质量完成《上海市体育发展条例》立法,推进《上海市高危险性体育项目经营管理办法》等立法调研。完善体育纠纷多元化解决机制,推动上海体育争端解决中心发挥作用，提升国际体育仲裁院上海听证中心影响力。建立上海市体育标准化技术委员会，制定体育标准化管理办法，形成一批体育地方标准、团体标准，构建体育标准体系。促进体育文化交流合作，通过"双城杯"围棋交流赛、沪港青少年体育交流夏令营等活动，加强沪港澳台多地交流合作。开展"金牌之声"金牌小解说选拔赛、"我的冠军老师"优秀运动员进校园、"冠军带你去探营"等青少年体育文化活动，大力传播海派体育文化。压实体育领域安全工作，树牢体育从业人员"赛风赛纪是体育事业的生命线、高压线"意识，打造风清气正的行业环境。坚持"大安全"理念，安全有序做好公共体育场馆设施开放工作，做好净空保护、枪支管理等安全稳定工作。充分发挥赛事属地体育部门监管作用，健全赛事安全工作机制。加强游泳、攀岩等高危体育项目经营场所的执法检查。

　　以"十四五"规划中期评估为契机，上海体育将把握城市发展基础特征，针对《上海市体育发展"十四五"规划》实施中的难点问题，顺应国际国内体育发展最新趋势，坚决贯彻落实体育强国战略，找准"十四五"后半段体育发展的发力点，切实推进规划各项任务落地，坚定信心，走稳走好，全力推进全球著名体育城市建设。

目 录
Contents

（★为优秀课题）

第1篇 群众体育

★依托长者运动健康之家的"体医养"融合发展
研究……………………常焙筌 田增瑞 周庆丰 朱炳昇 李心茹　3
　　　　　　　　　　　 吴雨媚 张桂品 刘　畅 郭斯翊 马茂林
　　　　　　　　　　　 肖世明
　附件一　长三角地区"体医养"政策分析…………………………　47
　附件二　国际"体医养"政策分析…………………………………　51
　附件三　长者运动健康之家访谈备忘录…………………………　55
　附件四　上海市"体医养"融合发展问卷调研报告………………　73

★社会治理视域下上海市全民健身志愿服务体系规范化
运作模式研究…………………卢天凤 吴馨予 王恩锋 黄俊杰 邱佳玉　97
　　　　　　　　　　　　　　　王晓慧 张文佳 王乐军 冯琳琳

上海市构建更高水平的全民健身公共服务
体系研究………………………刘　峥 胡　斌 张诗佳 李玲玲　121
　　　　　　　　　　　　　　　李永林 谢晓彤 秦雅坤 周琛斐
　附录　上海市全民健身公共服务发展评估体系构建与实证研究………　141

上海市全民健身志愿服务规范研究
——以第九套广播体操志愿服务为例……………………万　芹　153

上海体育历史文化研究…………………………………………倪京帅　170

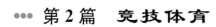

第2篇 竞技体育

★构建上海市退役运动员创业服务体系的
　　研究⋯⋯⋯⋯⋯⋯⋯⋯⋯⋯殷冬军　李祥亮　赵　翀　陆宇榕　189
★建设上海市电子竞技运动项目规范的
　　研究⋯⋯⋯⋯⋯⋯⋯⋯⋯⋯马成国　曾健博　千敏雷　郑欣怡　204
　　　　　　　　　　　　　　陆子杰　刘自桂　马梁云超　范本浩
退役运动员创业影响因素及政策优化
　　研究⋯⋯⋯⋯⋯⋯晏　慧　周　珊　黄笑炎　刘　畅　黄　谦　226
上海电子竞技运动项目标准规范建设
　　研究⋯⋯⋯⋯⋯⋯⋯⋯⋯徐成龙　张峰筠　朱沁沁　王苗苗　243
　　　　　　　　　　　　　　柴梦妍　何育卓　韩璐蔓
社会力量联办一线运动队管理机制和评价
　　体系研究⋯⋯⋯⋯⋯冉宁培　秦　曼　周　航　王　靓　谭　丽　255
　　　　　　　　　　　　　　陆建明　曹银行　陶焕芝　翟鲁波

第3篇 体育产业

★上海市户外运动发展空间和路径研究⋯⋯⋯林章林　张思帆　刘元梦　269
　　附件一　国家户外运动政策⋯⋯⋯⋯⋯⋯⋯⋯⋯⋯⋯⋯⋯⋯⋯⋯316
　　附件二　上海市户外运动政策⋯⋯⋯⋯⋯⋯⋯⋯⋯⋯⋯⋯⋯⋯⋯324
　　附件三　上海市各类公园空间分布图⋯⋯⋯⋯⋯⋯⋯⋯⋯⋯⋯⋯331
★建设全国统一大市场背景下上海体育产业
　　发展研究⋯⋯⋯蒋硕亮　高　瑜　陈贤胜　陈　瑜　张晟杰　曾佳恒　336
上海市体育公园建设标准及路径
　　研究⋯⋯⋯⋯⋯⋯⋯⋯⋯⋯荣敦国　胡恒智　何　森　王博霖　362
基于国际体育赛事之都建设的上海赛事品牌形象
　　设计研究⋯⋯⋯⋯⋯⋯陈林华　徐建刚　赵　权　石佳一　陶雅洁　386
上海市非体育用地建设体育设施的多案例分析⋯⋯⋯⋯⋯⋯⋯张程锋　401

第4篇 体育治理

上海市体育健身行业单用途预付费卡的监管研究
　　——健身卡冷静期的实践困境与立法选择………… 胡　汨　罗诚诚　421
贯彻落实新修订《体育法》的地方立法研究………………………… 向会英　438
"建设全球著名体育城市"语境下上海市体育产业联合会
　　治理结构与路径选择研究………………………… 齐　超　张叶涵　454
体育安全管理体系的构建与评价
　　研究…………………… 吴　莹　李　海　孙　晨　徐先瑞　466
上海社区体育社会组织规范发展路径研究………………………… 陈光普　491

编后语

第1篇 群众体育

依托长者运动健康之家的"体医养"融合发展研究

常焙筌　田增瑞　周庆丰　朱炳昇　李心茹　吴雨媚
张桂品　刘　畅　郭斯翊　马茂林　肖世明*

[摘　要]　长者运动健康之家是上海市应对快速老龄化、促进"体医养"融合发展的运动康养服务创新载体。在系统梳理"体医养"融合发展的基本问题和国内外经验与创新实践基础上,立足长者运动健康之家,实地调研运营企业与老年人,剖析"体医养"融合发展现状,厘清上海目前面临的重点、难点及其成因,从宏观调控和市场机制两个视角阐释主要任务实现的分析路径,为体育主管部门及相关政府部门提出六类决策参考建议及具体措施,基于此,提出八项九条地方立法建议。为促进上海市"体医养"高质量融合发展,聚焦上海体育中心工作,遵循全生命周期健康维护和多元共治基本原则,提出主体责任、财政支持、用地保障、信息系统、人才队伍和意识觉醒的建设性改革创新举措。

[关键词]　"体医养"融合;高质量发展;长者运动健康之家;全生命周期健康维护;多元主体共治

---

*　本文作者简介:常焙筌,上海清华国际创新中心未来空间数字创新联合实验室,博士,助理研究员,研究方向:健康治理、创新生态;田增瑞,东华大学,博导,教授,研究方向:创新与创业投资;周庆丰,上海清华国际创新中心,主任助理,硕士,研究方向:区域发展规划;朱炳昇,东华大学,博士研究生,硕士,研究方向:创业投资与公司治理、ESG;李心茹,东华大学,博士研究生,硕士,研究方向:创业投资;吴雨媚,东华大学,硕士研究生,经济学学士,研究方向:创业投资与资本市场;张桂品,东华大学,硕士研究生,经济学学士,研究方向:创业投资与资本市场;刘畅,东华大学,本科生,研究方向:金融学;郭斯翊,东华大学,本科生,研究方向:会展管理;马茂林,立方数科股份有限公司,高级副总裁,硕士,研究方向:数字创新技术;肖世明,上海旦昆体育科技发展有限公司,董事,博士,研究方向:金融学。

一、"体医养"融合发展的基本问题与研究背景

（一）基本定义和主要特征

1. 基本定义

"体医养"融合发展是健康促进、疾病预防、治疗、照护、康复的全生命周期的发展规划、基础设施、养老服务、产业发展的社会活动的总称。融合发展不等于"体医养"混淆，需要老龄事业产业协同发展，如公共产品成本定价（非市场）、准公共产品通过协议定价（准市场）、私人产品通过市场竞争定价（完全市场）。

2. 主要特征

（1）运用体育非医疗健康干预手段，定期参与科学合理的运动维持或提高内在功能。后者强调日常照料等综合性服务，重点为能力衰退的老人提供支撑能力服务和增进行为作用服务，并确保其享有有尊严的晚年生活。

（2）"体医养"融合发展具有政府责任和社会责任，体现事业发展的政策性和公益性，同时具有生产功能和市场功能，体现产业发展的经济性和交易性。

（3）"体医养"融合发展的内容，狭义指针对老龄人口"体医养"服务需求打造的事业和产业，属于银发经济范畴；广义指在长寿时代，按照国民不断增长的健康长寿消费需求，创新生产、分配、流通和消费模式，克服约束条件，实现供需平衡、代际和谐的社会活动的总称，属于银色经济范畴。

（二）"体医养"融合的关系

"体医养"融合发展就是集"体医融合"与"医养结合"之所长，有机整合老龄产业与老龄事业协调发展。

1. 体育运动

体育运动是"体医养"融合发展的关口前移，以非医疗干预方式提供身体机能训练和慢病运动干预，促进并维持老龄人群的内在能力。

2. 医疗卫生

医疗卫生是"体医养"融合发展的重要支撑，以整合医学思维助力治疗，降低功能衰退，采用适宜药物技术设备提供疾病预防、诊断、治疗康复等公共卫

生服务和基本医疗服务。

3. 养老服务

养老服务是"体医养"融合发展的基础保障,以家庭成员承担赡养抚养义务为前提,发展社区嵌入式养老,补充多元化老年需求的普惠型养老服务。

"体医养"服务是满足全方位、全周期维护的综合性服务,集体育运动、医疗卫生和养老服务资源于一体,三者有机统一、互为补充、相互衔接,凝聚"1+1+1>3"的服务合力,共同推动专业化机构向社区延伸,发展构建养老、孝老、敬老的社会环境,支持健康老龄化的实现。

(三)合理界定政府责任

政府承诺以及实现这些承诺所需的正式政策、法律法规和财政支持是实现健康老龄化的成功基础,具体包括将健康老龄化纳入国家卫生政策和计划并详细说明老龄化的综合计划和卫生政策。

1. 国际共识

(1)联合国的贡献。1982年,由联合国倡议举行的"世界人口老龄化大会"通过了"维也纳老龄问题国际行动计划"。1990年,联合国通过的45/106号决议指定每年10月1日为国际老年人日。1991年,联合国通过《联合国老年人发展原则》,鼓励各国政府将五大原则纳入国家发展规划,即自立、参与、照护、自我充实和尊严。2002年,第二次"世界人口老龄化大会"通过了"马德里老龄问题国际行动计划",以应对人口老龄化带来的机会和挑战。

(2)世界卫生组织的贡献。世界卫生组织(WHO)为维持老年群体健康状态发布了一系列报告,涉及健康与老龄化、老年友好城市建设、老年照护体系的规划和指标,旨在实现"积极老龄化"的目的。这些报告包括《全球老龄化与健康报告》《全球老年友好城市建设指南》等,倡导人们以积极态度面对老年,提出参与(Participation)、健康(Health)和安全(Security)的口号。体育运动是影响老年人机体功能和内在能力的关键,能够改善身心情况(如通过保持肌肉力量和认知能力,减少焦虑和抑郁,提高自信心);预防疾病,降低风险(如降低患冠心病、糖尿病和中风的风险);提高社会效果(如通过增加社会参与行为,维护社交网络和代际链接)。

2. 中央政府指导思想

(1)中共中央国务院顶层设计。2035年,我国明确提出建成体育强国、健康强国、人才强国的远景目标。中共中央、国务院制定"十四五"规划,加快发展健康、养老、体育、文化等生活性服务业品质化发展,扩大覆盖全生命周期的跨界服务融合供给,健全生活性服务业认证认可制度和服务标准建设。2016年,中共中央、国务院发布一系列健康老龄化政策,涉及"体医融合"和非医疗健康干预、老年体育活动、智慧康养服务等的发展和重点任务。这些政策包括《健康中国 2030 规划纲要》(2016)、《国家积极应对老龄化中长期规划》(2019)、《关于促进养老托育服务健康发展的意见》(2020)、《加强新时代老龄工作的意见》(2021)等,以全方位、全周期维护和保障人民健康为原则并融入相关政策,促进健康优先、改革创新、科学发展、公平公正。

(2)部委联合发布综合性计划。《促进健康产业高质量发展行动纲要(2019—2022 年)》(2019)、《全民健身计划(2021—2025 年)》(2021)、《智慧健康养老产业发展行动计划(2021—2025 年)》(2021)、《"十四五"国家老龄事业发展和养老服务体系规划》(2021)等政策提出了"体医养"服务高质量发展的具体举措。其中,供给举措包括示范工程、科技投入、信息服务、人才培养、资金投入工具等,包括创新推行科学健身门诊、运动银行、个人运动码、体育消费券等具体落实。

3. 长三角一体化发展战略

2019 年起,长三角三省一市先后发布一百余条政策积极推动市场体系一体化建设。政策内容包括:强化金融支撑用地保障,信息基础设施互联互通,公共服务共建共享,资源要素跨区域有序自由流动,推动老年消费市场供给侧改革,促进公建民营服务水平提升、品牌规模化连锁式发展。

长三角三省一市均尝试"体医养"融合发展的创新举措与实践。持续加大对养老产业的政策支持力度,依托"互联网+健身"提供专业智慧服务,积极打造"体医养"融合的示范站点和受老年人欢迎的民生工程,探索体育与医疗紧密结合、健康与养老相互促进的养老体系(长三角地区"体医养"政策分析详见附件一)。江苏省体育局发布的《关于加强健身指导工作的意见》(苏体群〔2021〕36 号)、江苏省卫生健康委员会发布的《关于促进体医融合发展的意见》(苏体群〔2020〕38 号)等文件积极探索运动促进健康中心、体育医院、体卫融合运动控糖站、体育彩票公益金、运动处方库等建设。浙江省发布的《关于加快康养体系建设推进养老服务发展的意见》(浙委办发〔2020〕63 号)鼓励先行建设康养联合体、搭建"浙里养"智慧服务平台、组织康复护理专业人才培训等措施。安徽省发布的《关于加快推动全民健身与全民健康深度融合的指导意见》(皖体办〔2019〕20 号)创新推进"体医养"结合健康服务网络、高级人才储备库和专家库建设,鼓励健身健康指导师培育。上海市发布的《运动促进健康三年行动计划(2021—2023年)》(沪体群〔2021〕122号)先行试点运动康复门诊、运动健康促进中心、长者运动健康之家、智慧健康驿站示范工程。

二、依托长者运动健康之家的"体医养"融合发展现状

为了明确上海市长者运动健康之家"体医养"一体化发展现状,探索符合上海老年人"体医养"一体化的科学发展路径,提高养老服务质量,满足老年人的健康需求,课题组发放并回收了362份面向老年人群体的"上海市居民对'体医养'融合养老模式的满意度与需求调研"问卷,发放并回收了23份面向长者运动健康之家机构的"依托长者运动健康之家的'体医养'融合发展调研"问卷。同时,选取了3所长者运动健康之家、16位老年人进行了实地调研访谈。主要访谈内容包括机构"体医养"融合情况、长者运动健康之家发展现状、老年体育行为动机和老年"体医养"服务模式需求。发展现状有以下三方面特征:

(一)长者运动健康之家发展现状

1. 服务项目覆盖全面,贯彻高标准低消费

长者运动健康之家在上海市各区均有了一定的分布,且均贯彻了《长者运动健康之家导则》中"提供公益性服务,对老年人免费或低收费开放"的要求。实地访谈调研发现,尚体健康科技作为长者运动健康之家的主要运营公司,坚持公益低价收费99元/月,每天营运时间12个小时,年营业超350天,门店平均每月服务老年会员1 500次左右,为老年人提供了长久且低廉的服务。同时,长者运动健康之家为老年人提供了多样化的服务内容,包括体质测试、基础健康检测、建立健康档案、定期健康知识讲座、制定运动方案、科学健身指导、开设团体课程等,服务涵盖较为全面。

2. 养成科学健身习惯,体育锻炼卓有成效

长者运动健康之家的运营取得了良好的效果,在长者运动健康之家锻炼的老年人大多养成了科学健身的习惯,且锻炼成效显著。老年人普遍养成了运动前和运动后量测血压、心率的习惯,77.07%的老年人养成了一周三次以上的锻炼习惯,98.71%的老年人对运动健康之家表示满意;器材锻炼能够帮助老年人保持腿部和背部的伸展性和稳定性,降低骨质疏松症风险,提高机体

平衡力、协调性和敏捷性。慢病运动干预区能够帮助老年人有效缓解睡眠障碍、便秘等。绝大多数老年人对"体医养"融合理念表示认可,已认识到科学运动干预慢性病的重要性。了解或享受过上海市长者运动健康之家相关服务的310位老年人中,有307位认为在长者运动健康之家锻炼对自己的身体功能有明显促进或维持作用,效果显著。

3. 体育干预措施多元化,老人锻炼满意度高

长者运动健康之家为老年人提供了"一站式"运动康养服务,服务全面细致,参与锻炼的老年人对各项服务的满意度均很高。课题组从总体满意度、便利程度、场地规模与器材数量、医疗设备的全面性、文体活动内容的多样性、定期体质检测、科学健身指导、运动处方开具、心理疏导与关怀、运动营养建议、"体医养"团队的专业性、场所人员的服务态度等多个角度邀请老年人进行满意度打分(如图1所示)。可以发现,上海市老年人对长者运动健康之家的满意度很高,均做出了较高的评价。就总体满意度而言,非常满意和比较满意的老年人各有250人(80.65%)与48人(15.48%),各项服务的满意率均在95%以上,在长者运动健康之家锻炼的老年人的获得感和幸福感得到显著提升。

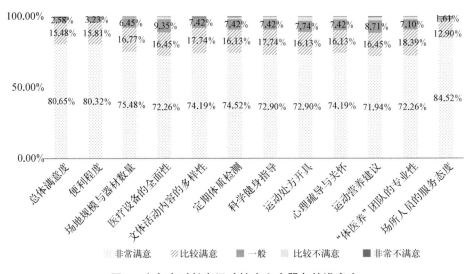

图1 老年人对长者运动健康之家服务的满意度

但是仍需注意的是,目前由于受新冠肺炎疫情防控的影响,场馆参与锻炼的老年人人数较少,场馆设施体验不用排队、场馆服务人员有更多的时间与精

力为老年人服务,从而增加了老年人的体验感和幸福感。待疫情转为乙类乙管后,同一时间参与锻炼的老年人数量将会增加,满意度可能有所下降。

(二)"体医养"融合发展现状

2022年,依托长者运动健康之家的"体医养"调研访谈的综合情况如下:

1. 长者运动健康之家认可度高,老年人对"体医养"服务需求凸显

"体医养"融合服务发展已全面进入起步阶段,健康监测和器材锻炼是最吸引老年人持续参与长者运动健康之家的功能,多数老年人参与定期"体医养"融合发展活动,少数老年人已经体验心理疏导和健康监督,但目前长者运动健康之家尚缺乏运动处方的精准化开具。通过访谈得知,各个门店中术后康复运动需求的会员约占10%,同时,普遍存在长者运动健康之家的重度用户(1天2～3次),在一定程度上体现长者运动健康之家是以"家"为文化核心的公民道德建设工程,能够有效促进老年人的参与。

2. "体医养"服务运营受周边老年消费能力和老年人口结构的限制

目前静安区老龄化程度高,因此区政府采用一次性建设补贴和运作阶段补贴两种方式,结合创新体育彩票公益金举措支持社区为老服务设施建设,向居民免费提供服务。而其他区域长者运动健康之家都是以99元/月基础服务包加500元/月私教服务包的收费方式运营。根据问卷访谈与实地观察,会员活跃度与周边老人的年龄结构、消费能力相关,存在人数过载降低满意度现象,尚缺乏动态人口运动评估奖励。

3. "体医养"融合发展在人才队伍建设和信息互联互通方面存在障碍

为了维持运营稳定性,长者运动健康之家的人才队伍是由门店运营与尚体康复部门共同组成的,门店工作人员采用从零培育的方式,持证(社会体育指导员、社区运动健康师、红十字会急救)上岗制度尚未全部执行;尚体康复部门以派出康复师1人巡3店的方式开具运动处方;个别门店与健康促进中心共建保留了志愿者服务。问卷显示,约78%门店与日间照料中心、长者照护之家、综合为老服务中心建立了类似于个案管理师的联动机制,与机构问卷对象多以静安区为主社区统筹安排有关,访谈门店无此结论。同时,长者运动健康之家尚未建立门店设备互联互通、尚未全面实行全过程管理的电子健康档案。

综上所述,规划统筹,因地制宜,从党中央明确方向、国务院制定政策及各部委发展规划,到地方落地与执行,涉及各级政党领导的认知和重视程度,以及财政支持、用地保障、信息系统等具体措施的落地程度,且与老年人口结构

与消费能力相关。

三、上海"体医养"融合发展的重点与难点问题及其成因

《上海市健康老龄化行动方案(2022—2025年)》(沪卫老龄〔2022〕3号)明确了"体医养"融合的主要任务和服务能力指标,为上海"体医养"融合发展确立方向。

(一)发展重点

1. 倡导科学健身培养老年人主动运动意识,提升体质健康水平

《上海市运动促进健康三年行动计划(2021—2023年)》中明确将社区健康运动会推广计划列入重点任务,积极倡导科学健身,提高老年人养生知识和体质健康水平,推进社区健康运动会推广计划,打造上海全民健身新品牌。上海社区健康运动会以"全民健身助力社区健康"为主题,将全民健身赛事活动办到社区,把健康服务送到市民家。社区健康运动会体育项目种类丰富,针对老年人,开展太极、健身球等中华传统养生体育赛事项目和健康知识竞赛,使体育健身不再有年龄割裂,带动老年人强身健体、科学养生,发挥体育运动在运动康养服务体系中的积极作用,形成新型"体医养"融合的健康管理和服务模式。

2. 预防保健服务将运动干预纳入老年人慢性病防控与康复范畴

预防保健服务将运动干预纳入老年慢病管理与康复服务是"体医养"融合发展的前提条件。随着人均预期寿命的增加,"体医养"服务需求不断扩大,给供给侧带来挑战。低龄老人以体养代医需要强化社区生活环境、基础设施和产品供给,高龄老人以体医代养强调慢病管理和医疗康复等服务。

利用优质医护资源基础进行"体医养"融合发展。从医疗实力来看,截至2021年末,上海总共有各级各类医疗卫生机构6 317所(含村卫生室),其中老年医疗机构共计86所,全市卫生人员为29.33万人,医疗综合实力仅次于北京。从养老服务来看,根据《2021年上海市老年人口和老龄事业监测统计信息》,全市共有730家养老机构,且都已与医疗机构进行签约,其中有321家在其内部设立了医疗机构。另外还有1 037家社区托养服务机构、280家社区养老服务组织、371家社区综合为老服务中心和2 810家农村示范睦邻点,上海在全国率先打造社区嵌入式养老服务体系,这些实践探索已成为上海市社区

养老服务的典型模式和实践经验。上海市将拥有的优质高效的医护资源嵌入养老事业,利用适老健身运动促进健康,融合"体医养"完善养老服务。

3. 运动康养推进社区老年体育设施、长者运动健康之家建设

上海老龄人口有如下特征:一是上海老龄化程度高。据《2021上海市老年人口和老龄事业监测统计信息》统计,截至2021年,上海市60岁及以上老年人口达到542.22万人,占全市户籍人口的36.3%,专家预测,在21世纪中期上海将成为全球老龄化程度最高的城市之一。二是上海老龄群体的学历高于全国水平,社区养老服务需求呈现多样化格局。第四次全国1%人口抽样调查数据显示,上海市60岁及以上人口中,高中及以上、大专及以上学历占比分别为15.10%和8.30%,高于全国同期的10.58%和5.45%。上海老龄群体素质普遍较高,对新型养老方式接受程度高,提高了精神和文化层面的需求和"老有所乐"的活力养老需求水平。

为改善老年人体育健身环境,上海积极新建了一批市民健身步道、益智健身苑点、社区市民健身中心等社区体育设施,致力于打造"十五分钟健身圈"。调查也显示,社区嵌入式居家养老服务是普惠可行的,依托社区融合发展健身、医疗、护理方面的产品与服务,可高效锁定目标群体和个性化需求,有利于培育品牌化专业性服务企业以培育、引导、激发、满足老年人的服务需求,激活老龄服务市场和"体医养"产业。

4. 分类分级老年体育健身组织提升老年人科学健身可及性

老年人科学健身可及性需要发挥组织与人才引领作用,拓展市场活跃度。一方面,发挥各类老年人体育健身组织的作用,带领更多的老年人参与健身,推动老年人体育生活化、健身常态化;充分发挥各级老年人体育协会的作用,指导老年人科学健身,组织开展适合老年人的赛事活动。另一方面,应加快培育运动健康产业服务人才,优化运动健康服务供给。上海市计划,到2023年为社区、医院、体育场馆等培训运动健康师不少于500名,组织"体医交叉培训",并指导各区推进社会体育指导员改革。为壮大科学健身人才队伍,上海组建了全民健身的"精兵强将",优化上海市"体医养"服务的人员结构。在"十四五"开局之年,上海市制定运动促进健康的专项计划,培养运动健康师、运动处方师、社会体育指导员等运动健康人才,有利于整合体育、医疗、养老等资源,推进"体医养"融合发展,以满足市民多样化的健身与健康需求。

5. 普及社区老年体育服务配送能力与综合性智慧化服务水平

上海市正努力强化应对人口老龄化的科技创新能力,打造高质量的适老

化产品与服务体系。《2021上海科技进步报告》显示,上海地区综合科技进步水平指数连续四年居全国之首,2021年创新指数位列全球第八。从银发经济的产品开发看,上海可以结合科技优势开发高质量的老年用品、老年健身设施、老年药品、老年居所、老年文化娱乐、老年情感慰藉等产品和服务,培育高质量的银发消费市场。在深度老龄化阶段,必须依靠技术创新在养老的多个领域实现以机器替代人工。利用先进信息技术将相关资源整合、将服务融合,使医院、养老机构、健身机构、企业、社区等各个主体充分发挥作用,形成完整的"体医养"结合服务链;根据"体医养"结合服务需求,完善现有政策、标准、规范,确保各类服务资源的深度融合。

加大老年健康科技支撑力度,普及综合性智慧化服务,提升适老化专业智慧产品与服务水平。上海市将实现社区体育设施信息化管理服务的全覆盖,并根据不同场所、不同群体的健康需求特点,建设多种形态、灵活多样的智慧健康驿站[①]。发挥上海科技创新中心影响力,制定依托本地"体医养"试点示范实践的行业规范,形成全国乃至全球适用的行业标准。开展老年人健康检测、评估、干预三位一体的综合性智慧化服务,广泛开展"你点我送"社区体育服务配送,帮助老年人掌握健身知识和技能。逐步健全以居家为基础,社区为依托,机构充分发展、"体医养"有机结合的多层次老年服务体系,提升适老化产品和服务的供给水平。

(二)难点问题

"体医养"融合发展模式、长者运动健康之家建设等工作还在推进落实过程中,不可避免地会出现一些不足和有待完善之处。课题组在实地调研的基础上,倾听并收集了老年人与机构负责人等相关对象的需求与建议,凝练了上海市基于长者运动健康之家"体医养"融合模式发展的问题与不足。

1."体医养"融合尚缺乏自上而下的协同联动

体、医、养服务资源在当前体制下分属于不同的部门,主要涉及体育局、民政部门、卫健委、社保部门等,这些部门互相独立,不存在隶属关系,合作也是少之又少,或者只是流于表面,没有真正实质性的合作。养老、医疗卫生、体育服务主体分别处于不同的部门领导之下,有着相互分割的不同的纵向体制体

---

① 智慧健康驿站依托"互联网+健身",融入城市数字化转型,提供适老化的专业智慧服务,并加之人工辅助,帮助老年人跨越数字鸿沟。

系。这导致上海在"体医养"过程中不可避免地会出现信息沟通共享不畅、资源配置效率降低的问题。例如,在实地调研中发现,不同部门主管的下属机构网站或 APP 由于服务运营商差异、端口无法接入等原因,导致数据无法互通互联,使"体医养"各部门之间信息"割裂",难以协同。

聚焦到长者运动健康之家,由于上海市尚未形成针对体、医、养整合服务资源的细化政策措施与明确的机构协同机制,长者运动健康之家的体育服务难以与医疗服务、养老服务衔接。参与问卷调研的 23 家长者运动健康之家中,仅有 34.78% 的机构有全科/专科医生值班、家庭医生签约协作机制(表1)。实地调研发现,大部分长者运动健康之家的全科医生合作方式以兼职为主,可见当前长者运动健康之家的"体医养"融合的程度有待进一步加深。

表 1 长者运动健康之家"体医养"结合情况

项目	是		否	
	数量(家)	占比(%)	数量(家)	占比(%)
全科/专科医生值班	8	34.78	15	65.22
家庭医生签约协作	8	34.78	15	65.22

2. 长者运动健康之家公益性与运营企业盈利性发展相互冲突

鉴于健康养老服务业具有前期投入成本高等特点,当前政府对"体医养"相结合的健康促进服务的财政投入主要在体育部门的公共体育服务支出、民政部门的老年事务支出和老年福利支出、卫健委的公共卫生服务支出中,对"体医养"相结合的健康促进服务还没有给予专项资金扶持。同时,由于老年人健康促进服务是准公共服务,因此,市场化运作必须兼顾公益性。在此背景下,长者运动健康之家多采取半公益模式,即"政府贴一点、企业让一点、老人自己出一点",采取公建民营的运营模式,各街镇通过购买服务的形式,委托专业机构运营,由民政局、体育局给予资金支持。出于营利等动机,企业可能会压缩成本和开拓新的营利渠道。在调研和访谈中,长者运动健康之家的运营就出现了如设置部分"专属场地"提供给高会费会员、推广付费私教课或团课等行为,影响老年人的使用体验。

3. 长者运动健康之家人才队伍专业性稳定性与薪酬难以匹配

"体医养"相结合的健康促进服务的重要支撑力量是复合型的专业护理人

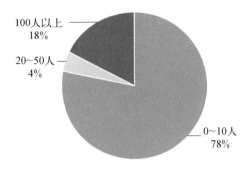

图 2　长者运动健康之家"体医养"专职服务人员数量情况

员。他们不仅要具备老年人体育健身知识,也要具备老年医学护理技能,并且能够对老年慢性病患者开具运动处方,进行个性化的锻炼指导。但现实情况是,社会体育指导员并不完全具备医疗卫生知识,医疗卫生人员也对老年体育健身技能并不了解,对患有慢性病的老年人,无法开出针对性的运动处方。问卷调查中发现,上海市长者运动健康之家目前"体医养"专职服务人员相对较少,具体的机构服务人员数量情况如图2所示。78.26%的长者运动健康之家仅有不到10名"体医养"专职服务人员。

实地调研访谈发现,长者运动健康之家的"体医养"专职人员大多来自机构自身培育,总部(尚体科技)对相关人员定期开展相关培训并针对性地设置了具有社会体育指导员、社区运动健康师、红十字会急救等资格证书的人员,但具体门店尚未完全落实,难以为居家养老的老年人提供康复训练与体育锻炼方面的专业化服务。而与此同时,受限于成本,长者运动健康之家给"体医养"专职服务人员的薪酬较低。上海体育学院等对口院校的专业大学生不愿意将长者运动健康之家作为其就业方向,同时既有的"体医养"专职人员由于薪酬待遇低等原因也有离职的可能,长者运动健康之家难以留住人才。在此背景下,长者运动健康之家处于"培养难""招聘难"与"留人难"的多重困境,复合型专业人才的匮乏成为"体医养"结合的健康促进服务业的发展瓶颈。

4. 老年人对"体医养"场所规模坪效和数量的需求尚未满足

《长者运动健康之家建设导则》规定,长者运动健康之家建设的场地面积一般应不低于50平方米,有条件的可以达到150平方米以上。问卷调研表明,长者运动健康之家遵循导则建议,其中47.83%的机构场地面积在50~100平方米之间(图3)。虽然在总体设计中尽可能考虑了区域内老年人口总量、密度、分布等因素,但问卷访谈中仍有19位老人对扩大场所规模提出了要求,实地访谈中类似问题的建议也频繁提及。由此可见,老年市场活跃度与可持续性经营存在矛盾,现有长者运动健康之家的规模坪效似乎难以满足老年人的相关需求,后续仍需研究明确长者运动健康之家的规模与老年人体育锻炼需求如何进一步"科学匹配"。

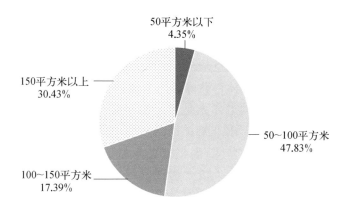

图3　长者运动健康之家场所面积

除规模外,长者运动健康之家的数量分布仍有提升空间。部分老年人在接受调研访谈时表现出了较强的"距离偏好性",希望长者运动健康之家的分布离自己的居住地更近一些。即使按照上海2025年建成100家长者运动健康之家的规划,相较将长者运动健康之家作为构建便民利民的"15分钟社区生活圈"的战略目标仍有一定差距。

5. 老年人主动运动意识与消费观念尚有发展空间

发展"健康中国"战略的关键之一是提高老年人体质,让老年人拥有一个健康的体魄是应对快速老龄化的有效办法,唤醒老年人主动开展体育健身就显得尤为重要。目前来看,仍有部分老年人缺乏主动运动意识,或者对体育健身没有形成正确的认识。

在面向长者运动健康之家的问卷调研中,有3家店长提及这一问题,强调当前老年人运动意识淡薄,没有主动锻炼的积极性。实地调研的多家门店的店长也提到了同样的问题,指出当前会员多以被动运动为主,主动运动的人少,需要提高社会老年人主动运动意识以及提升其对长者运动健康之家的兴趣。亦有老年人在访谈中指出,身边老年人会因为"放不开""没必要""浪费钱"等原因拒绝前往长者运动健康之家锻炼。运动习惯的养成需要时间,不可能一蹴而就,如果老年人没有养成良好的运动锻炼意识,一方面会抗拒主动锻炼,另一方面也会因为短期没有成效、锻炼后身体疲劳酸痛等诸多原因而无法坚持。

6. 老年人的精神与社交参与需求尚待持续关注

随着生活水平的逐渐提高,同时由于年龄、收入、身体状况等差异,上海市老年人的养老服务需求呈现个性化、多元化与精细化的特征。身体健康并非是老年人的唯一诉求,社交、陪伴等精神需求也是养老服务的重点。

问卷调研发现,部分老年人已经将长者运动健康之家作为退休后的精神补充,44.48%的老年人参与体育锻炼是为了保持良好心态,33.15%的老年人是为了丰富生活,23.20%的老年人是为了能经常同朋友交流。可见,除了锻炼身体、预防疾病外,精神需求非常关键。实地调研时,长者运动健康之家每年开放时间已经达到了350余天,但仍有老人希望能够在节假日增加开放时间。长者运动健康之家的工作人员普遍拥有奉献精神,乐意营造以"家"为核心的友好老年社会。长者运动健康之家需要与其他"体医养"机构和社区协同,更加关注老年人的精神需求,在节假日等期间可通过多种形式的团体体育活动为老人提供多样化的服务。

(三)发展痛点及其成因

从长者运动健康之家的实践来看,"体医养"融合发展在我国具有一定基础和可行性,但也存在着政策法律体系不健全、资金投入不到位等问题。为了加快完善相关立法、加大政府扶持力度、提高资金支持比例、建立保障机制、制定合理标准,应及时厘清以下四个方面的问题以提升"体医养"服务水平、推进质量控制、改善服务质量:一是老年健康和医养结合服务供给需进一步加强,对需求匹配、优质资源布局、多元供给、效能提升等提出更高要求;二是老年人主动健康意识与能力有待提升,健康教育和健康促进需进一步加强;三是全专结合、上下联动的整合型老年健康服务链尚未有效形成,诊疗、康复、护理的服务链条仍不健全,需要构建整合型老年健康服务体系;四是高龄、失能、残疾、计划生育特殊家庭照护能力相对较弱,对家庭健康养老提出了更高要求。

1. 消费需求快速增长,有待发展自上而下的紧密型健康共同体

(1)消费能力不断提升,消费潜力有待挖掘。2021年上海市人均GDP为2.69万美元,大约为全国人均GDP的2倍。从国际发展水平来看,2022年7月1日世界银行发布的最新高收入国家标准显示,人均国民总收入(GNI)大于13 205美元的国家属于高收入国家。我国人均GNI为1.24万美元,处于中等收入国家行列,但与阈值标准极为靠近,上海的人均年收入水平已达到高收入标准。

如表2所示,与人口老龄化程度较高的经济与合作发展组织(OECD)成员国相比,上海人均GDP已达到中等发达国家水平。从产业链和价值链的结构

看,银发经济是一个产业体系,其价值富集环节最适合商务成本较高的上海。上海是中国最大的经济中心城市,应发挥中心城市的优势,掌握银发经济的高附加值环节,积极优化养老服务供给结构并探索新的养老服务模式。与此同时,2021 年上海市人均养老金为 4 668 元/月,在全国范围内排名第二。我国老年人的收入主要依赖于社会保障,收入水平极大地影响了老年人及其家庭的服务购买意愿,上海老龄群体对"体医养"融合产业的需求是一种有意愿且有能力消费的需要。上海老龄群体有能力消费,上海老龄服务产业存在发展空间和潜力。

表 2　老龄化程度较高的 OECD 成员国的 2021 年人均 GDP 情况

国　　家	2021 年人均 GDP(万美元)
日　本	4.07
意大利	3.56
葡萄牙	2.43
芬　兰	5.40
希　腊	2.03
德　国	5.08
法　国	4.50
韩　国	3.52
英　国	4.72
美　国	6.92

(2) 社区体育公共服务供给滞后。上海市社区体育公共服务供给模式逐渐发展成以政府供给为主、社会组织供给为辅,社会力量不断参与进来。但市场参与社区体育公共服务供给,会出现管理不到位而导致服务的公益性缺失的现象。长者运动健康之家就属于公众购买体育服务来实现自身的体育健身需要,需要政府的监管。同时,社会公众在运动健康等较高层级的需求在不断提高,"十四五"时期,上海体育公共服务体系建设任务仍然艰巨。上海在体育

设施方面的完善程度、体育健身方面的普及程度、体育产业方面的繁荣程度以及体育社团的活跃程度等,与伦敦、东京等世界知名体育城市相比仍有较大差距。

(3) 缺乏自上而下的推进"体医养"融合发展的组织结构。"体医养"融合发展主要涉及体育局、卫健委以及社保中心等多个不同管辖部门,由于我国体育事业和医疗事业属于不同的产业,经营方式、卫生服务各不相同,各方面信息资源和人才的传递和交流还不完善,各部门主要以自身利益为重,存在独立的利益主体。在已发布的涉"体医养"融合的政策文件中,都提到了由体育部门和卫生部门牵头推进,但在实际操作过程中,体育部门与卫生部门既没有成立调动双方资源的协作工作小组,也没有具体的合作机制或模式。已有的探索实践多是以体育部门或卫生部门其中一方作为主导力量,动员各自拥有的主要资源开展。如基于社区卫生医疗服务中心的"体医养"融合项目大多是由卫生部门主导,体育部门参与较少。即使在一些地方体育部门与卫生部门签署战略协作协议,但双方并没有就体制机制层面的合作进行深入探讨与探索,因此合作也相对浮于表面。与此同时,由于缺乏社区"体医养"衔接机制,"体医养"养老服务资源利用率偏低,阻碍了"体医养"养老服务融合发展。《上海市运动促进健康三年行动计划(2021—2023年)》的落实,需要尽快建立自上而下的组织结构和运动医疗服务平台,推进科学化的责任共享体系,协调各方的职责以达到协同管理的目的。

2. 科技进步提高成本,有待整合"体医养"资源实现配置优化

(1) 社区养老平台建设碎片化。长者运动健康之家并未纳入上海市民政局上海养老服务平台,也未纳入全市电子健康档案平台上海健康云或者随申办。上海养老服务平台的服务项目专栏并未介绍长者运动健康之家项目,长者运动健康之家项目的开展信息主要发布在上海市体育局与上海民政局的政策公开板块,只涉及了《长者运动健康之家建设导则》和《上海市运动促进健康三年行动计划(2021—2023年)》。老者时间银行的服务信息通过"公益上海"公开,长者运动健康之家的运营信息并没有通过社会公共平台公开,用户也不能通过统一平台查询并管理自身所接受的养老服务。老龄群体的操作难度加大,服务资源碎片化,难以得到合理分配和利用。

(2) 运营企业有待深化"体医养"融合实践与共享机制建设。长者运动健康之家的主要运营企业尚体健康科技(上海)有限公司是一家以智能养老运动设备研发与生产为竞争优势的公司,约八成门店由其运营管理。长者运动健

康之家对于"体医养"融合发展的人才队伍建设和以老年人为基础的信息管理方面尚未深度探索,根据访谈发现其原因有二:一是用不起全科医生,二是缺乏"体医养"共享共建机制。长者运动健康之家采取公办民营模式,各街道通过购买服务的形式,委托专业机构运营。公办民营模式的普惠型养老服务由运营单位自负盈亏,拥有独立的定价权。《长者运动健康之家建设导则》要求长者运动健康之家的收费应体现公益性原则,对老年人免费开放或公益收费。长者运动健康之家属于普惠型养老服务,其定价机制和收费标准要符合其需求者消费能力并体现公益性,准公共品价格通常由社会平均生产成本和适当盈余构成。为了保证长者运动健康之家长期运营的人员队伍稳定性,其工作人员仅要求具备高中及以上学历,无专业要求,其专业性依赖长期且持续的培养。在专业度上,为了提升运动康养个性化服务需求,尚体健康科技推行"私教服务包"服务,其专业属性属于运动范畴。长此以往,可能由于科技投入与人才投入不匹配造成设备依赖或者市场垄断,对于长者运动健康之家坚持公益性定价造成挑战。

3. 人口快速老龄化,有待建设全生命周期健康维护体系

(1)"体医养"融合人才培养体系尚不成熟。上海虽已开展培训运动健康师计划,但运动健康师与家庭医生团队缺乏沟通机制,家庭医生团队绩效评价体系并未纳入运动健身管理,各项服务资源融合不够。一方面,我国"体医养"专业人才教育起步晚,体育医学教育分层导致缺少职业技术人才。尽管上海市体育学院开设康复治疗学、运动与公共健康专业,并在 2006 年开设运动医学专业硕士点,但现有体育医学专业人才与长者运动健康之家运营人员定位并不匹配,不能补充"体医养"服务产业的人才需要。另一方面,复合型专业人才的匮乏限制了"体医养"互通衔接。上海虽已开展培训运动健康师计划,但并未制定运动健康师相关培训方案,行业标准尚未确定,培养质量无法保证。需要改变交叉学科培训方式,对体育、医学等领域进行有机统一,加大运动康复、家庭保健、营养照护等方面的训练比例。

(2)"体医养"融合执行标准尚未推广。"体医养"融合作为体育与医疗深度结合的健康干预方式,理应具有与医疗手段相类似的操作标准,以规范评估、诊断、治疗各个环节。尤其在运动处方制定与执行阶段,涉及处方的制定标准问题,不同病因需要不同的运动处方,并结合个体差异进行适度调整,以及在运动效果评价阶段,如何根据检测结果调整处方内容等。目前在国家层面,国家运动处方库建设已经启动,其中运动处方内容涵盖了理论体系、标准

体系和应用体系。作为与实际操作息息相关的应用体系,涵盖了针对不同年龄段人群的运动处方,但鉴于目前国家运动处方库建设尚未完成,在从业者层面也未进行宣传推广,因此未能发挥指导作用。而上海市虽已计划由市体育局和市卫生健康委牵头,上海体育学院和复旦大学附属华山医院等单位协作,支持建立运动处方实验室并构建全人群运动处方库,但目前也尚未推出明确的"体医养"融合实施标准。

(3)"体医养"融合产业社会力量引入不足。"体医养"融合产业高质量发展一方面需要刺激需求,另一方面也要从供给侧发力。民营中小微企业在我国普惠型养老服务产业中起重要作用,但该类企业面临资金受限与融资难困境,与其他大型企业相比,其营利能力、营运效率以及风险承担能力较弱,这导致普惠型养老服务的有效供给不足、服务质量不高。长者运动健康之家大多由尚体健康科技有限公司运营,优化供给除了需要落实针对中小微企业的政策支持外,国有企业的引导作用不容忽视。我国普惠型养老服务业发展尚处在起步阶段,央企多以开拓者角色布局养老产业,主要负责引导和指挥。在用地和设施方面,养老服务产业有着高要求。而部分国企不仅有着丰富的相关资源,同时拥有相关服务经验,都可以用来助力养老服务产业。长者运动健康之家同样由政府提供建设用地,但国企的参与度仍需增加。国企可以与政府、企业、医院、高校、健身房等建立战略合作关系,通过与相关主体交流互动,确立完善且合理的行业标准,协同推进"体医养"融合发展,促进市场化导向与企业化运营。

四、国内外经验借鉴

(一)国际经验借鉴

根据人口老龄化时间表倒计时策略观察,典型国家的银色经济发展战略如下:

1. 美国以法规形式引导和规范行业行为,社区高度自治

美国特别注重公共体育服务供给体系的建设,早在1965年就发布了《伟大社会计划》,投入6.5亿美元建造社区公园并配备简单的健身设施,方便城市居民参与锻炼,形成了完善的公共体育设施网络和与大众零距离的公共体育设施。

2015年，美国颁布了综合性老人健康护理计划法案（以下称PACE创新法案），将安乐居照护中心所创模式正式以立法形式确立下来。该健康计划始于1971年，建立了成人日间服务中心，并组建了一支包括医生、护士、社会工作者以及治疗师的跨学科医疗团队，由团队负责协调全包式医疗和社会服务，通过成人日间护理中心来提供家庭医疗和个人护理。美国的贫民健康保险自1979年开始将综合性老人健康护理模式（以下称PACE模式）列入给付项目，并在1997年纳入联邦老年健康保险的给付项目。美国对于"体医养"产业的相关计划与标准常以全国性的法律的形式规范，如在老龄化程度日益严重情况下，联邦政府在1965年发布《美国老年法案》并不断修正以促进并改善老年人健康生活方式。近几年，该法案将体育促进老年人健康分成三大领域，即强身健体、防摔计划和慢性病管理，有针对性地提供体育指导，强调运动促进健康需要对老龄群体分层次管理，不能一概而论制定运动处方。关于体育促进健康方面的政策，美国制定了《健康公民2030》和《国民身体活动计划》，营造了具有体力活动紧迫感和危机感的文化氛围，强调适度活动可以给各个年龄段的人带来巨大的健康益处，召集各利益相关者参与国家健康战略的制定和实施，并对运动健身标准进行了规范。

2. 日本医养产业扎根社区，依托社会力量促进全面健身

在员工健康维护方面，2018年日本发布《公司体育倡导计划》，该计划对积极推动通过体育运动改善员工健康的措施的公司进行认证，提倡公司积极通过体育运动改善员工健康。此计划有助于改善公司的社会评价，促进员工享受体育运动，并最终实现整个国家参与体育运动人数的增加。日本还出台了《卫生与生产力管理投资行政核算指南》，解释了公司和其他组织需要采取的内部管理方法，以便高效和有效地实施健康和生产力管理。这两个政策文件都加大了日本企业对于体育活动和员工健康的关注，推动各类公司和组织自愿、主动、灵活地参与健康和生产力管理，并获得各种市场，从而进一步传播运动促进健康的理念，积极引入了社会力量促进全民健身。

在人才培育方面，日本体育协会推出了《公认体育指导员制度》，将体育指导员分为五大类，即基础体育运动指导员、竞技类体育指导员、健身体育指导员、体育运动医生和俱乐部管理者，并将其统一于体育指导员制度框架内。

在社区"体医养"系统建设方面，2017年日本厚生劳动省发布《建立以社区为基础的综合护理系统的通知》，通过建立"社区综合护理体系"，全面确保提供保健、护理、预防、住房和生计支助，老人可以生活在熟悉的环境中以自己的

方式度过余生。这一政策的发布,正式意味着日本的社区养老模式的确立,顺利建立提供家庭护理和护理的机制,在国家或县的支持下,由市政当局与当地医学协会等合作,建立与实施家庭护理有关的系统,促进负责家庭护理和就诊护理的人力资源的保障和培训。为了深化和促进社区综合护理系统,确保长期护理保险制度的可持续性,日本卫生、劳动和福利部发布《确定长期护理保险业务保险福利顺利实施的基本准则》,强调加强保险人职能等方式支持自力更生,促进预防严重程度的举措,促进医疗和护理之间的合作,促进社区共生社会的实现。《日本第三项体育基本计划》在近期发布,概述了政府在2022—2026年将推进的具体政策和目标,强调创造和促进体育活动、安排赛事、实现每个人都可以接触的运动。

3. 德国注重改善供给结构,整合资源并培育人才

德国的健康金齐格塔尔整合医疗项目是整合型医疗试点的先河,由三个层次的协议构成了其组织框架:第一层次是医疗管理公司GK与基本医保机构签订的共享节约协议;第二层次是GK公司作为整合型医疗的组织者通过协议方式界定与医疗提供方的关系,由医生集团MQNK来提供初级医疗服务;第三层次是参保人通过协议与GK签约,参加整合型医疗项目。该项目的本质为卫生服务体系整合,旨在整合卫生保健部门与服务提供者,以健康促进为核心和主要手段,采取形式多样的健康管理项目,提高民众健康素养。该项目同时建立了跨部门的服务网络,以收益共享的机制激励服务提供者来改善人群健康状况、控制医疗成本。

2012年,德国发布了《改善医疗供给结构的法律》,强调保障全国均一的医疗服务供给,允许就对象区域的范围设定与医保医生的种类及其医疗功能相应的差异,其强化了州政府参与制订医保医师需求计划的权限,关注政府的宏观调控。面对引入社会力量的公共服务项目,政府必须发挥其作用稳定其公益性。在人才培养和设施投入方面,德国发布了一系列"黄金计划",旨在为全体国民都能便捷地参与体育活动而建造体育设施。

在具体的课程设置中,德国大部分体育专业都开设了健康学、康复与卫生管理等医学课程,德国明确规定自2003年后所有医学教育都必须涵盖公共健康服务、预防和健康促进、运动康复课程等跨学科主题课程。

(二)我国的长三角发展模式

随着我国的长三角的人口老龄化形势日益严峻,近年来上海、浙江、江苏

和安徽持续加大对养老产业的政策支持力度,依托"互联网＋健身"提供专业智慧服务,积极打造"体医养"融合的示范站点和老年人欢迎的民生工程,探索体育与医疗紧密结合、健康与养老相互促进的养老体系。主要融合发展模式如下:

1. 以医疗机构为主体提供"体医养"融合服务

医疗机构不仅拥有场地、专业设施设备、专业人员等强大的医疗力量,而且在我国当前的医疗体系下,开办医疗机构需要经过严格审批后才能获得医疗资质,并接受卫生医疗部门的监管,以此保证其所提供服务的专业性和可靠性。因此,医疗机构具有开展"体医养"融合实践的资源优势。目前在长三角地区,以医疗机构为主体的体医融合典型模式包括直接开办以运动康复为特色的体育医院和在医院中设立运动康复门诊。

(1) 体育医院模式。体育医院是具有医疗资质的非营利性公立医疗机构。江浙沪目前均已成立了体育医院,以江苏省为例,2021年江苏省人民医院、常州市体育医院、扬州市体育康复医院、南京市溧水区中医院、镇江市丹徒区世业镇卫生院等五个单位被江苏省体育局列为运动促进健康中心试点单位,并将为其配备必要的场地、设施、器材和人员,鼓励各试点单位探索长效化的建设、管理、运行和服务机制,为全省运动促进健康机构建设探索经验、提供示范。相比其他专科医院,体育医院呈现出以下几方面的特色:一是在科室设置上,体育医院开设了包括康复科、运动医学科等特色科室,提供体能测试、运动康复评定、运动治疗、康复训练等特色诊疗服务。二是在治疗手段上,除了采用物理手段进行健康干预外,中医诊疗思想和手段也被广泛运用于体育医院。如江苏常州市体育医院和浙江体育职业技术学院附属体育医院都以中医作为诊疗特色,将传统中医疗法与现代先进的康复理疗仪器设备相结合,为患者制定个性化的综合诊疗方案。三是在器材设备上,除了医院常规的诊疗设备以外,体育医院还配备了专业的康复理疗仪器,如脉动治疗仪、多关节等速测试系统、心肺运动测试仪、足姿评估系统以及一体式体质测试站等,此类设备从人体运动的角度测试分析患者健康水平,并设计相应的运动康复治疗方案。四是在人员配备上,目前体育医院内的医生大多来自骨科、运动创伤科等领域。此外,体育医院作为专科医院,会通过与综合性医院进行战略合作的方式,引进专业人才、丰富医疗资源、提高管理服务水平。如2021年4月扬州市体育康复医院与苏北人民医院北区分院签订紧密型医联体合作协议,借助苏北人民医院所拥有的综合性医院医疗资源优势和管理经验,加快提高运动康复医院的医疗水平。

（2）运动康复门诊模式。根据国家卫健委印发的《综合医院康复医学科基本标准》《康复医院基本标准》《综合医院康复医学科建设与管理指南》等文件，明确要求三级综合医院设置康复医学科，承担康复医疗早期介入任务。因此，在现有医院内设立运动康复门诊是依托基于医疗机构提供运动康复服务的另一种常见模式。在医疗机构直接设立运动康复门诊，具有流程简单、成本低、可操作性强等特点，医疗机构只需向当地卫生与健康行政管理部门进行备案即可开设。且医院本身拥有丰富的医疗资源，部分科室医生具有运动康复相关医学知识，因此能以最快速度建立起运动医学门诊。如上海华山医院的运动医学科是国内第一家在关节镜手术科室内设立专职康复师和随访医师的单位，并已在各大关节及其他运动创伤方面建立自己的康复和随访体系；上海中医药大学附属龙华医院与上海体育科学研究所联合建立运动康复门诊。

2. 以社区为主体提供"体医养"融合服务

依托社区向居民提供健康服务，是美国、日本等发达国家普遍采用的运动促进健康发展模式，也符合我国现阶段医疗资源有限、居民体质健康问题紧迫的国情，具有门槛低、易于开展、普及范围广的优点。目前长三角各省市均开展了依托社区卫生服务中心或体育健身站点提供体医健康服务的实践。

（1）政府主导模式。上海的智慧健康驿站是典型的卫生、体育部门联合，依托社区建立的健康管理新兴载体。目前上海已建成超 200 家智慧健康驿站，基本覆盖全市各街镇。智慧健康驿站大多依托社区卫生服务中心建立，配备基础的健康检测设备，居民可自主选择 11 项自助健康检测、11 项自助体质检测和 15 项健康量表自评服务。驿站定期邀请各社区卫生服务中心家庭医生、体育指导员对居民进行针对性健康干预与运动指导。在智慧健康驿站测评产生的健康数据会进入居民健康账户，作为居民进行自我健康管理的依据。此外，随着居民健康诉求的进一步扩大，智慧健康驿站还将进驻机关企事业单位、产业园区、商务楼宇、学校、养老机构等功能社区，为不同人群提供专业化的体质健康服务。智慧健康驿站的最主要意义在于通过早期体质健康测试，及早筛查可能存在的健康风险，并根据初步检测结果，推荐适当的健康干预方案，推动"健康关口前移"。以社区为主要阵地的"体医养"融合实践模式也在长三角其他省市广泛开展。

（2）政企合作模式。在传统的社区"体医养"融合实践模式下，政府作为主导力量，既要解决场地、设备、人员问题，又要组织提供专业化的服务，不仅前期投入成本高，实际效果也难以获得保证。因此，通过政府采购服务的方式引入社会力量，充分调动市场机构的积极性，能有效减轻政府运营负担，同时保证服务质量。上海市长者运动健康之家就是基于政企合作的社区老年人健康服务中心。由政府提供场地，向社会机构购买服务，采购专业设备或运营管理服务。在这种模式下，政府执行监管职能，社会主体提供设备和服务，并收取较低的费用，保障社区老年人的运动健康需求。目前长者运动健康之家已探索形成纯公益和半公益两种收益模式。公益模式下，政府建设或提供场地，向企业购买设备和服务，企业依靠设备利润和服务费获益，场地免费开放。半公益模式下，政府免费提供场地，企业仅收取较低价的会员费，并向会员提供专业化的运动健康指导服务。这两种模式都充分发挥了政府和企业各自具有的优势，并实现了社会效益和企业经济效益的统一，是可复制、可推广的"体医养"融合模式。

（三）国内外创新举措

在"体医养"融合过程中，无论是在标准设计等环境型政策工具上，还是在科技投入、人才培养等供给型政策工具上，国内外已经形成了各自的发展特色。综合来看，各地区的政策实践呈现出如下几个特点：一是依托"互联网＋健身"提供专业智慧服务，积极打造"体医养"融合的示范站点和受老年人欢迎的民生工程，创新健康促进新模式。二是注重推进信息建设和设施投入，促进资源整合，创建数据融合共享平台，构建互联互通的信息化支撑体系。三是坚持"人才＋科技"双驱动，完善人才培养体系，建设多学科跨专业服务团队和复合型专业人才。同时，利用大数据技术，打造智慧服务平台，发展数字化体育产业。国内外具体创新举措如下：

1. 标准设计：明确服务主体责任与服务内容规范

美国PACE创新法案对PACE模式的提供主体有明确设计，该团队人员主要包括全科医生、护士、药剂师、理疗师、营养师、日常护理人员、社会工作者以及负责转运的工作人员。日本通过《卫生与生产力管理投资行政核算指南》，解释了公司和其他组织应采取的内部管理办法，旨在推动公司和组织自愿、主动、灵活的健康和生产力管理。

我国的长三角地区制定了体育行业重点标准名录。通过发挥各省市比较优势,加强长三角户外运动设施、家用健身产品、智慧体育场馆、数字体育、体医融合、汽车露营地等领域标准的制修订,三省一市每年遴选1～2项重点研制项目。上海市规定了家庭医生团队规模和家庭医生"1＋1＋1"签约服务,并从健康水平、服务能力、服务管理和社会保障四个领域制定了健康老龄化行动主要指标。

2. 示范工程:探索融合发展模式打造创新示范样板

德国健康金齐格塔尔整合医疗项目建立了跨部门的服务网络,通过三层次的协议形成了收益共享机制,整合卫生服务资源。日本社区综合俱乐部配备全科医生、保健指导员(志愿者),以及一定数量的体育设施和康复设备,由社区综合俱乐部的全科医生开具运动处方,在健康运动指导员的指导下在社区开展有针对性的体育锻炼活动,以达到预防疾病和提升健康的效果。

我国深圳建立了"深圳市体医融合促进中心",由其承担体医融合相关政策、理论和技术研究,并负责开展运动处方市培训和标准设定。针对社区居民的健康体适能和健康综合监测,推动市民体质测定平台、社区健康服务信息平台等实现信息协同,将体质测定数据纳入居民电子健康档案。另外该中心支持发展慢性病运动康复,正协调相关部门将优质服务项目纳入医疗健康保险支付范围。上海市创建了社区健康师这一创新型社会服务项目。项目团队核心成员由上海体育学院党员师生组成,覆盖杨浦12个街道的基层社区服务站点,提供面向中老年人、慢性病患者等不同人群的服务内容清单。运动专家及其团队会定期定点深入社区党群服务中心和园区楼宇党群服务站等,打造运动营养、科学健身、伤病防护、心理调适与在线服务项目"4＋1"的多样化服务内容体系。

3. 科技投入:推动数字创新资源整合与产品创新

日本利用大数据技术,打造大数据智能管理平台,收集运动人群数量、属性和运动信息,沉淀和积累健身和健康数据,为开展体育健身活动提供数字化依据和支撑,提供个性化的体育锻炼方案。

我国长三角地区一方面积极调动都市圈的科技创新资源,加快发展体育产业。借杭州都市圈和合肥都市圈创业创新优势,培育发展数字体育等新业态新引擎,并利用杭州国家自主创新示范区创建和跨境电子商务综合试验区机遇,打造体育数字与智能创新经济圈,加大体育科技产品研发力度;另一方面鼓励建设长三角体育制造业研发中心和长三角体育科技成果转化中心,加强长三角地区高等院校、科研院所和上下游企业的协同创新,加强政策支持,促进智能体育制造相关应用技术的研究与开发,推动建立以项目为纽带的长三角地区体育智能制造战略联盟,支持形成智能健身装备等产业集群。

4. 设施投入:公共服务设施智能化提升利用效率

日本政府为配合"健康日本21"计划的实施,兴建集医学、健身为一体的健康中心,如日本爱知健康科学综合中心。英国设有国民医疗服务体系(National Healthy System,NHS)管理着英国所有医疗服务机构、门诊和医务人员。通过 NHS 统一信息服务平台,养老院可以获取居民的最新信息,如引入简易护理记录(SCR)、通过平台的电子邮件接收来自 NHS 提供者的信息,确保临床护理记录可用于增强初级保健服务等。

我国长春市巩固提升"10 分钟体育健身圈",实施全民健身场地设施补短板工程。长三角地区以新基建引领数字体育发展工程,推动体育场地器材数字化改造,搭建 5G 应用新场景,支持建设一批配置信息化、智能化器材的示范性体育公园和智慧社区健身中心,积极打造"15 分钟健身圈"。上海市布局长者运动健康之家作为促进"体医养"融合发展,提供运动体质测试、基础健康检测、科学健身指导、慢性病运动干预和运动康复训练等"一站式"运动康养服务的重要创新载体,将其纳入构建便民利民的"15 分钟社区生活圈",加强社区体育健身和养老服务。如静安区大宁路街道通过均衡空间布局,借助"智能设备+互联网+线下服务"相结合的方式,打造"1+4+X"的健康智慧养老服务体系,形成"15 分钟智慧健康养老生活服务圈"。

5. 信息服务:推动跨平台信息互联互通与服务融合

日本政府制定了"健康日本21"基本方针,建立全国健康指标的信息平台,收集和分析信息。英国的增强养老院健康模式(以下称 EHCH 模式)形成互联互通的信息化支撑体系,通过探索信息技术上的相关整合,建立医疗服务与社会服务的信息共享系统,增强医疗服务与社会服务间信息的互联互通,强化临床与社会服务专业间的融合。

我国深圳市将居民电子健康档案纳入卫生健康信息化平台的立法条例,对电子健康档案的职责分工、内容规范、信息采集、数据储存、责任机构进行管理办法规范,推进医疗机构与社康机构的联网运营,有利后续基本公共卫生服务的跟踪追随,促进居民电子档案实现全生命周期管理。我国先后在长三角地区建立了一批数字体育发展工程,通过加快区域体育政务服务平台与公共服务平台对接,推动全域户外智慧信息服务平台建设。一是推动建立体育产业数据中心,加强长三角地区体育消费调查、体彩公益金、体育赛事评估等核心数据的深度挖掘,建设体育产业名录库、项目库、赛事库、资源设施库等核心数据库;二是打造长三角体育产业综合信息平台,内容涵盖户外信息类、重点科技项目、国际性赛事资源等,强化产业思路,引导和鼓动社会力量进行数据测算与市场化运营。

6. 人才培养:引育复合型专业人才资源有序就业

日本设立了卫生保健教师资格证制度、养护教育资格证制度和健康运动指导员进修制度,通过高等教育和社会体育指导员的职后教育来满足体医融合复合型人才的巨大缺口。英国的 EHCH 模式以养老护理服务提供者为核心,成立了由家庭医生、急性护理、社会关怀和其他相关专家组成多学科团队进行多学科诊疗(MDT[①])。

我国深圳市通过《深圳市全科医师管理办法》对社区健康服务机构执业的全科医师的执业管理与继续教育、能力评价与职称评审以及监督管理作出了规定,完善了全科医师管理制度,扩大了全科医师队伍。深圳市还将体育医学知识纳入全市体育老师继续教育学识。长三角地区推动建设"长三角体育产业一体化专家智库""长三角教练员学院""长三角产教融合实训基地"并打造"就业+创业"的培养模式和"互联网+"学历和技能提升模式,发挥高等院校丰富和知名企业集聚的优势壮大体育行业各类型人才队伍。上海市采取培训运动健康师和社会体育指导员等人才培养措施,规定家庭医生团队至少配备 1 名家庭医生、1 名社区护士、1 名公共卫生医师(可兼职)以及康复治疗师[②]。

7. 社会力量引入:激活产业发展内生动力与创新活力

日本的《公司体育倡导计划》对采取体育运动改善员工健康措施的企业进行认证,发挥社会力量促进全民健身。在芬兰、新加坡等国的慢病干预防控措施中,同样强调了各级政府、卫生部门、企业、社区、教育机构、新闻媒体的共同参与,形成国家卫生部门负责宏观政策、计划制订,地方卫生部门联合其他主体具体实施开展项目的合作模式。

我国的北京慈善超市是政府力量推动公共组织向社会企业探索的重要代

---

① 多学科诊疗(Multi-disciplinary Treatment)是以首席专家为主的多学科团队(Multiple Department Team)建立专家共识与标准,实现患者的全程管理。
② 上海市卫生健康委员会颁布的《上海市家庭医生签约服务规范(2020 版)》。

表。慈善超市是民政部门下设的社区救助站发展而来,采用民政局捐赠中心负责,超市管理协会统筹管理,爱心超市发展有限公司市场化经营的方式,在各个街道设立慈善超市门店,直接为辖区居民提供各类公益服务。政府提供政策指导和资金支持,动员社会力量直接参与市场运作,监督企业运营,将被动的救助模式转换成可持续发展的良性运营机制。这种政府引导的市场化运行模式,虽然重视经济收益,但经济收益不参与分红,成为公共服务领域解决政府失灵和市场失灵的有效手段。长三角地区建设长三角中小微体育企业培育库,引导中小微体育企业特色化发展、专业化运营、精细化管理,培育一批细分领域的"专精特新"中小企业、"瞪羚企业"和"隐形冠军企业"。积极融入长三角双创示范基地联盟建设,探索形成要素共享、协同共治的小微体育企业服务联动机制。体育彩票公益金支持全民健身工程、竞技体育发展、体育设施建设、青少年体育等体育事业,用于开展群体活动、建设智慧健身平台、全民健身活动中心改造维修、社会体育指导员队伍建设、健身气功推广和体育场馆免费低收费开放补助等。如江苏省体育彩票公益金创新实践于联合培训运动处方师、社会体育指导员、建设云医院以及发放体育消费券。上海市福利彩票公益金用于长者运动健康之家建设项目。该项目为老年人提供体质测试、基础健康检测、科学健身指导、慢性病运动干预、运动康复训练、健康知识普及和休闲社交等运动康养服务。如静安区积极落实养老服务机构"以奖代补"政策,扶持招用养老护理员的社区养老服务机构专业化、规模化、品牌化发展,促进社区养老服务质量整体提升。

五、上海"体医养"融合发展的分析途径

(一)建立长效平衡发展机制

结合老年人口分布和发展规律建立动态调整的财力投入、具体执行举措、政策绩效评估的制度安排。

1. 上海人口老龄化所处发展阶段

联合国《世界人口展望与发展报告》以65岁以上人口占总人口的比重界定人口老龄化的进程:初级老龄化社会的标准为7%,深度老龄化社会的标准为14%,超级老龄化社会的标准为20%。这三个阶段发展的时间表和相关数据是国家和政府制定经济社会发展规划的重要依据(表3)。

表 3　全球及其主要国家人口老龄化时间表和相关数据比较(2020 版)[①]

大数据均值	美国	德国	日本	中　国	世界
初级老龄社会(65 岁以上人口达到 7%);人均 GDP(2010 年基期价格)≥1 万美元;总和生育率均值 2.76(2.2～3.7);国民平均预期寿命≥70 岁;卫生支出占 GDP 的 6%,预防康复占 GDP 的 3.5%、医疗占 GDP 的 2%、照护占 GDP 的 0.5%	1950 年	1950 年	1971 年	2000 年,人均 GDP(2010 年基期价格)0.17 万美元;总和生育率 1.6;国民平均预期寿命≥71 岁;卫生支出占 GDP 的≥4.5%	2005 年
过渡期(年)	64	22	24	22	35
深度老龄社会(65 岁以上人口达到 14%);人均 GDP(2010 年基期价格)≥2 万美元;总和生育率均值 1.76(1.4～1.9);国民平均预期寿命≥75 岁;卫生支出占 GDP 比例 8%,**预防康复**占 GDP 比例 4%、医疗占 GDP 比例 3%、照护占 GDP 比例 1%	2014 年	1972 年	1995 年	2022 年,人均 GDP(2010 年基期价格)1.1 万美元;总和生育率 1.3;国民平均预期寿命≥77 岁;卫生支出占 GDP 的≥7%	2040 年
过渡期(年)	15	36	11	13	40
高度老龄社会(65 岁以上人口达到 20%);人均 GDP(2010 年基期价)≥4 万美元;总和生育率均值 1.59(1.32～1.88);国民平均预期寿命≥80 岁;卫生支出占 GDP 的 10%,**预防康复**占 GDP 的 4.5%、医疗占 GDP 的 4%、照护占 GDP 的 1.5%	2030 年	2008 年	2006 年	2035 年以前	2080 年

从上海市人口老龄化发展的阶段来看,上海市的老龄化程度已迈入深度

[①] 数据来源:(1)预测人口比例数据来自 United Nations,Department of Economic and Social Affairs,World Population Prospects 2019;(2)过往年份人口比例数据来自世界银行数据库;(3)出生时预期寿命数据:1950 年数据为 1950—1955 年均值,来自 United Nations Databases;其余年份数据为当年数值,来自 World Bank Open Databases,于淼整理。

老龄化社会。2019 年,上海市 65 岁以上老年人口的占比首次突破 14%,达到 14.89%。上海市即将迎来人口高龄化高峰期,需要全社会提前做好部署,把健康放在优先发展的战略地位,实现全民健身与全民健康深度融合。

2. 上海基本保健支出和结构变化

本课题综合选取了法国、德国、意大利、日本、英国、美国等 6 个国家的相关数据作为参考,采集《上海市统计年鉴 2021》、OECD 数据库和世界银行数据库的统计数据,以上海市 2020 年 65 岁以上老年人口占比为基准点,择定 2016 年国家卫生总费用同期均值为 8.85%、人均 GDP 约 18.68 元人民币,以此为基数与人口老龄化发展时间表预测 2021—2025 年上海市卫生总费用占 GDP 的比值和人均 GDP。由相关数据测算可知,一是 2019 年上海卫生总费用占 GDP 的比重达到 6.67%(OECD 国家同期均值为 8%),说明上海卫生费用领先同期参考国家;二是 2020 年上海实际人均 GDP 略低同期均值 3.1 万元,说明上海经济发展水平与发达国家仍存在一定差距,呈"待富速老"的特点。

表 4　2020—2025 年上海卫生总费用占比与人均 GDP 预测①

年　份	2020	2021	2022	2023	2024	2025
卫费占比(%)	8.85	8.89	9.09	9.42	9.91	10.19
人均 GDP(万元)	15.58	19.33	21.11	23.63	25.56	26.95

参照国家的卫生费用支出的重点放在护理上,其中美国的护理支出占 GDP 的比重高达 10% 以上;参照国家的医疗支出占 GDP 的比重保持在 2% 左右;参照国家的预防康复支出占 GDP 的比重保持在 1% 以下,仅美国在 2020 年首次突破 1%,达到 1.1%。说明国外的医养护理体系相对完善,生病后相对于家人的照料更愿意选择专业护工来进行康复护理,比如德国、日本等国家在多年前就开始推行长期护理制度。但是从国际经验来看,随着老龄化程度的加深,长期护理制度加重了政府责任的负担,长期护理制度正在逐渐退出,未来卫生费用的支出要更多的向预防康复和医疗支出转移,以期达到更优的卫生费用结构。

预防康复存在巨大市场发展空间。中国的卫生费用支出以医疗支出为

---

① 数据来源:卫生结构费用来自 WHO,https://www.who.int.

主,医疗支出占 GDP 的比重达到 4%,而护理费用的支出占 GDP 的比重为 1%,预防康复的支出占 GDP 的比重为 0。这个数据表明医保支付方式改革的"结余留用"尚待创新实践,由于运动干预已经纳入健康管理和预防康复范畴,因此该领域的市场发展空间巨大。根据人口机构测算,近五年上海的卫生费用支出严格控制在与经济发展相适应的水平。同时,随着医保支付方式改革进入深水区,恰逢引导卫生费用结构向预防康复转移的时机,可引导居民从过去的"先发现后治疗"理念转变为"早预防早发现"理念,以"关口前移"实现卫生费用结构优化。

3. 积极探索基础服务设施资金保障

上海市为积极促进养老服务高质量发展做出了大量的投入,《上海市深化养老服务实施方案(2019—2022 年)》明确提出上海市健康养老基础服务设施阶段性目标,以覆盖数量和老年人口比例确定老年基础服务设施最低值,以达到短期实现健康养老服务设施覆盖率的目标。《上海市养老服务设施布局专项规划(2022—2035 年)》中提及 2025 年规划总量指标时明确认知障碍老年床位数量翻番,强调街镇养老服务综合体总量和社区服务能力建设指标,可见上海市对健康养老服务的战略重视程度。

就财政项目支出而言,2020 年上海市养老服务体系建设项目经费为 3 105.62 万元,2021 年养老服务体系建设项目经费为 10 609.84 万元,财政投入的增长幅度与支持力度可见一斑。大规模的基础服务设施建设投入对完成推动上海市养老服务体系建设创新发展,促进养老服务更加充分、均衡、优质有着重要的助推作用。但是需要注意的是,基础服务设施规模化的发展会不可避免地给财政带来额外的压力。除了项目建设初期需要财政资金外,基础服务设施的长期、有效的发展仍需长期的财政补贴扶持,不能一味地"蒙眼狂奔",还需对应设定相应的科学比例,以保证为基础服务设施提供长期可持续性的维护。

另外,上海市目前已经在积极探索基础服务设施资金保障,通过各级资金为基础服务设施提供支持。中央分配给地方的福利公益金补助中用于老年人福利类项目的为 3 611 万元,用于残疾人福利项目的为 410 万元;上海市本级福利彩票公益金中用于资助老年人福利类项目的为 27 600 万元,用于资助残疾人福利类项目的为 200 万元;上海市本级体育彩票公益金中用于全民健身的经费达 9 400 万元,等等。后期仍需充分发挥市场机制作用,鼓励社会力量参与养老服务,提升公建养老设施效能(表 5)。

表5 2021年度各级彩票公益金补助上海基础服务项目资金分配表①

级别	老年人福利类项目		残疾人福利类项目		总额（万元）
	资金分配（万元）	比例（%）	资金分配（万元）	比例（%）	
中央	3 611	87.35	410	9.92	4 134
上海	27 600	78.86	200	0.57	35 000

后续可以进一步科学设定医疗风险配置基金，不再简单地以人数进行拨款。继续探索创新基础服务设施资金保障方式，根据医疗风险的影响因素如性别、年龄、是否签约、往期发生费用（减少激励）、服务半径（经济发展水平）、就诊模式等进行加权分配，从而确保预算支出的可持续性。

（二）企业责任与社会价值共创机制

随着我国经济融入全球一体化进程的加快，在过去十年的时间里，我国企业社会责任实践取得了较快发展。各类企业积极投身社会服务，在医疗健康、环境、社会治理等多个方面为政府公共服务提供了有益的补充。但是，无论是社会公益组织转型社会企业还是商业企业兼顾社会责任投资，均遇到了企业责任与社会价值难以共存的难题。《社会企业蓝皮书：中国社会企业发展研究报告（No.1）》指出目前社会企业营收入普遍存在收入有限的情况，有47%的社会企业处于盈亏平衡的状态，有35%的社会企业一直处于盈利状态，有18%的社会企业一直处于亏损状态。

1. 达成共识，价值共创

就体育、医疗或相关养老领域的商业企业而言，企业内部仍然普遍存在一种误解，认为社会责任行为与其日常经营活动相对立，属于超出企业职责范畴的"附加行为"，增加了企业的运营成本，削弱了企业的竞争力。这种错误的认知导致企业产生对履行社会责任的抵触心理，阻碍了社会责任的推进。一些企业即使是迫于外界压力做出了回应，也往往是停留在口头上和书面上，缺乏真正创造社会价值的实际行动。而大部分"体医养"领域的社会性企业、组织

---

① 数据来源：公益金补助数据来自中国福利彩票 http://www.cwl.gov.cn/c/2022/08/31/512801.shtml

抱着崇高的理想服务、奉献社会,但缺少自主"造血"能力,只能靠政府扶持、募资等形式维系基本生存,无法可持续发展。同时,部分已经盈利的社会企业亦出现了社会使命"漂移"的情况,反而将盈利视作主要目标。"体医养"机构、企业所面临的种种困境与乱象,究其根源,主要是因为企业内部各级领导、员工尚未就企业责任与社会价值达成共识,未能将社会责任与企业使命、战略和运营很好地融合。

一方面,要想实现企业责任与社会价值共创,体育、医疗或相关养老领域的各类企业必须承认企业对经济利益追求的必要性,而非将经济效益与社会效益简单地割裂开。体育、医疗和养老领域的企业,其主营业务方向本就与民生息息相关,承担社会责任是其作为社会的一部分所具备的天然责任和义务,同时也会通过营造企业良好商誉形象、提高消费者认可度等诸多渠道"反哺"其经济利益。另一方面,企业应当将社会责任承担融入企业使命和愿景之中,在内部对社会责任和价值创造形成共识。恰当的使命和愿景能够拉近企业与利益相关者的心理距离,有助于他们与企业之间形成共识,并支持企业的运营活动。如强生医疗器械公司通过学习、培训、实践等多种方式,将企业的社会责任凝练成"强生信条"①,贯彻融入企业发展的核心价值观,潜移默化地影响每一位强生的领导和员工的观念和行为,成功地在公众心目中树立了强生公司负责任的企业形象,帮助强生作为一个跨国公司快速融入到其他国家市场。

2. 多元主体,协作治理

历史经验已经证明,单纯以企业或政府一方为主体的治理模式均存在局限性,无法全面覆盖企业社会责任治理的所有层面。依赖企业主动开展社会责任实践会面临自觉履行社会责任的意识淡薄、动力不足等情况,社会责任让位于商业利润,导致以企业为主体的个体自治模式逐渐失灵的问题。而一味地依赖政府外部施压同样具有局限性,政府在尊重市场规律的前提下不便过多干预,也难以对企业大量的、微观化的非法定义务状态的社会责任行为进行规制,甚至会出现地方政府为了追求利益反而与企业合谋的情况。

实现"体医养"各类企业责任与社会价值共创需要多元主体共同进行治理,需要引入除政府、企业外的各类主体广泛加入,形成内部合作的有效机制,构建和完善系统的多元治理体系。上海市"体医养"行业目前推行的"财政出

---

① 强生信条:首先要关注我们的客户,对病人、医生、护士、亲人以及所有使用我们的产品和接受我们服务的人负责;其次要关注我们的员工,尊重他们的尊严和价值;关注我们的社会和世界,积极支持社会发展,促进人类健康;最后,如果我们依照这些原则进行经营,股东们就会获得合理的回报。

资兴建、企业承担运营、政府监督管理"的共建范式已经初见成效,后续应当继续引入多元化主体。如发挥好上海市各类体育协会、养老服务协会等行业协会的协调作用,协调政企关系、整合行业资源,开展自律监管;提高社会公众参与度,发挥社会监督作用,借助公众互助平台实时接受"体医养"服务受众的满意度反馈等。

3. 互补共享,合作共赢

"体医养"行业领域中,无论是商业企业还是社会企业、组织,无论其服务方式、公司形式有何种差异,最终目标必定是为人民提供全生命周期的健康服务,提高全民的健康水平。企业间具有互赖、互依、共生的关系,对于"体医养"行业内的企业而言,实现企业责任与社会价值共创必须要摒弃以往的"零和博弈"战略思路,主动与行业内部企业形成互补合作模式,实现价值共创。

随着"体医养"模式的发展与推广,企业已经成为养老服务行业的重要供给力量,为上海市公共服务提供了重要的帮助。同时,面对老年人多样化、精细化的"体医养"需求,上海市已经形成日间照料中心、综合为老服务中心、长者运动健康之家等多种养老服务机构,为老年人提供多层次的服务,进而衍生出多种相关的上下游企业。如提供时间银行管理平台服务的华懋健康科技、提供医养结合智慧健康养老服务产品的卫宁健康科技、提供"互联网+"养老院的安康通健康等分属不同链条、维度的企业,这些企业间大多具有异质性和互补性的资源与能力优势,完全可以通过共同分享在不损害其他企业利益的基础上实现社会价值与经济价值共赢的目标。同时,同属于"体医养"行业领域,不同企业之间又存在部分功能接近的情况,构成了适度竞争的格局,避免了"一家独大"垄断性运营所带来的社会责任承担"漂移"的问题。

六、政策建议和具体措施

为促进上海市"体医养"高质量融合发展,聚焦上海体育中心工作,遵循全生命周期健康维护和多元共治基本原则,提出以下六点政策建议与创新措施。

(一)成立"体医养"工作领导小组,提升各级党委和政府协调能力

建立"体医养"融合工作联席会议制度,建设自上而下的共建共享共建机制,强化卫生健康委和体育局、民政局的联动程度与沟通能力,促进"体医养"

一体化数字平台建设,实现全生命周期健康维护。

1. 构建多部门协同的多元治理机制框架

采用党政一把手负责制,成立多级专项领导小组,建立联席会议制度。参考深圳"体医融合"实践①,成立专项领导小组明确重点工作,推进"体医养"融合的政策措施、工作规划和行动计划,协调解决"体医养"融合工作中的困难和问题,听取"体医养"融合推进情况报告,统筹推进"体医养"融合发展。加强与健身健康相关法规的衔接,加快制定和完善"体医养"融合的场地、活动、组织、科技、人才、资金等方面的配套政策,健全"体医养"融合领域的标准、规范和指南,提升各级党委和政府的协调能力。

2. 居民电子健康档案互联互通

协同科技部推进科技创新券在"体医养"领域互联互通的创新实践。参考日本建立三级医疗圈和英国国民医疗服务体系的构建逻辑,联合相关部门共同搭建以个人全生命周期为基础的一体化数据平台,将智慧健身信息作为重要板块纳入档案的基础架构和数据标准,促进建立居民健康电子档案并实现健康信息共享管理。使得医疗服务机构实现全量诊疗数据统一归集,包括诊断记录、康复记录、体质监测、运动方案、运动处方等数据,老人可以通过一体化平台调阅数据记录,实现"体医养"资源联动。结合上海实际发展情况,打造辖区居家养老"总服务台"。推动长三角科技创新券在体育运动领域的实践,推进以社区为平台、以社会组织为载体、以社会工作者为支撑的"体医养"居家社区养老服务"三社联动"机制。

3. 探索健康维护预算管理和奖励机制

系统统筹健康维护预算管理。参考金华医保支付改革实践,重视精细化管理与病案首页质量,开源节流,控制成本,以低能耗方式实现结余,建立医保支付标准的长效机制。联合体育彩票和各级政府做好健康维护预算管理规划,对医疗风险合理配置资金投入按人头加权拨款。选取指导性指标,如性别、年龄、是否签约、往期发生费用、服务半径、参与模式等建立人头加权预算管理制度。与卫健委、医保局、财政局协同建立以人为分类方式进行分组实时结算和年终决算的机制,鼓励运动促进健康的合理盈余,对健康收益建立奖励机制,实现运动为健康维护买单。

---

① 深圳市卫健委关于政协六届六次会议 20190807 提案《关于在深圳实施"体医融合"试点工程的提案》。

(二)合理规划政府资金支持,实施风险防控增强扶持可持续性

加强财政资源统筹,科学合理落实好政府资金支持,优化财政支出结构,增强可持续性。

1. 建立合理的政府投入预算

明确体育局引导作用,倡导全生命周期维护健康,规范卫生总费用支出结构。强化各级财政对积极应对快速老龄化的引导和保障作用,使其与经济发展和老龄化程度相适应。在卫生总费用支出结构中,一是控制公共卫生和疾病防控占0.5%、医疗占2%、康复占2.5%、老残照护占1%;二是提升社区"体医养"费用在卫生总费用中的占比,2022年提高至40%、2023年达到45%、2024年达到50%、2025年达到50%以上。

2. 创新多元化资金支持方式

联合多部门多主体设立"体医养"融合专项资金,采用"以奖代补"的支持方式激励和保障"体医养"融合成效。参照静安区的经验,政府部门结合老龄程度加大政策落实力度和扶持力度,市级福利彩票公益金和财政局等政府部门出资给予"体医养"融合机构建设补贴和运营经费补贴,同时各区根据人口结构,采取不同类型的"以奖代补"的支持方式,扶持长者运动健康之家等"体医养"融合机构的专业化、规模化、品牌化发展,政府要加强对"体医养"融合机构的建设标准和运营发展实际情况进行综合考核,对达到考核标准的长者运动健康之家给予重点支持,保障"体医养"融合机构的服务质量。

3. 探索专业人才就业奖励计划

制定"体医养"融合机构从业人员的专项奖励与补贴制度。鼓励和引导体育院校、医学院校的相关专业毕业生到"体医养"融合机构就业。参照安徽、浙江等地的经验[①],上海市政府对到"体医养"融合机构工作的毕业生给予一次性入职奖励和生活补贴、社会保险补贴等鼓励性补贴,吸引和激励员工长期留用,减轻"体医养"融合机构的人才培养成本。

(三)科学规划空间布局,动态调控"体医养"服务设施均衡配置

结合区域人口特征和发展导向,充分挖掘存量设施和空间,深化嵌入式

---

① 安徽、浙江等地为落实《提高养老从业人员收入水平 探索津补贴激励制度》,进一步提出养老机构从业人员激励政策,如入职补贴、岗位津贴、生活补贴、社会保险补贴等。

"体医养"融合服务设施配置,推动存量"体医养"融合服务设施提升改造,推动"体医养"融合服务设施资源向社区下沉。

1. 优化"体医养"服务体系空间布局

联合民政、卫健、妇联、社区等部门共同推动"体医养"服务资源想社区下沉,优先发展社区养老、运动服务,加强社区的基层治理和疾病防控能力,打造便民利民的"15 分钟社区生活圈"。

参照静安区大宁路街道经验,综合考虑区域内老年人口总量、密度、分布等因素,联合区域内已有的社区市民健身中心、综合为老服务中心、老年人日间照料场所等体育、养老和医疗健康的公共空间,建设嵌入式长者运动健康之家,充分考虑老人对"体医养"融合的设备、场地、专业指导的需求,兼顾老年人群不同年龄段、不同健康程度的健身、养老特点,构建社区"一站式"运动康养服务。

2. 合理组织安排老年参与活动

建立假期区域服务机构错峰经营机制,保证假期时间老人有地方可去。一方面,鼓励"体医养"融合机构进一步加强健康维护"养身"知识的广度与深度,采用定期和不定期相结合方式组织健康教育讲座,引导老年人树立主动体育运动意识,养成坚持长期锻炼行为习惯。另一方面,联合妇联、文旅等政府部门传播"养心"技能与活动,组织老年人旅行、旅拍,举办慰问、文体、义工活动等,为老年人营造多样性、差异化的社会参与机会,丰富老年人的生活,推进老年友好型社会建设。

3. 拓展长者健康服务之家地域

拓展长者运动健康之家示范工程范围,主动加入长三角科技资源共享服务平台和各省市科技资源共享服务平台,推动三省一市科技资源池共享共用,完善长三角科技创新券服务资源的互认互通。长者运动健康之家要进行可持续性发展,目前长者运动健康之家更偏向于运动休闲的场所,机构的"体医养"融合程度不深,机构要进一步加强与全科医生、养老机构的互联互通,强化"体医养"融合深度。政府要推动长者运动健康之家的规模发展,积极引导长者运动健康之家扩大覆盖面,不断完善长者运动健康之家的标准化、科学化、精准化、专业化,充分发挥示范带头作用,在深耕上海的同时逐渐向长三角地区展开战略布局,如政府对申请加入长三角体育行业重点标准名录、申请长三角每年重点研制项目的机构进行奖励等。

（四）凝聚社会人才力量，引育高质量专业化人才队伍长效发展

引育联育人才队伍，扩大专业人才支撑力量是"体医养"融合高质量发展的根基。

1. 出台"体医养"融合人才培育方案，推动"政校企"联合办学。

将"体医养"复合人才队伍建设纳入卫生健康和养老服务发展规划。设立一批"体医养"结合培训基地，探索出"政校企"深度合作人才培养模式，形成以政府相关部门协同、高等院校为核心、用人企业为重点的"政校企"合作机制，发挥出"1＋1＋1＞3"的协同效应。调动多领域资源、创新产业链培育方式，深化社会资源互联互通，推动社会资源整合协同。

联合教育部进一步统筹教育、体育、医疗卫生、科技等职能部门的培训资源，鼓励职业技术院校增设体育医学相关专业，职业高校以联合培养的形式，创新体育学、医学、护理学相结合的专业教育模式，加大运动康复、家庭保健、营养照护等方面的训练比例。职业高校和"体医养"融合机构签订校企合作，以就业为导向，培养符合"体医养"融合需求的高素质、高技能应用型人才，加快构建"政府主导＋专门机构＋多方资源＋市场主体"的"体医养"融合产业教育培训体系。

2. 组建"体医养"融合机构专业化社区运动健康团队

落实运动健康师相关培训方案。确立行业标准，保证培养质量，可利用新时代信息技术手段，逐步对全科医生、健康管理师、社会体育指导员和健身教练等专业人员开展"互联网＋职业技能"培训计划，搭建线上信息平台机构，确保相关行业技能人员可以享受线上专业技能培训资源。

参照浙江模式[①]，组建由社区医生、护工、社会体育指导员构成的长者运动健康之家专业化运动健康团队，为老年人提供现场服务与互联网线上服务。现场服务主要是根据老年人的身体健康状况和运动康复需求，为老年人提供运动处方、健康检测等服务，互联网线上服务主要是通过数据平台建立运动健康数字档案，对老年会员进行健康追踪调查，及时知悉老年人的健康状况。

3. 探索"时间银行"互助"体医养"模式，发展志愿者社区服务

推广"时间银行"互助服务模式。在践行创新科技券基础上，将储蓄和激

---

① 浙江模式：政府与企业合作满足老年人居家养老需求的健康促进服务模式。在运行方式上，浙江模式主要是由街道区域性居家养老服务中心组建的由社区医生、护工、社会体育指导员构成的专业化康复团队提供现场服务与互联网线上服务。

励机制引入养老服务中,通过统一的信息平台进行运转与管理,建立通存通兑标准,激活社区及周边低龄老人资源,运用互联网、大数据、区块链等技术,建立长期可靠的记录管理和通存通兑功能,促进家庭成员间实现养老服务资源的跨地域存储使用,从而进一步激发全社会成员参与为老服务的热情,构建遍及全国的为老服务流通网络。

(五)激活运营企业活力,引入多元主体共同参与共建共享格局

引入多元主体进入"体医养"融合市场,激发运营企业活力,引导社会多元主体共同推动"体医养"融合建设,实现政府与社会力量的良性互动。

1. 鼓励社会力量积极参与,实现政府导向、市场运营的格局。

建立社会力量调动机制。政府积极吸纳体育与医疗领域的专业化社会组织以及高等院校,将其作为促进项目有序推进的协助性机构并提供专业化建议和指导。通过给予企业优惠融资利率、资金补助、税费减免等优惠政策,鼓励市场主体进入"体医养"融合行业。同时,也应加快完善体医融合市场监督体系,通过开展体医融合机构等级评定等措施规范市场秩序,促进"体医养"融合产业良性发展。借鉴新加坡和英国养老院公办民营经验,参照湖南模式[①],鼓励更多的民营企业参与"体医养"融合建设。"尚体乐活"作为以设备研发为主的民营企业,对于医疗资源、养老照护、人才培养等方面的经验相对薄弱,未来政府要鼓励和引导更多具有不同资源优势的社会力量共同参与"体医养"融合建设,通过竞争投标的方式获得经营权,既可以避免"尚体乐活"垄断长者运动健康之家的情况,也可以激发市场活跃度,提升长者运动健康之家的服务质量和效率。

2. 打造社区多学科团队,形成上下联动、敏捷的服务合力

加大"主动健康"理念的倡导力度。推动"关口前移",推进全民健身与全民健康深度融合。参照天津医院[②]、静安区、北京大学第三医院经验[③],协同卫健等部门鼓励医院宣传"运动是良医"理念并主动衔接社区医疗服务站,联合长者运动健康之家组建社区多学科运动健康团队。全科医生根据体质监测数

---

① 湖南模式:通过打通供需链中的不同企业建立合作的各个环节,促进企业合作提供服务,满足老年人健康养老需求的模式。
② 天津大学推出"运动是良医"推广项目,旨在助推"运动处方"的落地与普及。
③ 北京大学第三医院健康管理(体检)中心推出运动能力测评项目,能够根据个人具体情况出具"运动处方",指导其更加科学、有效、安全地进行运动锻炼,实现疾病预防"关口前移"。

据做疾病筛查,运动处方师根据全科医生的治疗建议制定个性化的运动处方,通过"评估—精准运动干预—再评估"的方式,进行科学运动指导及后续随访,引导老年人开展安全有效的运动,管理其运动健康问题。提高老年人的主动运动意识,在专业人士的科学运动指导下通过运动促进健康,提高老年人的身体素质。

(六) 落实企业社会责任,引流老年体育活动参与广度与深度

落实企业社会责任,建立"引人才流、引受众流、引资源流"的具体实施计划和支持政策。

1. 引人才流错峰服务提升老年体育活动参与

建立专业人才闲时服务计划。借鉴"健康日本21"计划实践经验,通过社会力量合作促进有效果的健康运动为引人才流提供服务。坚持国民运动的基本方针,重视开展健康活动的一级预防和多样化的实施主体。倡导整个国家人人参与体育锻炼和人人参与服务,培育和引导具备专业基础人才的多功能输出,优化居民的身心健康和社会参与度,建立有活力的友好社会。

2. 引受众流促进员工及家庭成员参与健康计划

联合相关部门建立企业"员工健康关爱计划"支持政策。参照中铁四局[①]和大爱健康云平台经验[②]引流受众。监测员工及其家属的身体健康情况,根据隐患安排制订运动干预、健康管理与康复训练计划。促进健康档案动态运行,根据康复情况形成动态健康档案,实现线上问诊与远程医疗,力求通过专业化引导员工实行健康计划,企业可以相应推出多种形式的激励措施。企业开展员工健康计划,保障员工身心全面健康发展。结合上海市具体情况,企业利用自身资源,积极推动全体员工都参与体育活动。支持企业为员工提供优质可及、系统连续的全生命周期运动康养服务。

3. 引资源流支持央企和国企优化"体医养"服务格局

鼓励国企和央企参与"体医养"融合建设。以《健康中国行动(2019—2030

---

① 中铁四局在"三让三不让"基础上出台"员工健康关爱计划",旨在通过专业化引导保障员工身心全面健康发展。
② 大爱健康云平台:面向企业场景打造了一站式员福管理平台,通过大数据平台长期、持续、动态监测员工的健康情况,并根据监测的数据,进行健康干预,制定相应的员工健康档案,实现健康风险预警以及疾病指向、康复计划等。

年)》为指引,企业落实社会责任,强化国企担当。可参考通用技术集团经验[①],积极发挥大中型国有企业,特别是央企的示范带头作用,现阶段扮演好开拓者角色,引导养老服务产业优质发展。养老服务业需要大量土地和设施资源,大多数国企拥有存量资源,可以盘活存量土地、设施资源,参与公共服务设施建设。长者运动健康之家同样由政府提供建设用地,但国企的参与度仍需增加。部分国企养老服务设施齐全、具备相关服务经验,并且企业资金融通效率和风险承担能力强于民营企业,可以与政府、企业、医院、高校、健身房等建立战略合作关系,通过交流互动,发挥国企优势,促进管理创新和科技创新,制定更加完善合理的行业标准,多主体协同推动"体医养"融合产业发展。

七、立法建议

为进一步落实《关于进一步规范和加强地方体育行政执法工作的若干意见》和《上海市健康老龄化行动方案(2022—2025年)》的文件要求,切实提升上海市高质量的"体医养"融合发展,支持长者运动健康之家健康有序可持续,提出以下立法建议:

(一)地方立法必要性

在认真落实国家政策基础上,结合上海实际情况,进一步完善"体医养"融合配套政策,形成多渠道、多方位支持"体医养"融合发展的政策体系,保证"体医养"融合顺利推进。

(二)明确政府主体责任

明确"体医养"责任主体,采用党政一把手负责制,由政府主管领导牵头,组织体育、卫健、民政、医保、财政等相关部门建立的工作联席会议制度,形成明确的长效统筹联动机制。

(三)社区机构合理布局

根据上海市各区老年人口的"体医养"服务需求和相关资源分布状况等要

---

① 通用技术集团依托雄厚医疗实力,肩负社会责任,发挥央企优势,率先探索布局养老产业,携手旗下国中康健、通用医疗、航天医科,共同出资组建成立"通用技术集团健康养老产业有限公司",致力于打造以现代化养老为核心、医养大健康为支撑的国际一流康养产业综合服务商。

素,科学规划"体医养"结合服务机构的分类设置与空间布局,鼓励"体医养"结合服务机构与现有资源的有效衔接。

（四）推进信息平台建设

建设"体医养"融合一体化数字平台。推动"体医养"信息资源共建共享,建立以社区为平台、以社会组织为载体、以社会工作者为支撑的"体医养"居家社区养老服务"三社联动"机制。推进长者运动健康之家的健康健身信息、医疗服务机构的全量诊疗数据、社区健康服务信息等实现互联互通。

（五）资金投入支持方式

设立"体医养"融合专项资金,扩大"以奖代补"激励实施范围,制定"体医养"结合的相关机构定点扶持、体育福利彩票联动、科技创新券通用通换等措施,保障"体医养"融合成效。

（六）人才队伍协调发展

完善"体医养"相关职业发展体系,制定运动健康师等专业技术人才相关培训方案。与市人力资源和社会保障局、民政局等多方合作,支持引导职业技术院校与"体医养"服务企业合作力度,深化产教融合,促进"体医养"相关教育链、人才链与产业链、创新链有机衔接。

探索建立多领域的医疗服务和养老服务人员联动机制,组建社区多学科运动健康团队,推进"体医养"人才补贴与薪酬改革,着力保障从业人员待遇。推行"时间银行"互助模式,发展志愿者社区服务,将"体医养"三方的技术和资源进行整合,扬长避短,形成上下联动、敏捷高效的服务合力。

（七）推进产业健康发展

鼓励国企带头布局"体医养"产业,支持各类市场主体积极投资"体医养"服务领域,推进企业开展员工健康计划与安排。

（八）增强主动运动意识

加大"体医养"理念宣传力度,树立市民终身锻炼意识。

参考文献

[1] 杨燕绥. 银色经济时代社会保障基本原则的进化[J]. 中国人力资源社会保障, 2021(2).

[2] 王道勇. 坚持和完善民生保障制度[J]. 秘书工作, 2020(1).

[3] 联合国老年人原则[EB/OL]. [2022-10-24]. https://www.ohchr.org/zh/instruments-mechanisms/instruments/united-nations-principles-older-persons.

[4] 杨燕绥, 妥宏武. 为什么要构建老年友好型社会[J/OL]. 人民论坛, 2017(19).

[5] ORGANIZATION W H. World report on ageing and health[J/OL]. 2015. https://apps.who.int/iris/handle/10665/186463.

[6] WORLD HEALTH ORGANIZATION. Global age-friendly cities: a guide[R/OL]. (2007)[2022-10-24]. https://apps.who.int/iris/handle/10665/43755.

[7] 钟言. 建设现代化基础设施体系[J]. 中国工运, 2021(6).

[8] 薛欣, 徐福振, 郭建军. 我国体医融合推行现状及政策问题确认研究[J/OL]. 体育学研究, 2021(1).

[9] 李雪.《规划》中的三个关键词[J]. 中国民政, 2022(5).

[10] 周洁. 上海市民的体质达标率在全国名列前茅全民健身, 上海人人来赛[J]. 新民周刊, 2021(30).

[11] 首创长者运动健康之家, 申城体育"智慧助老"[N]. 文汇报, 2021-6-15.

[12] 曹可强. 打造全民健身活力城市, 助力全球著名体育城市建设[J]. 体育科研, 2021(1).

[13] 王莉莉. 破除障碍 助推老龄服务产业高质量发展[J]. 中国社会工作, 2022(14).

[14] 上海市科学技术委员会. 2021上海科技进步报告[EB/OL]. (2022-01-27)[2022-10-24]. http://stcsm.sh.gov.cn/newspecial/2021jb/.

[15] 孟群舒, 王闲乐. 发力"硬核", 浦江潮涌千帆竞[N]. 解放日报, 2022-3-3.

[16] 设计老年友好型社会[J]. 设计, 2020(23).

[17] 丁娜. 上海社区老年人"体、医、养"服务资源优化配置研究[D]. 上海: 上海工程技术大学, 2019.

[18] 王占坤. 浙江省公共体育服务体系建设研究[D]. 福州: 福建师范大学, 2015.

[19] 张苗苗, 王国凡, 常凤. 新时代老龄化背景下我国社区"体医养"融合养老服务困境与路径[J]. 体育科技文献通报, 2022(4).

[20] 陈雨兮. 上海市老旧社区体育公共服务供给问题研究——以普陀区C街道为例[D]. 上海: 华东师范大学, 2022.

[21] 李静, 杨子宁. 中外体医融合发展模式比较研究[J]. 体育科技文献通报, 2022(8).

[22] 王占坤. 发达国家公共体育服务体系建设经验及对我国的启示[J]. 体育科学, 2017(5).

[23] 本刊综合. 美国医养PACE模式参考[J]. 城市开发, 2019(15).

[24] 阎建军.以德国黑森林为案例的整合型医疗形式[J].中国医院院长,2019(20).
[25] 刘国英.整合型医疗卫生服务体系的县域医共体研究以山东省 A 市为例[D].济南:山东大学,2020.
[26] 罗秀.以健康促进为核心的德国健康金齐格塔尔整合医疗介绍[J].中国全科医学,2017(19).
[27] 刘兰秋.分级诊疗视角下德国的医疗供给侧改革研究[J].中国行政管理,2018(12).
[28] 刘晴,王世强,黄晶,等.德国体医融合服务模式及对我国的启示[J].中国慢性病预防与控制,2021(7).
[29] 陈晓红,郭建军.主动健康背景下我国体医融合服务框架的构建[J].首都体育学院学报,2021(5).
[30] 复旦大学附属华山医院运动医学与关节镜外科介绍[J].中国医学前沿杂志(电子版),2013(3).
[31] 顾泳.上海再添110家智慧健康驿站[N].解放日报,2020-10-13.
[32] 成秋娴,冯泽永.美国 PACE 及其对我国社区医养结合的启示[J].医学与哲学(人文社会医学版),2015(9).
[33] 鲁丽萍.美国医养结合养老模式对我国养老服务业发展的启示[J].卫生职业教育,2021(1).
[34] 黄晶,王世强,刘晴.日本体医融合健康促进的经验借鉴与启示[J].中国全科医学,2021(18).
[35] 上海市杨浦区人民政府.关于印发《杨浦区体育发展"十四五"规划》的通知[R].2021-10-19.
[36] 李力,胡佳,郑英.英国 EHCH 医养结合实践模式分析[J].中国社会医学杂志,2020(3).
[37] 上海市人民政府.关于印发《上海市全民健身实施计划(2021—2025年)》的通知[R].2021-9-18.
[38] 黄亚茹,郭静,王正珍,等.加强体力活动指导对提高民众体质健康之作用研究——基于对"健康日本21"实施效果的考察[J].西安体育学院学报,2016(1).
[39] 郑斐,郭彦宏,张孟子."互联网+卫生健康信息化平台"构建[J].合作经济与科技,2019(7).
[40] 王立军,相金星,夏成前.新时代"体医养融合"社区养老服务体系创新路径研究[J].继续教育研究,2021(10).
[41] 崔月琴,金蓝青.组织衍生型社会企业的实践逻辑及其反思——以长春心语协会的发展为例[J].学习与探索,2018(8).
[42] 李万发,赵勇皓.沈阳市构建"居家、社区、机构"三位一体的社会养老服务新体系[J].中国老年学杂志,2019(4).
[43] 黄海燕.新阶段、新形势:我国体育产业发展战略前瞻[J].上海体育学院学报,2022(1).

[44] 上海市虹口区人民政府.关于印发虹口区全民健身实施计划(2021—2025年)的通知[R].2021-12-29.

[45] ШАМСУТДИНОВА Н К. World population prospects. The 2017 revision. Volume II.[R]. United Nations,2017.

[46] 杨燕绥,于淼.三孩政策目标与护养融合体系建设[J].行政管理改革,2021(9).

[47] 杨燕绥,衡量.保险创新:相互保险嵌入专科医生联盟案例分析[J].当代金融家,2021(11).

[48] 沈小燕."健康中国"的大背景下全民健身与全民健康深度融合的途径探究[J].当代体育科技,2022(15).

[49] 顾磊.我国社会企业生态系统正在生成[N].人民政协报,2022-2-8.

[50] 王欣.社会责任融合视角的企业价值创造机理[J].经济管理,2013(12).

[51] 张宏,罗兰英.多元共治:企业社会责任治理创新模式[J].阅江学刊,2021(1).

[52] 肖婷婷,卢星."体医融合"助推健康连云港建设[N].连云港日报,2022-6-6.

[53] 张杰.临河区:织密"小网格"服务"大民生"[N].巴彦淖尔日报(汉),2022-6-6.

[54] 朱勤皓.良法善治筑牢大城养老之基[J].中国社会工作,2021(11).

[55] 武文龙,王鑫.体医融合政策的现实困境与对策研究[J].辽宁体育科技,2021(4).

[56] 刘理晖,王伟进,顾天安,等.我国养老护理职业教育的进展、问题及政策建议[J].中国职业技术教育,2021(17).

[57] 张剑威,汤卫东."体医结合"协同发展的时代意蕴、地方实践与推进思路[J].首都体育学院学报,2018(1).

[58] 曹雷,钟丽萍,范成文,等.我国"体医养"相结合的健康促进服务模式的实践研究[J].首都体育学院学报,2022(5).

[59] 杨彦帆,李蕊.探索"时间银行"模式倡导互助养老服务[N].人民日报,2021-12-24.

[60] 张笑世,韩向飞,陈华栋.以问题为导向的修改与完善——试论《中华人民共和国体育法》修改[J].体育科学,2021(10).

[61] 关于上海市医养融合工作开展情况的调研报告[R].延安市人民政府政报,2020(9).

[62] 浙江省人民政府关于推进健康浙江行动的实施意见[J].浙江省人民政府公报,2020(1).

[63] 冯振伟,张瑞林,韩磊磊.体医融合协同治理:美国经验及其启示[J].武汉体育学院学报,2018(5).

[64] 戴俭慧.国外体育指导员资格认证制度的启示[J].体育学刊,2008(5).

[65] 杨溶.西安市社区"体医养一体化"养老模式开展路径研究[D].西安:西安体育学院,2022.

[66] 刘少丹.多专业联盟式居家养老模式——以西固区为例[D].兰州:兰州大学,2017.

[67] 秦东颖.每天2.3元,打造老年人"体医养"空间[N].解放日报,2021-6-11.

附件一 长三角地区"体医养"政策分析

地区	年份	政策主体	政策文件	政策工具	主要内容
上海	2020	上海市卫生健康委、上海市中医药管理局	《上海市家庭医生约服务规范（2020版）》	标准设计	家庭医生团队至少配备1名家庭医生，1名社区护士，1名公共卫生医师以及康复治疗师。每个团队原则上应包括1名提供中医药服务的医师
		上海市体育局、上海市民政局	《长者运动健康之家建设导则》（沪体群〔2021〕95号）	示范工程	建设"长者运动健康之家"
	2021	市政府办公厅	《上海市老龄事业发展"十四五"规划》（沪府发〔2021〕3号）	科技投入 示范工程 设施投入 人才培养	倡导科学健身，建立完善老年人运动处方库和老年健康管理信息库，建设一批示范性社区康复中心；改善老年人体育健身环境，新建一批市民健身步道、益智健身苑点，社区市民健身中心等社区体育设施；开展老年人健康检测、评估、干预三位一体的综合性智慧化服务，广泛开展"你点我送"社区体育服务配送
		上海市体育局、上海市卫生健康委、上海市民政局、上海市总工会	《上海市运动促进健康三年行动计划（2021—2023年）》（沪体群〔2021〕22号）	示范工程 资金投入 人才培养	建设运动健康促进中心、长者运动健康之家、智慧健康驿站，发放上海体育消费券，以及培训运动健康师和社会体育指导员
		上海市体育局	《2021年上海市全民健身工作要点》（沪体群〔2021〕53号）	信息服务 设施投入 资金投入 人才培养 示范工程	建立老年人运动健康电子档案，推进体育场馆信息化服务功能；新建市民健身步道、市民益智健身苑点，市民健身驿站等；配送体育消费券、免费或低收费开放公共体育场馆设施；培训当地社会体育指导员；推进建设长者运动健康之家

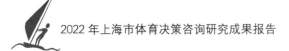

续表

地区	年份	政策主体	政策文件	政策工具	主要内容
上海	2022	上海市卫生健康委员会等19个部门	《上海市健康老龄化行动方案（2022—2025年）》（沪卫老龄〔2022〕3号）	示范工程 设施投入 信息服务 科技投入 人才培养	深化本市长期护理保险试点，开展为老助餐保健食堂达标建设项目；创建一批示范健康食堂和标准化健康食堂建设；强化健康教育咨询点和运用智慧健康驿站建设；建设老年健康管理信息库，推动老年健康管理档案的信息共享和运用；推进数字化转型，打造数字赋能便捷就医、"为老服务一键通"应用场景，加强国家老年疾病临床医学研究中心及区域中心建设，打造老年健康科研高地；加强老年医学院校和医疗机构加强老年医学科研人员队伍建设；支持医学科照护统一需求评估员队伍建设，支持医学科专业建设；加强老年健康相关综合型人才培养
江苏	2020	江苏省体育局、江苏省卫生健康委	《关于促进体医融合发展的意见》（苏体群〔2020〕38号）	设施投入 人才培养 科技投入 示范工程	完善体医融合服务机构，建设体医融合服务机构；推进省运动康复联合医院建设，各区市要建设体育运动医院或专科康复医院和运动促进健康中心；建设体医融合运动人才队伍，加大运动防护师和运动处方师培养力度；建设省级运动医学、慢性病运动干预等研究机构和省级运动处方库；打造国家健康科普示范基地
江苏	2021	江苏省体育局	《关于加强健身指导工作的意见》（苏体群〔2021〕36号）	人才培养 示范工程 资金投入 信息服务	开设运动处方师和运动医院、体育医院；健康中心科学体育运动防护师培训班；建设运动促进健康中心；加大体育彩票公益金；建立全民健身服务网络信息平台；打造线下体质测评、数据自动传输、线上专家指导融为一体的科学健身指导大数据系统；创建健身资源共享系统

续表

地区	年份	政策主体	政策文件	政策工具	主要内容
江苏	2021	江苏省体育局、江苏省卫生健康委	《江苏省运动促进健康机构建设基本要求（试行）》（苏体群〔2022〕26号）	信息服务 设施投入 人才培养	建设信息服务平台，建立群众健康档案，引导专家入驻；提供"测、评、导、练"一体的线上运动健康服务；建设运动促进健康机构，增添运动健康设施，增设运动康复科室，开设运动医学门诊；培养运动处方师
	2022	江苏省体育局	《2022年江苏省体卫融合重点工作任务》（苏体群〔2022〕14号）	资金投入 示范工程 人才培养	省体育局对部分取得医疗机构执业许可证的事业单位给予经费补助；建设一批慢性病运动干预试点单位；支持南京体育学院建设国家运动处方师培训基地，推动各设区市建设省运动处方师培训基地、面向康复技师和医生进行培训
			《关于开展体系化建设运动促进健康机构试点的通知》（苏体群〔2022〕23号）	示范工程 信息服务 设施投入	择定在南京市、扬州市、宿迁市和张家港市开展体系化建设运动促进健康机构试点工作（驿站），支持宿迁市每年建设20个以上运动健康小屋；推动体质检测数据和体检数据融合，形成公民健康档案，分层推进运动促进机构建设
浙江	2019	浙江省人民政府	《浙江省人民政府关于推进健康浙江行动的实施意见》（浙政发〔2019〕29号）	设施投入 人才培养 信息服务	推进老年医院、康复医院、护理院和安宁疗护等医疗机构建设；支持高校和职业院校开设与老年健康相关的专业或课程；智慧健康管理行动，推进智慧医疗服务
	2020	浙江省委办公厅、浙江省人民政府办公厅	《关于加快康养体系建设推进养老服务发展的意见》（浙委办发〔2020〕63号）	示范工程 设施投入 人才培养 科技投入 信息服务	打造"康养联合体"；增加养老床位；鼓励开设康复护理类专业；开发统一的"浙里养""智慧养护"智慧养老云"数据库，建设智慧养老院

- 49 -

续表

地区	年份	政策主体	政策文件	政策工具	主要内容
浙江	2020	浙江省政府办公厅	《浙江省人民政府办公厅关于促进全民健身和体育消费推动体育产业高质量发展的实施意见》（浙政办发〔2020〕17号）	设施投入 资金投入 示范工程 人才培养	加强体育设施建设，新建一批全民健身中心、体育场馆、多功能运动场和百姓健身房等就近便民体育设施，设立国民体质监测站点；向社会发放体育健身消费券，开展"运动浙江"优惠体验活动；培育一批融合的产业示范基地，将运动员、教练员、体育产业人才纳入省级重点人才计划进行培养支持
浙江	2021	浙江省政府办公厅	《浙江全民健身实施计划（2021—2025年）》（浙政办发〔2021〕33号）	设施投入 人才培养 科技投入	增加全民健身场地设施供给；加强全民健身"双员"（社会体育指导员、基层体育委员）队伍建设；推动签约医生、家庭医生等医务人员和社会体育指导员开展运动知识、健康知识交叉培训；推进智慧健身路径、智慧健身步道、智慧健身公园建设
安徽	2019	安徽省文化和旅游厅、卫生健康委、总工会、妇联、残联	《安徽省关于加快推动全民健身与全民健康深度融合的指导意见》（皖体办〔2019〕20号）	信息服务 人才培养 设施投入	建立体医结合健康服务网络；培育健身健康指导师、建立高级人才储备库和专家库、建设智能健身房
安徽	2020	安徽省经济和信息化厅、民政厅、卫生健康委员会、科学技术厅	《安徽省智慧健康养老产业发展规划（2020—2025年）》（皖经信电子〔2020〕64号）	试点工程 科技投入 人才培养	如成立了安徽静安健康养老产业发展股份有限公司等示范企业；打造智慧健康养老创新高地，研发自助式健康监测设备、智能养老监护设备；开展养老人才培训"十百千万"工程
安徽	2021	安徽省体育局	《安徽省全民健身实施计划（2021—2025年）》（皖秘政〔2021〕228号）	设施投入 信息服务 科技投入	建成科学健身指导中心，在社区医疗卫生机构设立科学健身门诊，提供健康检测、评估、干预"三位一体"综合服务。鼓励社会力量开办健康管理、康复理疗等运动康复机构；建设科学健身专家和资料库，建成省级智慧体育平台，建立全省统一"运动银行制度"和"个人运动码"

附件二 国际"体医养"政策分析

国家	年份	政策文件	政策主体	政策工具	主要内容
美国	1965	《美国老年法案》	联邦政府	信息服务 标准设计	其中关于疾病预防和健康促进服务,由社区生活管理局ACL建立的老年服务网络系统,主要开展"教育和支持促进健康的生活方式和健康行为的活动","促进并改善老年人健康生活方式。同时,将体育促进老年人健康分成三大领域,即增强身健体(防摔计划和慢性病管理,针对性地提供体育指导
	1965	《伟大社会计划》	联邦政府	资金投入 设施投入	联邦政府投入6.5亿美元为建造社区公园并配备简单的健身设施,方便城市居民参与锻炼,形成了完善的公共体育设施网络、公共体育设施与大众零距离
	2001	《国家蓝图:促进老年人体育计划》	疾病预防控制中心、老龄研究所等	策略性措施	运用了生态学方法,从三个层面(政府部门、老人社会组织和老年群体)、三个环境(医疗卫生机构、社区和家庭)提出了干预政策,以充分调动整个社会资源鼓励老年人经常开展体育活动,以适应人口老龄化的新挑战
	2015	综合性老人健康护理计划法案(PACE创新法案)	美国国会	示范工程 人才培养 标准设计	PACE健康计划和社区医护人员设立了一个医护队伍,专门负责协调全包式医护和社区服务,并利用PACE成人日间看护中心来进行家庭医护和个人看护。目前PACE服务的提供主体主要为由PACE中心的医护机构成的工作队伍。该团体工作人员主要为全科医师、护士、药剂师、理疗师、营养学家,日常医护人员,社会工作者和负责转运的人员等。这是一个专业、比较全面的工作团体,可为病人提供了基本的诊疗、护理等服务

续表

国家	年份	政策文件	政策主体	政策工具	主 要 内 容
美国	2016	《国民身体活动计划》	疾病防控中心和非营利实体的代表构成的统筹委员会	策略性措施	该计划营造了具有体力活动紧迫感和危机感的文化氛围，保证各个部门伙伴关系，执行能力，评估等发展
美国	2020	《健康公民2030》	美国卫生与公共事业部HHS，联邦机构间工作组FIW	目标规划	《健康公民2030》为美国健康公民计划的第五版，旨在打造一个所有人都能在整个生命周期内充分实现健康和幸福的社会，从身体健康状况、人口健康行为、影响健康相关的社会决定因素等参与社会健康战略的制定和实施，各利益相关者参与国家健康战略的制定和实施。健康公民2030将"体育活动"当成重要指标，强调适度运动可以给各个年龄段的人带来巨大的健康益处
日本	2005	《公认体育指导员制度》	日本体育协会	标准设计	将体育指导员分为五大类，即基础体育运动指导员、竞技类体育指导员、健身体育指导员、体育运动医生、俱乐部管理者。将公益性体育指导员、商业体育指导员与大众体育、竞技体育、学校体育培养统一于体育指导员制度框架内，以推进终身体育、竞技体育和学校体育之间的协作
日本	2017	《建立以社区为基础的综合护理系统》	日本厚生劳动省	资金投入人才培养设施投入	建立"社区综合护理体系"，全面确保提供保健、护理、预防、住房和生活支援。即老人可以在生活在熟悉的环境中以自己的方式度过余生。即使他们所需要护理提供系统需要长期护理。将公益性体育指导员商业体育领域是接受家庭护理和护理的患者的居住场所。因此，为了建立日常生活领域所需的家庭护理系统，由市政当局负责协会等合作。建立与实施家庭护理有关的系统，促进负责家庭护理和就诊护理的人力资源的保障和培训

- 52 -

续表

国家	年份	政策文件	政策主体	政策工具	主要内容
日本	2018	《公司体育倡导计划》	日本振兴体育机构委员会	策略性措施	该计划对积极推动通过体育运动改善员工健康的公司进行认证,认证公司有助于改善公司的社会评价,促进员工享受体育运动。此计划通过公司积极促进通过体育运动改善员工健康,并最终实现整个国家参与体育运动的人数增加
	2020	《卫生与生产力管理投资行政核算指南》	日本经济产业省	标准设计	该指南解释了公司和其他组织需要采取的内部管理方法,以便通过其创造力高效和有效地实施健康和生产力管理,旨在推动公司和组织自愿、主动、灵活地参与健康和生产力管理,并获得各种市场,从而进一步传播健康和生产力管理的理念,并成为日本的企业文化之一
	2021	《确定长期护理保险业务保险福利顺利实施的基本准则》	日本卫生、劳动和福利部	资金投入	通过加强保险人职能等方式支持自力更生,促进预防严重疾病的举措,促进医疗和护理之间的合作,促进实现社区共生社会的努力,主动、灵活地参与,以深化和促进社区综合护理系统,并确保长期护理保险制度的可持续性
	2022	《日本第三项体育基本计划》	日本体育局	目标规划策略性措施	概述了政府在2022—2026年将推进的具体政策和目标,强调注意创造和促进体育活动,安排赛事,实现每个个人都可以接触的运动

2022年上海市体育决策咨询研究成果报告

续表

国家	年份	政策文件	政策主体	政策工具	主要内容
德国	1959	《黄金计划》系列	德国奥林匹克学会、德国体育联合会	标准设计、人才培养、设施投入	旨在为全体国民都能便捷地参与体育活动而建造体育设施
	2005	健康金齐格塔尔整合医疗（GK）项目	德国医疗保健管理公司Opti Medis AG和医生网络组织MQNK	示范工程策略性措施	GK公司与医保机构签订以人口健康收益为基础的长期合同，并通过协议方式开发订医疗提供方的关系。医生网络组织MQNK提供初级医疗、健康管理机构（OptiMedis AG）负责为GK公司提供业务管理技能支持。疾病基金会（AOK）和疾病基金会（LKK）都是德国法定健康保险机构，向参保人提供基本医疗保障，并代表参保人与GK公司签订整合型医疗服务协议，向医疗服务提供者付费。项目本身为卫生服务体系整合项目，整合卫生保健部门与服务提供，以健康促进、提高民众健康素养、整合健康管理项目、以收益共享的机制激励服务提供者来改善人群的健康状况，控制医疗成本
	2012	《改善医疗供给结构的法律》	德国联邦政府	法规管制设施投入	废止了以行政区划为单位制定保医师需求计划的规定，强调保障全国均一的医疗服务供给，允许就对象区域的差异，围设定与医保医生的种类及其医疗功能相应的。同时强化了州政府参与制订保医师需求计划的权限，关注政府的宏观调控

— 54 —

附件三 长者运动健康之家访谈备忘录

1. 机构访谈

1.1 机构访谈 CBQ1201

1.1.1 基本信息

(1) 占地面积：150 m² 左右。

(2) 场地区位：街道提供场地，尚体提需求（一般在一楼/一楼以上有电梯），距离居民区 1 千米左右，初步调研社区老年人比例较高。郊区长者运动健康之家多的原因有二：一是老房子动迁或者子女房子置换，二是符合需求的闲置公共场地。

(3) 工作人员：总部中台有本科以上学历的人员相对年轻，门店中（30 多家）有大专以上学历的共计 80~90 人，店长 35 岁左右，运营人员 40 岁以上。公司要求总部与门店取得三证：社会体育指导员证（全覆盖）、社区运动健康师证、红十字会急救证；康复部门有 1 名康复师，医学专业的人员较多；运动开发部门多为运动健康相关专业和健身专业的人员。

(4) 配套设施：有检测区（运动心率监测）、有氧训练区、微循环促进区、核心稳定及拉伸训练区、综合干预区、功能康复训练区、文娱社交区域。新老店的区域功能完善但设备存在多样性差异。

(5) 保障人群：长者运动健康之家以 55~90 岁活力老人非医学干预为主，术后康复的占比为 10%。每个门店平均 50 人次/天，约 1 500 次/月。男女比例为 3∶7。会员大多数是路过或者朋友推荐，平均运动频次至少 4~5 次/周。每三个月进行复测，系统会智能提醒。2021 年续约率为 85%，2022 年由于疫情影响略有降低。

(6) 科学指导：主动结合被动方式。健身健康知识讲座有三类：一是线上科普类如饮食睡眠，二是教学类如站桩养生功法，三是干预理疗类如慢性病预防。标准化是 1 次/月，12 次/年。安全措施体现在两个方面：一方面是事前事后血压检测；另一方面是智能化关怀，通过心率绷带实时监测/健康档案结合巡场指导与门店 AED 配备保障安全。结合体检报告和体质问卷开具泛运动处方，在泛运动处方基础上，根据训练情况和监测数据开具运动处方，具体有两种方式：一种是总部中台的专业运动健康团队每人负责 3 个门店开具运动处方，另外一种是运动处方实验室（研究院所在地）通过智慧化后台开具精准运动处方(力量强度与时间、有氧配速)。专业指导:门店运营做基础健康指导服务,健康师深入个性化指导。

1.1.2 运营情况

(1) 空间布局:与社区老龄化程度相关,与养老机构会有交叉,但功能性上相互补充不冲突。

(2) 运营模式:早上8点至晚上8点,年营业日在350天以上,坚持公益低价收费99元/月。2021年总体收支平衡,徐汇区门店的消费能力较高,青浦区、宝山区、嘉定区门店的消费能力较低。在体育消费券使用之前每个门店的坪效(m^2/人)为1∶0.8,体育消费券能够有效促进运动消费,坪效可以达到1∶1。中台成本不算在内,主要投入在产品迭代与标准化方面。

(3) 人才培养:人才供应链采取0—1的培养方式,支持三证培养,激励机制是对于服务量与个案进行奖励。一线薪酬(约5 000元/月)定位与高等院校毕业生不匹配,人才培养方面更多追求稳定性与年轻化(康复或者运动相关专业)。专业度方面有退休返聘志愿者,但主力更追求专业性培养方面。

(4) 政策扶持:在规模发展方面,民政部门和体育部门会根据建筑面积差异性进行补贴。

1.1.3 "体医养"融合路径

(1) 高校就业宣讲通道:设立高校就业支持补贴,支持更多相关专业毕业生就业,促进全社会意识从被动运动向主动运动转变,形成良性循环。

(2) "体医养"运营合作:在"体医养"融合发展方面已经与华山医院等进行课题研究,但在运营方面需要做更多探索:一方面探索全科医生与运动健康师搭档开具运动处方,有利于提高用户认可度,另一方面探索多政府部门推动长者运动健康之家建设,卫健委、医保局、当地医院或者社区医疗服务中心如何共同参与到"体卫融合",医保或财政保证金如何支持和普及长者运动健康之家。

1.2 机构访谈 CBQ1301

1.2.1 基本信息

(1) 占地面积:小于400 m^2,一层。

(2) 开放时间:8:00—20:00(中午休息一个小时),高峰期为8:30—10:30,14:30—16:30。

(3) 区位优势:整栋楼由尚体运营,一层为长者运动之家+智慧健康驿站(血糖检测),二层为中青年智能健身房,三层为篮羽乒综合运动中心,四层为青少年体适能训练中心;隔壁是罗店镇第三社区卫生服务中心以及为老服务中心。

(4) 工作人员:共 5 人,员工做 1 休 1,店长做 5 休 2,平均年龄 35 岁。工作人员都是上海三级社会体育指导员,在考运动健康师。

(5) 配套设施:有检测区(运动心率监测)、有氧训练区、微循环促进区、核心稳定及拉伸训练区、睡眠障碍改善区、功能康复训练区、棋牌以及多功能区(操课、沪剧、视频跳操)。

(6) 保障人群:保障人群中有个别术后功能性恢复的(尤其是四肢协调恢复和睡眠),会员中有康复需要的老年人占比约 10%。服务对象主要是两类活力老人,一是党政中心服务对象,没有年龄限制;二是对外老年人,原则上年龄为 55~90 岁。行动不方便者或者年龄在 90 岁以上需要有人(保姆/社区工作者)监护陪同。其中,年龄在 60~75 岁的会员活跃度高。

(7) 科学指导:1 次/月健身健康知识讲座。

1.2.2 运营现状

(1) 空间布局划:公司与政府街道衔接。入门设计是有氧运动区,提升老年人主动运动意识。操课看情况适当收费,沪剧等自发性活动不收取场地费。

(2) 运营模式:会员数量 2021 年约 100 人/月,2022 年 10 月有 20~30 人。

(3) 设备效果:一是睡眠障碍改善设备,可以舒缓神经,有效缓解焦虑和抑郁情绪;二是微循环促进,可以有效开展放松理疗,对于改善便秘的反馈特别好;三是红外线设备,能够很好地排除体内湿气,在冬季使用率很高。

(4) 活动安排:会员有操课或者讲座需求可上报尚体公司统一安排。

(5) 人员安排:主要工作是老年人维护,只有在流量大的时候会有人手压力,但上报公司就可以解决。

1.2.3 "体医养"融合路径

(1) 资源融合:长者运动健康之家的出发点是心理疏导。主要采用心理疏导方式,不以营利为目的,而是给老年人提供健身娱乐服务和社交环境。

(2) 发展建议或问题:一是满足多元化会员需求。会员数据共享有一定的问题,存在会员换门店情况需要与公司沟通协调换门店的情况,会员数据共享可促进更多多元化老年人融入长者运动健康之家。电子档案和运动处方的智能化数字转型还不能实现执行率实时反馈,因此采用比较人性化的抓拍方式以获取相关信息。二是提高老年人参与率。提高老年人群健身锻炼意识,提升非医学性干预有效防治慢性病。

1.3 机构访谈 CBQ1401

1.3.1 基本信息

（1）占地面积：一层为长者运动健康之家，占地 180 m²，二层为健康促进中心。

（2）开放时间：2021 年 12 月 20 日试运营，8:00—20:00（中午休息一个小时），高峰期为 8:30—10:00、14:30—16:00。

（3）区位优势：二层健康促进中心提供太极拳或者操课（专业老年舞蹈综合队）、志愿者 7 人（含退休医生、舞蹈队领队），二层利用率低。旁边是青浦区体育总会秘书处、青浦区老年人体育协会、青浦区体育彩票管理办公室、青浦区社会体育指导员协会以及青浦区体育场篮球场。

（4）工作人员：共 5 人，4 个员工做 1 休 1，1 个店长做 5 休 2。员工都是上海三级社会体育指导员，在考运动健康师。公司要求每个人要有三证但还没有完全落实。志愿者为医生，负责体质监测和团操课的开展与登记，兼职，每周来 1～2 次，有补贴。

（5）配套设施：有检测区（运动心率监测）、有氧训练区、微循环促进区、核心稳定及拉伸训练区、睡眠障碍改善区、功能康复训练区、棋牌以及多功能区（操课、沪剧、视频跳操）。

（6）保障人群：保障人群分两类，一层长者运动健康之家是会员收费的，二层健康促进中心免费提供太极拳或者操课场地。办理年卡的只有 2 人，月卡一般是到期再续。

（7）科学指导：1～2 次/月健身健康知识讲座。运营人员根据检测报告开具运动泛处方，公司每个月不定期地派一位运动康复师开具运动处方。

1.3.2 运营现状

（1）空间布局：公司与政府部门及街道衔接。入门设计是有氧运动区，提升老年人主动运动意识，还为自发型沪剧（周日闲时）提供活动场所。

（2）运营模式：会员数量最多时为 144 人，现在为 60～70 人，康复需求人群占 10%。

（3）设备效果：一是睡眠障碍改善设备，可以舒缓神经，有效缓解焦虑和抑郁情绪；二是微循环促进，可以有效放松理疗，对于改善便秘的反馈特别好；三是红外线设备，能够很好地排除体内湿气，在冬季使用率很高。

（4）活动安排：会员有操课、沙龙活动或者讲座，可以免费在二楼健康促进中心举行,私教业务公司正在推广。

(5) 人员安排:主要工作是老年人维护,只有在流量大的时候会有人手压力,但上报公司就可以解决。

1.3.3 "体医养"融合路径

(1) 资源融合:长者运动健康之家能够与医疗结合,老年人很喜欢。

(2) 发展建议或问题:长者运动健康之家的宣传有待提升。一是提升政府推广力度。很多老年人进来看看而不是主动体验,虽然已经采取了地推方式(摆摊和传单)但成效不大,政府推广长者运动健康之家会更有优势。二是提高老年人的认可度。会员多以被动运动为主,主动运动的人较少,需要提高老年人主动运动意识以及提升对长者运动健康之家的兴趣。

2. 长者访谈

访谈时间:2022 年 10 月 13—14 日

访谈地点:上海市宝山区美文路 211 号,美兰西湖文化活动中心

2.1 长者访谈 LC1301

2.1.1 老年人基本信息

(1) 基本信息:女,68 岁,高中学历,已婚,与老伴居住,退休前从事食品服务行业。

(2) 福利状况:有退休金和医疗保险,能够维持基本生活。

(3) 健康状况:身体情况基本良好,有慢性病(高血压)。

(4) 锻炼情况:参与体育锻炼频率较高,认为坚持体育锻炼对身心健康均有帮助。

2.1.2 长者运动健康之家服务覆盖情况

(1) 使用情况:受访者通过周边人介绍了解到长者运动健康之家,居住地距此约 1 千米,从家步行至此十多分钟即可,已办理年卡(1 180 元/年)。如果家里没事,基本上每天都会来这儿锻炼,一待就是一个下午,回家正好做晚饭。

(2) 服务指导:受访者享受过建立健康档案、健康追踪调查、定期体质检测、锻炼与康复、运动处方等健康管理服务,并表示此处虽不提供用药指导,但自己定期前往医院,本身清楚用药剂量和频率。受访者对已有服务感到很满意,并且认为是有必要的。如果有"饮食营养处方""治疗康复处方"等服务,也很乐意尝试。

2.1.3 对长者运动健康之家的满意度与需求

(1) 总体设施满意度:总体而言,长者运动健康之家能够满足该受访者的

日常锻炼与健康管理的需求,并对其身体功能有明显的促进作用。受访者表示长者运动健康之家的各个设施配备都能较好地满足自己的需求,都非常吸引自己,并对调查人员提到的"新型智能化设备"表示期待。

(2) 服务人员满意度:受访者对长者运动健康之家工作人员的服务态度极为肯定与赞赏,认为"这边的工作人员指导非常认真,比如我刚开始来这儿时走路多脚很痛,这边的服务人员会提供运动方案,让我不要走那么长时间的路,可以循序渐进,到现在我的脚就没那么痛了,也可以多走一点儿路了"。

(3) 其他需求和建议:当问及长者运动健康之家未来有哪些有待进一步完善的地方时,受访者表示这边的服务设施基本已经很完备,美中不足的是场地规模比较小,如果能够扩容,再提供一个游泳池进行锻炼会更好。

2.2　长者访谈 LC1302

2.2.1　老年人基本信息

(1) 基本信息:女,71 岁,高中学历,已婚,与老伴居住。

(2) 福利状况:有退休金和医疗保险,能够维持基本生活。

(3) 健康状况:身体情况基本良好。

(4) 锻炼情况:来长者运动健康之家前锻炼较少,现参与体育锻炼频率较高,认为坚持体育锻炼对身心健康均有帮助。

2.2.2　长者运动健康之家服务覆盖情况

(1) 使用情况:受访者来此交通较为便利,需乘坐四站公交车,已办理年卡(1 180 元/年)。基本每日都前往长者运动健康之家进行锻炼,锻炼时长为一下午。

(2) 服务指导:受访者享受过建立健康档案、健康追踪调查、定期体质检测、锻炼与康复、运动处方的健康管理服务,并对已有服务感到很满意,认为是必要之举。受访者还提到,长者运动健康之家的服务人员会给他们过"老年节",会在微信群中定期开展线上健康知识讲座,但一般回家后不会再去手机上听讲座。对于调查人员提到的心理疏导服务,受访者表示"来这儿锻炼,身体健康了,心情也会开朗、愉快,整个人的精神面貌都更好了,因此不是很需要心理疏导"。

2.2.3　长者运动健康之家的满意度与需求

(1) 总体设施满意度:总体而言,长者运动健康之家能够满足该受访者的日常锻炼与健康管理的需求,并对其身体功能有明显的促进作用。受访者提及在来长者运动健康之家之前,在家基本只能睡睡午觉、看看电视,来这儿之后经常锻炼,脚也不怎么痛了,对于身体是大有裨益的。

(2)服务人员满意度:受访者对长者运动健康之家工作人员的服务态度极为肯定与赞赏,认为这边的工作人员日常关怀非常到位,会经常与老年人沟通,询问他们的身体状况,比如"您的血压高吗?""最近身体有哪儿不舒服吗?"……对于不会使用设备的老人还会悉心教导,对于行动不便的老人也会积极提供帮助,如帮忙倒水等。

(3)其他需求和建议:暂无。

2.3 长者访谈 LC1303

2.3.1 老年人基本信息

(1)基本信息:男,72岁,高中学历,已婚,与老伴居住。

(2)福利状况:有退休金和医疗保险,能够维持基本生活。

(3)健康状况:身体情况良好,无慢性病。

(4)锻炼情况:来长者运动健康之家前基本不锻炼,现参与体育锻炼频率较高,认为坚持体育锻炼对身心健康均有帮助。

2.3.2 长者运动健康之家服务覆盖情况

(1)使用情况:受访者在2021年12月此处长者运动健康之家成立之初便来参加锻炼活动,居住地距此约公交车四站路程,从家步行至此十多分钟即可,已办理年卡(1 180元/年)。问及前往长者运动健康之家频率及锻炼时长时,受访者表示基本每日都会来此锻炼4个小时左右(下午)。

(2)服务指导:受访者享受过建立健康档案、健康追踪调查、定期体质检测、锻炼与康复、运动处方等健康管理服务。

2.3.3 长者运动健康之家的满意度与需求

(1)总体设施满意度:总体而言,长者运动健康之家能够满足该受访者的日常锻炼与健康管理的需求,并对其身体功能有明显的促进作用。受访者特别表示来长者运动健康之家前不怎么锻炼,来锻炼之后明显感觉精神更好,认为设施配备都能较好地满足自己的需求。

(2)服务人员满意度:受访者对长者运动健康之家工作人员的服务态度很满意,表示这边的工作人员很热情,对大家也很关心。

(3)其他需求和建议:当问及长者运动健康之家未来有哪些有待进一步完善的地方时,受访者提及原先有专门体育学院毕业、知晓人体结构和穴位、专业持证的教练进行一对一指导,现在教练不来了,有点遗憾。受访者指出,机器如何使用可以请教工作人员,但具体每个人身体状况不一,若有教练进行专业化指导,针对每个人提出定制化运动处方会更好,如对于气胀肚子大、肩颈疼等不同的问题,希望有精细化的解决方案。

2.4 长者访谈 LC1304

2.4.1 老年人基本信息

(1) 基本信息:女,54岁,高中学历,已婚,租住在附近。

(2) 福利状况:有退休金和医疗保险,能够维持基本生活。

(3) 健康状况:身体情况基本良好。

(4) 锻炼情况:参与体育锻炼频率很高,基本在家也会天天锻炼,如俯卧撑和拉伸运动等,认为坚持体育锻炼对身心健康均有帮助。

2.4.2 初次使用情况及需求

该受访者情况较为特殊,目前还差1个月到退休年龄,因当日前往地铁站路上看到有这样一个"文化活动中心",产生兴趣并进入长者运动健康之家体验,已办理月卡(69元/月)。受访者虽未去过类似的体育锻炼服务中心,但表示退休后也很愿意来长者运动健康之家进行锻炼,认为此处的设施能够满足日常锻炼与健康管理的需求,对于身体功能也有明显的促进作用。

2.5 长者访谈 LC‑ZRT1305

2.5.1 老年人基本信息

(1) 基本信息:男,86岁,1958年毕业于复旦大学自然科学系,丧偶,目前独居,退休前曾任小学教师、江西省政府干部。

(2) 福利状况:领公务员退休金和医疗保险,能够维持基本生活。

(3) 健康状况:身体情况基本良好,有慢性病(类风湿性关节炎),需定期前往医院开止痛膏药。

(4) 锻炼情况:参与体育锻炼频率较高,认为坚持体育锻炼对身心健康均有帮助。

2.5.2 长者运动健康之家服务覆盖情况

(1) 使用情况:受访者在2021年12月此处长者运动健康之家成立之初便来参加锻炼活动,已办理年卡(1 180元/年)。受访者居住地距此约500米,平时步行来往,若下雨天会选择乘坐公交车,基本在每日下午午睡后都会来此锻炼一个半小时左右,于下午5点回家。

(2) 服务指导:受访者享受过建立健康档案、健康追踪调查、定期体质检测、锻炼与康复、运动处方等健康管理服务,对已有服务感到很满意,并认为是有必要的。该受访者举例自己在 2022 年 8 月得流感,在健康之家医生的指导下用药,发了两天高烧后基本就恢复了健康(对照组为受访者孙子,生病一周还没有恢复)。

2.5.3　长者运动健康之家的满意度与需求

(1) 总体设施满意度:总体而言,长者运动健康之家能够满足该受访者的日常锻炼与健康管理的需求,并对其身体功能有明显的促进作用。受访者表示长者运动健康之家的各个设施配备都能较好地满足其需求,特别是多功能运动室中手臂拉伸的设备特别适合自己。

(2) 服务人员满意度:受访者同样认为长者运动健康之家工作人员的服务态度良好。

(3) 其他需求和建议:当问及长者运动健康之家未来有哪些有待进一步完善的地方时,受访者表示希望长者运动健康之家能够请到保健卫校的专业人员,能够给每个人解释他们各自的身体情况,并提出建设性意见,这也是目前长者运动健康之家一般工作人员还不能提供的服务。此外,受访者强调长者运动健康之家这类场所的建设对于市民是一种享受,对于整个社会更是一种福祉。他希望国内的养老服务能够从"居家养老"向"集中养老"转变,希望长者运动健康之家这类场所能够和其他养老机构合作,仿照发达国家如德国、法国、西班牙对于"养老公寓"的建设——通过每家出各自的管理费,请护工、维修工上门服务,既可以在闲暇之时和公寓内的老年人闲话家常(功能相当于目前的"养老院"),也可以享受自由空间,有自己的隐私,不会因为在同一屋檐下对于服务需求的不同而产生不愉快(比如想要看不同的电视节目)。

2.6　长者访谈 TZR1306

2.6.1　老年人基本信息

(1) 基本信息:女,64 岁,中专学历,曾与母亲和老伴一起生活,目前独居,退休前在医院工作。

(2) 福利状况:有退休金和医疗保险,能够维持基本生活。

(3) 健康状况:身体情况基本良好。

(4) 锻炼情况:参与体育锻炼频率较高,也参加除了长者运动健康之家外的其他社会性体育活动,如打腰鼓。

2.6.2　长者运动健康之家服务覆盖情况

(1) 使用情况:受访者已习惯每日下午 1 点到长者运动健康之家进行多

元化锻炼,基本会把所有器械都使用一遍。

(2) 服务指导:受访者享受过定期体质监测、建立健康档案、器械指导等服务,认为在长者运动健康之家很开心,不需要心理疏导。受访者认为长者运动之家的体育健康管理服务是全方位和多功能的,有健康知识讲座,也有打牌和下棋;但并没有医疗和养老服务,没有用药指导服务。

2.6.3 长者运动健康之家的满意度与需求

(1) 总体设施满意度:总体而言,长者运动健康之家能够满足该受访者的日常锻炼与健康管理的需求,最具吸引力的地方是全方位和多功能体育健康服务。

(2) 服务人员满意度:受访者认为长者运动健康之家工作人员的服务态度好,高度赞扬店长对于老人的关爱,在不上班时也会到店里巡查。工作人员会指导器械如何使用,也会与老年人聊天和教老年人如何使用手机,能够有效激发老年人体育锻炼的兴趣。

(3) 其他需求和建议:对问及长者运动健康之家未来有哪些有待进一步完善的地方时,受访者表示希望长者运动健康之家可以普及到每个社区,最好多开设这样的运动场馆。

2.7 长者访谈 TZR1307

2.7.1 老年人基本信息

(1) 基本信息:女,65 岁,技校毕业。

(2) 福利状况:有退休金和医疗保险,能够维持基本生活。

(3) 健康状况:身体情况基本良好。

(4) 锻炼情况:喜欢主动参加体育锻炼,参与体育锻炼频率较高。

2.7.2 长者运动健康之家服务覆盖情况

(1) 使用情况:受访者每天下午 1 点都会到长者运动健康之家进行常规性锻炼,拉伸类器械的使用率最高。

(2) 服务指导:受访者享受过建立健康档案、健康追踪调查、定期体质检测、锻炼与康复、运动处方等健康管理服务,对已有服务感到很满意且认为非常有必要。

2.7.3 长者运动健康之家的满意度与需求

(1) 总体设施满意度:总体而言,长者运动健康之家的收费标准合理,运动设施能够满足日常锻炼需要,可以有效提高锻炼成效。刚开始来的时候,有的老人是挂着拐杖来的,经过坚持科学化锻炼后把拐杖都扔掉了。受访者表示在长者运动健康之家能够"玩起来",能够提高老人社会参与度,抑制在家无所事事演变为失智患者的风险,来到这里心情愉悦,很开心。

(2) 服务人员满意度:受访者同样认为长者运动健康之家工作人员的服务态度良好。会对于不会使用的运动器械的老人进行指导,对老人态度和气也很关心,如同自己子女一般。

(3) 其他需求和建议:当问及长者运动健康之家未来有哪些有待进一步完善的地方时,受访者表示希望长者运动健康之家能够少量增加难度更高的运动器械。

2.8 长者访谈GSY-CBQ1308

2.8.1 老年人基本信息

(1) 基本信息:男,78岁,与老伴居住,小学文化程度,退休前是建筑工人。

(2) 福利状况:有退休金和医疗保险,可以维持基本生活。

(3) 健康状况:有慢性病,其他状况很好。

(4) 锻炼情况:来到长者运动健康之家之后能够坚持每日上下午都来,每次2个小时。

2.8.2 长者运动健康之家服务覆盖情况

(1) 使用情况:受访者自长者运动健康之家成立起便来了,坚持进行常规性锻炼,健身车和微循环促进沙发使用率最高。

(2) 服务指导:受访者同样享受过建立健康档案、健康追踪调查、定期体质检测、锻炼器械指导、运动处方等健康管理服务,对已有服务感到很满意且认为非常有必要,对运动器械感到很满意。

2.8.3 长者运动健康之家的满意度与需求

(1) 总体设施满意度:总体而言,受访者对于长者运动健康之家的认可度很高,表示没事就会来运动。对于运动器械的满意度高,因为坚持锻炼能够有效降低高血压,来这里锻炼之前自己的血压是超过正常范围的,现在处于正常血压范围,对于高血压这种慢性病的干预效果很好。

(2) 服务人员满意度:受访者同样认为长者运动健康之家工作人员的服务态度很好,设备自主性很高。

(3) 其他需求和建议:当问及"长者运动健康之家"未来有哪些有待进一步完善的地方时,受访者表示没有更多的设备需求,对于80岁高龄老人来说跑步机类的有氧训练是吃不消的。

2.9 长者访谈 GSY-CBQ1309

2.9.1 老年人基本信息

(1) 基本信息：男,80岁,与伴侣居住,小学文化程度,退休前是木工。

(2) 福利状况：有退休金和医疗保险,可以维持基本生活。

(3) 健康状况：血压偏高但问题不大。

(4) 锻炼情况：从长者运动健康之家营业起就坚持每天过来锻炼,上午下午各2小时,住在隔壁步行过来很方便。

2.9.2 长者运动健康之家服务覆盖情况

(1) 使用情况：坚持每天两次来长者运动健康之家进行常规性锻炼,踩踏车和微循环促进设备使用率最高。

(2) 服务指导：受访者享受过建立健康档案、健康追踪调查、定期体质检测、锻炼器械指导、运动处方等健康管理服务。还参加过关于保健、运动、健康饮食的健康知识讲座。

2.9.3 长者运动健康之家的满意度与需求

(1) 总体设施满意度：总体而言,受访者对于长者运动健康之家的认可度很高,通过运动,尤其是微循环促进设备的使用能够明显感到走路变轻松了。在长者运动健康之家能够交到朋友。

(2) 服务人员满意度：受访者认为长者运动健康之家工作人员的服务态度很好。

(3) 其他需求和建议：对长者运动健康之家改善方面没有更多建议。

2.10 长者访谈 GSY-CBQ1310

2.10.1 老年人基本信息

(1) 基本信息：男,与伴侣居住,小学文化程度,退休前是司机。

(2) 福利状况：有退休金和医疗保险,可以维持基本生活。

(3) 健康状况：身体健康。

(4) 锻炼情况：每天到长者运动健康之家锻炼。

2.10.2 长者运动健康之家服务覆盖情况

(1) 使用情况：坚持每天上午下午各一次到长者运动健康之家进行常规性锻炼。

(2) 服务指导：受访者享受过建立健康档案和定期体质检测服务,但没有享受过设备指导服务,也没有参加过健康知识讲座。

2.10.3　长者运动健康之家的满意度与需求

（1）总体设施满意度：总体而言，受访者对于长者运动健康之家的使用黏性很高。

（2）服务人员满意度：受访者认为长者运动健康之家工作人员的服务态度很好。

（3）其他需求和建议：对长者运动健康之家改善方面没有更多建议。

2.11　长者访谈 TZR1401

2.11.1　老年人基本信息

（1）基本信息：男，81岁，与儿子生活，退休前是工业公司（行政单位）干部。

（2）福利状况：有退休金和医疗保险，能够维持基本生活。

（3）健康状况：身体情况良好。

（4）锻炼情况：基本每天来长者运动健康之家锻炼2~3次，每次约1小时。

2.11.2　长者运动健康之家服务覆盖情况

（1）使用情况：受访者是路过看到就来体验了，居住地至此骑行十多分钟即可到达。

（2）服务指导：受访者每日运动前后享受血压监测服务，不需要饮食指导，没有听过健康知识讲座等。

2.11.3　长者运动健康之家的满意度与需求

（1）总体设施满意度：总体而言，长者运动健康之家对机体功能维护具明显促进作用。

（2）服务人员满意度：工作人员会对操作流程和设备使用等进行指导。

（3）其他需求和建议：对长者运动健康之家未来完善方面没有建议。

2.12　长者访谈 TZR1402

2.12.1　老年人基本信息

（1）基本信息：男，72岁，与老伴一起生活，退休前是从教师改行到房地产公司的。

（2）福利状况：有退休金和医疗保险，能够维持基本生活。

（3）健康状况：高血压，身体情况基本良好。

（4）锻炼情况：开业起就尝试坚持到长者运动健康之家锻炼，坚持每天上午下午各进行一次锻炼，每次1小时左右。

2.12.2 长者运动健康之家服务覆盖情况

（1）使用情况：受访者在门店试运营时便知晓并开始锻炼，每次基本上把各类器械都做一遍。

（2）服务指导：受访者享受过建立健康档案和运动设施使用指导服务，表示没有享受过定期体质检测和用药指导服务。长者运动健康之家有为老人宣传健康知识。

2.12.3 长者运动健康之家的满意度与需求

（1）总体设施满意度：总体而言，长者运动健康之家对身体健康是很受益的。之前总是腰酸，通过坚持到长者运动健康之家锻炼现在腰不酸了，控制血压的药从2片减少到1片。距离家很近，步行15分钟或骑车10分钟即可到达。长者运动健康之家能够激发老年人体育锻炼的兴趣，可以提高锻炼成效。

（2）服务人员满意度：受访者对长者运动健康之家工作人员的服务态度表示赞赏。

（3）其他需求和建议：当问及对长者运动健康之家未来有哪些有待进一步完善的地方时，受访者表示现在设备够用，如果再增加其他的运动设备也会愿意尝试。

2.13 长者访谈 TZR1403

2.13.1 老年人基本信息

（1）基本信息：女，68岁，与老伴一起生活，小学文化程度，退休前为乡村工厂的工人。

（2）福利状况：有养老金和医疗保险，能够维持基本生活。喜欢游玩。

（3）健康状况：股骨头坏死，其他身体机能良好。不能长距离步行，不能爬山。

（4）锻炼情况：从开业起就坚持在长者运动健康之家锻炼，已办理了会员卡。

2.13.2 长者运动健康之家服务覆盖情况

（1）使用情况：受访者在门店试运营时便知晓并开始锻炼。问及长者运动健康之家设备使用情况时，表示"股骨头坏死，用脚踩的不做；红外线不做，因为怕把假肢烫坏"。

（2）服务指导：受访者享受过建立健康档案和运动设施使用指导服务，表示没有也不需要心理辅导，"心情不好的人需要辅导，我一天吃喝玩乐很高兴，不需要心理辅导"。参加过长者运动健康之家的健康知识讲座。

2.13.3　长者运动健康之家的满意度与需求

（1）总体设施满意度：总体而言，长者运动健康之家对健康是有益的，健康是第一位的。费用是能接受的，原来每个月99元，现在是69元。

（2）服务人员满意度：受访者对长者运动健康之家工作人员的服务态度表示肯定："服务态度很好，下下棋，聊聊天，有个老人去的地方，挺好的。"在谈及场所人员运动设备使用时认为"有空时会给我们开，工作人员没空时自己开一下"。针对个体化运动设备的使用指导，还需要提高运动方案的执行率。

（3）其他需求和建议：当问及对长者运动健康之家未来有哪些有待进一步完善的地方时，表示没有特别建议。然而从观察者角度来看，受访者可能需要更详细的运动方案和运动指导。

2.14　长者访谈 TZR1404

2.14.1　老年人基本信息

（1）基本信息：男，76岁，与老伴一起生活，退休前是药品厂老板。

（2）福利状况：有养老金和医疗保险，主要靠退休前的积蓄生活。

（3）健康状况：17年前脑梗，进过医院ICU，保守治疗。现在生活可以自理，身体恢复得不错。

（4）锻炼情况：开业起就尝试坚持到长者运动健康之家锻炼，每天2～3次。

2.14.2　长者运动健康之家服务覆盖情况

（1）使用情况：受访者就住在对面小区，距离家很近。

（2）服务指导：受访者享受过建立健康档案等健康管理服务。

2.14.3　长者运动健康之家的满意度与需求

（1）总体设施满意度：总体而言，长者运动健康之家的运动对健康是很好的，对于恢复身体机能是很好的。

（2）服务人员满意度：受访者表示长者运动健康之家工作人员的服务态度很好。

（3）其他需求和建议：当问及对长者运动健康之家未来有哪些有待进一步完善的地方，表示没有特别建议。

2.15　长者访谈 TZR1405

2.15.1　老年人基本信息

（1）基本信息：男，69岁，云南知青，退休前是工厂的工人。

(2) 福利状况：有养老金和医疗保险。

(3) 健康状况：有直肠癌病史，现在身体状况良好。

(4) 锻炼情况：开业起就尝试坚持到长者运动健康之家锻炼，每天 2～3 次。

2.15.2　长者运动健康之家服务覆盖情况

(1) 使用情况：受访者家里与长者运动健康之家离得很近。

(2) 服务指导：受访者享受过建立健康档案等健康管理服务。

2.15.3　长者运动健康之家的满意度与需求

(1) 总体设施满意度：总体而言，对长者运动健康之家的满意度是很高的，"早上过来聊聊天，做做运动"。

(2) 服务人员满意度：受访者表示长者运动健康之家工作人员的服务态度很好。

(3) 其他需求和建议：当问及对长者运动健康之家未来有哪些有待进一步完善的地方时，受访者表示没有特别建议。受访者在访谈时提及，部分场地和设备在促销活动人流量多的时候是不允许进入和使用的，专门开设给 599 元的会员，这种差异性服务可能会导致满意度降低。

2.16　长者访谈 TZR－CBQ1406－1411

2.16.1　老年人基本信息

(1) 基本信息：58～70 岁的女性共六位，是社区老年专业舞蹈综合队成员，其中领队是楼上健康促进中心的志愿者。2021 年团队参加 6 个线上比赛（其中 2 个是全国比赛，4 个是区级比赛），访谈当天团队刚好录制完两个片段的线上比赛视频。

(2) 福利状况：有养老金和医疗保险，能够维持生活用度。

(3) 健康状况：非常健康。坚持每天体育锻炼，主要是跳操跳舞，包括打腰鼓、拍手操、海派秧歌、扇子舞等。

(4) 锻炼情况：基本上每天坚持锻炼，长者运动健康之家的二楼健康促进中心是舞蹈队排练点之一。

2.16.2　长者运动健康之家服务覆盖情况

(1) 使用情况：受访者有的离家比较远，坐车 45 分钟左右，会坚持舞蹈训练但是不办理长者运动健康之家的会员。一方面是舞蹈训练很充实，满足了体能训练需求和社交需求，另一方面是居住地较远觉得没有必要。

(2) 服务指导：舞蹈综合队成员积极参与长者运动健康之家举办的健康

知识讲座等活动,有活动必到。其领队是二楼健康促进中心的志愿者,也属于"体医养"融合发展部分的志愿者。

2.16.3　长者运动健康之家的满意度与需求

(1) 总体设施满意度:总体而言,长者运动健康之家很支持舞蹈队的排练,大家也愿意支持长者运动健康之家的工作。

(2) 服务人员满意度:受访者表示长者运动健康之家工作人员的服务态度很好。

(3) 其他需求和建议:当问及对长者运动健康之家未来有哪些有待进一步完善的地方时,受访者说在长者运动健康之家入驻之前,这里两层都是健康促进中心,是体育局和卫健委共同组织的,以前会定期有医生坐诊和拍手操教学项目、穴位操项目,能够很好地和医疗结合。现在拍手操第二套升级版在妇联推广,这里也没有医生坐诊了。

3. 小结

3.1　机构访谈

3.1.1　基本信息

长者运动健康之家的定位是公益性的,注重人才培养的稳定性,对于调动更多社会人才的需求不大,更愿意尝试从 0 到 1 的培养方式。

3.1.2　运营情况

会员用户黏性高、体验度高、能够自主使用运动器械。

门店店长对于长者运动健康之家的理解不尽相同。宝山门店店长非常认可"家"的文化概念,更乐意从人文角度关怀长者,会员对于店长的认可度很高且曾有个人送锦旗;青浦门店店长更愿意把长者运动健康之家作为社交场所,为老年人搭建社会参与平台。

与政府部门之间采用各自管理与交叉工作方式进行,一方面场地与设备归属于政府,定期将运营管理情况以运营管理报告形式提交给政府;另一方面长者运动健康之家会不定期协助社区开展活动。

3.1.3　"体医养"融合发展

结合上海"十四五"规划优势,深耕上海,将产品和运营优势做大做强后,再深化企业文化底蕴,扩展培训功能,慢慢辐射到长三角直营或加盟店直至扩大到全国。

尚体运营的长者运动健康之家在工作日与时长方面是具有明显优势的,增加了用户黏性和会员活跃度。但是,随着物联网和智能化、标准化的发展,与其他运营门店的竞合关系会不会制约数据平台的建设,或者会不会产生垄断而违背公私合营激发市场活力的初衷是需要政府部门考量的。

尚体运营还处在发展阶段,是否会利用场地优势提出不合理定价,场域的差异化服务是否会降低会员使用满意度是需要长期关注的问题。

3.2 长者运动健康之家访谈

3.2.1 共性

(1) 基本信息:此次访谈对象的年龄分散度较大,文化程度差异性较高,基本为与老伴居住或独居,退休前多从事服务业。受访者均有退休金和医疗保险,能够维持基本生活,身体状况基本良好,多有慢性病。受访者在来到长者运动健康之家后参与体育锻炼的频率都较高,认为坚持体育锻炼对身心健康均有帮助。

(2) 服务覆盖情况:访谈对象目前的家庭住址距离长者运动健康之家都比较近,大多步行十几分钟便可到达,乘坐公交车也比较便利。受访者用户黏性高,不同门店办理年卡或月卡略有差异,但续签率高。受访者主要在每日上午和下午前往长者运动健康之家进行锻炼,时间为一个半小时到四个小时不等,基本每日都会坚持。受访者都享受过建立健康档案、健康追踪调查、定期体质检测、锻炼与康复、运动处方等健康管理服务,并表示此处不提供用药指导。受访者对已有服务感到满意,并且认为是有必要的,表示如果有调查人员提到的"饮食营养处方""治疗康复处方""保健性运动""康复性训练"等服务会更好,也很乐意接受。

(3) 场所和人员满意度:总体而言,长者运动健康之家能够满足各访谈对象的日常锻炼与健康管理的需求,受访者表示来这里锻炼对自己的身体功能有明显的促进作用,长者运动健康之家的各项设施配备都能较好地满足自己的需求,并对调查人员提到的"新型智能化设备"表示期待。此外,对于工作人员的服务态度,受访者也是一致地给予好评,认为他们具备足够的人文关怀,观察也很细致。

3.2.2 差异性

(1) 需求建议:受访者 1301、1302 表示不太需要专业教练,因为"性价比不高",若有教练在,平时这间多功能体育室也不会对他们开放(上私教课),而且受访者 1302 提及"教练教过一次后,自己知道专业的动作和注意事项了,就不需要每天都请教练指导了,不需要这种月包式服务"。受访者1303则表示请教练的费用固然相比平时锻炼的费用(69元/月)要高很多,但相比外面请专人指导的价格便宜很多,而且教练的专业化指导是一般的工作人员所不具备的服务,会让自己更有保障。

(2) 前往长者运动健康之家意愿:在与受访者1303沟通时,调查人员了解到其老伴由于"放不开",觉得"没必要、费钱"而不愿意前往长者运动健康之家进行锻炼。如何转变老年人这一意识,提升长者运动健康之家的吸引力以及老年人对"健康锻炼"必要性的了解也需要进一步探索。

附件四 上海市"体医养"融合发展问卷调研报告

1. 老年满意度
1.1 接受调研的老年人基本概况分析
1.1.1 样本分布情况

课题组通过尚体科技健康有限公司发放了面向老年人群体的"上海市居民对'体医养'融合养老模式的满意度与需求调研"问卷,共计回收整理了合格问卷362份。从附表1可以看出,问卷主要涵盖了宝山区、青浦区、杨浦区、嘉定区等城区,同时闵行区、浦东新区、长宁区等区域也有所涉及,整体而言样本分布较为全面。从性别分布来看,男性163人(占比为45.03%),女性199人(占比为54.97%),性别分布平均。从年龄层次来看,从50岁以下到80岁以上各年龄层均有分布,主要集中在61~65岁与66~70岁年龄层次,均约为96人(均占比约26%)。总体来看,调研对象样本分布均衡、涉及全面,问卷结果具有较强的可靠性。

附表1 调研对象样本分布情况表

选项		样本数(人)	占比(%)
所在地	宝山区	116	32.05
	青浦区	80	22.10
	杨浦区	63	17.40
	嘉定区	52	14.36
	闵行区	18	4.97

续 表

选项		样本数(人)	占比(%)
所在地	浦东新区	11	3.04
	长宁区	10	2.76
	徐汇区	6	1.66
	黄浦区	5	1.38
	松江区	1	0.28
	静安区	0	0.00
	普陀区	0	0.00
	虹口区	0	0.00
	金山区	0	0.00
	奉贤区	0	0.00
	崇明区	0	0.00
性别	男	163	45.03
	女	199	54.97
年龄	50岁以下	14	3.87
	51～55岁	21	5.80
	56～60岁	56	15.47
	61～65岁	97	26.80
	66～70岁	96	26.51
	71～75岁	50	13.81
	76～80岁	22	6.08
	80岁以上	6	1.66

1.1.2 老年人基本情况分析

接受调研的老年人大都受过教育,具有初中和高中学历的分别有118人(占32.60%)与109人(占30.11%),基本都有正式工作,目前已退休的有312人(占86.19%),316人(占87.29%)以退休金作为个人主要经济来源,且大部分老年人都有城镇居民医保(234人,占64.64%)与城镇职工医保(111人,占30.66%),可作为医疗费用的主要承担方式(附表2)。这说明接受调研的老年人的经济状况相对较好,这与上海市老人整体情况基本一致。绝大多数老人选择居家养老,即与配偶或子女同住。

附表 2 调研对象样本基本情况表

	选 项	样本数(人)	占比(%)
文化程度	小学及以下	77	21.27
	初中	118	32.60
	高中/职高/中专/技校	109	30.11
	大专	29	8.01
	大学本科	24	6.63
	研究生/双学士	2	0.55
	博士	3	0.83
从事(或曾从事)的职业	政府或事业单位人员	32	8.84
	企业中层或高层管理者	22	6.08
	企业一般工作人员	105	29.01
	中高级专业人士	17	4.70
	私营企业主/企业合伙人	4	1.10
	个体经营者/个体户	20	5.52
	工人/蓝领/体力劳动者	49	13.54
	兼职人员/自由职业者/离退休人员	63	17.40
	其他	50	13.81
是否退休	未退休	31	8.56
	已经退休	312	86.20
	已经退休仍在工作	15	4.14
	没有工作	4	1.10
主要经济来源	政府/集体救助(低保等)	16	4.42
	退休金	316	87.30
	子女赡养费	25	6.91
	企业养老补贴	13	3.59
	投资回报/储蓄/收租	24	6.63
	劳动收入	41	11.34
	其他	8	2.21

续 表

选项		样本数(人)	占比(%)
医疗费用承担方式	城镇居民医保	234	64.65
	城镇职工医保	111	30.66
	公费医疗	11	3.04
	自费	4	1.10
	其他商业保险	2	0.55
目前的居住情况	独自生活	32	8.84
	与配偶同住	190	52.49
	与子女同住	45	12.43
	与配偶、子女同住	91	25.14
	与孙辈同住	2	0.55
	其他	2	0.55

从老年人这些基本情况来看,目前上海市低龄老年人居多,这为"体医养"融合后期的开展提供了市场需求,虽然目前国家三胎政策已开放,但对于大多数目前只有一个孩子的老年人来说,家庭劳动力还处于短缺和断层阶段,社会和家庭负担相对较重。这种老年人不断增多、老龄化形势不断严峻的现象,使得上海市进一步推进"体医养"一体化融合养老模式深入变得迫在眉睫。

1.2 老年人身体情况分析

由附表3可见,调研对象整体生活能力较强,达到基本自理及以上生活能力的老年人有354人,占总体样本的97.79%,完全可以满足"体医养"的运动锻炼需求。同时,就患病情况而言,身体健康的老人仅占总体的35.64%(129人),41.16%(149人)的老年人处于亚健康状态,23.2%(84人)的老年人已有确诊疾病。

附表3 调研对象样本身体情况表

选项		样本数(人)	占比(%)
生活能力	完全能够自理	262	72.38
	基本能够自理	92	25.41

续　表

选　　项		样本数（人）	占比（％）
生活能力	基本能够自理,但需要照顾	8	2.21
	不能自理	0	0.00
是否患病	已有确诊疾病	84	23.20
	未患病,但处于亚健康状态	149	41.16
	身体健康	129	35.64
患病情况	急性病	4	4.76
	一种慢性病	49	58.33
	两种慢性病及以上	31	36.91

在已有确诊疾病的 84 位老年人中,均以慢性疾病为主,80 位老人(占 95.24％)患有至少一种慢性疾病。其中,患有高血压的人数最多,共有 47 人,占比达 58.75％,其次是糖尿病,共有 26 人,占比为 32.50％,如高血糖、高血脂、脑梗塞、骨性关节炎等慢性疾病的占比也相对较高,可见这几种慢性疾病在老年人群中较为普遍,如附图 1 所示。

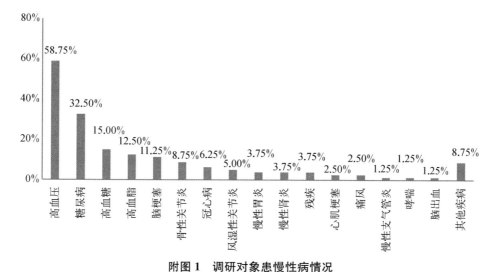

附图 1　调研对象患慢性病情况

研究进一步分析了不同年龄段老年人的患病情况,由附表 4 与附图 2 可见。随着年龄段的增长,老年人身体健康状况下滑明显,且确诊慢性病的情况也出现了明显增加。可以预见的是,随着时间的推移、老龄化程度的加深,低龄老年人将会逐步向失能和半失能发展,加剧上海市老年人的医疗与养老负担。

附表4 不同年龄段老年人患病情况

年龄段	已有确诊疾病	未患病,但处于亚健康状态	身体健康	小计
50岁以下	3(21.42%)	2(14.29%)	9(64.29%)	14
51~55岁	1(4.76%)	10(47.62%)	10(47.62%)	21
56~60岁	6(10.71%)	24(42.86%)	26(46.43%)	56
61~65岁	18(18.56%)	30(30.93%)	49(50.51%)	97
66~70岁	24(25%)	49(51.04%)	23(23.96%)	96
71~75岁	18(36%)	23(46%)	9(18%)	50
76~80岁	13(59.09%)	7(31.82%)	2(9.09%)	22
80岁以上	1(16.67%)	4(66.67%)	1(16.66%)	6

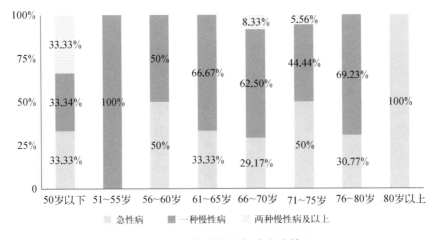

附图2 不同年龄段老年人患病情况

提高老年人的健康状态和社会适应能力是目前亟须解决的问题。急性病以对症治疗为主,慢性病却更多地需要长期调理改善。在上海开展以长者运动健康之家为主的"体医养"一体化模式,对老年人的疾病进行检测、调整、监督和管理,开具适合的运动处方以缓解病症,以信息化手段作为实时监测平台,随时指导,改善其心理状态,愉悦其身心,是解决患病老年人健康问题的有效途径。

1.3 老年人体育行为的动机及其需求

1.3.1 参与体育锻炼的习惯分析

由附表5可见,参与调研的老年人大多养成了参与体育锻炼的习惯,每周锻炼超过3次的老年人有279人,占总体的77.07%。大部分老年人锻炼的时长为0.5~1小时与1~2小时,占比分别为46.13%(167人)与32.04%(116人),且大多(260人,占71.82%)选取了对自己体力而言较为适宜的运动强度。

附表5 老年人参与体育锻炼情况

选项		样本数(人)	占比(%)
参与体育锻炼的频率	一周1次以下	15	4.14
	一周1~2次	68	18.78
	一周3~5次	182	50.28
	一周5~7次	75	20.72
	一周7次以上	22	6.08
每次体育锻炼时长	小于30分钟	40	11.05
	0.5~1小时	167	46.13
	1~2小时	116	32.04
	2小时以上	17	4.70
	不固定	22	6.08
参与体育锻炼的强度	根据自己的体力适宜的强度	260	71.82
	中等强度	71	19.62
	中等强度以下	24	6.63
	中等强度以上	7	1.93

1.3.2 参与体育锻炼的项目情况分析

由附图3可见,老年人进行日常锻炼多以慢跑快走为主,广场舞、球类运动、医疗保健操等也相对占比较高。不难发现,老年人对运动器械、场地的需求大多以跑步等有氧运动为主,但同时对多样化的运动形式亦有需求。

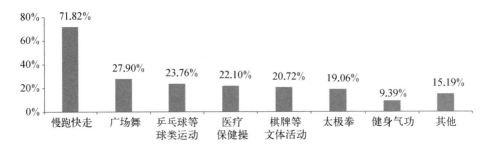

附图3 老年人参与体育锻炼的项目情况

同时,根据附图4可以看出,老年人大多认为通过增加体育锻炼来减少医疗费用较为有效。就调研问卷而言,362人中有128人(占35.36%)认为体育锻炼对减少其医疗费用很有效,亦有174人(占比48.07%)认为体育锻炼有效果。由于锻炼时间有限、体育锻炼转反馈到身体素质需要时间等原因,依旧有49人(占13.54%)认为效果一般,有10人(占2.76%)认为效果不太明显,有1人(占0.28%)认为完全无效。

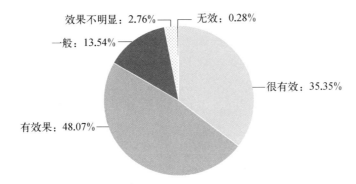

附图4 老年人参与体育锻炼的成效情况

1.3.3 参与体育锻炼的需求与影响因素

问卷收集了老年人参与体育锻炼的主要目的与影响其锻炼的原因(详见

附表6）。不难发现,老年人参与体育锻炼的主要目的以"保持和增进健康愉悦身心""保持良好心态""丰富老年人的生活"为主。"预防疾病""减少医疗费用"等对身体最直接的帮助对老年人而言需求并非是最大的,反而身心慰藉是老年人参与体育锻炼的最主要的目的。一方面可见,适当的社交需求与心理慰藉有助于提高老年人参与体育锻炼的积极性,另一方面也可以看出上海市老年人目前对体育锻炼的重要性程度认识尚显不足。此外,老年人认为影响其参与体育锻炼的主要原因是"场地设施少""无人组织指导""没人陪伴"。这一需求基本涵盖了老年人锻炼的硬件设施、帮助服务与心理疏导三个大类。

附表6 老年人参与体育锻炼的影响因素(多选)

	选　项	样本数(人)	占比(%)
参与锻炼的主要目的	保持和增进健康愉悦身心	223	61.60
	保持良好心态	161	44.48
	丰富老年人的生活	120	33.15
	形成良好的生活习惯	106	29.28
	能经常同朋友交流	84	23.20
	保持健美的体形	81	22.38
	预防疾病	79	21.82
	能延缓衰老	33	9.12
	减少医疗费用	28	7.73
干扰锻炼的主要原因	场地设施少	150	41.44
	无人组织指导	127	35.08
	没人陪伴	109	30.11
	不想锻炼	62	17.13
	疾病影响	53	14.64
	身体好不用锻炼	43	11.88
	其他	38	10.50

附图5展示了老年人对体育锻炼服务的需求情况,可以看出与老年人参与体育锻炼的影响因素相类似,老年人对体育锻炼服务的需求主要集中在"健全的体育场地设施"与"科学健身指导与培训"。

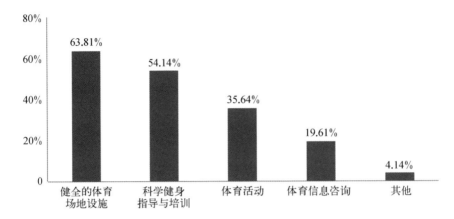

附图 5　老年人体育锻炼的服务需求情况（多选）

综合以上对老年人参与体育锻炼的需求与影响因素的分析，并对比现有上海市长者运动健康之家的条件可以发现：目前长者运动健康之家的设施条件与服务提供与老年人的体育锻炼需求基本一致，可以较好地为老年人提供运动健康服务。而在心理健康疏导等服务方面，仍需要其他长者机构设施协同补充，为老年人提供更加全面的服务。

1.4　老年人对"体医养"融合服务模式的需求

经调查发现，老年人大多对自己的身体健康状况较为关注，128 人（占 35.36%）有定期参与体质健康测试的习惯，209 人（占 57.73%）偶尔会参与体质健康检测。

1.4.1　"体医养"融合服务需求情况

附表 7 为老年人对"体医养"融合服务需求情况的调查统计，从对机构的服务需求来看，老年人对健身房、社区健身指导中心等健身机构的需求最高，在 362 个被调研对象中，有 269 位老年人（占 74.31%）需要此类机构的服务，同时医院、运动康复中心等医院康复机构与健康社区等养老机构的需求也分别达到了 35.36% 和 32.32%，也进一步证明了老年人对"体医养"融合服务需求的迫切性。

从对项目服务的需求来看，老年人需求最高的三个项目分别是定期进行体质检测、建立个人健康档案与提供运动营养的建议，这与目前长者运动健康之家的服务基本照应，但"提供运动营养的建议"这一服务在长者运动健康之家内的推广还有待进一步加强。

附表7 老年人对"体医养"融合服务需求情况

选项		样本数(人)	占比(%)
机构服务需求（多选）	健身房、社区健身指导中心等健身机构	269	74.31
	医院、运动康复中心等医院康复机构	128	35.36
	健康社区等养老机构	117	32.32
项目服务需求	不需要	45	12.43
	定期进行体质检测	130	35.91
	建立个人健康档案	65	17.96
	提供运动营养的建议	60	16.57
	开具运动处方或运动方案	55	15.19
	均不需要	39	10.77
	提供心理疏导	12	3.32
	其他	1	0.28

1.4.2 "体医养"融合服务覆盖情况

从附表8可以看出，目前老年人享受到较多的"体医养"融合服务分别是定期开展包括健康知识讲座、免费体检、保健性运动、康复性训练在内的活动、指导老年人锻炼与康复与通过建立健康档案、用药指导、运动处方、饮食营养处方、治疗康复处方等方式进行健康管理。结合附表7老年人对项目服务的需求来看，基本满足了老年的"体医养"需求，但疾病诊治与康复、心理疏导与健康监督等方面仅分别约有28%、20%、10%的老年人享受过，说明目前上海市"体医养"融合的模式仍不够紧密，尚有进步空间。

附表8 "体医养"融合服务覆盖情况(多选)

选项	样本数(人)	占比(%)
定期开展活动（包括健康知识讲座、免费体检、保健性运动、康复性训练）	219	60.50
指导锻炼与康复（体医结合团队共同进行）	154	42.54

续　表

选　项	样本数(人)	占比(%)
健康管理(包括建立健康档案、用药指导、运动处方、饮食营养处方、治疗康复处方等)	114	31.49
疾病诊治与康复(包括常见病诊治、大病转诊与康复锻炼)	100	27.62
心理疏导(体医结合团队共同开展)	71	19.61
健康监督(各行专家对各自处方进行监督实施)	38	10.50

1.5　老年人对长者运动健康之家的满意度与需求

在发放的362份问卷中,有310人了解或享受过上海市长者运动健康之家的相关服务,占总体样本的85.64%,为本调研的分析提供了丰富的基础。310人中,有307人认为长者运动健康之家对他的身体功能有明显促进或维持作用,效果显著。

1.5.1　长者运动健康之家的服务现状

在了解且享受过长者健康运动之家的老年人群体中,有299人所在的街道周边有长者健康运动之家,占96.45%,其中228人表示经常去长者健康运动之家参与运动、享受服务,71人表示并不经常去。这一方面说明目前长者运动健康之家的布局与居民区较为接近,为老年人享受相关服务带来了便利;另一方面大部分了解或享受过长者健康运动之家服务的老年人均是居住地附近有相关长者健康运动之家机构的,也说明老年人有对运动健康机构可达性与便利性的要求。

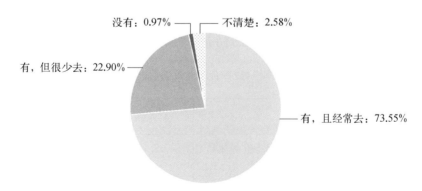

附图6　长者健康运动之家分布情况

课题组针对长者运动健康之家对老年人最具吸引力的功能进行了调研,结果如附表9所示。总体而言,对老年人最具吸引力的功能以运动心率监测与器材锻炼区为主。吸引力最高的三项服务分别为健康监测、器材锻炼区——有氧训练与器材锻炼区——肌力训练,分别有194人(占62.58%)、194人(占62.58%)与162人(占52.26%)认为其最具吸引力。慢病干预区相关服务的吸引力普遍不如其他区域,一方面可能是因为其见效不够显著,另一方面也可能是因为现在长者运动健康之家慢病干预区相对建设不够完善,缺少相关专业人员辅助等原因。

附表9 长者运动健康之家对老年人最具吸引力的功能(多选)

选项	样本数(人)	占比(%)
运动心率监测	88	28.39
器材锻炼区——有氧训练	194	62.58
器材锻炼区——肌力训练	162	52.26
器材锻炼区——微循环促进	158	50.97
器材锻炼区——核心稳定及拉伸训练	138	44.52
慢病运动干预区——睡眠障碍改善	109	35.16
慢病运动干预区——协调性、动态平衡训练	97	31.29
慢病运动干预区——功能康复训练	77	24.84
慢病运动干预区——改善认知功能训练	67	21.61
健康监测	194	62.58

1.5.2 长者运动健康之家的服务满意度情况

从总体满意度、便利程度、场地规模与器材数量、医疗设备的全面性、文体活动内容的多样性、定期体质检测、科学健身指导、运动处方开具、心理疏导与关怀、运动营养建议、"体医养"团队的专业性、场所人员的服务态度等多个角度分析了老年人对长者运动健康之家的服务满意度情况,整体情况如附图7所示。

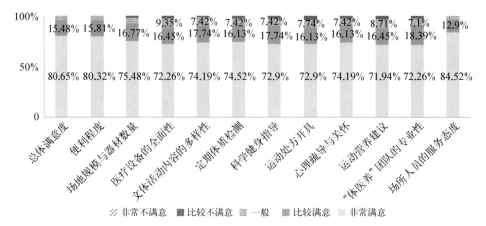

附图 7　老年人对长者运动健康之家的服务满意度

为方便比较分析,本调研采用了李克特量表方式进行打分,老年人对服务满意度情况从非常不满意到非常满意分别赋值 1~5 分,最后汇总得到该项目的综合得分。可以发现,老年人对长者运动健康之家总体满意度较高,非常满意和比较满意的老年人分别达到了 250 人(80.65%)与 48 人(15.48%) 各项服务的满意率均在 95%以上且满意度得分均在 4.6 分以上。

附表 10　老年人对长者运动健康之家的满意度

题目/选项	抱怨(%)	一般(%)	满意(%)	综合得分
总体满意度	1.29	2.58	98.71	4.75
便利程度	0.65	3.23	99.35	4.75
场地规模与器材数量	1.29	6.45	98.71	4.66
医疗设备的全面性	1.94	9.35	98.06	4.59
文体活动内容的多样性	0.65	7.42	99.35	4.65
定期体质检测	1.94	7.42	98.06	4.63
科学健身指导	1.94	7.42	98.06	4.61
运动处方开具	3.23	7.74	96.77	4.58
心理疏导与关怀	2.26	7.42	97.74	4.62

续 表

题目/选项	抱怨(%)	一般(%)	满意(%)	综合得分
运动营养建议	2.90	8.71	97.10	4.57
"体医养"团队的专业性	2.26	7.1	97.74	4.6
场所人员的服务态度	0.97	1.61	99.03	4.8

1.5.3 长者运动健康之家的需求与建议

尽管老年人对长者运动健康之家的满意度普遍较高,但对长者运动健康之家的发展仍提出了诸多希望得到加强与完善的问题。附表11是根据老年人问卷中提出的问题手工整理归类所得的表格,其中"扩大场所规模""增加锻炼器材"与"提高文体活动多样性"是老年人对长者运动健康之家最主要的需求与期待。

附表 11　老年人对长者运动健康之家的需求与建议

需求与建议	频次
扩大场所规模	19
增加锻炼器材	14
提高文体活动多样性	11
加强活动宣传	7
设备多样化	5
加强锻炼辅导	5
优化场所选址	4
增加休息区域	2
增加健康知识讲座	2
优化设备比例	2
设备及时更新	2
定期体质监测	2

续　表

需求与建议	频次
优化部分课程费用	2
延长开放时间	1
康复训练器材及指导	1
加强安全性	1
精简参观次数	1

与此同时,活动丰富和设备多样也是老年人的主要需求,可见老人对长者运动健康之家的需求已经不仅仅满足于基础服务,而是希望得到更加细致全面的服务,侧面地反映了当下上海市老年人对养老的需求逐渐多元化与精细化。为了更加全面地体现老年人的需求,将问卷中的有效文本(即排除"无意见"等不存在信息含量的答案)汇总绘制了词云图,详见附图8。

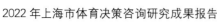

附图8　老年人对长者运动健康之家的服务需求建议词云图

2. 上海市长者运动健康之家发展现状与需求调研

2.1 长者运动健康之家基本概况分析

2.1.1 机构分布情况

课题组通过尚体科技健康有限公司发放了面向长者运动健康之家机构的"依托长者运动健康之家的'体医养'融合发展调研"问卷,邀请各机构的店长填写问卷,共计回收整理了合格问卷 23 份,问卷主要涵盖了静安、杨浦与闵行等 11 个区,覆盖全面(附表 12)。

附表 12　长者运动健康之家地址分布

机构所在区	数量(家)	占比(%)
静安区	8	34.77
杨浦区	5	21.73
闵行区	2	8.70
宝山区	1	4.35
虹口区	1	4.35
黄浦区	1	4.35
嘉定区	1	4.35
浦东新区	1	4.35
青浦区	1	4.35
徐汇区	1	4.35
长宁区	1	4.35

2.1.2 机构服务情况

附图 9 展示了长者运动健康之家每年服务老年人的基本情况,大部分长者运动健康之家(14 家,占 60.88%)年均服务老年人超过 1 000 人,500～1 000 人、100～500 人与 500 人以内的机构各有 3 所,各占 13.04%。可见长者运动健康之家的受认可程度较高,老年人大多愿意前往并享受服务,但是同样也为其带来了场地规模、服务团队规模难以匹配的压力。

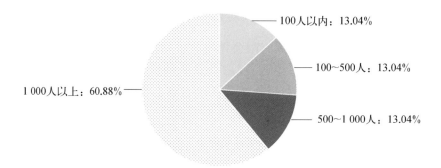

附图 9　长者运动健康之家每年服务老年人数量

附图 10 展示了长者运动健康之家的场地面积情况,有 11 家机构(占 47.83％)的场地面积在 50~100 平方米之间,有 7 家机构(占 30.43％)的场地面积在 150 平方米以上,同时场面面积在 100~150 平方米与 50 平方米以下的机构分别为 4 家(占 17.39％)与 1 家(占 4.35％)。

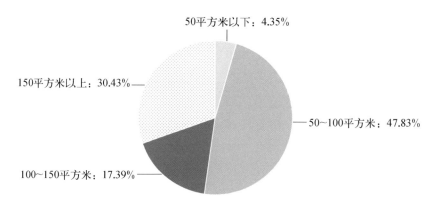

附图 10　长者运动健康之家场地面积

进一步地将长者运动健康之家年度会员数与机构场地面积进行交叉比对分析(结果见附表 13),100 平方米以下的机构中有 7 家机构年度服务会员数在 1 000 人以上,其中有一家机构面积为 50 平方米,却依旧面临 1 000 人以上的会员需求。这也是上文中绝大多数老年人提出扩大场所的诉求的主要原因。

附表 13　长者运动健康之家场地面积与服务人员数对比

场地面积	100 人以内	100~500 人	500~1 000 人	1 000 人以上	小计(家)
50 平方米以下	0(0.00%)	0(0.00%)	0(0.00%)	1(100%)	1
50~100 平方米	2(18.18%)	0(0.00%)	3(27.27%)	6(54.55%)	11
100~150 平方米	1(25%)	1(25%)	0(0.00%)	2(50%)	4
150 平方米以上	0(0.00%)	2(28.57%)	0(0.00%)	5(71.43%)	7

2.1.3　机构营收情况

接受调研的 23 家长者运动健康之家中，22 家的营运发展经费主要来源于政府财政拨款，仅有 1 家的经费来源于企事业单位赞助，公益性质为主的长者运动健康之家难以较好地实现盈亏平衡，没有一家机构的主要营运发展经费来自其自身盈利。附表 14 展示了长者运动健康之家的基础收费标准情况，其中有 9 家机构(占 39.13%)完全免费，有 13 家机构(占 56.52%)每月仅收取 100 元以下的费用。较低的基础收费也是长者运动健康之家难以实现盈亏平衡、依旧依赖政府财政拨款的主要原因。

附表 14　长者运动健康之家基础收费标准

费用(元/月)	数量(家)	占比(%)
免费	9	39.13
0~100	13	56.52
100~1 000	1	4.35
1 000~2 000	0	0.00
2 000~5 000	0	0.00
5 000 以上	0	0.00

2.1.4　政府扶持情况

长者运动健康之家作为建设健康上海、全球著名体育城市和国际老年友好城市工作的重点举措,是加强社区体育健身和养老服务的重要载体。上海各级政府、部门出台了诸多举措推动长者运动健康之家的发展。

接受调研的23家长者运动健康之家均获得了政府提供的补贴扶持。补贴方式以"总额预付,定期预拨"与"按服务人数拨款"并重,其中17家机构(占73.91%)获得了"总额预付,定期预拨"的补贴方式,11家机构(占47.83%)获得了"按服务人数拨款"方式的补贴,且其中的22家机构的上级主管部门制定了相应的奖惩措施监机构的"体医养结合"项目发展情况。

具体而言,机构获得的主要扶持帮助来源于各级政府为其提供相关设备、场地(19家,占82.61%)与获得政府财政拨款(17家,占73.91%)。同时,分别有8家与7家机构获得了专业人才推荐与税收优惠政策的扶持方式也,如附图12所示。

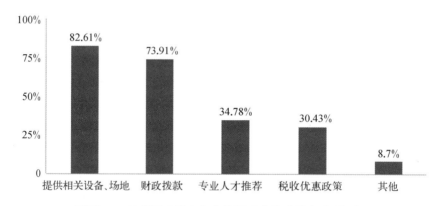

附图11 长者运动健康之家获得政府补贴的方式(多选)

2.2 长者运动健康之家"体医养"融合情况分析

2.2.1 "体医养"人才培养情况

"体医养"融合中,专业的服务人员是重要的一环。上海市长者运动健康之家目前"体医养"专职服务人员相对较少,具体的机构服务人员数量如附图12所示。有18家机构(占78.26%)的专职服务人员较少(0～10人),仅有4家机构(占17.39%)的专职服务人员在100人以上。大部分机构都配置了社会体育指导员或运动健康师,且对专职人员均设置了具体的薪酬激励与考核机制,体现了对专职服务人才的重视。

在实地访谈中,机构负责人坦言,目前长者运动健康之家的"体医养"专职人员大多来自机构自身培育,机构对相关人员定期开展相关培训并针对性地

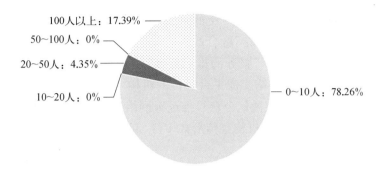

附图12　长者运动健康之家"体医养"专职服务人员情况

设置了资格证书的要求。但是由于薪资待遇低、工作压力大等原因,长者运动健康之家一直难以从外部招聘人才,同时,因自行培育周期长、成本高,导致了目前长者运动健康之家人才短缺的现状。

进一步地将长者运动健康之家年度会员数与"体医养"专职服务人员进行交叉比对,分析结果如附表15所示。年度会员数在1 000人以上的机构中仅有4家的"体医养"专职服务人员数在100人以上,有10家机构的年度会员数在1 000人以上,其专职服务人员数却仅有不到10人,呈现了明显的不匹配特征。这样一方面会导致老年人在长者运动健康之家的服务体验不佳,难以实现"体医养"的融合作用;另一方面,专职服务人员需要承担极大的工作压力,长期如此势必导致长者运动健康之家难以留住相应人才。

附表15　长者运动健康之家服务人员数和年度会员数对比情况

服务人员数	100人以内	100～500人	500～1 000人	1 000人以上	小计(家)
0～10人	3(16.67%)	3(16.67%)	2(11.10%)	10(55.56%)	18
10～20人	0(0.00%)	0(0.00%)	0(0.00%)	0(0.00%)	0
20～50人	0(0.00%)	0(0.00%)	1(100%)	0(0.00%)	1
50～100人	0(0.00%)	0(0.00%)	0(0.00%)	0(0.00%)	0
100人以上	0(0.00%)	0(0.00%)	0(0.00%)	4(100%)	4

2.2.2 "体医养"服务项目推广情况

无论是"体医养"融合服务模式还是长者运动健康之家,对老年人来说均是较为"新颖"的事物,需要进行广泛的宣传推广才能吸引更多老年人加入长者运动健康之家,体验"体医养"融合服务。如附图13所示,大部分机构都通过多种形式开展了"体医养"服务的推广宣传,其中开设讲座的机构数22家(占95.65%),通过社区网络交流平台宣传的机构19家(占82.61%),通过宣传册/宣传栏等书面形式或微信公众号推送等网络形式推广的机构各有18家(各占78.26%)。总体来看机构宣传形式多样,起到了较好的宣传推广效果。

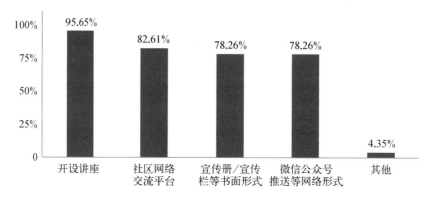

附图13 机构对"体医养"服务项目的宣传推广方式(多选)

2.2.3 "体医养"服务方式

长者运动健康之家的设立,是为了整合体育、养老、卫生健康等公共服务资源,为老年人提供体质测试、基础健康检测、科学健身指导、慢性病运动干预、运动康复训练、健康知识普及和休闲社交等"一站式"运动康养服务。

从服务对象来看,长者运动健康之家主要服务对象为需要慢性疾病管理、有体育运动爱好与存在亚健康情况的老人,如附图14所示。

从服务范围来看,参与调研的23家长者运动健康之家均为老年人提供了建立健康档案、定期开展健康知识讲座、制定运动方案、提供运动康养类器材的使用指导、开设团体课程等诸多服务,服务涵盖较为全面。

在老年人最为关心的健康检测功能部分,有20家机构(占86.96%)配备了体质监测站(点)与体质检测员,有1家配备了体质监测站(点)但没有配备体质检测员,另有2家机构(占4.35%)尚未配备相关设备与人员。另外,在对老年人提供健康追踪服务调查中,有22家机构(占95.65%)通过定期跟踪反馈,有17家(占73.91%)机构通过智能化穿戴设备反馈,这两种方式是目前长者运动健康之家采用的最普遍的也是老年人最易接受的方式。另有7家机构

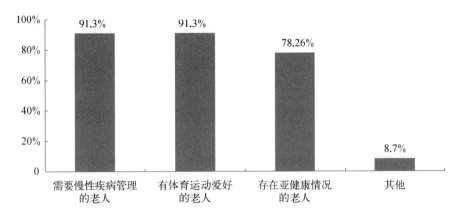

附图14 长者运动健康之家主要服务对象占比(%)

(占比30.43%)同时采用了不定期随访的方式为老年人提供健康追踪服务,如附表16所示。

附表16 长者运动健康之家健康检测功能服务情况

选项		数量(家)	占比(%)
健康监测服务	有体质监测站(点)与体质检测员	20	86.95
	体质监测站(点)和检测员均没有	2	8.70
	有体质监测站(点),无体质检测员	1	4.35
健康追踪服务(多选)	定期跟踪反馈	22	95.65
	智能化穿戴设备反馈	17	73.92
	不定期随访	7	30.43
	其他	2	8.70
	无相关服务	0	0.00

2.2.4 "体医养"融合程度

如附表17所示,当前分别有8家机构"长期有全科/专科医生值班,管理老年人的健康""为老年人提供家庭医生签约协作服务",占比均在三分之一左右,可见当前长者运动健康之家的服务项目主要以体育锻炼服务为主,"体医养"融合的程度仍有待进一步加深。

在与各类机构建立联动机制方面,有 18 家机构(占 78.26%)与日间照料中心、长者照护之家、综合为老服务中心建立了类似于个案管理师的联动机制,有 16 家机构(占 69.57%)与三甲医院建立了联动机制。联动机制的建立可以为老年人提供全方位多角度的服务,有助于老年人通过体育锻炼缓解病痛,保持健康。

附表 17 长者运动健康之家"体医养"融合程度(多选)

项　目	是		否	
	数量(家)	占比(%)	数量(家)	占比(%)
长期全科/专科医生值班	8	34.78	15	65.22
家庭医生签约协作	8	34.78	15	65.22
日间照料中心、长者照护之家、综合为老服务中心建立联动机制	18	78.26	5	21.74
与三甲医院建立联动机制	16	69.57	7	30.43
加入了社区时间银行互帮互助共同体	9	39.13	14	60.87

社会治理视域下上海市全民健身志愿服务体系规范化运作模式研究

卢天凤　吴馨予　王恩锋　黄俊杰　邱佳玉
王晓慧　张文佳　王乐军　冯琳琳[*]

[摘　要]　在社会治理新格局、全民健身战略新高度和上海市全民健身志愿服务体系新发展的社会背景下，本文以社会治理为切入点，对上海市全民健身志愿服务体系运作模式进行规范化研究。课题组收集并整理了我国台湾地区以及英、美、日等公共体育志愿服务体系的基本情况和运行模式，并对我国全民健身志愿服务相关政策文本进行梳理，为对策研究提供经验借鉴和政策依据。通过对上海市全民健身发展现状、上海市全民健身志愿服务体系运行现状和上海市全民健身志愿服务体系现存问题的分析，发现当前上海市全民健身志愿服务体系存在志愿服务氛围不浓郁、社会动员不充分、组织管理不协调、信息渠道不畅通、活动开展缺乏针对性等问题。基于此，课题组针对上海市全民健身志愿服务体系规范化运作模式提出如下对策：一是以价值为引领，推动社会动员机制规范化；二是以制度为根本，强调组织协调机制规范化；三是以实践为依据，加强培训管理机制规范化；四是以合作为目标，提高项目推动机制规范化；五是以保障为基础，推动表彰激励机制规范化；六是以发展为

---

[*]　本文作者简介：卢天凤，同济大学副教授，博士，研究方向：体育与城市的互动发展、体育教育与训练；吴馨予，同济大学在读研究生，研究方向：体育人文社会学；王恩锋，复旦大学副教授，研究方向：体育人文社会学、体育教育训练学；黄俊杰，同济大学在读研究生，研究方向：体育人文社会学；邱佳玉，北京体育大学在读博士研究生，研究方向：体育教育训练学；王晓慧，同济大学助理教授，博士，研究方向：体育人文社会学；张文佳，同济大学教师，研究方向：体育教育训练学；王乐军，同济大学副教授，博士，研究方向：体育测量学；冯琳琳，同济大学副教授，研究方向：体育教育训练学、体育管理学。

动力,促进评估检查机制规范化。

[关键词] 全民健身志愿服务;社会治理;运作模式;规范化;发展对策

一、前言

(一)研究背景

1. 社会治理新格局

党的十八届三中全会通过的《中共中央关于全面深化改革若干重大问题的决定》(以下简称《决定》)明确提出:全面深化改革的总目标是完善和发展中国特色社会主义制度,推进国家治理体系和治理能力现代化。《决定》强调,创新社会治理体制需要改进社会治理方式和激发社会组织活力。党的十九大针对社会治理问题进一步指出,要实施健康中国战略和打造共建共治共享的社会治理格局,不断满足人民日益增长的美好生活需要。党的十九届四中全会再次强调:社会治理是国家治理的重要方面,必须加强和创新社会治理。党的二十大对社会治理提出了更高的要求:建设人人有责、人人尽责、人人享有的社会治理共同体。从系列政策文件的出台和相关表述的不断发展中不难看出,面对我国社会结构发生深刻变革的发展境况,社会治理理念和机制的不断深化成为国家发展的大势所趋。换言之,社会治理是新时代我国推进国家治理体系和治理能力现代化的关键环节。全民健身作为国家战略,以增强人民体质、提高健康水平为根本目标,充分体现了我国以人民为中心的发展理念,顺应了我国体育治理格局的变革。而人民生活满意度的提高、社会秩序的稳定,也验证了全面健身战略在社会治理中的体育价值。基于此,挖掘体育社会治理的内在潜力与外在动力,吸引更多的群众参与全民健身活动,推动全民健身志愿服务体系更普及、更完善和更规范,加强和创新社会治理体系就成为新时期体育的重点建设内容。

2. 全民健身战略新高度

全民健身是我国开展群众性体育活动、增强人民体质、推动社会主义现代化建设的战略抓手。2009年,国家体育总局发布的《关于广泛开展全民健身志愿服务活动的通知》指出,要动员优秀运动员、社会体育指导员、体育系统工作者、体育教师和大学生及社区体育爱好者参与全民健身志愿服务。2014年,

《关于加快发展体育产业促进体育消费的若干意见》出台后,全民健身上升为国家战略,人民群众的体质健康水平成为我国发展进程中的重点建设内容。时隔五年,2019 年,国务院印发《体育强国建设纲要》,在全民健身的战略基础上提出了"体育志愿服务"并将其列为九个重大工程之一,志愿服务体系的构建与改进,成为全民健身领域的重要议题。立足当下,习近平总书记在党的二十大报告"推进文化自信自强,铸就社会主义文化新辉煌"部分指出:"加强青少年体育工作,促进群众体育和竞技体育全面发展,加快建设体育强国。"充分印证了全民健身始终是我国体育工作的重点内容,而促进群众体育的全面发展需要全民健身的整体性开展、创新性建设和系统性改进,可见,全民健身战略的新高度、新要求对全民健身志愿服务运行模式的规范化提出了新的挑战和考验。

3. 上海市全民健身志愿服务体系的新发展

2020 年 1 月 1 日《上海市志愿服务条例》正式实施后,《上海市民政局关于进一步规范社区志愿者服务团队建设的意见(试行)》也于同年 7 月 18 日出台,以全面推动上海市志愿服务体系规范化运作。秉承"人民城市人民建、人民城市为人民"理念,上海市着力打造"人人运动、人人健康"的活力之城,可以说上海市全民健身志愿服务体系建设已在实践中取得了阶段性成果,市社区体育协会的全民健身体育服务配送项目也入选《2021 全民健身志愿服务项目库入选案例集》,该体育志愿服务体系的运作模式打通了上海市全民健身公共服务的"最后一公里",受到国家体育总局的认可。尽管上海市的志愿服务体系建设已有相应成果,但对于全民健身志愿服务这一特定领域的规范化建设,现有的法律法规和政策文件并未作出详细阐释。2022 年 3 月,中共中央办公厅、国务院办公厅印发《关于构建更高水平的全民健身公共服务体系的意见》,对上海市全民健身体系的规范化运作提出更高要求,上海市全民健身志愿服务体系在现有实践与经验的基础上进入了新的发展阶段。

(二)研究意义

党的十八大以来,习近平总书记高度重视体育事业发展和人民健康工作,针对体育强国、健康中国建设等方面作出一系列重要论述。习近平总书记在党的二十大报告"增进民生福祉,提高人民生活品质"部分提出"推进健康中国建设","把保障人民健康放在优先发展的战略地位",重申全民健身国家战略、健康中国建设仍处于体育事业发展的优先地位。2019 年 9 月,国务院办公厅印发的《体育强国建设纲要》也对全民健身提出更亲民、更便利、更普及的要求,并指明优化全民健身组织网络,要完善覆盖城乡、规范有序、富有活力的全民健身组织网络,组织社会体育指导员广泛开展全民健身指导服务,建立全民健身志愿服务长效机制。基于此,着力完善全民健身志愿服务体系运作模式的规范化,不仅是对体育强国建设的有效保障,更是稳步推进健康中国战略重要举措。

《上海市城市总体规划(2017—2035年)》和《上海全球著名体育城市建设纲要》的发布,为上海市的城市建设和体育发展提出了明确的战略目标:到2025年,要基本建成全球著名体育城市,努力打造世界一流的国际体育赛事之都、国内外重要的体育资源配置中心和充满活力的体育科技创新平台,并在2035年将上海建设成迈向卓越的全球城市,令人向往的创新之城、人文之城、生态之城,具有世界影响力的社会主义现代化国际大都市。为实现这一目标,上海在其总体规划中对上海市全民健身活动作出针对性部署:"广泛开展全民健身活动,在每个社区配置社区市民健身活动中心,每8万~12万人配置1处中型市民健身活动中心、每5万~8万人配置1处小型市民健身活动中心。"除此之外,在《国务院关于上海市城市总体规划的批复》中,国家对健全城市管理体制提出如下要求:创新城市治理方式,加强精细化管理,在精治、共治、法治上下功夫,走出一条符合超大城市特点和规律的社会治理新范式。可见,上海在建设全球著名体育城市过程中,有针对性地发展上海市全民健身志愿服务体系的规范化运作模式,不仅有助于上海建成全球著名的体育城市、迈向卓越的全球城市,同时能够带动和指导其他群众体育事业的共进式协同建设。基于此,如何进一步规范上海市全民健身志愿服务体系运作模式,就成为当下亟待研究的重要议题。

二、全民健身志愿服务体系运作模式与规范化建设现状

(一)国内外公共体育志愿服务体系经验借鉴

梳理新中国成立70年我国体育志愿服务的发展脉络,不难发现,我国体育志愿服务实践起步较晚。长期以来我国体育志愿服务的发展内容以大型赛会志愿服务为主,1990年北京亚运会的举办,为我国大型赛会体育志愿服务提供了契机,但后续并未获得相应的重视。直至2008年北京奥运会后,与全民

健身更为密切的体育志愿服务实践与研究才获得关注,国家体育总局提出要将体育志愿者的中心从赛事转向全民健身,建立健全全民健身志愿服务体制机制,从多方面提升全民健身志愿服务体系的服务能力和服务质量,由此正式步入我国体育全民健身志愿服务进程。

梳理相关文献发现,尽管国外没有全民健身志愿服务这一概念,但公共体育志愿服务与我们所探讨的全民健身志愿服务这一概念在内涵、本质和功能上较为相近。为此,本研究梳理整合了美、英、日三国的公共体育志愿服务体系运作模式,同时将我国台湾地区发展较为成熟的体育志工服务体系一并纳入,从志愿规模、政策文本、社团组织、服务内容和激励保障五部分进行横向与纵向相结合的对比分析,为我国全民健身志愿服务体系的规范化运作模式建设提供经验借鉴,为上海市全民健身志愿服务体系运作模式的规范化提供思路与参考(表1)。

表 1 国内外公共体育志愿服务体系运作模式对比

体育志愿服务体系	国家与地区	美 国	英 国	日 本	我国台湾地区
志愿规模		美国志愿服务网的统计数据显示:截至2020年9月28日,全美志愿服务参与率达30%,其中"体育、爱好、文化、艺术"类志愿组织占全国志愿组织的26%,"教练、裁判、监督运动队"类志愿活动占全国志愿活动的12%	据2002年的调查数据显示,英国有近150万名体育志愿者且志愿者活跃度较高,有80%的志愿者都参与了体育促进活动	2015年日本体育志愿服务参加率(占总人数)为15%,但近年来日本社会受到人口结构老龄化因素的影响,体育志愿者总体规模呈现逐年缩小趋势	我国台湾地区体育志工人口基数较大,具有一定体育指导技能或经过社区协会简单培训后的社区服务人员均可上岗。截至2016年,台湾"卫生福利部"登记的志愿服务团体达23 437个,志工总数超过105万人,占我国台湾地区总人口的4.6%

续 表

体育志愿服务体系 \ 国家与地区	美国	英国	日本	我国台湾地区
政策文本	志愿者服务法、国内志愿服务修正法、志愿者保护法、国内志愿服务法、志愿者手册	济贫法、政府与志愿及社区部门关系协议	体育基本法、体育功劳奖、体育基本计划、体育劳动者表彰制度、文部大臣表彰制度	志愿服务法、志工伦理守则、志愿服务证及服务记录册管理办法、体育委员会体育志工实施要点
社团组织	以美国志愿团、和平志愿团、资深志愿团三个社团为主的志愿组织。除了以上三个志愿者社团，美国社会生活的各个领域中还有多种多样的志愿组织和社团	体育俱乐部是英国整个社区体育体系最核心和最普遍的组织，市民通过体育俱乐部参与体育活动，接受体育指导员的指导。参与管理和发展英国体育指导员和体育志愿者的协会有英格兰体育协会、青年体育联合体和英国体育联合体	日本体育志愿者官方网站是由日本政府搭建的志愿者统筹协调网站，体育志愿者可以自主在数字化网站中完成注册、学习、培训、取得执照、获取体育志愿活动信息等，实现了体育志愿者管理信息化和高效化。此外日本还建立了体育志愿者人才数据库，作为体育志愿者的储备资源	我国台湾地区的体育志工服务体系运作模式主要分志工服务单位和志工两大部分。其中志工服务单位如果是政府机关或公立学校，便可直接发布公告招募志工。否则需拟定志愿服务计划并送交主管部门审批，志工经过面试筛选后参加统一的教育训练，通过后才有资质进行服务
服务内容	美国青年志愿服务的内容包括：教育服务、卫生服务、公众	以英国的体育志愿者参与计划为例，对其体育志愿服务内	日本的社区体育志愿者分为体育指导志愿者和体育经营	我国台湾地区的体育志工根据其服务内容分为指导志工

续　表

体育志愿服务体系 \ 国家与地区	美国	英国	日本	我国台湾地区
服务内容	安全服务等。体育志愿服务是教育服务的一部分。美国的体育志愿者分为两大类，大众体育志愿者和体育赛会志愿者，在此基础上志愿者又分为A、B、C三个级别，不同级别的志愿者承担不同的志愿服务内容，教练、看护、运送伤员和常规赛事协助等都是体育志愿者的服务内容	容加以说明，主要包括：对体育志愿者和俱乐部进行培训和提高，培训内容包括体育活动策划、体育俱乐部如何经营和体育管理学等；政府还会为相关志愿者和志愿组织提供资金支持、宣传服务等	志愿者两类，体育指导志愿者会在闲暇时间定期对社区体育社团和组织提供体育指导，体育经营志愿者则为社区体育俱乐部管理提供帮助服务。社区体育志愿者的工作基本包括日常体育活动和大型体育赛事两个板块	和服务志工两类，体育服务志工主要协助志工组织完成日常运行，服务内容包括文字处理、营销企划、文案撰写等。体育指导志工则主要协助开展体育活动，服务内容包括开具运动处方、体质检测、活动策划等
激励保障	（1）服务期间发放生活津贴；（2）设置美国志愿服务教育奖金，用于支付贷款或未来学费；（3）贷款担保，帮偿利息；（4）提高能力，促进就业，强化与雇主之间的联系；	（1）政府给予志愿组织一定的税收政策优惠；（2）在法律法规中强制规定为体育志愿者提供保险，还有相应的制度为体育志愿者提供志愿补贴；（3）对于服务时长达标的志愿者颁发相应凭	（1）发放补助；（2）对于有升学需求的学生来说，志愿服务业绩是升学考试的内容之一；（3）政府针对不同的志愿者和志愿组织设定了相应的奖励制度，共有4种具体制度，其中对奖励办法进	激励措施以精神鼓励为主，志愿服务时长超过规定标准后，志愿者即可自主申请"志愿服务荣誉卡"及其他奖励或相关证明。在每年的年终，志工组织也会奖励表扬年度优秀志工

续　表

体育志愿服务体系＼国家与地区	美国	英国	日本	我国台湾地区
激励保障	（5）加入志同道合的社区； （6）许多大学与学院提供额外的志愿服务奖学金	证,如每年参加志愿时长达100小时以上政府为其颁发青年就业凭证；达200小时以上将得到教育和就业部长的亲笔签名证书,该证书可以作为上大学的凭证	行了详细说明	

通过对比分析可知,国内外较为成熟的公共体育志愿服务体系运作模式有以下共同点：

1. 志愿服务规模较大

全民健身志愿服务体系规范化运作的前提是志愿者群体要达到相当的规模,国内外较为成熟的公共体育志愿服务体系志愿者的数量庞大,已经基本形成"人人争当志愿者"的良好公共体育志愿服务氛围。通过在全社会鼓励支持志愿服务行动,营造良好的志愿服务氛围,并据此扩大全民健身志愿者队伍。

2. 志愿服务制度体系较完备

从具有强制性的法律法规到对公共体育志愿服务进行专门规定的相关规章制度,都是国内外公共体育志愿服务体系规范化的体现,完备的制度体系是指导公共体育志愿服务实践的基石,从国内外公共志愿服务体系的经验来看,有法可依、有章可循是我国全民健身志愿服务体系规范化建设的必经之路。

3. 志愿服务组织管理较科学

公共体育志愿服务体系需要满足全体居民体育锻炼过程中产生的志愿服务需求,要在公共体育活动、居民和志愿者之间做好信息管理和组织协调,做好科学的组织管理,公共体育志愿服务体系才能有序推进,全民健身志愿服务体系的规范化中,组织管理的科学性是整个规范化建设的根基。

4. 志愿服务激励保障较合理

志愿者本着团结、友善、奉献的志愿服务精神参与公共体育志愿服务是值得称赞、鼓励和在全社会倡导的，为热心参与的志愿者提供基本的保险保障、餐食保障和交通保障等，不断完善和改进全民健身志愿者的激励保障制度，也是落实全民健身志愿服务长效化运行模式的关键环节。

（二）全民健身志愿服务发展的政策导向

如表2所示，1993年国家体委发布《社会体育指导员技术等级制度》，成为我国全民健身志愿服务体系建立健全和规范化发展最早的文件。随着全民健身战略地位的提升，我国全民健身志愿服务也越来越受到重视，相关政策文本作为指导全民健身志愿服务体系建设的纲领，体现了国家的政策意志，蕴含着全民健身志愿服务体系未来的发展方向。课题组在国家体育总局与上海市体育局的官网上对相关政策文件进行检索、收集和整理，按照时间顺序对有关内容进行梳理，以遵循政策导向的策略机制。

表2 相关政策文本内容梳理

年 份	发文机构	政策文件	相 关 内 容
1993年	国家体委	《社会体育指导员技术等级制度》	鼓励社会体育指导员积极从事社会体育工作，加强社会体育指导员队伍的建设与管理
2009年	国家体育总局	《关于广泛开展全民健身志愿服务活动的通知》	开展全民健身志愿服务活动，推动全民健身运动社会化、经常化、制度化
2010年	国家体育总局	《建立全民健身志愿服务长效化机制工作方案》	建立完善的全民健身志愿服务工作体系；展现全民健身志愿服务鲜明的体育特色；形成全民健身志愿服务长效化机制
2011年	国家体育总局	《全国体育人才发展规划(2010—2020年)》	加大群众体育人才队伍建设力度
2012年	国家体育总局	《优秀运动员全民健身志愿服务实施办法（试行）》	充分调动优秀运动员参与全民健身志愿服务活动的积极性，推动建立全民健身志愿服务长效化机制

续 表

年 份	发文机构	政策文件	相 关 内 容
2016年	国务院	《全民健身条例》	国家加强社会体育指导人员队伍建设,对全民健身活动进行科学指导
2019年	国务院	《体育强国建设纲要》	将体育志愿服务工程列为重大工程,并提出建立健全全民健身志愿服务组织体系;建立全民健身志愿者注册、培训与管理体系;建立全民健身志愿服务统计体系和志愿服务成效评估体系;加大对欠发达地区社会体育指导员的培训力度
2020年	上海市人大常委会	《上海市志愿服务条例》	倡导奉献、友爱、互助、进步的志愿服务精神,保障志愿者、志愿服务组织和志愿服务对象的合法权益,鼓励和规范志愿服务,发展志愿服务事业,培育和践行社会主义核心价值观,促进社会文明进步
2020年	上海市民政局	《上海市民政局关于进一步规范社区志愿服务团队建设的意见(试行)》	增强社区志愿服务供给能力,提升社区志愿服务参与能力,推进社区志愿服务的依法开展
2021年	国务院	《全民健身计划(2021—2025年)》	壮大全民健身人才队伍,加强健身指导、组织管理、志愿服务等方面的人才培养供给
2022年	中共中央办公厅、国务院办公厅	《关于构建更高水平的全民健身公共服务体系的意见》	到2025年,基本建立更高水平的全民健身公共服务体系;到2035年,全面建立与社会主义现代化国家相适应的全民健身公共服务体系
2022年	全国人大常委会	《中华人民共和国体育法》	国家实施全民健身战略,构建全民健身公共服务体系,鼓励和支持公民参加健身活动,促进全民健身与全民健康深度融合

1. 全民健身志愿服务社会化

全面健身志愿服务的社会化是全民健身的必然趋势，也是社会资源推进全民健身的应有之义。2009年国家体育总局发布《关于广泛开展全民健身志愿服务活动的通知》明确指出，要推动全民健身社会化。结合我国全民健身战略，这里的"社会化"意指鼓励社会力量参与全民健身志愿服务供给。毫无疑问，在社会治理视域下，依靠政府单一的力量统筹协调社会中的有关体育的相关事宜是无法满足人民多元化的体育需求的，全民健身作为以全民为运动主体、以提高体质健康为目标的战略事实，其必然要凝聚全民共识，发挥全民力量，动员更多的社会能量参与全民健身志愿服务，从志愿者人员配比、人员培训等多个方面发挥社会资源的调动能力，助力全民健身志愿服务体系繁荣发展。

2. 全民健身志愿队伍专业化

与全民健身志愿服务相关的政策文本中，多次提到"加大群众体育人才队伍建设力度""加强社会体育指导人员队伍建设"和"加强健身指导、组织管理、志愿服务等方面的人才培养供给"，大力培育全民健身志愿服务人才，提高全民健身志愿服务队伍的专业化水平，是我国全民健身志愿服务体系持续发展的工作重点。全民健身人才储备是提供全民健身志愿服务的主要力量，是为群众体育锻炼提供科学指导的专业化队伍，全民健身科学、有效、可持续发展需要全民健身志愿队伍的专业化程度的提升。

3. 全民健身志愿服务机制长效化

全面健身志愿服务机制的长效化是我国全面健身战略可持续发展的制度显现。2008年北京奥运会后，我国的体育志愿服务体系重点聚焦于全民健身志愿服务领域，相关政策文件的出台更加验证了这一命题。相关政策文件中不断强调要推动建立全民健身志愿服务长效化机制，事实上，这也是我国目前全民健身志愿服务体系建设过程中的痛点与难点。当前，在国家政策利好和地方政府的不懈努力下，持续建立更高水平的全民健身公共服务体系，进一步推进全民健身志愿服务体系的常态化、推动长效化运行机制的建立与健全是未来一段时期全民健身志愿服务的重点之一。

4. 全民健身志愿管理制度化

全民健身志愿管理制度化是科学、严格落实体育政策，反映国家治理理念的基本依据。随着时代的发展与人民生活水平的额不断提高，人民对体育的需求不断增加，相应的，与全民健身战略相关的政策文本的发布也愈发频繁，不断重申加强全民健身的组织管理的重要性,与上述全民健身志愿服务社会化、全民健身志愿队伍专业化和全民健身志愿机制长效化形成相辅相成的内在耦合。2009年至今,与全民健身志愿服务相关的内容以条例、通知、办法、方案等形式引领实践,2022年修订的《中华人民共和国体育法》为构建全民健身公共服务体系、促进全民健康与全民健身深度融合提供了强有力的法律保障,巩固了全民健身志愿服务的制度体系发展路径,对地方践行全民健身战略实施提供了指南,为进一步优化与发挥不同区域全民健身志愿管理的制度优势,要求地方在此基础上对全民健身的各个方面的规章制度进行不断的健全和细化。

三、上海市全民健身志愿服务体系的现状分析

(一)上海市全民健身发展现状

上海作为全国领军的超一线城市,致力于建设"全球著名体育城市",体育城市的发展不仅包含硬件设施建设、赛事引进、本土品牌打造和体育文化浸润等方面,更是要营造"处处可健身、天天想健身、人人会健身"的全民健身城市环境,把体育变成城市居民的一种生活方式,通过全民健身厚植城市精神、彰显城市品格。

在2016年到2020年期间,上海市全民健身发展指数("300指数")逐年攀升(图1),充分展示了上海市贯彻落实全民健身国家战略的成果和推动健康上海建设的成效。本次研究根据历年《上海市全民健身发展报告》中的城市健身环境、群众运动参与和群众体质健康三大板块的发展情况来阐述上海市全民健身的发展现状。如图2所示,2018年前,上海健身环境的指数略高于运动参与指数和体质健康指数,但在2018年及之后,三个细项指数的变化趋势相似,数据的变化侧面印证了上海市贯彻落实全民健身战略实践中的协同发展能力和格局,统筹改善城市健身环境,有效地提高了全民的运动参与度和体质健康。

1. 城市健身环境现状

城市健身环境的打造主要包括政府保障措施、场地设施建设和市民满意度三部分。随着上海市体育"十三五"规划的圆满完成,上海市城市健身环境建设达到了前所未有的程度。《2020年上海市全民健身发展报告》显

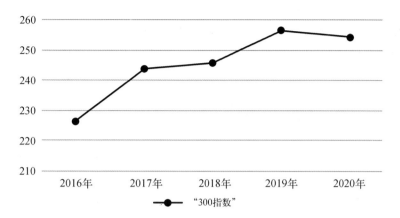

图 1 2016—2020 年上海市全民健身发展"300 指数"趋势图

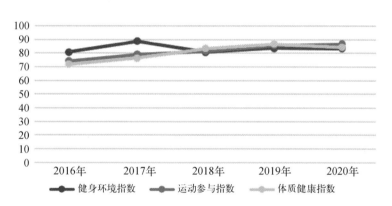

图 2 2016—2020 年上海市全民健身指数细项变化趋势

示：截至 2020 年底，上海市累计建成各类市民健身步道（绿道）、骑行道总长度 1 954 千米，建成市民益智健身苑点 17 556 个、市民球场 2 714 片、市民健身步道（绿道）1 669 条、社区市民健身中心 101 个、市民健身房 186 个，上海人均体育场地面积达到 2.35 平方米，比 2015 年人均 1.76 平方米增加了 0.59 平方米，全民健身环境提升显著。2020 年，上海市民对于体育场地的满意度指数为 85.6，相较 2015 年的 82 呈现持续增长态势。从上述公开数据不难看出，上海市持续推进城市"金角银边"的建造、改造和再利用，从民生需求实际出发，逐步实现了社区体育场地设施的转型升级以满足居民的健身需求。

2. 群众运动参与现状

群众参与全民健身首先需要充足的赛事资源作为引导,其次要有科学有效的体育健身组织进行组织协调,在全民健身志愿服务体系机制相对健全、运行相对平稳和管理相对科学后,群众的体育参与比例才会逐步上升,对接全民健身"发展体育运动,提升人民体质"的初心与使命。从2016年到2020年,上海市经常参加锻炼的人数占常住人口比例持续上升(图3),全民健身赛事活动的丰富和"身边化"给市民提供了参与体育锻炼的契机,营造了"运动热"和"健身热"的全民健身氛围。2020年,上海市结合疫情防控形势首次举办线上运动会,大大推动了市民利用线上线下融合的科学健身方式提高体质健康水平和调适心理状态的能力。《2020年上海市全民健身发展报告》显示:2020年上海市第三届市民运动会共举办赛事活动约7 100场,共有1 093万人次参与,其中包括线上赛事活动800场、线下赛事活动6 300场,充分体现了"健康上海,人人来赛"的办赛主旨,极大丰富了全民健身的赛事内容。

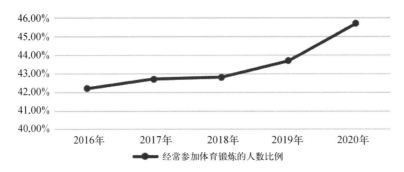

图3 2016—2020年上海市经常参加锻炼的人数占常住人口比例趋势

3. 群众体质健康现状

全民健身战略倡导全民做到每天参加一次以上的体育健身活动,学会两种以上健身方法,并且每年进行一次体质测定。这就要求各省市积极开展全民健身指导和体质监测,以科学性的数据指标来评测全民体质健康水平和健身素养。公开数据显示,2020年上海市民的体质达标率继续保持全国前列,且成年人和老年人群体的体质优良率较高,相反,青少年群体的体质优良率只能达到半数(表3)。在健身指导方面,截至2020年底,上海市共有社会体育指导员62 086人,占常住人口比例2.5‰,且市民每千人拥有固定健身团队2.33

个,健身指导发展已达到相当的规模。

表 3 2020 年上海市民的体质达标率

人 群	体质达标率(%)	优良率(%)
成年人	98.9	75.0
老年人	99.5	72.9
青少年	97.2	50.6

注:数据来源于《2020 年上海市全民健身发展报告》。

(二)上海市全民健身志愿服务体系运行现状

上海市全民健身志愿服务的运行机制创新性地以服务配送的形式进行,配送工作主要由上海市社区体育协会统筹协调。协会从 2015 年启动上海社区体育服务配送工作,针对各区、各街道居民的个性化体育锻炼需求,开展以健身技能培训、科学健身讲座、青少年体育培训、市民体育科学大讲堂等为主要内容的社区体育服务配送,服务形式的先进性、创新性和实效性也使上海市社区体育协会的上海市全民健身体育服务配送项目入选《2021 全民健身志愿服务项目库入选案例集》,成为上海唯一入选的经典案例(图 4)。协会通过构建市、区、街镇三级社区体育服务配送机制,结合"互联网+科学健身"的数字化服务网络,统筹和整合社会资源,扩大了科学健身指导的覆盖面,使更多的人群受益于体育惠民。

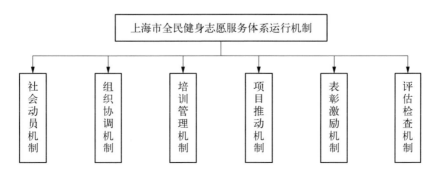

图 4 上海市全民健身志愿服务体系运行机制

1. 社会动员机制

目前上海市全民健身志愿者的来源主要有以下四种：企事业单位推荐、高校体育教师和学生、街道推荐有专业技能的体育爱好者和卫计委推荐的医生，但从实际参与全民健身志愿服务的人员组成来看，社会体育指导员和体育爱好者是上海市全民健身志愿者队伍中的主力军，此外，参与全民健身志愿服务配送的志愿者总体年龄偏大，以退休人员居多。从全民健身志愿者的来源渠道便可倒推目前上海市全民健身志愿服务的社会动员机制：主要依靠合作单位壮大志愿服务队伍，并给予配送志愿者一定的课时补贴。社会动员途径较为单一，缺少面向全社会的广泛动员机制。总体上看现有社会动员机制比较薄弱，动员效果存在局限性。

2. 组织协调机制

上海市社区体育协会是推动上海市全民健身志愿服务运作的牵头组织，2013年底，由杨浦区四平社区体育俱乐部、徐汇区徐家汇社区体育俱乐部、长宁区新泾镇社区体育俱乐部、浦东新区洋泾社区体育俱乐部协商，发起成立上海市社区体育协会，协会下设赛事部、配送部、组织建设部、指导员部和办公室五个职能部门，同时还分区域对体育俱乐部进行统一组织管理，组织协调机制较为完善。据上海市社区体育协会的官网显示，截至目前，协会共有238家俱乐部会员，其中包含各区不同街道的社区健身俱乐部和少数企业健身俱乐部。上海市社区体育协会的主要任务有：管理相关的社区公共体育设施、定期组织开展社区体育活动、组织开展科学健身指导和运动技能培训、发展和培养社区体育志愿者、组织实施社区体育服务配送、推广普及社区体育健身项目等。

3. 培训管理机制

志愿者队伍的专业化建设是上海市全民健身志愿服务体系中的关键环节，与其息息相关的志愿者培训管理机制也在不断地健全。但是目前上海市全民健身志愿者的培训管理遵循自愿性原则，无法保证志愿者培训的实际效果。与此同时，现有培训管理因其培训时间、培训地点、培训内容和培训形式等的局限性，没有考虑到大多数志愿者的实际情况，很多情形下志愿者不得不放弃参加培训，故而效果往往差强人意。

4. 项目推动机制

上海市全民健身志愿服务的项目推动，除与市、区、街道的相关部门和人员对接外，还加入社会力量以共同提供全民健身赛事活动和全民健身志愿服务。《2020年上海市全民健身发展报告》显示，2020年全市共有247家企业和社会组织通过公开招标的形式成为上海市全民健身赛事合作伙伴,共举办赛事活动6 121场,共有870万人次参与,其中线下赛事活动5 814场,共有481万人次参与;线上赛事活动307场,共有399万人次参与。

5. 表彰激励机制

上海市现行的对志愿者的表彰激励机制以精神鼓励为主,鼓励志愿者发扬"奉献、友爱、互助、进步"的志愿服务精神,在自己的能力范围内为需要帮助的人提供健身指导,物质鼓励较少。但在上海市全民健身志愿服务配送机制中,会支付配送老师一定的课时费和交通补贴,为配送人员发放运动服装,年终也会对优秀配送人员进行表彰、颁发证书、发放奖金等。但在这样的表彰激励机制下,仍然存在配送人员拒绝参加非配送活动的矛盾,为解决这一问题,表彰激励机制需要加以改进与完善。

6. 评估检查机制

对于整个上海市全民健身服务体系来说,上海市体育局每年会对当年上海市全民健身发展状况进行评估,并于次年发布《上海市全民健身发展报告》,用数据和调研结果呈现上海市全民健身成效。而对于全民健身志愿服务体系来说,体系中不仅要用数据来对配送活动数量、志愿者数量、市民体质健康水平进行评估,更要通过记录志愿时长、课时量、服务对象和当地街道的评价反馈及协会的评价反馈对全民健身志愿者的服务质量进行绩效考核,但是目前为激励志愿者进行更加长期和积极的服务,评估检查机制更偏向主观性评价,建立多元评价机制提高志愿者服务效果,是未来健身志愿服务制度建设的发展趋势。

(三)上海市全民健身志愿服务体系存在的问题

1. 志愿服务氛围不浓郁

上海市全民健身志愿服务中的志愿者来源路径单一,志愿服务缺乏长效性,很多掌握运动知识和技能的社区居民因时间不充裕等原因不愿意加入全民健身志愿者队伍,全民健身的志愿服务氛围不够浓郁。而且目前上海市宣传全民健身志愿服务精神的渠道比较单一,宣传渠道和宣传内容与居民的日常生活存在一定的认知差距,无法真正起到弘扬志愿服务精神和壮大志愿者队伍的目的。

2. 社会动员不充分

课题组在调研上海市全民健身志愿服务体系发展现状和规范化路径的过

程中，访谈的专家学者强调，全民健身志愿服务体系规范化的前提是动员足够多的志愿者加入服务体系，只有当整个社会的志愿服务氛围足够浓郁、群众的志愿服务意愿足够强烈并且积极主动地切实参与到全民健身志愿服务供给中，全民健身志愿服务体系的规范化才可能在此基础上顺利开展。但是目前上海市全民健身志愿服务的志愿者群体以中老年女性为主，而体育科研系统工作者、高校体育教师和学生及掌握体育技能的社区居民等群体在很大程度上并未参与到全民健身志愿服务工作中，志愿服务队伍的壮大还有很大的潜力，加强社会动员是上海市全民健身志愿服务队伍建设的前提和基础。

3. 组织管理不协调

上海市全民健身志愿服务的组织管理主要依靠政府力量，具体的执行主要由上海市社区体育协会统筹。尽管此前已有服务配送机制的全民健身志愿服务供给模式具有先进性，但上海市作为我国超一线城市，城市居民数量庞大、组成复杂，相应的体育锻炼需求也极具个性化和多元化，单靠行政力量对全民健身志愿服务体系进行组织管理和统筹协调还是无法满足更多人群的健身需求。全民健身的赛事活动供给和志愿服务组织管理也无法脱离社会力量而存在，将更多、更好、更有经验的第三方纳入全民健身志愿服务体系的组织管理体系中，是社会治理视域下上海市全民健身志愿服务体系的建设要点。

4. 信息渠道不畅通

上海市全民健身志愿服务的活动信息和志愿服务信息的发布存在互通壁垒，只有通过上海市社区体育协会的相关网络渠道才能精准找到全民健身志愿服务相关的信息，但对于普通市民或有志于加入全民健身志愿服务的人来说，信息渠道的寻找较为烦琐。课题组通过网络资源检索发现，上海志愿者网围绕志愿者招募、培训、信息发布等都做到了高度智慧化和信息化的设计，但在找寻文体志愿活动中发现，并未有针对性的体育志愿者招募，显然，全民健身活动开展时期，对志愿者的需求并未同步发布至上海志愿者网站，信息渠道并未打通。可见，上海志愿者网作为统筹管理上海市志愿者的网站，在全民健身志愿服务体系中需要全面考量志愿服务种类和服务体系，以最大程度发挥平台应有价值。

5. 活动开展不精准

通过分析上海市全民健身发展数据可以发现，目前上海市体质健康堪忧的群体为青少年，其优良率不及老年人群体。究其原因，主要是在开展全民健身志愿活动时,组织者往往会更多地考虑闲暇时间更充足的老年人群体,将提升青少年群体体质健康的重任交给学校体育,忽视了这部分人群的全民健身需求。而对于全民健身志愿服务来说,志愿服务是根据活动内容来进行的,缺少为青少年和中年人提供的多群体健身活动,换言之,全民健身活动开展不充足、不精准、不系统、不完善,由此就难以挖掘与培养在该环境氛围中成长起来的潜在志愿者。因此,针对不同人群的体质健康水平和个性化需求,开展具有针对性的全民健身活动也是壮大全民健身志愿者队伍的途径之一。

四、上海市全民健身志愿服务体系规范化运作的建议与策略

(一)以价值为引领,推动社会动员机制规范化

弘扬志愿服务精神,营造志愿服务氛围的具体实施办法主要囊括志愿组织内部的肯定鼓舞和志愿组织对外的宣传推广两大部分。弘扬志愿服务精神,鼓励更多的有志之士加入志愿者队伍是全民健身志愿服务体系运行贯穿始终的课题。在组织内部要加强管理的人性化,负责志愿者管理的人员和相关部门要关心志愿者的心理状态,多肯定,多鼓励,从情感与物质两方面给予志愿者一定的支持,让志愿者更有信心和耐心继续从事全民健身志愿服务,以留住现有的、吸引未来的全民健身志愿者为目标,活跃社会动员机制。此外,对于志愿服务精神的宣传和推广而言,要注重宣传推广渠道的多元化和有效化。在短视频时代,人们接收信息的渠道来源非常广泛,且对信息的挑选也更具个性化。为此,结合传统媒体宣传方式与新媒体宣传路径,拓宽宣传渠道、弘扬新时代志愿服务精神是必要的选择。

(二)以制度为根本,强调组织协调机制规范化

提升组织管理能力是当前上海市全民健身志愿服务体系规范化建设的重中之重。据调研可知,目前上海市登记在册的社会体育指导员数量庞大,但是实际投身于全民健身志愿服务的人数较少。这种巨大的差距要求我们必须首先加强对上海市现有体育社会指导员队伍的资源整合,提高社会体育指导员队伍的行动力、责任感和归属感。其次,要与优质的社会力量共同进行全民健

身志愿服务的组织与管理。当前,我国社会领域已经出现了很多主导志愿服务供给的企业和组织,他们长期致力于赛会、赛事中的志愿者供给、培训和管理等工作,积累了较为丰富的经验。与社会力量协同合作,展开全民健身志愿服务工作,灵活整合官方与社会相关组织,合理利用社会相关资源,是全民健身志愿服务体系规范化的必经之路。再次,要加强对现有组织管理人员的培训,提高现有全民健身志愿服务组织的管理能力。管理层人员的胜任力是组织高效运行的关键要素,加强管理人员、志愿者与组织之间的凝聚力、部门间的协调合作能力十分必要。最后,要在地方性体育法规中强调全民健身志愿服务体系的重要性,提高各级部门对全民健身志愿服务体系的重视程度,并筹备专项资金推动上海市全民健身志愿服务体系规章制度的建设,切实推动全民健身志愿服务体系的规范化运行。

(三)以实践为依据,加强培训管理机制规范化

全民健身的志愿者人员构成呈现多元化特征,2009年国家体育总局下发《关于广泛开展全民健身志愿服务活动的通知》,将全民健身志愿者分为优秀运动员、社会体育指导员、体育系统工作者、体育教师和大学生、社区全民健身志愿者五类,其中因《全民健身条例》中对社会体育指导员的定义为不以收取报酬为目的向公众提供传授健身技能、组织健身活动、宣传科学健身知识等服务的人员,所以公益社会体育指导员作为中国特色的全民健身志愿者,是开展全民健身志愿服务活动的主力军。

目前针对全民健身志愿者的培训与志愿者的社会身份密切相关,如社会体育指导员的相关培训较为系统、科学,而其余志愿者群体的培训管理程序与科学性缺乏完善。针对这一问题,研究认为规范化全民健身志愿服务体系的培训管理机制可以采用以下方式:第一,对目前全民健身活动的组织开展情况和已有志愿者的服务情况进行统计分析,从志愿者类型、技能水平、项目内容等方面设置具有针对性的课程培训;第二,在设置通识培训课程的同时应考虑不同类型志愿者的个性化需求,提高课程内容设置的多元化需求,如教练、指导员类型的志愿者应参加专项培训及教学方法培训,活动辅助类志愿者应在培训中更加了解全民健身志愿服务活动运作流程,课程内容应该尽量具有针对性,以密切结合全面健身志愿活动需求;第三,设置奖惩机制,针对志愿者缺席培训活动的情况,应设置一定的奖惩机制,以激励和带动更多人员参与志愿服务培训。

(四)以合作为目标,提高项目推动机制规范化

上海市全民健身总体发展水平位居全国前列,"十四五"时期,要以编制实施新周期全民健身计划为契机,构建更高水平的全民健身公共服务体系。但目前上海市全民健身志愿服务体系的项目推动较为机械化和局限化,体育志愿活动的信息只能在体育系统的网站和页面上获得。研究认为,信息化时代,提高项目推动机制的规范化应结合时代特征从以下几个方面入手:第一,加强纵向各级政府和横向各部门之间的合作,成立全民健身志愿服务工作小组,提高信息在各级政府和各部门之间传递的有效性;第二,扩大全民健身志愿服务的视野范围,加强与志愿组织和志愿服务部门之间的合作,一方面可以学习相关组织和部门更成熟的运作经验,另一方面也可以拓宽全民健身志愿者的来源,推动全民健身志愿服务加入志愿服务的大家庭;第三,加强与校企之间的合作,拓宽全民健身志愿服务的覆盖领域,并与校企合作培养全民健身志愿者,组织更丰富多样的全民健身志愿活动,丰富了全民健身志愿服务内涵的同时提高全民健身志愿服务体系的社会参与度。

(五)以保障为基础,推动表彰激励机制规范化

在全民健身志愿服务体系中,表彰激励机制是提高志愿者服务积极性的关键手段之一,推动表彰激励机制规范化是全民健身志愿服务体系长效化的必经之路。从国内外公共体育志愿服务体系的经验总结来看,目前主流的体育志愿者表彰激励方式仍以精神激励为主。上海市全民健身志愿者的表彰激励机制初具规模但仍需改进。第一,在短视频时代给志愿者以精神激励的形式更加丰富了,在相应的社区、全民健身和志愿服务平台上投放全民健身优秀志愿者个人和先进志愿者组织的相关视频,加以宣传、带动个人和组织继续在全民健身志愿服务领域深耕,同时鼓舞更多的志愿者和志愿组织的积极性。对于优秀志愿者和先进志愿组织,则可以扩大表彰范围,颁发的荣誉、进行表彰的形式可以更加多样化,提升个人和组织服务的积极性。第二,应关注相关志愿者的个人特殊情况和家庭特殊情况,对于表现优秀且情况特殊的个人可给予必要的物质激励,这既是对志愿者的人性化关怀,也是让组织运行持久化的方式之一。第三,可借鉴不同地区的公共体育志愿服务体系建设经验,建设志愿者等级制度,不同等级的志愿者承担不同的志愿服务内容,且通过长期服务完成等级晋升也是激励志愿者积极参与全民健身志愿服务的有效路径。

（六）以发展为动力，促进评估检查机制规范化

创新社会治理模式，深化体育管理体制改革，为体育志愿服务组织高质量发展提供契机。在进一步健全体育志愿服务组织体系和加快发展全民健身志愿服务机制高质量运行的目标引领和动力驱使下，提高全民健身志愿服务组织评估检查机制标准化、规范化势在必行。第一，要明确评估检查的对象，从全民健身志愿服务组织到全民健身志愿服务过程，都需要相应的评估检查，针对不同的对象主体，应设立契合的评估检查机制。第二，应注重指标体系的科学性，以实践为导向，运用科学合理的方法筛选全民健身志愿服务组织效能评价指标体系，实现全民健身志愿服务的全方位、全过程评价和检查，最终达到全民健身志愿服务体系高质量和规范化运作。第三，在促进评估检查机制规范化的过程中，要始终注意适度原则，评估和检查不是目的，只是推动上海市全民健身志愿服务运作模式规范化的手段和途径之一，如果片面地将评估和检查本身作为目的，会在一定程度上打击全民健身志愿服务组织和志愿者的积极性，反倒对全民健身志愿服务体系造成了破坏。

参考文献

[1] 万发达,孟昭雯,邱辉.新时代体育志愿服务参与体育治理的困境与消解[J].体育学刊,2022(3).

[2] 张佃波.社会力量参与全民健身公共服务供给：现实审视与实践路径[J].体育文化导刊,2022(2).

[3] 丁洁,黄亚玲,李聿铭.我国社区体育社会组织能力建设研究[J].体育文化导刊,2021(7).

[4] 王科飞,王宏江.我国体育支援运行机制现状与治理对策研究[J].沈阳体育学院学报,2021(2).

[5] 张大为,成婉毓,刘兵,等.社会资本视角下体育志愿服务研究的国际经验与中国镜鉴[J].武汉体育学院学报,2020(12).

[6] 张大为,刘兵,郑旗.奥运遗产视角下英国体育志愿者培养计划的实践经验与启示[J].体育学刊,2020(5).

[7] 万发达,赵元,等.健康中国视域下我国体育志愿服务长效化发展研究[J].体育学刊,2020(4).

[8] 孙阳,南尚杰.日本体育志愿者的实践考察及其对中国的启示[J].沈阳体育学院学报,2020(4).

[9] 邱辉,孟昭雯.1949年—2019年我国体育志愿服务发展的成就、问题与展望[J].北京体育大学学报,2020(4).

[10] 刘宏亮,刘红建,等.英国"体育的未来"新战略：内容、评价及镜鉴[J].沈阳体育学院学报,2019(6).

[11] 郑家铨,徐勤儿,等.台湾地区体育志愿服务推广模式研究[J].广州体育学院学报,2018(3).

[12] 魏婉怡.困境与破解：现阶段我国社区体育发展的多元审视[J].北京体育大学学报,2017(12).

[13] 王占坤.发达国家公共体育服务体系建设经验及对我国的启示[J].体育科学,2017(5).

[14] 夏树花,关朝阳,等.我国城市社区体育志愿服务现状及发展路径研究[J].河南师范大学学报(自然科学版),2016(5).

[15] 卢志成.我国城市全民健身志愿服务概观与创新发展研究[J].山东体育学院学报,2015(4).

[16] 潘雯雯.大众体育志愿服务组织综合能力的评价指标体系研究[J].体育科学,2015(6).

[17] 袁锋,张晓林.我国全民健身志愿服务现状及发展策略研究[J].广州体育学院学报,2015(1).

[18] 卢志成,李建国.全民健身志愿服务组织发展研究[J].体育文化导刊,2013(12).

[19] 薛玉佩.美国体育志愿服务的激励机制及其启示[J].体育文化导刊,2012(11).

[20] 朱琳.全民健身志愿服务长效化法理思考[J].体育与科学,2011(5).

[21] 郑丽.社会体育组织参与体育公共服务的路径选择[J].体育文化导刊,2011(7).

[22] 黄桑波.我国体育志愿服务现状及研究的理论视角[J].武汉体育学院学报,2009(10).

[23] 戴俭慧,虞重干.我国社会体育指导员使用状况的调查与分析[J].上海体育学院学报,2005(6).

[24] 周学荣,江波.国外大众体育志愿服务发展的经验与启示[J].体育与科学,2005(4).

[25] 张洪顺,石宝鸿.社区体育志愿者资源的开发与利用[J].广州体育学院学报,2005(3).

[26] Han L M., Research on Local PE Institutes and Departments' Voluntary Service Facing the Society under the Background of Aging Society[C]. 3rd International Conference on Social Sciences and Society, 2013.

[27] Harvey J, Levesque M, Donnelly P., Sport volunteerism and social capital[J].

Sociology of Sport Journal,2007,2.
[28] Irestig M,Hallberg N,Eriksson H,et al. Peer-to-peer computing in health-promoting voluntary organizations: A system design analysis[J]. Journal of Medical Systems,2005,5.
[29] Su Y Q. Evaluation System Modeling of Information Disclosure of Sports Organization Websites Using Analytic Hierarchy Process[C]. International Conference on Economics,Social Science,Arts,Education and Management Engineering(ESSAEME),2015.

上海市构建更高水平的全民健身公共服务体系研究

刘 峥 胡 斌 张诗佳 李玲玲
李永林 谢晓彤 秦雅坤 周琛斐*

[摘 要] 本研究通过对上海市构建更高水平的全民健身公共服务体系面临的挑战、机遇和任务进行剖析,在梳理、总结当前上海市健身事业的发展现状和主要问题的基础上,借鉴代表性国家的先进经验,结合上海市的实际情况,构建上海市全民健身公共服务发展评估体系,并选择关键指标与重点城市进行对比分析。随后,提出上海市构建更高水平的全民健身公共服务体系的思路、路径和政策建议,这对于上海基本实现全民健身治理体系和治理能力现代化,打造国际知名、全国领先、上海特色的全民健身活力城市具有重要意义。

[关键词] 全民健身;公共服务体系;发展评估;思路路径;对策建议

一、上海市构建更高水平的全民健身公共服务体系的研究背景

高质量全民健身公共服务体系是一个综合发展的结果,亦是一个动态平衡的发展过程。构建更高水平的全民健身公共服务体系,就是为广大群众提

---

* 本文作者简介:刘峥,上海工程技术大学,副教授,博士,研究方向:体育健康管理;胡斌,上海工程技术大学管理学院院长,教授,博士,研究方向:战略管理;张诗佳,上海工程技术大学,研究生,硕士,研究方向:健康评价;李玲玲,上海市儿童医院,助理研究员,硕士,研究方向:青少年健康;李永林,上海工程技术大学,副教授,博士,研究方向:指标体系构建;谢晓彤,北京体育大学,讲师,硕士,研究方向:健康管理;秦雅坤,天津体育学院,研究生,硕士,研究方向:运动健康;周琛斐,中北大学,研究生,硕士,研究方向:体育教育。

供更便捷的健身资源、更多样的赛事活动、更科学的健身指导,使公共服务体系更契合时代要求,满足群众对高品质生活的需要。

(一)新机遇

1. "五位一体"总体布局为全民健身公共服务发展夯实制度基础

"十四五"时期上海的全民健身发展要立足于全局来抓,自觉把全民健身发展融入"五位一体"总体布局和"四个全面"战略布局,广泛开展全民健身活动,满足人民群众日益增长的健身需求。在统筹推进"经济、政治、文化、社会和生态文明建设"的过程中,充分将全民健身活动融入其中,全面建成小康社会为全民健身发展确立目标指引,全面深化改革为全民健身发展助力动力源泉,全面推进依法治国为全民健身提供法制保障。

2. "健康上海"战略实践为全民健身公共服务发展突破认知障碍

2019年,上海市健康促进委印发《健康上海行动(2019—2030年)》,明确提出未来十年要形成比较完善的全民健康服务体系,完善全民健身公共服务,推进普及全民健身活动。"健康上海行动"相关措施的明确将为全民健身发展带来重要机遇。"健康上海"战略部署的贯彻落实将有效促进上海市民体育意识的转变,带动人们增强自身的体育需求,推动全民健身普及化。

3. 跨领域融合联动为全民健身公共服务发展开启新征程

跨领域融合将为全民健身公共服务发展挖掘新契机。"体卫融合"是推进运动促进健康模式落地实施的有效手段,是实现全民健身与全民健康协调发展的重要载体。"体教融合"可以促进青少年体质健康发展,有效开发学校全民健身资源保障机制。"体旅融合"将有效为全民健身发展赋能,促进健身产业迈向高质量发展。

4. 新时代网络技术更新迭代为全民健身公共服务发展转型升级赋能

随着人工智能、区域链、元宇宙等现代信息技术的井喷式变革,上海捕捉信息的能力更加敏锐,全民健身发展被赋予了更多的可能。坚持全民健身服务内容为核心要素,发挥现代信息技术的内容生产核心优势,才能够满足人民高质量、多元化、个性化的健身需求,依托新时代网络智能技术,搭建统一服务平台,升级全民健身服务获取信息的便捷性与匹配度。

(二)新挑战

1. 人口结构变化使全民健身公共服务发展供需矛盾激化

上海市60岁及以上的老年人口达到533.49万人,占总人口的36.1%。

预计到2025年,上海市60岁及以上的老年人口占比将增加到40%。人口老龄化的持续紧张,与老年人相关的各类公共服务需求将面临激增,全民健身公共服务的投入势必将被挤占。与此同时,外来人口的大量涌入也对全民健身公共服务的供给造成一定程度的冲击,需求不可控因素增强,供需矛盾日益激化。

2. 组织结构调整使全民健身公共服务发展资源受限

改革开放以来,社会组织发展经历了"去组织化"和"自组织化",如今又逐渐走向了新的"自组织化"。各类社会体育组织规模和覆盖范围不断扩大,涉及社会服务、文化传播、教育卫生等多个延伸领域。而在新时期,以单项体育协会为代表的社会组织与行政机构的脱钩改革正如火如荼地进行。脱钩后的体育协会面临着人事变化、架构调整、职能重合等诸多问题,均会导致内外部治理资源的受限和全民健身公共服务供给的缺位。

3. 经济下行压力使全民健身公共服务发展出现资金缺口

世界经济增速放缓、风险因素剧增,国内经济下行压力居高不下,消费增速减慢,有效投资增长乏力。同时,全民健身基础设施建设、人才培养投入长期存在资金缺口问题。未来在不确定的外部环境下,经济下行压力持续加大,将导致原本财政吃紧的全民健身公共服务面临更大的支付压力。

(三)新任务

1. 运作机制更为灵活,要素支撑贯穿始终

构建更高水平的全民健身公共服务体系,需要完善竞技体育成果转化机制,让更多的成果惠及群众达到全民共享,不断细化全民健身服务组织体系,深入社区全民健身服务,夯实基础设施建设,让社区健身畅通无阻。此外,更要重视全民健身公共服务中的人才、组织、数据、资金等要素。政府为要素支撑提供主要保障和兜底作用,同时也要激发社会力量的积极性,推动全民健身公共服务体系的共建共治共享,让上海的全民健身持续性、安全性、公平性更高。

2. 品牌赛事更为丰富,社会参与氛围浓厚

构建更高水平的全民健身公共服务体系,需打造多层次宽领域的赛事体系,以上海市体育赛事体系建设方案为基础,优化社会化办赛的审批流程和运作体系,打造具有全国影响力的城市联赛和群众性赛事,加强赛事安全管理,推动品牌赛事市场化、专业化和安全化发展。通过多样化的群众性赛事活动,

形成浓厚的体育赛事社会参与氛围。通过多种渠道和方式进行全民健身理念和知识的普及,提升社会参与活力水平。同时,加强全民健身国际化交流,广泛吸引有国际影响力的运动明星、赛事活动、体育组织。

3. 健身群众更为广泛,运动方式科学规范

构建更高水平的全民健身公共服务体系,需要贯彻全龄友好理念,培养终身运动者。以青少年为重心,培养青少年的体育运动兴趣,重视老年人和残疾人在公共服务中面临的困难,营造无障碍的全民健身环境。同时,科学规范的健身指导也非常重要。通过完善当前全民健身公共服务的标准化体系和社会体育指导员管理办法,推动广大群众的科学化健身水平,并深化"体卫融合",广泛实施"运动促进健康"行动计划。

二、上海市全民健身公共服务的发展现状及主要问题

(一)发展现状

近年来上海市认真践行"人民城市人民建,人民城市为人民"的重要理念,围绕市民多样化健身需求,加快全民健身活力城市的建设进程。通过整合各类资源、丰富群众赛事、深化"体医养"融合,上海的全民健身事业迎来了蓬勃发展。

1. 全民健身实施计划有序开展

1995年,上海成立"全民健身领导小组"并在同年率先发布上海市全民健身实施计划。随后,上海市先后发布四版"全民健身实施计划",如表1所示。

《上海市全民健身实施计划(2021—2025年)》,从七个方面明确了全民健身公共服务建设的重点举措,并首次提出上海市要在2025年基本建成全球著名体育城市,推动全民健身公共服务均等化、标准化、融合化和数字化发展。

表1 上海市全民健身实施计划

实施计划	奋斗目标	主要任务
《上海市全民健身发展纲要(2004—2010年)》	增强健身意识;完善体育健身设施;提升全民健身管理水平	建设"136工程",即一个科学健康的体育环境
《上海市全民健身实施计划(2011—2015年)》	市民健身意识进一步增强;体育公共服务水平明显提升	基本实现社区公共运动场全覆盖;青少年体质进一步改善

续 表

实施计划	奋斗目标	主要任务
《上海市全民健身实施计划(2016—2020年)》	全民健身整体水平位居全国前列;市民健身素养不断提升	推进全民健身融合联动发展;促进青少年、在职人群、老年人经常参与
《上海市全民健身实施计划(2021—2025年)》	市人均体育场地面积达到2.6平方米;经常参加体育锻炼的人数比例达到46%以上;成为国际知名、全国领先、具有特色的全民健身活力城市	推进"15分钟社区体育生活圈"高质量全覆盖;推动长三角全民健身一体化融合发展

2. 全民健身发展指数逐年提升

2011年,上海市政府组织全民健身各领域专家共同制定了包含健身环境、运动参与和体质健康三方面的上海市全民健身发展指数评估体系(简称"300指数"),并邀请第三方机构进行数据收集和评估。2013年6月20日,上海市体育局首次发布《上海市全民健身发展公告》,并在后续每一年都公布了"300指数"测算的结果,如图1所示。

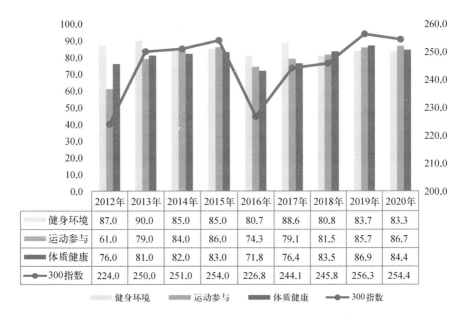

	2012年	2013年	2014年	2015年	2016年	2017年	2018年	2019年	2020年
健身环境	87.0	90.0	85.0	85.0	80.7	88.6	80.8	83.7	83.3
运动参与	61.0	79.0	84.0	86.0	74.3	79.1	81.5	85.7	86.7
体质健康	76.0	81.0	82.0	83.0	71.8	76.4	83.5	86.9	84.4
300指数	224.0	250.0	251.0	254.0	226.8	244.1	245.8	256.3	254.4

图1 2012—2020年上海市全民健身发展指数测算结果

定期发布上海市全民健身发展指数使上海市全民健身的发展水平有了量化评价标准,便于有效洞察当前全民健身事业发展的主要矛盾和改进方向。2020年上海市的"300指数"总分为254.4,健身环境、运动参与、体质健康三方面均处于满意区间。上海市经常参加体育锻炼人口的比例稳步上升,达到45.7%。青少年、成年人、老年人体质优良率快速增长,市民总体体质健康水平有较大提升。上海市全民健身发展水平总体上处于全国领先水平。

3. 全民健身产业规模稳步前行

体育产业总规模是指一个地区一定时期内体育产品和服务的总价值,能够反映从事体育生产活动的总规模,也能从侧面体现出该地区全民健身产业的总体规模和发展状况。上海市每年定期发布体育产业统计公告,近年来的统计情况如图2所示。

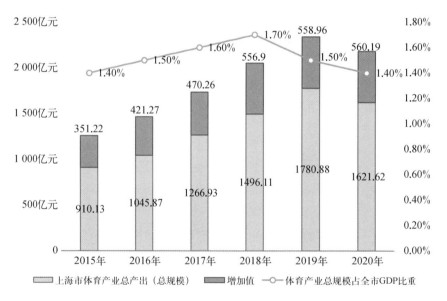

图2 2015—2020年度上海市体育产业统计情况

可以看出,上海市体育产业总规模在近年来整体呈快速上升趋势,在全市GDP中的占比也越来越高。2020年,上海市体育产业总规模达到1 621.62亿元,占当年全市GDP的比重为1.4%。其中,体育服务业占比为79.7%,仍然是上海市体育产业的发展主体。

4. 全民健身公共服务发展方案持续推进

"十三五"时期,上海市全民健身公共服务体系实现了城乡社区的全覆盖,总体发展水平处于全国前列。为助力体育强国和健康上海建设,促进上海市全民健身公共服务更高水平发展,上海市推出了多项实施方案和发展规划,如表2所示。

表2 "十四五"时期上海市全民健身公共服务发展规划与实施方案

时 间	名 称	印发单位
2020.09.28	《长三角地区体育一体化高质量发展的若干意见》	长三角地区各省市体育局
2020.10.17	《上海全球著名体育城市建设纲要》	上海市人民政府办公厅
2021.08.12	《上海市运动促进健康三年行动计划(2021—2023年)》	上海市体育局等单位
2021.09.18	《上海市全民健身实施计划(2021—2025年)》	上海市人民政府办公厅
2021.11.04	《上海市体育产业发展"十四五"规划》	上海市体育局
2021.11.11	《上海市体育赛事体系建设方案(2021—2025年)》	上海市体育局
2021.12.23	《关于建立健全体育赛事安全防范长效机制的意见》	上海市体育局
2021.12.23	《长三角地区体育产业一体化发展规划(2021—2025年)》	长三角地区各省市体育局
2021.12.27	《上海市健身设施建设补短板五年行动计划(2021—2025年)》	上海市体育局
2022.02.28	《2022年上海市全民健身工作要点》	上海市体育局
2022.03.28	《2022年上海市青少年体育工作要点》	上海市体育局
2022.08.04	《上海市社区全民健身公共服务标准》	上海市体育局
2022.09.01	《上海市社区体育发展实施方案》	上海市体育局

上海市政府为了推进全民健身公共服务更高水平的发展,从健身设施、体育赛事、运动促进健康等不同方面颁布了较为完善的指导意见和实施方案。上海市各区也在《上海市全民健身实施计划(2021—2025年)》的指导下,制订了各区未来五年的全民健身实施计划,如表3所示。

表3 上海市各区县全民健身实施计划

颁布时间	区 域	重 点 内 容
2021.03.29	嘉定区	保证公共体育场馆按照国家规定全部开放,每万人拥有体育健身组织不少于28个
2021.09.18	闵行区	打造"全闵健身e起来"群众体育品牌系列赛事平台,创新全民健身线上赛事活动
2021.11.05	长宁区	构建"1+5"全民健身赛事体系,深入打造"长来赛、宁健康"全民健身赛事品牌
2021.11.11	奉贤区	围绕全区体育设施"一廊、两心、两带"总体布局,采用"3+2+X"建设新模式
2021.11.15	松江区	全面完成体育健身设施"六百"工程,推进美丽乡村健身设施建设
2021.11.22	浦东新区	实现体育设施与公园绿地、生态空间融合发展,塑造独具魅力的城市健身休闲新空间
2021.11.24	黄浦区	形成"10分钟体育生活圈",着力打造"三带一中心"全民健身标志性区域
2021.12.20	静安区	以"一场多能"、均衡布局和智慧化为导向,大力推进健身设施更新升级
2021.12.21	青浦区	打造国际级赛车、电子竞技产业和赛事中心,建成覆盖全部社区的体育配送服务公共平台
2021.12.26	崇明区	以健身小镇为载体,建设与崇明运动休闲岛相匹配的十大体育运动产业基地,形成崇明体育产业发展网络
2021.12.28	杨浦区	通过"社区、校区、园区、商区、营区"五区联动,举办形式多样的全民健身活动
2021.12.28	徐汇区	基本实现徐汇区"5分钟体育生活圈"全覆盖,形成"一核一带三片区"的全民健身空间布局

续　表

颁布时间	区　域	重　点　内　容
2021.12.29	虹口区	努力形成"一街一品""一居一特"的全民健身活动新格局
2021.12.29	金山区	经常参加体育锻炼的人数比例达到50%，基本建成全民健身普惠之城
2021.12.30	普陀区	打造"半马苏河"运动秀带和"约战苏河"系列赛，形成"水陆空"全覆盖的赛事体系
2021.12.31	宝山区	建成"一环一核多中心＋X"的体育健身场地设施"塔"型网络布局

各区结合自身区域发展特色、全民健身发展水平和社会经济发展水平，均为未来五年的全民健身公共服务的发展指明了方向。

（二）主要问题

1. 全民健身顶层设计仍然有待完善

上海市近年来陆续发布了多部全民健身相关的政策法规和配套文件，取得了积极效果，但在具体实施过程中还存在以下不足：一是标准化建设不足，在全民健身标准化建设的过程中止步于宏观领域，缺乏微观细节的探讨，标准体系的主体与范围不够明确；二是"三纳入"未完全落地，对于将全民健身事业纳入上海市发展规划、财政预算及年度工作报告的工作标准尚未按要求完全落实；三是监督反馈机制不健全，有效的监督措施和问题反馈机制的建立有助于上海市全民健身事业的良性发展，当前尚未形成明确的监督反馈机制。

2. 全民健身基础设施存在较大缺口

上海市坚持民生需求导向，建设了一大批公共体育基础设施，人均体育场地面积达到2.35平方米。但目前全民健身设施还存在以下不足：一是基础设施总量不足，上海拥有巨大的人口基数且逐年增长，现有健身设施难以满足市民经常性进行体育锻炼的需求；二是健身设施分布不均衡，中心城区与其他区、经济发达地区与欠发达地区的资源配置不平等；三是设施运营效率不高，部分健身设施老化、破损问题严重，设施运营与管理水平有待提升，公共健身设施开放性不高。

3. 全民健身赛事供给管理质量不高

上海市当前已经建成了包括上海市民运动会、城市业务联赛等品牌赛事的全民健身赛事体系，在丰富赛事供给上取得了新的进展，但还存在以下不足：一是赛事联动不足，各类赛事的举办相对割裂，尚未形成规范的赛事管理体系；二是赛事宣传不足，缺乏有效的宣传途径和宣传方式，导致赛事推广存在阻碍，市民整体的赛事参与度还有待提升；三是内容不够创新，当前的赛事内容沿用多年，缺乏具有吸引力和挑战性的赛事供给。

4. 全民健身服务组织系统建设不足

上海已经形成了以体育总会为统领、以单项体育协会为骨干、以各类社区基层健身服务组织为基础的全民健身组织网络，但仍存在以下不足：一是管理机制不完善，上海市当前虽然拥有庞大的服务组织网络，但是缺乏相对系统化和标准化的组织管理机制及组织激励机制；二是权责分配不清晰，政府机构负责全民健身的统筹管理和监督，公共服务组织负责健身服务和活动落地，但在实际操作过程中存在责任交叉、权力不明确等问题；三是组织培训不规范，健身服务组织在对人员培训的过程中安排不够规范，内容简单重复。

三、代表性国家经验借鉴与启示

（一）代表性国家全民健身公共服务体系建设的实践做法

1. 美国

美国全民健身的发展依托社会化的组织架构。美国政府并没有设立针对体育活动的管理机构，而是由社会团体组织、体育运动协会、市场主体以及政府组织来组成多元化治理体系，如图3所示。

在全民健身的社会化治理过程中，政府扮演着制定法律法规制度、修缮公共体育设施和提供体育经费支持的角色。而全民健身的治理主体集中在社会团体组织，主要包括体育休闲委员会、全国性学术团、大学与中学体育协会、美国奥委会以及各类非营利性体育志愿服务组织等。其中，美国奥委会是社会化治理过程中最主要的治理主体，分管范围包括5 000余个体育俱乐部及100个以上的单项体育组织。各社会体育组织强调独立化运作以及彼此间的协同治理，不同主体之间相互联系，密切协作，彼此尊重差异化和多元化。最终，美国的全民健身体系形成了一种政府主导、部门协作、社会团体组织彼此协同的

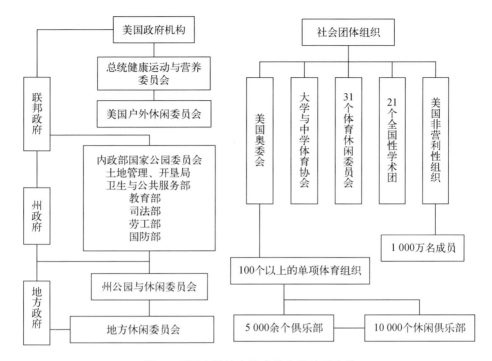

图3 美国全民健身社会化多元治理主体

多元社会化治理体系。

2. 日本

日本是世界上全民健身组织化、科学化的先行者,其参与体育活动的人数比例既位居全球前列,也位居亚洲前茅。日本全民健身的管理体制具有较强倾向性,主要以政府为主导,其全民健身组织与"中央政府—都道府县政府—市区町村政府"这样的行政管理机制相对应,同样出现了三级行政管理机制,也分为"国家—省府—县府"这样的三级行政管理机制,属于典型的垂直管理体制。日本全民健身经费来源比较多元化,主要有:政府财政补助,但不超 1/3;体育基金会的相应资助;体育团体加盟会员的缴费;发行彩票、集资广告的收入;企业给予的一定赞助款等杂项收入。多样化的经费来源为日本社区体育的开展提供了良好的物质保障。

3. 澳大利亚

根据澳大利亚官方统计,澳大利亚目前经常参加体育锻炼的人数比例已经超过70%,部分人群的日均体育锻炼时间甚至将近300分钟。全国拥有超过110个体育团体、1 500个高尔夫球场、5万多个体育俱乐部,而澳大利亚仅有2 500万人左右。同时,澳大利亚还是国际网球和板球运动的大本营,拥有世界上顶尖的网球和板球赛事。2017年,澳大利亚发布了《澳大利亚体育素养标准》(APLS),如图4所示。APLS的框架体系由三部分组成:分别是4个域、30个要素和5个发展水平。其中4个域分别为身体域、心理域、认知域和社交域。30个要素分别是4个域的具体阐释,而5个发展水平是指这30个能力要素的发展阶段。APLS为澳大利亚全民健身的发展提供了发展方向和科学指南。

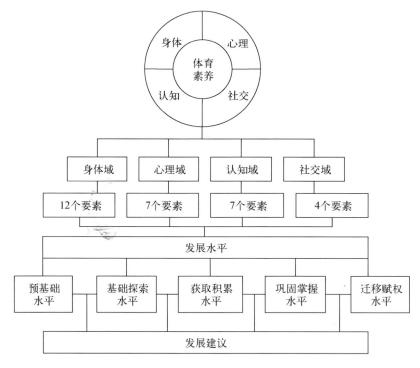

图4 《澳大利亚体育素养标准》框架体系

(二) 对上海市构建更高水平的全民健身公共服务体系的启示

1. 扩宽凸显多元战略价值的全民健身内涵

在健康中国和体育强国战略的实践下,群众对于全民健身公共服务有了更高的理解和要求,单纯的健身已经无法满足群众对于娱乐、消费和健康生活的需求,扩展全民健身的多元价值是当前的现实需要。从理论层面上应该扩展全民健身内涵,将文化、健康生活、娱乐休闲等元素纳入其中,实现群众体育战略从"全民健身"到"全民健康"的战略转变。推进"体卫融合""体教融合""体旅融合",推动群众体育向网络经济扩展,引导群众积极进行健身消费并大力发展休闲健身产业。

2. 构建多元主体横向联动的全民健身公共服务体系

全民健身公共服务体系的多元化有利于保证公平性。代表性国家的全民健身参与主体包括政府组织人员、非政府组织、商业组织中的专家和社会公众等,此外,绝大部分的主体具有独立性,它们拥有完备的民主法律制度,能够保护团体及个人的创新精神和独立精神。目前我国全民健身公共服务的实施主体仍然是政府组织,这些组织既是政策的制定者又是执行者,在某种程度上存在体育公共利益选择偏向,从而产生不良后果。同时,执行过程中会涉及其他领域的知识,但是政府组织的人员对于涉及的基础知识和方法与技术并未熟悉掌握。因此,要强调政府的引导、激励和扶持作用,同时也要重视各社会主体的运作、协同和监督管理的作用。

3. 强化全民健身公共服务发展成果的反馈运用

积极的成果反馈有利于全民健身水平的提升。如在美国,全民健身评估结果会通过绩效报告、政府官方网站等多种途径进行公示,公众可以对其进行监督并查询。在我国,政府是主要掌握全民健身公共服务评估结果的主体,并以这些结果作为考评的依据,公众较少知晓或基本不知晓评估结果。因此,政府如何利用互联网、自媒体等新兴渠道向社会公开全民健身公共服务发展的评估结果,自觉接受公众的评判和监督,即对管理部门施加压力,促使其提高管理水平,避免此类问题的重复出现,以减少政策资源的浪费,提高政策效能。

四、上海市构建更高水平的全民健身公共服务体系的思路与路径

上海市全民健身工作要践行"人民城市人民建,人民城市为人民"重要理念,围绕《上海市全民健身实施计划(2021—2025年)》确定的目标和任务,构建与全球著名体育城市和健康上海相契合的高质量全民健身公共服务体系,努力营造"处处可健身、天天想健身、人人会健身"的全民健身城市环境。具体来说,就是践行一个理念、提升两个参与度、追求三个层次、践行四个发展。

（一）践行一个理念：人民城市人民建，人民城市为人民

全民健身是人民群众对于美好生活向往的现实体验，是上海建设全球著名体育城市的关键途径。因此，在上海的城市建设中，一定要以人民为中心，合理安排群众健身所需的生活、生态空间，努力扩大健身设施供给，优化健身公共服务，让群众有健身、休闲和娱乐的地方，让上海成为广大市民宜业宜居的乐园。

（二）提升两个参与度：社会资本参与度和居民参与度

1. 提升社会资本参与度

上海市全民健身公共服务更高水平的发展需要激发社会力量积极性，积极引进社会资本参与，形成政府引导、多方参与的共建共治局面。在公共设施建设与运营方面，可以引导社会力量通过旧房改造翻新的形式建设和运营公共健身服务设施，深化政府与企业合作的方式，采取民办公助、项目补贴等多种形式吸引社会力量参与建设。在赛事活动举办与运营方面，坚持政府引导与市场机制结合的模式，开放办赛，通过制定社会力量办赛的激励政策，规范赛事活动管理，激发社会资本承办的积极性和参与度。在群众健身咨询与指导方面，构建多元主体、分工合理的供给机制，鼓励社会力量积极开展针对青少年、老年人、残疾人的体质监测服务和运动康复服务。

2. 提升市民参与度

上海市全民健身公共服务更高水平的发展也需要夯实广泛参与全民健身活动的群众基础，提升广大群众的健身参与度。充分发挥各级各类体育组织的带动作用，引导市民积极参加各种健身活动，促进青少年、老年人、残疾人、职工、妇女和外来务工人员等重点人群参与健身。推出市民主动健身促进工程，通过优化社会体育指导员队伍强化科学健身指导、完善全民健身组织网络体系、加强健身组织建设、开展覆盖全人群的健身活动等吸引市民广泛参与，结合区域发展特色完善层级赛事体系等途径提升市民健身的参与度，形成"人人想健身、人人能健身、人人会健身"的上海市全民健身"大环境"。

（三）追求三个层次：国际知名、全国领先、上海特色

1. 追求国际知名

上海作为国际知名的经济、金融、贸易、航运和科技创新中心，是全民健身国际交流与合作的桥头堡。未来上海需要紧紧围绕国际体育赛事之都的战略

目标,对标顶级全球体育城市,积极申办全球顶级体育赛事,努力提升全球影响力和竞争力。在丰富国际赛事供给方面,积极引进和筹办亚洲杯、国际足联俱乐部世界杯、世界赛艇锦标赛等重大赛事,在此契机上培育自主品牌赛事并寻求提升国际影响力,形成"顶级赛事引进来、自主品牌走出去"的赛事供给格局。在优化健身赛事空间方面,结合五大新城的功能定位,改善国际健身赛事区域布局,形成赛事集聚效应,吸引国际体育组织、企业总部落地上海,打造具有世界影响力的健身赛事核心区。在强化健身赛事服务方面,借鉴国际经验建立健身赛事品牌认证制度和赛事评估体系,从赛事的专业度、关注度、国际影响力等多方面进行评估,构建与国际接轨的健身赛事服务和评估机制。

2. 追求全国领先

发挥上海在长三角区域的龙头带动作用,推动长三角全民健身一体化建设,引领长三角地区成为全国领先的现代健身服务产业集群和高质量发展先行区。在建立现代化健身产业方面,推动长三角地区基础健身公共服务业向高品质、便利化和精细化服务升级,打造南北翼运动装备产业带和一批"高精尖"的健身设施制造业集群。在构建健身产业空间格局方面,发挥上海的区域龙头引领作用,围绕上海"一城一都四中心"的发展格局,挖掘上海在全球范围内集聚顶级健身赛事、资本、机构等核心资源的作用。在培育壮大健身市场主体方面,支持长三角龙头企业跨区域兼并重组,培养一批品牌知名度高、行业带动性大的体育企业和俱乐部。

3. 追求上海特色

上海在长期的全民健身公共服务事业发展中,形成了坚持体育民生、吸引健身消费、健全智慧健身、深化体医融合的发展经验和特色。未来,上海要围绕优化城市空间新格局,在"五大新城"以及城市转型区域完善公共体育设施建设。充分利用"一江一河"沿岸丰富的空间资源,打造世界级滨水健身休闲"生活秀带"。要通过建立更高质量的"你点我送"社区健身服务配送机制,推动体质检测活动常态化,形成完善的科学健身指导体系。构建各级各层次的全民健身赛事活动体系,开展广大市民喜闻乐见的健身项目,打破传统赛事的地域和时间限制,吸引重点人群积极参加各类健身活动。

(四)践行四个发展:均等化、标准化、融合化、数字化

1. 实施全民健身需求供给均等化发展

上海市在全民健身公共服务均等化方面要推动城乡、区域的均衡发展,保

障全民健身普惠服务,形成广泛参与健身的市民基础。在城乡区域均衡发展方面,努力缩小上海市各区域间的全民健身公共服务差距,以"五大新城"建设及老城区改造为契机,加大对健身基础薄弱地区的公共服务财政投入和资源配置力度。在全民健身目标人群全覆盖方面,实施"青少年体育活动促进计划"和"运动促进健康计划",解决老年人运用智慧健身服务困难的问题,为残疾人群体营造无障碍健身锻炼环境,解决健身弱势人群的经费支出和资源投入不足的问题。

2. 引领全民健身体系建设标准化发展

通过对全民健身公共服务中重复性工作的标准化建设,形成目标清晰化、方法规范化、过程程序化的建设思路,发挥标准化在全民健身事业中的基础性、引领性作用。在场地设施标准化方面,加强"一江一河"沿岸健身设施、"长者运动健康之家"的标准化建设,形成上海特色健身设施标准。在赛事活动标准化方面,编制上海市全民健身赛事活动指南和健身赛事品牌认证标准,在赛事活动的举办承办、运行安全与结果评估等过程中均形成标准体系。在社会组织标准化方面,加强各类健身社会组织在标准制定中的引导作用,政府部门也应该加快制定社会组织与俱乐部扶持标准,促进健身组织规范化发展。最终,打造内容完整、结构合理、科学规划的全民健身公共服务标准体系。

3. 强化全民健身服务资源融合化发展

全民健身事业面临新机遇和新挑战,仅靠单一部门或单一领域各自为政难以形成合力,必须进一步推动全民健身多部门、跨领域融合化发展。在多部门融合发展方面,要强化由市体育局主导的全民健身部门联动工作机制和联席会议制度,落实相关部门的主体责任,推动跨部门之间的信息互通与资源共享,进一步发挥多部门协同优势。在跨领域融合发展方面,以完善青少年健身服务为主线健全"体教融合"协同推进机制、以提供"一站式"运动康养服务推进"体医养"融合发展、以实施"体育旅游精品示范工程"促进"体旅融合"发展、以强调资源集约利用和绿色低碳发展促进全民健身与生态文明建设融合发展,形成全民健身协调联动大格局。

4. 推进全民健身管理方式数字化发展

在数字化管理方面,建立系统完备的全民健身大数据、健身指导人才管理和健身赛事活动管理的综合化公共服务平台,成立专门的平台管理小组并及时更新、维护平台的信息与数据。在数字化服务方面,优化市民体质监测站和智慧健康驿站构建的健康服务网络,研发适合多场景、多年龄人群的智慧健身指导系统和智能穿戴健身设施,提升主动健康科技服务能力。在数字化场馆方面,运用信息化手段提高健身场馆的智慧服务质量,加强体育场馆在场地预订、客流预警、线上运营以及安全监测等方面的信息化建设,通过数字化转型提升健身场馆的运营效率。

五、上海构建更高水平的全民健身公共服务体系的对策建议

(一)简政放权,主体协同,构建全民健身公共服务多元协同治理模式

1. 强化全民健身多元共治的理念

打破以往全民健身治理过程中政府"一元独治"的局面,构建"多元共治"的治理共同体。治理共同体基于平等协商、多元参与、协同合作而建立,形成持续互动的良性系统。通过加快政府职能转变,鼓励和引导企事业单位、社会组织、个人等主体积极参与全民健身公共服务,以法律的形式确定社会力量参与场馆运营、群众性体育赛事筹办、健身指导等领域的准入和激励机制,从制度上吸引社会力量的参与。

2. 优化全民健身工作的运行机制

建立政府部门、专家学者、社会公众共同参与的政策决策机制,增强全民健身工作开展的合理性与合法性。通过优化全民健身的责任机制,立法明确全民健身工作开展过程中各部门的责任和任务清单,实现落实到位、责任到人。强调沟通机制在全民健身工作中的重要性,通过联席会议开展交流研讨,加强全民健身各部门之间的联席合作。制定统一的社会体育组织管理政策,明确其拥有的权责和等级评定机制。

3. 厘清全民健身治理主体的边界

要积极推进全民健身管理部门的职能改革和简政放权。重新划分政府、市场以及社会力量的职责权限,明确政府在全民健身发展过程中的主要职能在于政策制定、过程管理和监督评估。而市场和社会组织等社会力量的任务在于积极承接政府购买的各种服务,同时发挥引领和组织作用,为社会公众提供差异性、多样性的全民健身公共服务。

（二）重点人群，均等兼顾，强化全民健身公共服务资源配置优化整合

1. 实行青少年和学校体育活动促进计划

要把青少年和学校体育置于优先发展的战略地位，将青少年和学校体育活动促进计划写进法律，健全青少年和学校体育工作制度。在学校体育中，强调体育科目、体育锻炼和体育指导的重要性，保证学生每天可以参加不少于一小时的体育锻炼。针对青少年体质下降问题，明确体育行政部门应当在传授体育知识技能、组织体育训练、管理体育场地设施等方面为学校提供指导和帮助。

2. 建立健全老年人健身活动保障政策

老年人健身工作是老龄事业和全民健身事业的重要组成部分，要深入贯彻落实《国家积极应对人口老龄化中长期规划》的文件精神，大力发展老年人健身事业，建立健全老年人健身权益保障政策。切实推行《老年人室内健身场所要求》，拓展老年人健身活动空间，解决老年人运用体育智能技术困难的问题。健全老年人体育组织准入政策和管理标准，探索老年人"体医养"融合，为老年人提供体质监测、运动干预、慢性病防治等服务。

3. 完善残健融合体育健身公共服务体系

参加体育健身是残疾人参与社会活动、平等享受权利的重要路径。为残疾人提供方便可就的体育健身设施，在健身器材和健身路径的配置中考虑残疾人的需求，指导推动各类公共健身场所按照《无障碍设施设计规范》的要求进行完善。体育部门要和残疾人体育组织一道重视特殊人群的需求，为残疾人群体参与健身活动提供方便。

（三）体卫融合，科学健身，推动全民健身与健康中国战略深度融合

1. 建立满足人民运动健康需求的政策体系

通过顶层设计和循证实践，构建自上而下和自下而上相结合的政策体系的制定范式。针对体育与医疗卫生的融合发展，相关部门需要制定更为详细可行的各类落地政策。只有将宏观性的顶层设计逐步细化为具体的各类政策，体卫融合发展才能从理念转化为实践。基于循证实践，广泛调研民众的新需求、广泛征询领域内的专家意见从而制定各类政策，提升政策的科学性、合

理性，让政策更接地气，才能最终满足人民日益增长的美好生活需要。

2. 形成全社会共同参与的政策过程模式

建立统一的全民健身与全民健康融合的领导协同机构，进行有效的统筹兼顾和资源配置。体育与健康的深入融合涉及卫生医疗、体育、教育、文化和财政等多个部门，只有通过统一的领导机构进行统筹协调，才能充分调动各部门的积极性，使其参与到全民健身与全民健康融合的实践中去。基层地方政府也要成立相应的领导协同机构，统筹两者深度融合的政策制定、实施以及评估工作。

3. 夯实全民健身与全民健康融合的保障机制

需要进一步优化整合政策资源，统筹调配各类资源服务于全民健身与全民健康的深度融合。强化体卫融合的专业人才培养力度，加大体育院校和医学院校运动康复专业的人才培养规模，统一人才培养标准，打破运动康复和康复治疗之间的行业壁垒。优化利用财政资源解决重要政策问题，集中主要财政力量解决需要重点关注的运动健康设施建设、运动康复人才培养的问题。

（四）强化监督，重视评估，打造基于人民满意度的全民健身服务体系

1. 强化政策体系认同的宣传解释

当前，人们对于全民健身政策的理解和认同还存在一定的"短板"。一方面，要面向全社会、全行业、全人群加强政策体系的宣传力度，借助多种媒介引导人们主动健身和形成科学健身理念。另一方面，要针对政策执行主体、政策目标群体通过政策发布会、宣讲会等方式强化全民健身政策体系的解释，传播全民健身的合理性以及效益性等方面的信息。

2. 明确各类主体的监督管理职责

随着全民健身活动的深入发展，体育健身市场发展迅速，但同时各种乱象频生。要加强体育行业的监督管理工作，立法明确体育行政部门以及公安、市场管理、应急管理等各部门的监督管理职责，要求体育赛事活动组织者明晰自身的安全保障义务，建立严格的突发事件体育赛事活动的"熔断机制"。对于高危险性体育项目的经营和举办要严格审查，形成完善的行政许可制度。

3. 构建人民满意的政策评估体系

以人民满意度为构建理念，将是否符合人民健身与健康需求、是否提升人

民健身获得感纳入全民健身的政策实施效果评估体系。以法律规章的形式将评估工作固化,提升政策评估的权威性。建立基层政府全民健身执行效果先行评估,随后再由上级政府进行复合的评估机制。在评估主体的选择、评估方法的选用、评估范围的确定中均需要有法可依、有章可循,才能更好地反映实践从而进行更加有效的调控。

参考文献

[1] 李鉴.体育强国建设背景下体育体制机制改革的中国逻辑与路径[J].上海体育学院学报,2022(1).

[2] 向艳梅,周结友,陈亮,姚立.全民健身公共服务体系研究:成果、特点与展望[J].浙江体育科学,2021(5).

[3] 顾严.以新发展理念引领体育产业供给侧结构性改革[J].清华金融评论,2021(8).

[4] 郑家鲲."十四五"时期构建更高水平全民健身公共服务体系:机遇、挑战、任务与对策[J].体育科学,2021,41(7).

[5] 史小强,戴健."十四五"时期我国全民健身发展的形势要求、现实基础与目标举措[J].体育科学,2021(4).

[6] 曹可强.打造全民健身活力城市,助力全球著名体育城市建设[J].体育科研,2021(1).

[7] 程华,戴健,赵蕊.发达国家大众体育政策评估的特点及启示——以美国、法国和日本为例[J].沈阳体育学院学报,2016(3).

[8] 蒋丹颖.新中国成立以来我国全民健身志愿服务的回顾与展望[J].体育科技文献通报,2020(11).

[9] 尤传豹,刘红建,周杨,沈晓莲.推动全民健身与全民健康深度融合的政策路径研究[J].沈阳体育学院学报,2022(3).

[10] 张大为,成婉毓,刘兵,郑旗,康健.社会资本视角下体育志愿服务研究的国际经验与中国镜鉴[J].武汉体育学院学报,2020(12).

[11] 孙阳,南尚杰.日本体育志愿者的实践考察及其对中国的启示[J].沈阳体育学院学报,2020(4).

[12] 戴健,焦长庚.全球著名体育城市构建的内在逻辑与优化路径——基于上海体育名城建设的分析[J].体育学研究,2019(3).

[13] Thompson W R. Worldwide survey of fitness trends for 2022[J]. ACSM's Health & Fitness Journal,2022(1).

[14] Matteo V, Valeria C. Pellino V C, et al, Fitness and fatness in children and adolescents: An Italian cross-sectional study[J]. 2021.

[15] Cataldi S, Francavilla V C. Bonavolontà V, et al, Proposal for a fitness program in the school setting during the covid 19 pandemic: Effects of an 8-week crossfit program on psychophysical well-being in healthy adolescents[J]. International Journal of Environmental Research and Public Health, 2021(6).

附录　上海市全民健身公共服务发展评估体系构建与实证研究

（一）全民健身公共服务发展评估体系构建

1. 全民健身公共服务发展评估指标的筛选与修改

本研究采用改进的"平衡计分卡"方法，分别从利益相关者维度、财务维度、学习与成长维度、内部流程维度来设置指标体系（附图1），全方位地反映上海全民健身公共服务的发展状况。

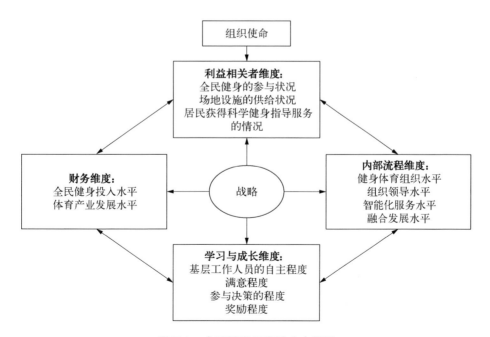

附图1　全民健身平衡计分卡模型

本研究重点探讨上海全民健身公共服务四个维度的发展,以确保构建的指标体系的全面性、一致性和整体性。采用改进后的德尔斐法对全民健身公共服务评估指标初稿进行筛选,采用专家主观判断与客观数据统计相结合的方法来构建最终的评估体系。通过设计全民健身公共服务评估体系专家隶属度问卷并进行信效度检验,来获得专家对于指标增加、删减以及合并的修改意见。

在专家咨询过程中,向专家发放《上海市全民健身公共服务评估体系构建专家隶属度问卷》,邀请专家对评估体系中的具体测算指标进行"合理性"判断。"合理性"是指该指标对于评估体系而言的重要程度。为了便于量化分析,采用1~5计分的形式,1表示"极其不合理,应进行剔除",而5表示"完全合理,应保留",从1~5对应的评价结果是正向递增的。此外,邀请专家提出对于测算指标的增补删减的修订意见及建议。各测算指标的平均数、标准差、变异系数如附表1所示。

附表1 全民健身公共服务评估各级指标的统计结果

指 标 名 称	平均数	标准差	变异系数
要素层指标(W=0.62)			
利益相关者维度	4.62	0.11	0.26
财务维度	4.88	0.36	0.38
学习与成长维度	4.85	0.33	0.14
内部流程维度	4.76	0.25	0.31
二级指标(W=0.53)			
全民健身参与状况	5.00	0.00	0.00
全民健身场地设施供给	4.85	0.38	0.14
科学健身指导服务水平	4.77	0.44	0.19
居民对全民健身条件满意度水平	4.31	0.75	0.56
全民健身投入水平	4.38	0.65	0.42

续 表

指 标 名 称	平均数	标准差	变异系数
体育产业发展水平	4.62	0.51	0.26
全民健身人才保障水平	4.84	0.36	0.11
全民健身基层工作人员成长水平	3.77	0.73	0.53
体育组织水平	4.38	0.65	0.42
组织领导水平	4.69	0.48	0.23
全民健身智能化服务水平	4.62	0.51	0.26
全民健身融合发展水平	3.38	0.87	0.76
具体测算指标（W＝0.47）			
经常参加体育锻炼的人数比例	5.00	0.00	0.00
每万人拥有公共体育场地面积	4.92	0.28	0.07
每万人拥有的体育场馆数量	4.84	0.31	0.14
每万人拥有公园、城市广场面积	3.61	0.50	0.27
每万人拥有健身活动中心（社区体育中心、健身会所等）数量	4.46	0.52	0.27
学校体育场地设施与器材配置达标率	4.31	0.75	0.56
学校体育场地设施开放率	4.38	0.77	0.59
公共健身场地开放率	3.77	0.60	0.36
行政区公共健身设施和社区15分钟健身圈覆盖率	5.00	0.00	0.00
乡镇（街道）公共健身设施和社区15分钟健身圈覆盖率	4.69	0.48	0.23
行政村（社区）公共健身设施和社区15分钟健身圈覆盖率	4.07	0.64	0.41

续 表

指 标 名 称	平均数	标准差	变异系数
每万人拥有的社会体育指导员数量	5.00	0.00	0.00
每万人拥有的体育志愿者数量	3.46	0.78	0.60
每万人拥有国民体质监测中心数量	4.15	0.55	0.31
城乡居民达到《国民体质测定标准》合格以上的人数比例	4.85	0.38	0.14
学生体质健康标准达标优秀率	4.53	0.52	0.27
中小学生每天的校内体育活动时长	4.69	0.48	0.23
中小学生每天的课外体育活动时长	3.61	0.65	0.42
居民对全民健身公共服务的满意度	4.77	0.44	0.19
居民对健身指导的满意度	4.76	0.43	0.18
居民对健身活动组织的满意度	4.46	0.66	0.42
人均健身场地设施经费投入	4.62	0.65	0.42
体育消费额占人均居民可支配收入比例	4.92	0.28	0.08
人均健身活动经费投入	3.38	0.87	0.76
健身指导志愿者培训投入	3.46	0.66	0.47
体育彩票公益金投入占全民健身经费的比例	4.62	0.60	0.36
体育投资占社会投资比重	4.08	0.49	0.24
体育产业总规模占生产总值比重	4.92	0.27	0.07
体育用品及相关产品制造占体育产业总规模比重	4.23	0.83	0.69
体育服务业占体育产业总规模比重	4.08	0.64	0.41
体育场地设施建筑业占体育产业总规模比重	3.63	0.49	0.26

续　表

指　标　名　称	平均数	标准差	变异系数
竞赛表演业增加值占比	4.31	0.63	0.40
健身休闲业增加值占比	4.35	0.52	0.23
体育管理人员数量	3.63	0.68	0.45
体育行业从业人员数量	4.48	0.69	0.46
基层工作人员参与决策的程度	4.53	0.51	0.26
基层工作人员工作满意度	4.42	0.71	0.43
基层工作人员工作自主程度	4.00	0.71	0.51
基层工作人员培训次数	3.52	0.84	0.75
基层工作人员工作奖励制度	3.12	0.82	0.70
基层体育组织数量	3.38	0.87	0.76
社会体育组织数量	4.69	0.48	0.23
全民健身社团数量	4.07	0.64	0.41
城市社区全民健身站点数量	3.77	0.60	0.36
国家体育产业示范基地数量	3.46	0.56	0.54
政府体育组织与社会体育组织合作的比例	3.51	0.76	0.48
基层社会体育组织正常开展活动比例	3.24	0.89	0.65
全民健身工作联席会议数量	4.46	0.52	0.23
社会力量参与全民健身公共服务体系建设比例	4.51	0.63	0.41
对全民健身贯彻落实情况进行跟踪评估和督促指导的程度	3.61	0.54	0.25
全民健身信息服务平台数量	4.31	0.63	0.39

续　表

指　标　名　称	平均数	标准差	变异系数
开展线上和智能体育赛事活动数量	4.36	0.77	0.57
"体教融合"完成程度	3.77	0.54	0.34
"体卫融合"完成程度	3.40	0.73	0.53
"体旅融合"完成程度	3.12	0.85	0.79

2. 全民健身公共服务发展评估体系的最终确定和权重计算

根据专家们的问卷反馈结果和当前全民健身公共服务的发展状况,对指标体系进行了修改。最终,结合与业内专家的多次深入访谈、参考过往学者对于全民健身发展评估体系的研究并且梳理全民健身相关的政策文件和领导人的相关论述。经过整理,得到上海市全民健身公共服务发展评估体系,最终结果共有一级指标4个、二级指标14个、三级指标49个。

权重设置的合理程度将会影响结果的客观和公正。本研究邀请专家进行权重打分,运用层次分析法(AHP)区分评价指标权重,按照评价指标体系建立层次模型,构建判断矩阵,最终得出各层次评价指标的相应权重系数。上海市全民健身公共服务发展评估体系及指标权重如附表2所示。

附表2　全民健身公共服务评估体系及各评价指标权重值

一级指标	二级指标	三　级　指　标	组合权重
利益相关者维度(0.34)	全民健身参与状况(0.25)	经常参加体育锻炼的人数比例(1.00)	0.085
	全民健身场地设施供给(0.28)	每万人拥有公共体育场地面积(0.21)	0.020
		每万人拥有的体育场馆数量(0.07)	0.007
		每万人拥有健身活动中心(社区体育中心、健身会所等)数量(0.13)	0.012
		学校体育场地设施与器材配置达标率(0.11)	0.010
		行政区公共健身设施和社区15分钟健身圈覆盖率(0.24)	0.023

续 表

一级指标	二级指标	三 级 指 标	组合权重
利益相关者维度(0.34)	全民健身场地设施供给(0.28)	乡镇(街道)公共健身设施和社区15分钟健身圈覆盖率(0.14)	0.013
		行政村(社区)公共健身设施和社区15分钟健身圈覆盖率(0.10)	0.010
	科学健身指导服务水平(0.17)	每万人拥有的社会体育指导员数量(0.25)	0.014
		每万人拥有的体育志愿者数量(0.02)	0.001
		每万人拥有国民体质监测中心数量(0.06)	0.003
		城乡居民达到《国民体质测定标准》合格以上的人数比例(0.21)	0.012
		学生体质健康标准达标优秀率(0.18)	0.010
		中小学生每天的校内体育活动时长(0.17)	0.010
		中小学生每天的课外体育活动时长(0.11)	0.006
	居民对全民健身条件满意度水平(0.30)	居民对全民健身公共服务的满意度(0.35)	0.036
		居民对健身指导的满意度(0.33)	0.034
		居民对健身活动组织的满意度(0.32)	0.033
财务维度(0.18)	全民健身投入水平(0.64)	居民体育消费总规模(0.20)	0.023
		人均健身活动经费投入(0.26)	0.030
		体育彩票公益金投入全民健身活动的比例(0.28)	0.032
		体育行业融资总额(0.26)	0.030
	体育产业发展水平(0.36)	体育产业总规模(0.33)	0.021
		体育产业增加值占生产总值比重(0.24)	0.016
		体育用品及相关产品制造增加值(0.09)	0.006
		体育服务业增加值(0.17)	0.011
		体育场地设施建筑业增加值(0.03)	0.002
		竞赛表演业增加值占比(0.06)	0.004
		健身休闲业增加值占比(0.08)	0.005

续　表

一级指标	二级指标	三级指标	组合权重
学习与成长维度(0.19)	全民健身人才保障水平(0.48)	体育产业法人单位(0.44)	0.040
		体育行业从业人员数量(0.56)	0.051
	全民健身基层工作人员成长水平(0.52)	基层工作人员参与决策的程度(0.23)	0.023
		基层工作人员工作满意度(0.38)	0.038
		基层工作人员工作自主程度(0.39)	0.039
内部流程维度(0.29)	体育组织水平(0.09)	社会体育组织数量(0.31)	0.008
		城市社区全民健身站点数量(0.27)	0.007
		国家体育产业示范基地数量(0.23)	0.006
		政府体育组织与社会体育组织合作的比例(0.11)	0.003
		基层社会体育组织正常开展活动比例(0.08)	0.002
	组织领导水平(0.18)	全民健身工作联席会议数量(0.65)	0.034
		社会力量参与全民健身公共服务体系建设比例(0.35)	0.018
	全民健身智能化服务水平(0.21)	全民健身信息服务平台数量(0.51)	0.031
		开展线上和智能体育赛事活动数量(0.49)	0.030
	"体教融合"完成程度(0.32)	体育传统特色学校数量(0.38)	0.035
		青少年体育俱乐部数量(0.62)	0.058
	"体卫融合"完成程度(0.12)	运动康复中心数量(0.46)	0.016
		运动康复师数量(0.54)	0.019
	"体旅融合"完成程度(0.08)	国家体育旅游示范基地(0.39)	0.009
		体育旅游产业市场规模(0.61)	0.014

(二)全民健身公共服务发展评估重点省市关键指标比较分析

1. 全民健身公共服务发展评估的数据采集

(1)浙江省。2022年8月5日,浙江省体育局首次面向社会发布《2020年浙江省全民健身发展指数报告》。指数评估设置"全民健身基础条件""全民健身参与程度""全民健身综合效果"3个一级指标、"健身场地""健身经费"等9个二级指标及"人均体育场地面积""全民健身公共服务满意度"等30个三级指标,指标体系满分为100分。调研覆盖全省48个县(市、区),大数据来自33 768个问卷调查有效样本。报告显示,相较2019年,2020年浙江省和各区市全民健身发展指数大部分指标数据都有了一定提升。国民体质监测合格率、经常参加体育锻炼的人数比例、人均体育场地面积等全民健身核心数据位居全国前列,全民健身总体发展状况良好,具体数据如附图2所示。

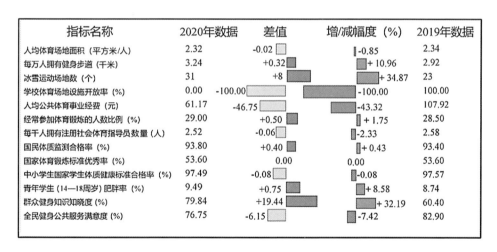

附图2 2020年/2019年浙江省全民健身公共服务评估指标对比

(2)北京市。2021年3月,北京市发布了"十三五"期间的全民健身成果,显示截至2020年年底,北京市民健身意识不断增强,参加全民健身和体育锻炼的人口显著增加,群众冰雪运动蓬勃发展,具体数据如附表3所示。五年来,北京市民健身意识和健身素养不断提升,经常参加体育锻炼的人数增长到1 080.6万人,占比达50.18%。健身休闲运动产业迅猛发展,与首都经济社会发展水平、人口状况、市民健身需求相匹配的全民健身公共服务体系日趋完善。

附表3 北京市"十三五"全民健身公共服务发展成果

指 标 名 称	"十三五"末期	"十二五"末期
经常参加体育锻炼的人数(万人)	1 080.6	650.0
人均体育场地面积(平方米)	2.45	2.25
市级体育社会组织(个)	119	90
区级体育社会组织(个)	505	342
全民健身团队(个)	11 928	7 893
每万人体育社会组织(个)	5.8	3.9
公益社会体育指导员(万人)	6.1	5.0
职业社会体育指导员(人)	23 402	7 277
组织全民健身志愿服务活动(次)	3 352	348
市民体质测试整体达标率(%)	93.02	89.20

2. 上海推进更高水平的全民健身公共服务发展体系的对比分析

当前,上海市、北京市和浙江省是全国率先公布全民健身公共服务发展成果的省市,对三地当前的全民健身公共服务发展状况进行对比,从而直观地体现上海市的发展成果与短板,为上海市推进更高水平的全民健身公共服务发展提供理论支撑。

(1) 全民健身参与状况与满意度。经常参加体育锻炼的人数比例定义为每周参加3次以上持续时间大于30分钟的中等强度锻炼的人群比例。居民对全民健身公共服务的满意度包括对健身场地设施、对健身指导和对活动组织等多个方面。选择上海市、北京市和浙江省在"经常参加体育锻炼的人数比例"和"居民对全民健身公共服务满意度"两个指标中的表现来对比分析三地的全民健身参与状况与满意度,如附图3所示。经常参加体育锻炼的人数比例,北京市在2020年已经达到了50.18%,从"十二五"末期的650万人增长为1 080.6万人。这得益于北京市积极开展各类全民健身活动和体育赛事。据统计,"十三五"时期北京市累计组织开展全民健身活动101 528项次,受众达4 816万人次。而根据上海市《2020年上海全民健身发展报告》,2020年上海市经常参加体育锻炼的人数比例为 45.7%,全年举办赛事活动 7 100 场,共有 1 093 万人次参与,与北京相比仍然有较大差距。未来,上海市应该以丰富各级各类全民健身赛事活动为载体,不断提升群众参与体育锻炼的积极性。开展内容丰富强、多元化的创新性、品牌性、传统性、持续性的全民健身活动,提升市民满意度的同时,高效推进全民健身高质量发展。

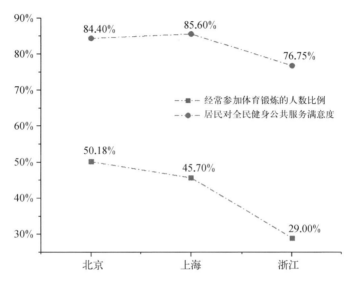

附图 3　全民健身参与状况与满意度对比分析

（2）全民健身投入水平。人均健身活动经费的投入比重在一定程度上可以客观地反映政府相关部门对于开展全民健身工作的重视程度。而体育彩票公益金投入是健身活动经费投入的主要来源,利用该资金可以支持大批全民健身公共服务场地设施建设和群众体育活动的举办。选择"人均健身活动经费投入"和"体育彩票公益金投入全民健身活动的比例"两个指标对应的数据来对比分析三地的全民健身投入水平,如附图 4 所示。在全民健身投入方面,上海市人均健身活动经费投入为 17.70 元,体育彩票公益金投入全民健身活动的比例达到 83.83%。2019 年,浙江省人均健身经费投入达到 107.92 元,2020 年虽然有所降低为 61.17 元,但仍远高于上海市的人均投入。未来,在政府财政支出和体育彩票公益金投入方面应重点向全民健身公共服务事业倾斜,解决群众"哪里健身、怎样健身"的难题,加大全民健身基础设施建设和科学指导水平。

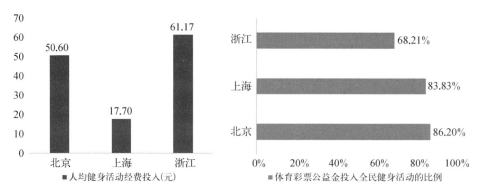

附图 4　全民健身公共服务水平对比分析

（3）全民健身公共服务水平。社会体育组织是指开展全民健身和体育竞赛活动、提高群众健身水平的非营利社会组织。《国民体质测定标准》的适用对象为 20～59 岁周岁的中国成年人，综合评级是根据受试者各单项得分之和确定，共分四个等级，四级为不合格。2020 年，上海市城乡居民达到《国民体质测定标准》合格以上的人数比例为 98.90%，位于全国前列。然而，在健身指导方面，上海的体育社会组织仅有 1 437 家，北京的这一数据为 12 698 家，每万人拥有的体育社会组织达到 5.8 家。体育社会组织的缺失，导致了社会性全民健身赛事活动数量和氛围的缺失，也最终造成了经常参加锻炼人数比例的不足。未来，应该激发社会组织参与全民健身公共服务的积极性和参与度，建立完善的社会力量参与的激励措施和准入机制。

上海市全民健身志愿服务规范研究

——以第九套广播体操志愿服务为例

万 芹[*]

[摘 要] 随着上海市体育发展"十四五"规划和上海市全民健身实施计划(2021—2025年)的发布,政府更聚力发展体育事业,全民健身也跨入新的时期,全民健身志愿服务迎来了新的机遇,同时也面临新的挑战。本研究贯彻理论联系实际的原则,以第九套广播体操志愿服务规范为研究对象,佐证全民健身志愿规范服务得以顺利实施的关键在于政府主导、多方合作,运用互联网大数据做好全民健身志愿服务规范的线上线下培训、扩大健全志愿服务队伍,同时建立健全评价体系与激励机制,保证上海市全民健身志愿服务规范的良性运作。本研究旨在为上海市全民健身志愿服务规范提供切实有效的实施方案,也必将对上海市体育发展"十四五"规划的顺利进行、全民健康水平的稳步提高起着积极的推动作用。

[关键词] 全民健身;志愿服务规范;第九套广播体操

一、研究背景

(一)研究目的与意义

2021年8月3日,国务院发布了《全民健身计划(2021—2025年)》,在健身赛事活动方面提出"要举办全国全民健身大会、全国社区运动会",因此,上

---

[*] 本文作者简介:万芹,上海应用技术大学学生体协负责人,讲师,硕士研究生,研究方向:体育人文社会学。

海也要在全市范围内动员各社区和各社会团体组织参与大量的健身活动和比赛。在各项目的运动规范普及、赛事的组织编排与实施、场地设施的准备与布置、比赛的安全保障和后勤补给、以及赛前宣传赛后总结等各环节，都离不开全民健身志愿者的规范服务。上海市人民政府于2021年9月22日印发《上海市全民健身实施计划(2021—2025年)》，在重点任务措施中提出："推进科学健身讲座、健身技能培训、社区赛事活动等公共体育服务进社区、进园区、进校园和进楼宇，全市每年开展配送服务不少于8 000场。"全民健身志愿者服务规范俨然成为实现这些目标必不可少的重要保障，因此，为深入贯彻落实国务院《全民健身计划(2021—2025年)》中关于全民健身志愿服务的相关要求，"弘扬全民健身志愿服务精神，开展线上线下志愿服务，推出具有地方特色的全民健身志愿服务项目，打造全民健身志愿服务品牌"，本课题通过分析近年来广播体操项目在发展中取得的成绩和面临的困难，研究如何建立第九套广播体操志愿服务的长效机制，打造上海特色的广播体操志愿服务品牌，探索具有普适性的全民健身服务规范政策，并为各项目提供借鉴，推动《上海市体育发展"十四五"规划》和《上海市全民健身实施计划(2021—2025年)》的顺利实施。

(二) 研究视角与方法

1. 研究视角

本研究以上海市全民健身志愿服务规范的可行性操作方案为多维视角，依托移动互联网应用平台，结合国务院《全民健身计划(2021—2025年)》中关于全民健身志愿服务的相关要求，通过对上海市第九套广播体操志愿服务规范的研究，探索适合我国国情、符合上海地方特点的志愿服务规范政策，为上海市全民健身志愿服务规范提供一份可行的服务规范操作建议。

2. 研究方法

本研究运用文献资料法、专家访谈法、数理分析法、理论分析法、个案研究法等方法，收集并整理近代不同国家有关志愿服务规范的研究现状，对移动互联网体育公众号、App、微信公众号/小程序及相关运用现状等方面进行多角度多维度的专家访谈，依托社会体育资源，对搜集的相关资料进行归纳整理分析，完成研究结果的论证。

(1) 文献资料法。对志愿服务、全民健身志愿服务、志愿服务规范等进行研究，利用"中国知网"数据库、百度学术等搜索引擎，以及中国知网期刊全文数据库等,分别输入与体育志愿服务、全民健身志愿服务规范、体育志愿服务长效机制相关的关键词,大量查阅与本课题相关的国内外资料,并参阅社会学、管理学、体育科研方法、组织行为学、心理学、教育学和志愿服务相关专著,从中汲取对本研究具有高度运用价值的经验和启示,为全民健身志愿服务规范的研究提供思路和启示。

(2) 专家访谈法。对包括广播体操专家、综合性大学体育教师、上海市社会体育中心项目推广部领导、上海市社区体育协会领导在内的9位专家进行访谈,对研究思路、框架结构、研究方法、研究指标等问题进行咨询。

(3) 个案研究法。根据上海市全民健身志愿服务规范现状,选取具有代表性的针对政府、企事业单位和社区团体提供的广播体操志愿服务案例,特别对"'永远跟党走 喜迎二十大'2022年上海市市级机关广播体操大赛"的全民健身志愿服务规范进行深入调研,得到较为翔实的研究资料。

二、研究现状

(一) 国内研究现状

我国体育志愿者服务在20世纪90年代已悄然兴起,但学术研究涉及体育志愿服务最早可追溯到2002年。笔者对中国知网期刊全文数据库、中国优秀硕士/博士学位论文全文数据库检索后发现:有关体育志愿服务的研究主要集中于大型赛事志愿服务和社区体育志愿服务两大类,且多以现状分析为主。其中体育赛事志愿服务的研究居多,全民健身方面的研究相对较少。肖海婷等对广东省城市社区体育志愿服务的组织机构、服务内容、服务形式、经费、影响因素、招募培训、管理状况等多方面进行了调查分析,认为广东省缺乏科学的体育志愿者管理体系。关于体育志愿服务机制的研究主要集中在激励机制和长效服务机制;关于社区体育志愿者服务体系的研究,赵纯等认为服务体系构建的要素包含管理机构、服务类型、服务流程、服务考核与评价以及风险防控机制的建立;关于志愿者管理机制的研究,李元认为应该包含招募、培训、上岗、督导、评价、激励等环节;关于健身志愿服务法理方面的研究,夏树花等从加大立法的角度进行分析,提倡完善其法律体系;社会体育指导员是健身志愿者团队的有效载体,对于社会体育指导员的培养方面的研究主要集中在现状与对策、培养路径、培养模式的研究。

（二）国外研究现状

美国学者 Joan E. Pynes 从公共和非营利组织中的大众体育志愿者管理角度对志愿者的招聘、选拔、培训、管理和评估作了深入的分析；Steve 和 Rick 对于志愿者团队易于忽略或不知具体如何操作的内容，从社会需求、方案制定、招募、迎新说明与训练、激励、绩效评估等进行了分析。英国有关体育指导员的培养目的明确：为了国民积极参加体育活动和群众身心健康有益发展。德国体育俱乐部为志愿者提供了科学、系统的培训体系，实施人性化和高效率的管理体制，社会对志愿行为高度认同。日本社会体育指导员分为三大类型：一是从事教练员的工作相关，包括基本体育指导、竞技体育项目指导和健身指导；二是医学调解员，包括运动健康管理的体育医生和竞技体育康复、训练师；三是从事经营管理的工作人员。

以"全民健身志愿服务规范""广播体操志愿者"为关键词进行检索，都没有搜索到相关内容。

（三）关于手机客户端各软件在体育志愿者服务的研究现状

国内外学者对体育 App、微信公众号及小程序的传播优势、发展现状方面作了全面的分析，对推广策略方面也作了内容营销、品牌营销方面的深入探讨。目前，相对主流的手机应用功能或是偏重于运动轨迹和数据记录，或是集中于手机观摩体育比赛、体育资讯以及个人运动分析，而涉及智能搜索区域性志愿者规范服务的应用功能却鲜有触及。本研究将对专项体育志愿者与社区体育的多维合作、社区体育设施与全民健身资源优势互补以及上海市全民健身志愿服务规范的实施起到积极的促进作用。

三、结果与分析

（一）移动"互联网＋志愿服务"给全民健身以契机

1. 体育移动互联网应用发展的必然

近年来，人们的健康意识空前高涨，对"生命在于运动"的论点也赞同有加，各种体育赛事的在线观摩，通过云端学习科学锻炼方法和"打卡"跟随的方式坚持运动的人也与日俱增，为的是增进健康、陶冶情操。

在"互联网+体育"方面,"健身+志愿者服务+手机App/微信小程序"与现代人的健康生活已密不可分,也必将成为未来体育健身智能化、志愿服务规范化、个性化、数据化的潮流。微信公众号、小红书和抖音等的存在,让体育日益与民众贴合,人们关注信息的方式也悄然改变,2021年人们对运动专业化的需求更为强烈,在App功能方面,除了与智能硬件深度结合进行运动数据监测、跟踪外,运动健身App还在拓展各类与运动相关的合作,结合健康饮食规划、医疗保健保险等服务,运动健康App已经逐步向一站式服务平台方向发展。

2. 体育App的主要分类

体育类移动互联网应用是为了满足各类体育运动爱好者需求的移动应用,不同用户有不同需求。以用户需求为核心,可分为赛事新闻类与健身娱乐类:

(1)赛事新闻类。在新媒体数字科技时代,体育类应用软件拥有海量的综合性体育比赛信息,用户能够查看如世界杯、世锦赛等各类型比赛的实况与报道,也可以拥有不少体育比赛的周边产品,还搭建了体育兴趣社区,用户们可以在线交流,如"PP体育""直播吧""微球""虎扑""央视体育""新浪体育""腾讯体育"等软件,汇集了多种体育赛事,包括足球、篮球、电竞、拳击等精彩比赛,用户可以提前预约观看不同比赛,查阅体育新闻赛事专业报道和点评,还可以在社区中自由互动和交流,并提供一站式体育资讯解说等。

(2)健身娱乐类。健身娱乐类的App又可以细分为搜索引擎类体育App(场馆、健身设备)、体育教学类App、专业运动类App、体育游戏类App等。搜索引擎类体育App,如咕咚体育,是基于用户想要运动场地和需要运动设备的需求而设计的具有定位功能、查找功能、共享功能的App。体育教学类App以互联网已经有的视频和百科内容为主,为用户提供体育信息资源。专业运动类App以制作内容为主,将来源于互联网的相关材料整合生产成全新的信息资源用于App传播。根据Data.ai的《2022年移动市场报告》,2019年该类别App的总下载量为19.7亿次。到了2021年,这一数字达到了24.8亿次。由此可见,健康和健身类App已日渐成为全世界有健康意识的人们的生活刚需,随着体育移动互联网应用市场规模的不断扩张,体育移动应用的数量不断增加,其功能也更加细分,专业健身志愿者的需求也与日俱增,以期更好地满足运动爱好者的健康需求。这些App为大家提供了专业的健身指导,提供了海量影视级的训练视频课程,大多由业内专业教练担任视频训练指导,协助用户选择更适合自己的锻炼方法,避开健身锻炼的误区,引领体验者坚持运动,健康生活每一天。当然这一切还取决于锻炼者的主观意愿与毅力。

（二）运用互联网大数据管理实现全民健身志愿者规范服务的优越性

资源的有效利用与合理分配是体现全民健身志愿者服务价值的标杆，互联网大数据在全民健身志愿者网络平台的运用，为全民健身志愿者资源的有效利用和合理分配提供了解决方案。"互联网＋体育""健身＋志愿者服务＋手机 APP/微信小程序"的推出，使各种健身服务软件迅速发展，全市及各区县体育职能部门都在积极开发更完善的软件应用于全民健身服务，同时也力求全民健身志愿者资源实现区域共享。互联网＋、移动互联网、互联网思维、大数据等的提出，促进了体育产业的发展，也推动着全民健身志愿者规范服务在互联网背景下的发展。

运用互联网大数据管理实现全民健身志愿者规范服务的优越性主要体现在：

1. 便捷性

运用互联网大数据对全民健身志愿者服务规范的管理相对传统的管理方式，最明显的特点就是便捷。依托互联网大数据，志愿者的学习培训与考核、资格认证与电子证书的发放、志愿服务的申报与合理分配、每年志愿服务时间的自动统计与审核都可以在线上完成；开放平台，为管理方、供需方协调服务提供了便利，操作更加便捷，而且运用互联网大数据可以监控到每个环节的状况，这样的方式非常有利于按需求合理配送全民健身志愿服务，给志愿者服务的规范管理带来了极大的便捷性。

2. 实时性

实时性主要体现在以下两个方面：一是规范服务与志愿者供需信息的实时性。供需双方都可以通过互联网平台填报相关信息，在平台实时公布。如每一位全民健身志愿者可以服务的区域、可提供服务的时间、专业等级等，便于需求者或有需求的单位按需选择。需求方也可以在平台上传服务需求，如时间、地点、所需全民健身志愿者的项目和等级需求等；供需双方互相完成线上选择后提交，再由管理方审核批准后方可实施志愿者服务，从而做到实时规范管理。二是规范服务与赛事信息的实时性。由于互联网的日益普及与广泛运用，相当部分的赛事信息都通过手机客户端、网站、微信公众号或小程序的推送等方式发布，用户不仅可以第一时间获取这些信息，还可以实现网上报名、线上参赛等。如刚刚结束的"'永远跟党走 喜迎二十大'2022 年上海市市级机关广播体操大赛",线上预赛的赛前宣传、竞赛规程发布、教学视频展示、赛事报名、参赛视频的上传、裁判员视频读取评分等都是通过"上海城市业余联赛线上运动会"微信小程序在线完成的,有利于主办方、承办方、参赛队和选手、全民健身志愿者以及管理者实时读取赛事信息,做好全方位的实时服务与管理。

3. 高效性

随着社会进步,人民生活水平提高,工作和生活节奏加快,时间也变得更加宝贵。全民健身志愿者的规范服务与"互联网＋大数据"的融合,给各方都节省了时间,提高了效率。赛事承办方可以在相关公众号或小程序上发布竞赛规程等赛事信息,包含比赛场地与比赛时间,各参赛单位和个人通过关注平台的赛事信息,可以按需在微信公众号或小程序上提交全民健身项目专业志愿者的服务需求申请,足不出户完成赛事报名、全民健身指导员的志愿服务预定以及赛事志愿者的招募,从而有利于供需双方双向选择,不仅节约了人力,更节约了物力、财力及宝贵的时间,高效且便捷。

(三)促进全民健身志愿服务规范的举措

1. 政府主导,多方参与;以人为本,面向全民

为推动《全民健身条例》深入贯彻落实,把全民健身志愿服务工作机制引入全民健身事业发展的实践,国家体育总局于 2010 年 12 月发布了《建立全民健身志愿服务长效化机制工作方案》,要求开展社会体育指导员、体育科技工作者、体育教师和体育专业学生、职业社会体育指导员四类人群的全民健身志愿服务示范性活动;方案还指出,把政府力量与社会多方资源作为工作依托,坚持以政府主导、各方协同为主要方式,发挥政府、社会、市场多方优势,充分调动协会社团和其他社会组织的积极性,动员全社会广泛参与,把广泛开展全民健身运动、提高全民族身体素质和健康水平作为工作的出发点和落脚点,坚持以全体公民为服务对象,满足不同人群的体育健身需求,体现全民健身全覆盖、广受益的特点。据统计,从 2015 年起至 2021 年 12 月 31 日,六年来上海已经完成社区体育服务配送课程 38 012 场(其中包含 33 536 场健身技能培训,2 605 场科普健身讲座,1 871 场暑期青少年体育配送),此外还为机关、企业、部队等地配送百余场课程,受益者为 989 364 人次,做到上海市 16 个区 220 个街镇(工业区)全覆盖。

2. 优化全民健身志愿服务配送数字系统

按需创建配送课程管理系统,不断完善市、区、街镇三级社区体育服务配

送机制,创新配送形式,构建"互联网+科学健身"的数字化服务网络,统筹和整合能够提供科学健身服务的高校、体育协会、医疗机构、企业等社会资源,使之成为具备专业技能的全民健身志愿服务队伍,完善师资志愿者管理系统及学员和教师上课打卡微信小程序,做到配送服务系统"三合一",实现提交配送课程的简便快捷、课程和教师信息的公开透明、授课情况的全程监督,配送项目的数字化让每一次的活动有迹可循,提高了各项目全民健身志愿服务的时效性和精准性,提升了社会满意度和公信力,有效推动了项目的可持续发展。

3. 健全完善全民健身志愿服务队伍,做好对全民健身志愿服务规范的培训

2011年10月9日,国家体育总局第16号令颁布的《社会体育指导员管理办法》的总则中明确,社会体育指导员是指向公众提供传授健身技能、组织健身活动、宣传科学健身知识等全民健身志愿服务(以下简称志愿服务),并获得技术等级称号的人员。志愿服务规范的培训工作是做好全民健身志愿服务工作的基础,培训的效果直接影响到全民健身志愿服务工作的推进。截至2021年年底,上海市已培育出一支600余人的社会体育指导员队伍。成员均来自高校、单项体育协会、社会经营性体育单位、社区,具有健身技能特长以及卫生健康专业知识,可配送科普讲座、健身技能课程96项,覆盖上海220个街道、镇、工业区的社区体育俱乐部(或协会、文体中心)可以通过协会配送平台便捷轻松点课,指导员们不管刮风下雨、偏僻郊区都能按时授课,实现上海体育公共服务的"你点我送"社区体育服务配送特色。

例如:上海市第九套广播体操教练员的培训在上海市社会体育中心项目推广部的大力协助下,从2019起,在全市成功组织了19场第九套广播体操教练员培训:2场市级教练员培训班、1场总工会教练员培训班、16场上海市各区教练员培训班,共计1 062人参加,其中305人通过广播体操教练员的指导技能等级认证考核,通过率为28.72%,其中A级教练6名、B级教练93人、C级教练206人,具体信息如表1所示。

表1 上海市第九套广播体操教练员培训一览表

序号	名 称	预报人数	实到人数	获等级教练员人数	占比(%)	A级(人)	B级(人)	C级(人)
1	市级	173	145	57	39.3	6	18	33
2	总工会	65	58	8	13.79	/	2	6

续 表

序号	名 称	预报人数	实到人数	获等级教练员人数	占比（%）	A级（人）	B级（人）	C级（人）
3	松江区	50	50	15	30	/	4	11
4	嘉定区	85	80	26	32.5	/	7	19
5	奉贤区	70	61	16	26.23	/	4	12
6	宝山区	60	65	10	15.38	/	4	6
7	徐汇区	57	57	9	15.79	/	1	8
8	长宁区	58	53	4	7.55	/	1	3
9	崇明区	62	57	13	22.81	/	5	8
10	普陀区	70	53	19	35.85	/	6	13
11	青浦区	66	48	11	22.92	/	5	6
12	静安区	49	51	24	47.06	/	4	20
13	杨浦区	58	43	13	30.23	/	2	11
14	浦东新区	63	63	21	33.33	/	2	19
15	闵行区	53	41	23	56.10	/	10	13
16	虹口区	56	52	10	19.23	/	3	7
17	黄浦区	54	55	18	32.73	/	12	4
18	金山区	31	30	10	33.33	/	3	7
19	总计	1 180	1 062	305	28.72	6	93	206

4. 建立全民健身志愿服务规范体系

政府搭台，广泛动员，多方配合，建立完善的全民健身志愿服务规范体系，是全民健身工作全面实施的重要保障。全民健身志愿服务规范主要涉及领导、组织、执行、督察、考评、奖惩等方面的制度建立与运行。

（1）政府和相关部门应重视体育志愿服务的开展，积极从社会面倡导志愿服务理念，打造全民健身志愿服务规范体系的网络化，营造良好的社会环境。

（2）出台一系列保障全民健身志愿服务规范体系健康发展的政策文件及

合理的规章制度,为全民健身志愿服务发展打造可持续发展的政策环境,确保在全民健身志愿服务规范体系下所开展的一切活动有章可循。全民健身志愿服务体系本身就是一个庞杂的系统,包括指导人们学习,掌握体育专业知识、技术、技能和方法,尤其是人民喜闻乐见的体育项目,满足不同地区、不同群体、不同性别、不同年龄段人群的不同需求;组织人们进行健身、娱乐、康复等活动;协助开展体质测定、监测、评价等活动;承担经营、管理及服务工作;组织全民健身指导,提供健康常识讲座,进行科学营养宣传,提供健身器材、免费的培训等。保障全民健身志愿服务规范顺利运行需要遵循相应的规则和措施,主要包括为配合全民健身志愿服务活动而进行的宣传动员、招募和培训、组织和管理、评价等方法,与政府颁布的相关法律法规及政策以及相关的权益保障、经费保障等,为全民健身志愿服务规范的发展提供良好的政策环境、制度环境和保障体系,确保全民健身志愿服务活动的科学可持续性发展。

(3)建议建立适当的激励和约束机制并撰写相关文本文件,管理方做好服务后的工作反馈及评价工作,以监督服务规范的实施情况,并与奖励机制挂钩。只有激励和约束并存,方可健康有序地发展,从而提高全民健身志愿服务的有效性。在美英等发达国家和地区都有不同部门负责志愿者的激励和奖励。

(四)全民健身志愿服务规范之第九套广播体操志愿服务案例——"'永远跟党走 喜迎二十大'2022年上海市市级机关广播体操大赛"

1. 政府主导规划,各方协同合作,明确锻炼价值

全民健身是人民群众对于美好生活向往的重要方面,是广大市民增强体质增进健康的重要途径,是上海建设全球著名体育城市的重要内容。为贯彻落实《上海市全民健身实施计划(2021—2025年)》,上海市委组织部、市级机关工作党委、市体育局、市总工会、上海广播电台于2022年8—11月联合主办"永远跟党走 喜迎二十大"上海市市级机关广播体操大赛。承办单位包括上海市高层次人才事务中心、上海市市级机关工会工委、上海市社会体育管理中心(上海市体育竞赛管理中心)、上海新闻广播、五星体育广播、上海骊燊文化传播有限公司等,为本届广播体操大赛提供多维度的志愿服务。本次大赛预赛采用线上参赛的方式,依托平台,从赛前宣传、竞赛规程发布、教学视频展示、赛事报名到参赛视频上传、裁判员读取视频评分等都是通过"上海城市业余联赛线上运动会"微信小程序在线完成,不仅利于主办方、承办方、参赛队和

选手、全民健身志愿服务团队实时读取赛事信息做好志愿服务，而且利于监管方做好全方位的监督与管理。

第九套广播体操在创编的过程中，被试者连续一个月每天上午坚持做两遍，一个月前后生理和生化测试数据显示：被试者的体重、身体质量指数和体脂含量均有改善，心肺功能增强，有氧能力提高；糖代谢状况得到一定改善，机体免疫力增强；血脂代谢状况显著改善，总胆固醇和甘油三酯的含量显著降低，高密度脂蛋白和低密度脂蛋白之间的比值提高，有利于预防心血管疾病和肥胖的发生和发展。第九套广播体操不受场地限制，可谓是最为经济、实用和科学的健身方法之一。

2. 线上线下结合，配送志愿服务

为更好地传授第九套广播体操的科学做法，普及相关健康知识，规范每一节动作，提高完成质量，提升本次广播体操大赛各参赛队伍的整体水平，组委会在赛前特别安排了线上视频指导和线下志愿服务。

（1）线上视频指导。线上视频指导分为两个视频，一个是完整演示，另一个是分解教学，由第九套广播体操上海市专家、2021年第十四届全国运动会第九套广播体操展演项目上海队教练万芹执教并带领 A 级教练员拍摄。参赛选手只需扫码进入"上海城市业余联赛"微信小程序"'永远跟党走 喜迎二十大'2022年上海市市级机关广播体操大赛"的界面（图1），即可点击"功能模块"中的"视频教学"，在线观看学习、跟做，亦可依照图 2 的教学视频下载路径，点击"视频下载"后并保存，即可随时练习。

图 1　赛事报名入口　　　　　　　图 2　教学视频下载路径

（2）线下志愿服务。一是志愿服务团队招募。为确保本届大赛的志愿服务顺利有效地开展,志愿服务团队的招募必须根据赛事需求和上海市第九套广播体操在编等级教练员的实际情况设置招募条件,由供需双方进行双向选择,通过上海市体育局社区体育管理中心广播体操项目推广委员会的协调和确认,最终形成志愿服务配送清单。二是志愿服务规范培训。作为全民健身志愿服务的输出,社会体育指导员首先应当坚持科学、文明、安全、诚信的原则,因人、因时、因地制宜地开展志愿服务,提高健身者的健身技能和身体素质,推动全民健身活动的开展;其次,应着装得体、语言文明、行为规范,爱护健身场地设施并保持环境卫生,自觉树立全民建设志愿者的良好形象;再次,应当与被服务者保持和谐关系,互相尊重、相互配合。另外,开展志愿服务时应当加强安全管理,防范人身伤害事故的发生。以上内容在志愿服务配送前应组织志愿者认真学习,同时对相关专业技术技能知识进行重点培训,确保志愿服务团队每一位教练的专业性和服务规范性。三是志愿服务规划实施。本届大赛的规程表明,赛前准备阶段,如有线下培训需求的单位,需提前向组委会提交申请并备案,再由上海市体育局社会体育管理中心项目推广部择优派遣 B 级以上广播体操教练员进行线下志愿服务。

（3）线下志愿服务配送中遇到的问题。本次赛事的线下配送服务遇到的最大问题是广播体操 B 级以上的教练员在全市有近百人,但能选派的却寥寥数人,因为 B 级以上教练员大多是各大中小学校的体育专业教师、各区体育局和文体中心的文体干事,工作时间无法被抽调选派。所以给我们的启示是,在未来的广播体操教练员的培训中,要着重培养一批社区和体育协会的专业教练,做到未来广播体操教练志愿服务的无缝全时间段衔接。

3. 启动服务评价,总结经验教训

为保证配送服务的质量,提高广播体操教练员的专业技术能力和业务能力,相关体育行政部门应主动启动配送服务评价体系,诚邀被服务单位或个人参与志愿服务工作反馈及评价。一方面可以及时听取学员对培训工作的意见和建议,分析优点与不足,总结培训经验,不断改进培训的方式与方法,力求未来的志愿服务更加契合被服务对象的实际需求。对于志愿服务表现突出的志愿者教练,相关部门或项目推广部可以推荐其参加更高层次的社会体育指导员的专业培训,进一步提高其服务能力。全民健身志愿服务的目的就是为广大人民群众提供优质的健身服务,创新其服务模式、提高服务水平,评估服务的质量主要依据被服务对象的满意度调查,这也是充分体现志愿者价值的依据。

本届市级机关预赛结束后,本课题组对申请了教练配送的单位进行了电话访谈,并收到了部分单位提交的书面反馈和社会评价。

上海海关在配送服务工作反馈中写道:"上海海关抽调20名关员组成广播体操队参加训练……同期,受训队员作为各基层单位的广播操小教员,在线指导全关近千名干部职工学习,全关上下学做广播操,掀起健身热潮,为海关准军事化纪律部队建设起到了积极的推动作用。"全关上下学做广播体操,掀起健身热潮,这才是我们做培训、组织比赛的主要目的。

本次志愿服务的评价系统没有开设线上平台,其实,未来可以在"社会体育指导员"小程序上实现无纸化办公的评价体系,便于及时总结经验教训,流程如图3所示:打开"社会体育指导员"微信小程序;点击"志愿服务"栏目,再点击"赛事活动服务",即可看到平台上已建立好的"赛事项目""招募状态""招募等级需求"。构想之后在此页面上加入"服务评价"和"表彰激励"两个子目录,在"服务评价"里预设问卷提供给赛事组织方和志愿者互评,允许多次提交,有利于供需双方甚至三方及时总结经验,不断进步。

图3 社会体育指导员志愿服务在线评价流程

4. 健全表彰系统，激励项目发展

全民健身志愿服务激励机制的建立是志愿者工作深入持久开展下去的需要，也是引导更多的人民群众参与全民健身志愿服务的需要，是一种工作导向。志愿者的奉献精神得到政府和人民的认可、赞赏；同时，志愿者对自我价值的实现产生成就感、自豪感；通过对全民健身志愿者的表彰奖励，也是对他们工作的肯定，也有助于无私奉献的社会风尚的形成，从而引导更多的人民群众参与到全民健身志愿服务中来，有利于推动广播体操项目的蓬勃发展。我们的构想是：在"表彰激励"栏目，志愿者可以上传表彰所需的申报材料，经上级组织阅读并评估该志愿者在整个赛事活动中的表现，对于表现突出的，经组织评选对其工作予以肯定并给予相应的表彰，如"××××年度优秀志愿者""××××年度志愿者先锋"……以发挥其主观能动性，激励更多的志愿者。《社会体育指导员管理办法》中有描述："国家体育总局对连续开展志愿服务二十年、十五年和十年，为全民健身事业作出突出贡献的社会体育指导员，分别授予社会体育指导员金质奖章、银质奖章和铜质奖章。"我们亦可借鉴，做好上海市的全民健身志愿服务表彰与激励。

通过这次市级机关广播体操大赛教练员的志愿服务配送活动，广播体操教练员也开始在线学习社会体育指导员的相关知识，完成线上课程的培训，通过等级社会体育志愿者的考核，获得电子证书，也便于接受社区体育协会和社会体育指导员的监督，建立长效机制（图4）。

图4　社会体育指导员线上申报及考核流程

四、结论与建议

(一) 结论

第一,全民健身志愿规范服务得以顺利实施的关键在于政府主导。

第二,全民健身志愿服务规范的实施可依托互联网大数据。

第三,尽快完成全民健身志愿服务规范政策规划,做好全民健身志愿服务规范的培训、扩大健全志愿服务队伍是《上海市体育发展"十四五"规划》和《上海市全民健身实施计划(2021—2025年)》顺利实现的重要保障。

第四,全民健身志愿服务规范的评价与激励系统对全民健身志愿服务的良性促进有推动作用,但我们现有的服务规范在此方面有待进一步完善。

(二) 建议

第一,全民健身志愿服务规范政策和实施应由政府主导,联合各有关地区人民政府,各有关区体育局、各体育产业集团等自上而下开展。做好全民健身志愿规范服务必须坚持以政府主导、依托社会多方资源协同工作为主要方式,发挥政府、社会、市场多方优势,充分调动协会社团和其他社会组织的积极性,动员全民健身志愿者和全社会主动参与,广泛开展全民健身运动。积极响应国家体育总局2022年11月至2023年第一季度在全国各地即将共同举办的首届"全民健身我行动·全国社区运动会"系列赛事活动,建议借鉴市级机关广播体操大赛经验,由政府主导,联合各有关地区人民政府、区体育局、各体育产业集团,全民健身,全员参与,以赛代练,增进全民健康。

第二,按需优化和创建全民健身志愿服务规范的互联网平台系统。不断优化上海市社会体育指导员管理平台,使之成为集注册认证、培训考试、证书获取、上岗服务、积分年审、个人管理等功能于一体的信息化管理平台,为全民健身志愿服务提供全视角、可视化、个性化的交互渠道;进一步完善市、区、街镇三级社区体育服务配送机制,完善机关企事业单位全民健身志愿服务的配送,创新配送课程的形式,构建"互联网+科学健身"的数字化服务网络,力求做到健身志愿服务更规范、更有效。

第三,全民健身志愿服务规范的主体是人,做好人的服务,关键在于服务者的专业素质。因此,做好全民健身志愿服务规范的培训显得尤为重要。建议如下：一是职能部门根据《"十四五"体育发展规划》《上海市全民健身实施计划（2021—2025 年）》以及上海特色及本地需求做好全民健身志愿服务团队的培训计划，并报送相关职能部门审核，职能部门根据市场需求进行宏观调控，力求以最小化的成本实现最大化的全民健身受益。二是做好专项技能全民健身志愿者与社会体育指导员（分三级、二级、一级、国家级，各级社会体育指导员的批准授予权限为：三级社会体育指导员由县、区体育行政部门批准授予；二级社会体育指导员由地、市体育行政部门批准授予；一级社会体育指导员由省、自治区、直辖市体育行政部门批准授予；国家级社会体育指导员由国家体委批准授予）的融合，这样，由国家体育总局颁布的《社会体育指导员管理办法》中对社会体育指导员的"第七章 服务规范"也适用于全民健身志愿者的服务规范，利于全民健身志愿服务工作的规范展开，也便于对全民健身志愿服务的规范性进行管理。三是按规范流程做好全民健身志愿者的申请审批、注册办理，根据志愿者个人兴趣、综合能力、专业特长、服务方向等进行普适性与针对性的线上线下教育培训，通过考试后持证上岗、给予服务，持续做好技术等级培训和继续培训，推动体育志愿服务常态化。

第四，启动全民健身志愿服务评价体系，建立健全表彰激励机制。一是建议完善"社会体育指导员"微信公众号小程序，添加"服务评价"和"表彰激励"两个子目录，在"服务评价"栏目预设相关调查问卷，分别提供给赛事组织方（申请服务方）和全民健身志愿服务者互评，有利于供需双方甚至三方及时发现问题，总结经验和不足，提高服务水平。二是通过"服务评价"系统，职能部门也可以发掘优秀志愿者，定期开展评选表彰活动，对在全民健身志愿服务工作中有突出贡献的组织和个人予以表彰、奖励，鼓励更多有志之士投入到全民健身志愿服务中来，助力《上海市体育发展"十四五"规划》和《上海市全民健身实施计划（2021—2025 年）》的顺利实施。

参考文献

［1］赵玉辉.西安市城六区全民健身志愿服务开展现状及激励机制研究［D］.西安体育学院，2021.

［2］赵纯，张振.社区体育志愿者服务体系的构建［J］.湖北师范大学学报（自然科学版），2019(1).

[3] 李元.北京市海淀区社区体育志愿者的现状研究[D].北京体育大学学报,2007.

[4] 夏树花,郭宇刚.全民健身志愿服务长效化法理的新思考[J].当代体育科技,2013(5).

[5] 刘兆欣.全民健身志愿服务管理机制研究——以湘潭市为例[D].湖南科技大学,2014.

[6] 沈灵菲.黑龙江省国家级社会体育指导员队伍志愿服务环境优化对策研究[D].哈尔滨体育学院,2021.

[7] 单羽.成都市社区体育志愿者培养制约因素研究[J].当代体育科技,2020(14).

[8] 邱辉.中国体育志愿服务现状及其体育体系构建研究[D].北京体育大学,2014.

[9] 张大为,刘兵,郑旗.奥运遗产视角下英国体育志愿者培养计划的实践经验与启示[J].体育学刊,2020(5).

[10] 万发达,赵元吉,邱辉.健康中国视域下我国体育志愿服务长效化发展研究[J].体育学刊,2020(4).

[11] 武振海.上海市全民健身志愿服务激励机制研究[D].上海体育学院,2021.

[12] 金忠林.社会体育指导员和全民健身志愿服务相关问题研究[J].科教导刊(中旬刊),2019(23).

[13] 张文杰,郑建辉,薄建柱.英美体育志愿者的培养体系对我国大学生志愿者服务的启示[J].华北理工大学学报(社会科学版),2018(4).

[14] 蒋丹颖.新中国成立以来我国全民健身志愿服务的回顾与展望[J].体育科技文献通报,2020(11).

[15] 张浩淼.我国全民健身志愿服务的演进历程[J].当代体育科技,2020(22).

[16] 钟道兵,杜光宁,范燕霞.我国体育志愿服务研究进展、域外经验与未来展望[J].嘉应学院学报,2021(6).

[17] 陈星蓉.回顾与审思:我国全民健身志愿服务研究述评[J].体育科技文献通报,2021(7).

[18] 宋琳.全民健身志愿者培训机制研究[J].当代体育科技,2017(19).

[19] 孙阳,南尚杰.日本体育志愿者的实践考察及其对中国的启示[J].沈阳体育学院学报,2020(4).

[20] 王存良.美国公共体育服务中社区体育志愿者的管理模式[J].武汉体育学院学报,2016(8).

[21] 郑汉山,蒋义丹.我国社会体育指导员与全民健身志愿者融合培养研究[J].当代体育科技,2021(12).

[22] Attitudes, motives, and demographic pre-dictors of volunteer commitment and service duration. Lammers, J. C. Journal of social service research.

[23] Esmond, J. Dunlop P. Developing the volunteer motivation inventory to assess the underlying motivation drives of volunteers in western Australia. 2004.

上海体育历史文化研究

倪京帅*

[摘　要]　作为我国近代体育的发祥地之一,上海体育文化源于开埠后西方侨民的体育生活,兴起于近代学校竞技体育文化,民国时期具备现代体育特征的赛事文化初具雏形,中国奥林匹克文化传播从上海启航;新中国成立70年来,上海全民健身文化氛围浓厚,体育赛事文化异彩纷呈,体育文化品牌形式多样;在上海建设全球著名体育城市背景下,建设具有全球影响力的体育文化中心是其中的一项重要目标。上海体育文化发展存在着体育文化区域、城乡、群体发展不平衡,海派体育文化资源挖掘不够,运动项目文化建设缺失,体育文化对外传播存在"逆差"等问题,新时代上海体育文化的高质量发展,一是要坚持以人民城市为中心的体育文化发展思路,培育特色的城市体育文化精神,为体育文化的发展提供有力的法律保障;二是要深入推动运动项目文化建设,提升运动项目的文化内涵;发展具有上海文化特色的球迷文化,打响体育文化品牌知名度;三是要坚持合作共赢开放战略,构建体育对外传播新格局。

[关键词]　上海体育;海派体育文化;体育赛事;全球著名体育城市;十四五

一、前言

在贯彻落实《上海全球著名体育城市建设纲要》和《上海市体育发展"十四

---

* 本文作者简介:倪京帅,上海对外经贸大学体育健康学院,教研室主任,副教授,博士研究生,研究方向:体育文化传播。

五"规划》的战略背景下,上海作为中国近代体育的发祥地之一,在新的阶段新的起点,要进一步推动上海体育文化建设,建设更具全球影响的体育文化中心,打造上海城市精神的重要名片,必须要寻根思源、以史为鉴,系统梳理上海体育文化的历史发展脉络,聚焦城市发展不同阶段体育文化发展的目标任务及建设路径,总结分析上海体育文化精神的核心内涵,研究成果将为上海推进全球著名体育城市和社会主义现代化国际大都市建设,促进上海体育文化事业的繁荣发展,增强新时代上海体育发展的文化自信,提供理论支撑和实践指导,具有重要的现实意义。上海体育历史文化在上海文化和城市发展史上占有相当重要的历史地位,通过本研究可以弥补对其历史认知之不足,丰富和完善海派文化的内涵,推动上海体育文化事业高质量发展。本研究不仅重历史之"实",更注重历史之"用",理论联系实际,使得"过去历史"与"当今现实"相结合,研究成果可以为上海的体育管理部门提供决策参考,为当代上海体育文化发展提供借鉴,发挥历史之鉴古"知今"的"向导"之责。

二、现状与趋势

(一)文献研究现状

1. 上海体育历史文化与海派体育文化的形成研究

20世纪90年代后,"上海学"研究的广泛关注导致上海文化研究的兴起,上海体育文化逐渐进入到学术视野。关于上海体育文化的起源,路云亭(2016)提出:"上海是西方体育在中国的觉醒地,上海的体育文化源于早年西侨的俱乐部活动。"肖焕禹、郎静、平萍等学者认为,作为我国近代体育的发祥地,上海体育文化与海派文化相伴而生,形成"海纳百川,兼收并蓄"的体育文化独特诠释;于善安(2013)提出,"海派体育是海派文化的一个重要缩影",海派体育文化形成和发展受地区历史、人文环境等因素的影响,也与其独特的地理环境有关。关于海派体育文化的特征,王自清(2011)认为,"上海体育文化的战略定位是国际一流、中国特色、海派风格";费加明(2014)认为,"海派体育文化特征是一种开放的文化环境,一种多元的文化风格,一种大度的文化心态,一种从容的文化自信";王宏江、倪京帅(2016)认为,海派体育文化具备独特开放性、多元性、商业性、创新性等特征。

2. 上海体育历史文化与城市发展的互动研究

上海体育文化的研究伴随着不同历史阶段城市发展的定位和目标,涌现的研究成果主要体现在以下几个方面:第一,城市发展过程中体育文化体现的价值。肖焕禹(2011)认为,体育在塑造上海国际文化大都市中有着独特价值,以体育提升都市文化内涵,促进上海体育创新驱动、转型发展。陈万红(2010)认为,文化自觉是上海建设国际体育知名城市的着力点。第二,体育文化建设具备的基础和条件。阎智力、李小英(2009)认为,上海市在城市规模、体育文化普及和城市精神等方面具有建设体育文化大都市的优势条件。杨志刚、张力(2015)认为,体育文化是建设国际体育强市的重要基础,上海应把体育强市作为城市体育文化传播的载体。第三,新时期体育文化中心建设和城市文化的互动。郑国华(2020)认为,加快全球著名体育城市建设,对助推上海城市文化品牌建设具有非常重要的现实与战略意义。倪京帅、肖焕禹(2021)认为,建设更具全球影响的体育文化中心是一项重要的建设目标,这是基于上海深厚历史文化底蕴下的时代选择。

3. 上海体育历史文化与非物质文化遗产的保护研究

非物质文化遗产是上海优秀传统文化的重要组成部分,其中包含了与上海体育文化表现形式相关的组织、项目和场所。精武文化是上海本土体育文化的典型代表,2014年虹口精武武术被列入国家非物质文化遗产保护项目名录。精武体育会研究主要集中在精武体育会的历史考证(黄佩华,1991;樊勇,2015),张银行(2016)等人从组织视角分析上海精武体育会的运行机制,赵娜(2014)、汤林侠(2016)等学者分析了精武精神及海外文化传播,刘帅兵、赵光圣(2021)等学者分析了精武武术对武术发展的贡献及社会意义。从上海非物质文化遗产项目来看,黄聚云(2012)、李延超(2014)等学者以浦东花篮灯舞、海派秧歌、赛龙舟等项目为研究对象,结合上海城市文化特性,对项目传承和保护情况进行调研和分析。从体育历史文化建筑研究来看,刘亨(2020)、王丽娜(2017)、倪京帅(2018)等学者重点考察了江湾体育场、体育大厦、人民广场跑马场、顾斐德纪念体育室等体育历史文化建筑,提出要重视和加强保护。

4. 上海体育历史文化与海派学校体育文化的传承研究

沈建华(2013)在回顾海派学校体育历史脉络的基础上,分析海派学校体育文化形成、特征与传承,阐述了海派学校体育文化开放、创新、领先和务实的核心特征。陆遵义(2013)提出,海派体育文化作为海派文化的组成部分,对促进学校体育改革创新具有重要作用。张元文(2013)等学者则进行了海派学校体育文化创新的实证研究。

纵观以上研究成果，上海体育历史文化的研究视角呈现多元化态势，这些研究成果极大地提升了新时期上海体育文化研究的理论水平。但以往的研究大都是以"旧史料"为素材展开的，鲜有新史料的运用。最近几年，体育史学界原有的一些主流观点，诸如"1931年中华全国体育协进会被国际奥委会所承认"观点已经被质疑或推翻，上海体育史中的一些观点亟须正本清源或重新考证。此外，一些研究还局限于城市发展史上的某个事件点来描述，缺乏对于上海体育文化发展演化过程的系统梳理，因此，上海体育历史文化研究选题希冀能弥补这些研究缺憾，丰富和完善上海体育史的研究领域。

（二）研究方法

1. 文献资料法

本课题通过中国学术期刊网（CNKI）数据库，查阅大量以"上海体育""海派体育文化""全球著名体育城市"为关键词的研究文献，参考并借助文献、期刊、报纸、文件、讲话稿等，为现代上海体育文化的研究工作打好基础；课题负责人所在单位具有先进的校园网络环境，可直接接入国内重要期刊文献数据库和国外著名的多家文献检索机构平台，能满足对外联络和最新资料查询的要求。

2. 实地调研法

课题团队到江湾体育场、体育大厦、顾斐德纪念体育室、上海历史博物馆（上海跑马总会旧址）、上海划船总会（旧址）、上海体育博物馆、中国乒乓球博物馆、中国武术博物馆等地进行实地调研，了解和考察上海体育历史文化建筑的保护情况，为上海城市文化记忆保护工程提供建议和参考。

3. 专家访谈法

对上海体育文化研究方面的专家进行访谈，请他们为本研究的相关成果进行鉴定、评估和指导。同时对上海体育史中直接或间接当事人进行访谈，为文献资料的辨析提供素材。如请虹口区党史办公室王佩军整理精武体育会的相关资料，访谈民间体育收藏家蒋世玮（民国体育家沈嗣良外孙）等。

（三）上海体育历史文化发展脉络

1. 上海开埠后的体育历史文化

2019年11月，习近平总书记考察上海时曾经指出："文化是城市的灵魂。城市历史文化遗存是前人智慧的积淀，是城市内涵、品质、特色的重要标志。

要妥善处理好保护和发展的关系,注重延续城市历史文脉。"1843年上海开埠,这座城市开放包容的性格,让中西多元文化在此交融共生。体育作为一种城市生活方式在近代上海开展,是伴随着西方文明和西方生活方式一起输入租界的。西方近代体育伴随着西方侨民、西方文化涌入中国,诸多源自欧洲的现代体育运动相继被引入上海,对塑造上海的城市个性起到了很大的作用。上海作为近代中国体育的发祥地之一,与上海文化互通融合,逐渐形成了"海纳百川,兼收并蓄"的体育文化。

（1）运动休闲项目文化萌芽。近代上海体育文化的形成起始于租界开展的运动休闲项目,19世纪早期欧美流行的溜冰、划船等运动项目已经开始在租界开展,1863年英美租界合并为公共租界后,保龄球、跑马、网球等运动休闲类项目出现在公共租界内,成为西侨日常生活中的重要娱乐活动。近代上海的租界有着优越的运动场地条件,他们投资建设了游泳总会游泳池、万国商团靶场、先锋棒球场、虹口公园、中央运动场和体育大厦等一批具备休闲娱乐功能的公共体育场所,促进了近代上海城市化和文化娱乐事业的发展。西侨同时把西方先进的组织文化引入上海,成立的一些体育项目俱乐部和体育协会的组织,体现出极强的自治精神和规范意识,诸如赛艇俱乐部、板球总会、棒球总会、划船总会、足球总会、草地滚球总会、游泳总会等体育组织都具有重要的现代示范意义。

（2）校园体育文化氛围浓厚。在上海近代体育发展的进程中,学校在竞技体育推广中扮演了重要角色,较早形成了浓郁的海派校园体育文化氛围。民国初年,竞技体育运动逐渐在学校中获得推广。1922年后,田径、球类、体操等运动项目成为学校体育的主要内容。大学是沪上近代体育运动兴起的主阵地,以圣约翰大学、沪江大学、上海交通大学、复旦大学为代表的一批沪上高校校园体育运动蓬勃兴起,足球、篮球、排球等比赛那时逐步在高校中开展。在学校中学习过近代体育的毕业生走向社会,促进了上海社会体育的发展。此外,中小学也洋溢着运动气息,充分反映出学生群体对于体育运动的热情。1927年,部分中学与小学分别组成体育联合会,每年组织全市中小学体育比赛。1928年,由市小学体育联合会主办、市体育场（今沪南体育场）承办的上海市小学联合运动会开幕。比赛项目以田径为主,开幕式例行持续3天,并举办团体操赛,吸引了众多市民观赛,掀起了体育运动的热潮。这项赛事一直持续到1948年,共举办12届。同样在1928年,除上海市中学联合运动会外,上海也经常举行中学足球、篮球、田径等多个单项赛事。

2. 民国时期的上海体育文化

(1) 现代体育特征的赛事文化初具雏形。20世纪上半叶,上海先后承办了两次全国运动会、三次远东运动会。1915年,第二届远东运动会在虹口娱乐场举行;1921年,第五届远东运动会在上海虹口公园举行。当时受新文化运动的影响,社会上兴起了体育要由中国人自己办理的呼声。于是,在1923年第六届远东运动会结束后,为了摆脱外国人对中国体育的控制,1924年7月,中华全国体育协进会正式成立,总部就设在上海的圣约翰大学。中华全国体育协进会成立后,组织成立了上海最早的足球、篮球、网球、棒球联合会等体育组织,并倡议组织了1927年8月的第八届远东运动会,这是首次由中国人主持的国际性综合运动会。协进会建立后,租界侨民组织的运动会开始接纳华人参赛。1926年前后,虹口公园等租界体育场陆续允许华人入内。在中华全国体育协进会的推动下,具有现代体育特征的赛事文化逐渐融入上海的城市文化。

(2) 中国奥林匹克文化传播从上海起航。19世纪末,奥林匹克运动随着西方近代体育文化传入中国,中国人追逐奥运的梦想逐渐萌生。在展馆中静静陈列着的《希腊志略》,1898年由上海图书集成印书局印制,虽然现代意义上的首届奥运会还没有举行,但这是中国第一部介绍奥林匹克的书籍,通过当时上海的媒介传播,让封闭的中国开始了解了希腊的奥林匹克运动盛事。现代奥林匹克文化在中国的传播,与上海有着非常密切的联系。1932年刘长春从上海新关码头出发参加洛杉矶奥运会,上海各界人士为其送行,《申报》以《赠刘长春君西渡赴美》为题进行了专题报道,也留下了这段难忘的奥林匹克文化记忆。由此,上海成为中西体育文化的交汇地之一,奥林匹克文化融入上海体育文化,逐渐形成其"海纳百川,兼容中西"的体育文化风格。

3. 新中国成立后的上海体育文化

新中国成立之初,上海市民有着浓郁的体育情结,群众性的基层体育竞赛十分活跃。一马当先的是上海市运会历史序幕的正式拉开。20世纪50年代,上海市体育训练班在南昌路57号成立,上海竞技体育星星之火开始点燃,为上海竞技体育培养了一代代的优秀运动员;上海市运动会正式创立,成为全市规格最高的综合性运动会。这一时期,新中国最早的体育高等学府上海体育学院成立,一批批优秀的体育人才和专家队伍从这里学成走出。

(1) 全民健身文化空前繁荣。20世纪80年代后,体育逐渐成为市民的一种生活习惯,许多体育项目甚至成了市民的一种生活方式。80年代,上海的足球氛围十分浓烈,孩子们三两成群在街头上演"足球大战",为沪上青少年孕育足球梦想的"新民晚报杯"足球赛从 1986 年至今已走到了第 37 届。1978 年,上海市体育工作会议提出"把学校体育作为战略重点来抓"的口号,学校体育进入了新的发展阶段。职工体育在 80 年代则出现了横向跨地区的组织,社区化的体育活动日趋兴盛,具备健身性、趣味性的体育活动形成热潮。职工生活中,健美操、体育舞蹈、钓鱼、桥牌、棋类、长跑等体育活动得到普遍开展。2000 年 12 月,上海市人大常委会审议通过《上海市市民体育健身条例》。这是我国首部地方性体育法规,以市民体育健身为主题,旨在维护和保障市民参加体育健身的权益。该条例的颁布使得上海全民健身活动呈现了良好的发展势头。

(2) 体育赛事文化异彩纷呈。20 世纪 80 年代以来,根据城市特色文化优势,上海先后承办了全国运动会、全国农运会、上海市运动会等一系列国内大型综合性运动会。1983 年 9 月 18 日至 10 月 1 日,第五届全国运动会在上海举行,这是第一次在首都以外的城市举办全运会。1997 年,上海举办了 20 世纪最后一次全国运动会——八运会,这场体育盛会也在我国体育史上写下了辉煌灿烂的一页。1996 年,全国第三届农民运动会在上海举办,这是一场 9 亿农民的体育盛会,比赛包含田径、篮球、民兵军事三项、舞龙等竞赛项目和毽球、风筝等表演赛项目,展现出改革开放以来农民的风貌和农民体育的成就,促进了农民体育事业的发展。除了大型运动会,上海还举办了上海元老杯足球赛、F1 中国大奖赛、上海 ATP1000 大师赛、上海国际马拉松赛、国际田联钻石联赛、世界游泳锦标赛、国际篮联篮球世界杯(上海赛区)、世界武术锦标赛等体育赛事,全力打造国际体育赛事之都,成为上海建设全球著名体育城市的标杆赛事,更是申城体育"金名片",让上海市民领略不同项目的文化魅力,形成了独具特色的上海体育赛事文化。

(3) 体育文化品牌形式多样。上海拥有丰厚的体育文化遗产资源,体育场地的历史文化、体育人物故事、项目专题展览等,铸就了上海城市文化品牌。上海竞技体育在国内外赛场上硕果累累,运动竞技项目文化深入人心。在国内主流体育项目中,20 世纪末的竞技体育赛场上,也涌现出上海的朱建华、曹燕华、丛学娣、范志毅、姚明、刘翔、王励勤、吴敏霞等多位体育明星。2014 年,精武武术入选国家非物质文化遗产名录,上海虹口作为精武发源传承地和"全国武术之乡",成为上海文化的一个亮点和中国武术文化发展的新高地,保护传承了体育非物质文化遗产和优秀传统体育项目的文化根脉。此外,上海的体育文化空间类型多样,包含体育公园、体育特色小镇、国家体育旅游示范基地等,例如2017年建成的徐家汇体育公园,保留和改造了上海体育场、上海体育馆、上海游泳馆和东亚大厦四栋主要建筑,建设成为符合"国际赛事之都"的体育公园,一个城市核心区的体育公园,一个开放融合的城市空间,给市民带来不可复制的运动体验,延续传承本土文脉。

(四)上海体育文化发展的阶段目标

当今世界正经历百年未有之大变局,世界多极化、经济全球化、文化多样化深入发展,科技创新加速推进,以经济实力、科技实力、文化实力为主要内容的综合国力竞争日趋激烈,中国体育正遭遇前所未有的、急剧变化的外部环境,大国文化竞争加剧,国际体坛意识形态竞争回潮,逆全球化、文化民族主义浪潮也给上海体育文化发展提出了一系列不容回避的新问题、新挑战。随着我国日益走近世界舞台的中央,国际影响力、感召力、塑造力进一步提高,面对错综复杂的时代大变局、经济社会发展的新变化,推动上海体育文化持续健康发展的内外环境更加复杂,必须要形成一系列新时代体育文化发展指导性的新理念、新战略,不断推动体育文化繁荣发展,塑造具有海派体育文化元素的上海城市精神,努力建设社会主义体育文化强市。

2007年5月召开的上海市第九次党代会上就提出至2035年建成卓越全球城市的目标,文化是卓越全球城市的一个重要组成部分。2018年,上海市又提出打响"上海文化"品牌的战略目标,市委、市政府印发了《加快建成国际文化大都市三年行动计划(2018—2020年)》,提出要加快打造一批海派特色突出、城市特质彰显、内涵价值丰富、感知识别度高的国内国际知名文化品牌。海派体育文化是海派文化的有机组成部分,在上海建设国际文化大都市的行动计划中,发挥城市体育文化的优势,打造具有海派体育文化特色的国内国际知名文化品牌成为21世纪体育文化建设的重要目标。党的十九大后以后,党中央、国务院从全球战略格局的眼光提出要打造长三角一体化的战略规划,以建设具有全球影响力的世界级城市群为目标,促进上海和其他长三角城市的深度融合,文化是社会和经济发展的动力源泉,长三角城市群形成高度互联互通的文化共同体,上海也将成为长三角一体化国家战略中的文化战略交汇点,有利于打造以上海为中心的体育文化新高地,也将有力推动上海建设更具影响的国际文化大都市的进程。

2015年7月,《上海市人民政府关于加快发展体育产业促进体育消费的实施意见》中首次提出建设"全球著名体育城市"目标,随着时代发展和形势变化,上海市不断深化全球著名体育城市的内涵,体育文化作为其中的一个重要内容受到持续关注,城市发展过程中要形成自己独有的城市体育文化的认识逐渐提高。2016年,《上海市体育改革发展"十三五"规划》中指出:围绕2025年基本建成全球著名体育城市的奋斗目标,到2020年形成全球著名体育城市的基本框架。2020年6月,《中共上海市委关于深入贯彻落实"人民城市人民建,人民城市为人民"重要理念,谱写新时代人民城市新篇章的意见》再次明确要加快建设全球著名体育城市。2020年10月,上海市人民政府办公厅印发了《上海全球著名体育城市建设纲要》,再次明确了建设全球著名体育城市分三步走:到2025年,基本建成全球著名体育城市;到2035年,迈向更高水平全球著名体育城市,体育文化全球传播力、影响力和国际话语权明显提升,体育文化品牌、作品、阵地的规模效应凸显;到2050年,全面建成全球著名体育城市,形成"一城一都四中心"的发展格局,"建设全球更具影响的体育文化中心"。

三、上海体育文化发展存在的问题

(一)体育文化区域、城乡、群体发展不平衡

近年来,上海体育文化的发展表现出多层次、多维度的显著特征,但发展不均衡不充分的问题依然存在。新时期上海体育文化事业迎来了转型的重大机遇期,体育文化事业面临着外部环境变化带来的新挑战。特别是随着体育所处的内外部环境的变化,不同区域之间、城乡之间、群体之间体育文化发展不平衡,不能满足市民多样化、个性化和层次化的体育文化需要。体育文化的形成究其原因与自然地理环境、民族和宗教文化以及生产生活方式有着必然的联系。同时,区域的经济、社会发展水平进一步影响着体育文化的发展繁荣,由于中心城区和远郊人均生产总值水平存在显著性差异,中心城区和远郊城乡居民在体育锻炼参与度、体育锻炼项目、体育锻炼场所、体育消费等方面仍存在较为明显的差距,造成了体育健身文化发展的差异。根据上海市体育局发布的《上海市体育产业发展"十四五"规划》,2021年上海市居民有体育消费人群占比为80.3%,居民人均体育消费达到2995.9元,其中消费水平最高的是18~59岁人群,人均体育消费为3722元;其次为6~17岁的青少年,人均体育消费为3619元。人均产值2万美元以上的黄浦、长宁、静安等4个区,以及人均生产总值1万~2万美元的杨浦、虹口、普陀等10个区,全民健身文

化氛围最浓,而人均产值1万美元以下的奉贤、宝山、松江、崇明4个区,全民健身文化的氛围要相对弱些,此外,不同群体、不同阶层、不同学历群体的体育参与还存在发展不平衡的问题,部分居民的体育文化素养亟待提高。

(二)海派体育文化资源挖掘不充分

海派体育文化是中华传统体育文化中的重要组成部分,有着众多优秀海派体育项目,但社会大众普遍对海派体育项目认知程度不够,缺少传承意识,精武武术之外的其他中华传统体育项目鲜为人知。当前对于海派优秀民族体育、民间体育、民俗体育项目的宝贵资源的深入挖掘和系统整理还不够,海派体育文化"双创"能力发展还略有不足,海派非物质类文化遗产的精准保护和校园传承尚存在一些问题。例如:松江舞草龙是稻文化背景下民间庆祝中秋佳节的习俗之一,2008年入选了第二批国家级非物质文化遗产项目;朱家角"摇快船"是老百姓在农闲时节自娱自乐的一项水上表演,2007年入选上海市非物质文化遗产名录。但是,同许多历史悠久的传统民俗一样,这些海派体育文化项目面临着现代生活环境和生活方式的改变所带来的巨大挑战。同时,由于学校体育课程以西方体育为主导,学生对于上海的传统文化认知不足,导致青少年存在着一定程度上的海派文化认同教育的缺失,海派体育文化的传承发展是新时代上海体育文化发展重要战略任务之一,对于延续海派体育文脉、全面提升上海市民的体育文化素养、增强上海的文化软实力具有重要意义,因此,只有解决好海派体育文化资源挖掘不充分问题,新时代上海体育文化的发展才有植根的文化沃土。

(三)运动项目建设的文化缺失

体育文化是体育发展的基石,而项目文化则是运动项目发展的重要基础和前提。竞技运动已经成为当今体育运动发展的主体之一,对提升城市文化软实力和社会影响力具有重要的推动作用。对于上海竞技运动项目管理主体来说,上海有着良好的竞技运动项目发展的基础,拥有着足球、篮球、排球的优秀职业队伍,赛车、网球、田径、高尔夫、赛艇等主流体育项目的开展日趋普及,更是拥有一批具有世界影响力的优质体育明星,但是还没有完全挖掘好上海体育优秀的运动员和运动团队的文化故事,组织运动队和体育明星开展的公益活动还没有形成广泛的社会影响力。特别是对于冰雪运动项目而言,受自然条件和天气条件的限制,目前上海冬夏运动项目重视程度尚有差别,冰雪运动整体关注度还较低,文化积淀尚有不足,冰上、雪上项目发展不平衡,后北京冬奥会和冬残奥会周期内,上海群众性冰雪运动项目的文化氛围还不够浓厚。竞技运动项目文化的建设,是竞技体育项目健康可持续发展的动力,也是建设全球更具影响的体育文化中心的重要组成部分,是建设全球著名体育城市的重要内容。加强竞技体育运动项目文化建设,是提高上海竞技体育综合实力和国际竞争力的必由之路,也是建设全球著名体育城市的现实需要。

(四)体育文化对外传播存在"逆差"

2021年5月31日,习近平总书记在主持十九届中央政治局第三十次集体学习时强调,讲好中国故事,传播好中国声音,展示真实、立体、全面的中国,是加强我国国际传播能力建设的重要任务。随着我国综合国力和国际地位不断提升,2022年北京冬奥会的举办,中国体育在国际社会得到了前所未有的关注,但中国体育在世界上的形象很大程度上还存在"他塑"而非"自塑"的情况,仍然存在着对外传播的逆差,中国体育的真实形象和西方主观印象的反差,软实力和硬实力的落差,都使中国体育文化对外传播在国际体坛处于"有理说不出、说了传不开、出力不讨好"的尴尬境地。这也再次提醒我们加强上海体育国际传播能力建设的重要性和紧迫性。大都市的发展要提高城市发展的吸引力和影响力,需要借助各种渠道,向国内外民众扩大对外传播。体育对外传播在国际化大都市文化发展中具有重要职责,处于向建设世界大都市目标迈进的上海,需要调动体育行政部门、体育明星、体育社会组织等多元主体积极参与,改变贸易顺差、传播逆差的现象,推动上海城市的整体形象。与此同时,上海具备丰厚的文化素材资源,但体育文化领域对于传统文化素材的创新性发展和创造性转化的能力还有所欠缺,缺少特色原创体育文化产品,存在着重数量轻质量,重形式轻内容的现象,还没有出现以体育反映上海运动员拼搏精神、体现上海情怀的体育文化国际精品。

四、新时代上海体育文化高质量发展的建议

(一)坚持以人民城市为中心的体育文化发展思路,不断提升上海市民的体育文化素养

人民城市人民建,人民城市为人民。文化的问题本质上是人的问题,文化

能够促进人民精神生活共同富裕,促进人的全面发展。一个社会的整体文明程度取决于人的素质,文化的社会功能与根本使命就是"化人",文化可以塑造人、陶冶人、引导人、凝聚人、提升人,应将提升人民综合素质放到重要的位置。体育文化是最富魅力、最吸引人、最具辨识度的文化标识,体育意识观念则是体育文化系统的核心,直接支配体育行为和体育发展的方向。要根据不同人群的健身特点,实施不同的体育健康促进计划。深入贯彻落实《关于深化体教融合 促进青少年健康发展的意见》,开展针对青少年近视、肥胖等问题的体育干预,促进青少年学生德、智、体、美、劳全面发展,进一步促进家庭、学校、社区的青少年体质健康联动协调机制;在老年人健身方面,研究推广适合老年人的体育健身休闲项目,推动社区体医结合的文化氛围,组织开展适合老年人的赛事活动。上海要不断实现"城市,让生活更美好",其出发点和落脚点,是在全社会形成良好的全民健身文化氛围,养成良好的运动习惯和体育生活方式,构建起更高水平的全民健身服务体系。只有广大人民群众有了主动、自觉的运动意识,并把运动作为生活中"衣食住行"外不可或缺的"第五要素",体育文化才有植根的基础。因此,要把培养人民群众的体育文化素养作为体育文化发展的一个重要的目标,体现上海始终秉承人民至上、坚持以人民为中心的价值立场。

(二)打造海派体育文化阵地,培育特色的城市体育文化精神

当前体育改革的进程不断深化,上海体育的丰富实践与深入探索让海派体育文化展现出更加生动的时代气质。面对新时代的新形势、新需求、新场景,我们更加需要大力弘扬中华体育精神,打造海派体育文化阵地,培育更具时代特色的全球著名体育城市文化。第一,要深入挖掘上海的体育文化遗产资源优势,把上海体育文化的历史遗产进行资源整合,打造具有海派体育文化特色的地标性体育文化设施,融合中华体育精神、奥林匹克精神以及海派体育文化精神特质,形成独具特色的城市体育精神。第二,海派体育文化特色项目是海派文化的重要组成部分,发展海派体育文化项目能够丰富海派文化的内涵,要加强对精武武术、木兰拳、射艺、龙舟等海派体育项目的传承和推广,创新体育文化传播形式,利用全民健身日、重大赛事活动等节点举办集项目体验、文化展示、明星互动、学术论坛等于一体的主题活动,向公众传承体育文化、弘扬体育精神。第三,要打造体育文化精品项目。鼓励体育赛事、体育健身、体育旅游、体育文化等领域的IP品牌发展,不断提高"体荟魔都"等品牌

影响力。培育做强上海体育文化志愿宣讲团,发挥体育社会组织、运动队和体育明星的带动作用,让更多优秀体育文化走入课堂、走进社区,讲好上海体育故事。第四,要支持体育主题类影视作品拍摄、图书杂志出版,为市民群众提供丰富多元的体育文化作品。培养青少年体育文化,形成青少年热爱体育、崇尚运动、健康向上的良好风尚。

(三)深入推动运动项目文化建设,提升运动项目的文化内涵

运动项目文化是体育文化发展的重要组成部分,任何运动项目的发展都离不开文化的基础铺垫。加快推进运动项目文化建设是现阶段发展的必然要求,是提炼上海体育精神、展现上海体育力量的现实要求。上海职业体育的快速发展、体育产业的突飞猛进、各项职业赛事的不断涌现,对运动项目文化建设提出了新的要求。新时代上海全球著名体育城市体育文化发展,要深入推进以运动项目为核心的体育文化建设。第一,要深入挖掘运动项目的文化资源,收集、整理运动项目历史资料,包括文献、照片、实物等,做好运动项目的发展史资料保存工作。由上海市体育局宣教中心、法规处牵头各运动项目协会,运用数字化手段建立每个运动项目发展的电子档案,建立运动项目数字博物馆,打造运动项目的上海名人堂,在青少年中传承和推广运动项目文化。第二,要推动运动项目文化建设。总结提炼运动项目的文化内涵、组织特征和团队标识,使每个运动项目都能形成自己的文化内核和精神特质。如深挖运动项目蕴含的文化"度","姚明的高度、刘翔的速度、王励勤的力度、常昊的深度、许昕的准度",打造以上海运动员为主体的运动项目文化故事。第三,要以"三大球"、"三小球"、马拉松、游泳等具有普遍群众基础的运动项目为突破口,培育众多具有广泛社会感召力的运动项目文化品牌活动,使运动项目文化理念深入人心。第四,要在体育竞赛中展示运动项目文化,通过各类体育赛事的赛场文化、观赛礼仪展现运动项目的人文内涵。第五,通过打造推出运动项目明星,推广运动项目文化。运动明星具有较强的社会影响力,能够引领运动项目的发展,成为青少年的精神榜样。

(四)发展具有上海文化特色的球迷文化,打响体育文化品牌知名度

职业体育是体育发展的重要组织形式之一,职业体育发展对于一座城市甚至一个国家的经济发展、文化宣传以及对外交流都有着影响。目前上

海共有9家职业俱乐部,涵盖了足球、篮球、排球、乒乓球等项目,每家俱乐部都拥有数量众多的球迷,每年上海举办的国际体育赛事也有大批爱好者。上海建设全球更具影响的体育文化中心,球迷文化的建设已经迫在眉睫,呼唤着健康、丰富、多元和充满激情的球迷文化。第一,要明确以球迷主体为核心的发展路径。一切职业化的基础是球迷,俱乐部要细心用心经营球迷,国外一些知名俱乐部定期组织对球迷的慈善关怀活动,特别是足、篮、排三大球联赛要办出上海特色,满足大众体育文化需求,涵养职业体育文化至关重要。第二,要加强球迷的价值观念、道德情操建设。球迷文化容易滋生球场暴力和社会骚乱。在职业体育赛场,对抗和冲突是职业体育赛场的显著特征,特别愈发激烈的上海足球德比,但是赛场上的对抗冲突不应成为看台球迷的非理智的暴力骚乱的缘由。第三,要建设上海特色职业体育文化,在吸纳国外先进职业体育文化的同时,展现上海本土特色和人文特征,要保持自己的文化个性。如上海申花的球迷组织"蓝魔"是国内球迷文化建设方面的佼佼者,"蓝魔"创作的沪语版球迷之歌《看台之歌》、球衣、围巾、方巾、队徽等文化产品,都成为赛场内外标志性的文化符号和文化展示。第四,面对职业体育报道呈现出的地域化和商业化的趋势,媒体要承担起更多的责任,坚持客观和全面的报道,引导球迷文明理性看球,提升媒介素养,做好意见领袖。

(五)坚持合作共赢开放战略,构建体育对外传播新格局

新时代上海体育文化的发展,要深刻认识加强和改进体育国际传播工作的重要性和必要性,坚持共建人类命运共同体的理念,加快提升上海体育的国际话语权,把上海体育文化的精神标识提炼出来,把中华优秀传统体育文化中具有当代价值、世界意义的上海文化精髓提炼出来,构建立体多元的体育国际传播体系,也是全面建设全球著名体育城市的必然要求。通过体育文化传播,展现丰富多彩、生动立体的上海国际形象,向世界讲好上海体育故事,传播好上海体育声音,构建上海体育文化对外传播的新格局。第一,要提升上海体育文化交流的层次和水平,主动发挥体育作为世界通用语言的独特作用,扩大体育对外合作交流,发挥体育文化在外交场合的柔性作用,扩大体育对外合作交流。加大前沿理念宣传力度,举办有影响力的国际会议与论坛,引进先进模式和高端人才,引导国际优质体育资源集聚。第二,要培养体育对外交流的专业人才,提升上海在国际体育领域的影响力和话

语权,配合开展城市间体育交流,形成政府间高级别人文交流机制,促进城市间民心相通。第三,要建立以上海友城为主渠道的国际体育交流联盟,推进与港澳台体育的密切交流。通过上海友城体育交流的初步探索,促进国际特大型城市间体育对外交流的新局面,积极稳妥地开展与港澳台地区的体育交流,构建体育文化大交流格局,落实体育惠台措施,推动两岸体育文化融合发展;全面深化与港澳地区的体育文化交流合作,以举办第十五届全国运动会为契机,以粤港澳大湾区体育文化交流合作为重点,助力港澳融入开放的大格局。

(六)为弘扬中华体育精神,培育中华体育文化提供有力的法律保障

2022年6月24日,第十三届全国人民代表大会常务委员会第三十五次会议修订通过的《中华人民共和国体育法》(简称《体育法》),在总则第一条明确提出"弘扬中华体育精神,培育中华体育文化",对于推进《体育法》的全面实施有着重要的精神动力和法律保障作用。海派体育文化是中华体育文化的重要组成部分,具有海派体育文化精髓的上海体育文化精神也应是中华体育精神的重要内容,也应具有"海纳百川,兼容并蓄"等地方区域特质的城市体育精神。在《体育法》的总则中,将"传统体育"条款从原"社会体育"一章移至总则,体现了国家对于传统体育文化的重视,也为保护和传承体育非物质文化遗产项目、发展海派传统体育项目提供了法律依据。新增的体育活动原则强调"依法合规、诚实守信",培育学生青少年全面发展,具有体育诚信和契约精神;在对外体育交往中,新增"弘扬奥林匹克精神",近代奥林匹克文化从上海起航,融合中华体育精神、奥林匹克精神以及海派体育文化精神特质,形成了独具特色的城市体育文化精神,有助于上海诚实体育文化精神的弘扬与传播。《体育法》在"竞技体育"一章中,明确规定对运动员"三观"的教育,加强运动员的道德、纪律和法治教育,运动员要努力拼搏创造优异成绩,为国家和上海争取荣誉。《体育法》在"法律责任"一章中加大对运动员违规使用兴奋剂的处罚力度,明确了向运动员提供兴奋剂的法律责任等。新修订的《体育法》中关于体育文化的条款内容,反映了中国体育发展的价值导向和精神文化追求,为上海市体育系统贯彻落实《体育法》相关条款,启动配套地方性法规,从总体上贯彻落实《体育法》、建设全球著名体育城市,提供了精神动力、价值引领和法律保障。

参考文献

［1］ 习近平在上海：16字概括上海城市精神[N].解放日报,2017-09-27.
［2］ 中共中央办公厅,国务院办公厅.长江三角洲区域一体化发展规划纲要[Z].2019-12-01.
［3］ 建设人民城市,需要怎样的上海体育[N].解放日报,2020-11-06.
［4］ 上海市委办公厅.中共上海市委关于深入贯彻落实"人民城市人民建,人民城市为人民"重要理念,谱写新时代人民城市新篇章的意见[Z].2020-06-24
［5］ 上海市人民政府办公厅.上海全球著名体育城市建设纲要[Z].2020-10-17.
［6］ 平萍.体育文化,上海的文化符号和城市印记[N].中国体育报,2015-01-13.
［7］ 倪京帅.百年记忆：1849—1949年间上海美国侨民的体育生活[J].体育科研,2016(3).
［8］ 杨国庆.从文化缺失到文化自觉：中国竞技运动项目文化建设的突围[J].武汉体育学院学报,2019(10).
［9］ 倪京帅,肖焕禹.上海全球著名体育城市背景下体育文化中心的建设[J].体育科研,2021(1).
［10］ 杨桦.体育改革：成就、问题与突破[J].体育科学,2019(1).
［11］ 鲍明晓.贯彻《体育强国建设纲要》,办好人民满意的体育事业[J].体育科学,2019(9).

第 2 篇

竞技体育

构建上海市退役运动员创业服务体系的研究

殷冬军 李祥亮 赵 翀 陆宇榕[*]

[摘 要] 优秀运动员退役后是否能够成功就业,对我国竞技体育事业发展、体育强国战略影响巨大。在大众创业、万众创新的时代背景下,如何帮助退役运动员成功创业具有时代意义和现实意义。本研究主要围绕退役运动员创业前、创业中、创业后的全生命周期,系统性研究退役运动员创业启蒙、创业培训、创业评估、创业见习、创业孵化、创业加速、政策配套、风险控制、退出机制等环节。从影响创业的内外因出发,审视退役运动员创业的全链条、全过程,为上海市退役运动员的创业服务体系构建提供建议。

[关键词] 上海;退役运动员;创业;服务体系

一、前言

据国家体育总局统计,我国退役运动员累计数量已超过 30 万人,每年退役运动员人数超 4 000 人,每逢奥运年和全运会等大周期,退役运动员的数量更为突出。上海市近五年来退役运动员人数超过 500 人。由于运动员培养体制与社会保障制度的差异,欧美等国家对运动员退役后的研究主要集中在生理健康、心理健康等方面,更加关注运动员退役后的社会融入等方面的问题。

---

[*] 本文作者简介:殷冬军,上海健康医学院,讲师,硕士研究生,研究方向:体育人文社会学;李祥亮,上海立信会计金融学院,副教授,博士研究生,研究方向:体育训练;赵翀,上海健康医学院,讲师,博士研究生,研究方向:体育训练;陆宇榕,上海师范大学,副教授,博士研究生,研究方向:体育训练。

国内的研究主要聚焦在运动员退役后就业安置的政策体系、保障体系、服务体系等方面。近年来,也有学者对退役运动员的可持续生计能力、社会适应能力、精准帮扶等方面进行了相关研究。伴随着我国"大众创业、万众创新"的浪潮,退役运动员创业问题再次受到社会的关注。目前对退役运动员创业体系建立的研究内容相对较少。尤其在退役运动员创业全周期支撑体系方面的研究比较罕见。本课题通过对退役运动员创业全周期支撑体系的研究,提倡创业培训的前置,实现运动员的创业启蒙,通过创业见习,提高创业认识,通过评估工具,提升创业信心,通过创业孵化和创业大赛,验证创业方向、提高创业成功率;通过创业加速器,提高创业速度,通过政策配套,提高创业规模,通过风险控制,减少创业成本、降低创业风险。鼓励和支持退役运动员参与创业,既能拓宽退役运动员的就业渠道、解决安置难题,同时也能通过创业带动更多退役运动员就业。

二、退役运动员创业的意义

(一)有效解决运动员就业安置问题

近年来受高校扩招、毕业生数量激增以及国内外社会经济形势变化的多重压力,退役运动员的安置问题面临更加严峻的挑战。鼓励和支持退役运动员参与创业,是缓解运动员就业安置压力的重要路径之一,支持退役运动员参与创业,不仅能够有效解决退役运动员自身的就业难题,而且也能通过带动队友和其他退役运动员共同创业,达到以创业带动就业的目的。

(二)国家"双创"政策的积极响应

2014年,李克强总理在夏季达沃斯论坛上正式提出"大众创业、万众创新"的口号,并将其写入2015年的《政府工作报告》,同年6月国务院正式下发《关于大力推进大众创业万众创新若干政策措施的意见》,2018年国务院再次下发《关于推动创新创业高质量发展打造"双创"升级版的意见》,"双创"当选为当年度经济类十大流行语。随着大众创业、万众创新浪潮的开启,针对大学生群体、退役军人群体,政府有关部门配套、落实了各种支持政策。退役运动员群体作为年轻向上的时代青年,发挥运动员的拼搏精神,合理利用个人品牌与无形资产,当仁不让地成为国家创新创业进程中的一分子。帮助和支持退役运动员成功创业具有一定的时代意义。

（三）为现役运动提供良好范式

随着体育产业规模的不断扩大,诸多优秀运动员开始涉足体育产业。例如:男足前国脚孙吉退役后成立了足球俱乐部,立足青训,努力将足球运动带推进校园。女排前国手诸韵颖则成立了以自己名字命名的排球俱乐部,推广青少年排球项目。著名拳击运动员、奥运冠军邹市明退役后同样成立了多家公司,积极推动拳击事业的发展。

由于竞技体育的特殊性,运动员长期与教练、队友共同生活,任何一个运动员成功的背后,都离不开教练和队友的支持。队友、师兄的长久共同生活和共同陪伴,为运动员们植入了非常深厚的队友情结、师门情结,这种情感纽带,使得运动员对队友、师长的信任程度极高,追随性极强。基于专业运动员所特有的模仿和学习能力,能够通过身边退役运动员的创业事迹、创业案例,起到良好的创业启蒙作用。这种润物细无声的启蒙和引领作用,能够为现役运动员未来的职业选择提供新的路径,提振创业信心,建立创业范式。

（四）《体育法》的基本要求

2022年6月24日,《中华人民共和国体育法》(简称《体育法》)由第十三届全国人大常委会第三十五次会议修订通过,于2023年1月1日起执行,《体育法》的修订对于新时代规范引领体育事业高质量发展、加快体育强国和健康中国建设具有十分重要的意义。《体育法》第四十七条规定:"各级人民政府加强对退役运动员的职业技能培训和社会保障,为退役运动员就业、创业提供指导和服务。"鼓励和支持退役运动员积极参与创新创业,是解决退役运动员安置问题的重要路径之一,也是《体育法》赋予的职责和要求。

三、退役运动员创业的现状

（一）退役运动员创业规模较小,创业影响因素复杂

近五年来,上海市退役优秀运动员达500多名,每年有近百名优秀运动员走上人生新的赛场。上海已经形成了一系列关于退役运动员就业安置的服务支撑体系,这些举措很好地解决了退役运动员的就业安置问题,每年在上海市体育局等有关职能部门的安排下,大多数退役运动员顺利走上了教练岗位和

政府机关、企事业单位,也有部分退役运动员选择自谋出路、自主择业。2017年,"冠军基金"和清华大学体育产业发展研究中心联合调查了314名运动员,覆盖田径、自行车、击剑、举重、花样游泳等52个运动项目,公开发布了《中国运动员创业现状与创业需求调查报告》,调查报告显示我国运动员退役后愿意选择自主创业的高达82.17%,而实际参与创业的规模相对较小。退役运动员本身的人格特征、人力资本和经济情况、家庭条件和家庭背景、创业政策和创业大环境都是影响退役运动员创业意愿的重要因素。运动员的创业培训经历、创业动机、创业意识、创业知识与能力、心理素质、政府支持力度、市场信息了解度以及创业风险识别能力是影响退役运动员创业行为的主要因素。

(二)退役运动员创业赛道单一,局限性较大

2021年国家体育总局人力资源开发中心对11个省市退役运动员创业典型的调查报告显示,退役运动员创业者中76.5%的运动员选择的创业赛道均为体育方向,其中61%的退役运动员选择的方向与自身的专项相关。2016年里约奥运会后,中国投资咨询网对16位体育明星的创业情况进行了调查分析,其中15位体育明星的创业方向均为体育大赛道,6位创业者细分赛道为个人运动专项领域。上海知名退役运动员的创业赛道选择情况与以上调查也较为相似,多数人选择从事与以前运动专项相关的领域,这样可以方便利用自己在体育领域积攒的经验与人脉。由于运动员成长的大部分阶段都在从事单一的体育竞技训练,与社会具有一定的"隔离"与"脱节",运动员对其他行业领域接触面相对较少,在创业选择的方向上具有一定的局限性,特别是从事"小众"体育项目的运动员,退役后创业赛道选择面更加狭窄。

(三)退役运动员创业知识缺乏,创业能力有待提高

由于体制原因,我国运动员入队年龄普遍偏小,缺乏系统的学校教育,在"重训练、轻文化"管理模式下,运动员文化水平有所缺乏。运动员进入专业运动队后就进入了封闭式管理模式,基本脱离家庭教育环境和非体育圈同龄群体,进入"孤岛期"。虽然近年来,在"体教结合"制度的驱动下,优秀运动员的升学渠道逐步打开,优秀运动员的学历也在逐年提高,然而比赛训练与读书学习难以兼顾,各高校对于运动员的成绩要求普遍较低,运动员"有学历,没能力"仍是普遍现象。

"不专业、无商业",体育领域创业同样要尊重商业规律和行业规律,离开熟悉的赛场,退役运动员创业面临的最大困难是对社会的陌生以及对政策法规、申办流程与运营过程等相关知识缺乏了解。根据"冠军基金"的调查显示,接受过创业教育的运动员只占22.29%。创业是一个繁琐复杂的系统性工程,运动员的知识结构、文化水平、社会经验等,在一定程度上将会成为限制其成功创业的重要因素。创业过程中涉及管理、财务、金融、营销等多个领域的创业知识,这些系统性创业知识的缺乏,对于文化知识本来就比较薄弱的退役运动员而言更加陌生和困难。

(四)创业服务体系尚未建立,政府、社会支持程度不一

发达国家的弱势群体创业成功经验证明,没有有效的支持就没有成功的创业。目前我国关于退役运动员的创业服务体系尚未健全,创业政策的供给、初创资金的支持、商业资源的获取比较困难,退役运动员群体的创业常常属于"孤军奋战"。近年来,虽然政府已经出台了相关支持政策,社会各界也逐步关注到退役运动员创业者群体,但是从支持力度上看,仍需加强。通常运动成绩越好、社会知名度越高、社会活跃度越高的退役运动员获得的支持与帮助相对越高,更多非知名、非"大众"项目的退役运动员获得的社会认同与政府支持相对较少,存在关注度和支持度失衡的情况。

四、退役运动员创业 SWOT 分析

SWOT分析法,是企业战略管理的重要工具,自该理论诞生以来,在众多管理领域得到了广泛运用。通过对退役运动员创业的优势(strengths)、劣势(weaknesses)、机会(opportunities)、威胁(threats)等四个维度进行系统分析,正确认识退役运动员创业的优缺点以及创业过程中所面临的机遇与挑战,充分发挥退役运动员创业的有利条件,扬长避短,错位竞争,从而提高退役运动员创业的质量和成功率。

(一)退役运动员创业的优势(Strengths)

1. 专业化的技能

专业运动员虽然掌握的社会技能不够全面,但是在自身的专项技能方面无可挑剔,经过长期专业化训练,拥有一技之长,具有绝对竞争优势。高水平

的运动员在专业技术上具有一定的权威性,运动员选择专项技能方向进行创业,更加容易受到大众的信任,成功率更高。此外,长期从事体育训练的运动员大多性格开朗,善于沟通,具有良好的团队协作能力。

2. 优良的意志品质

竞技体育的核心就是追求更高、更快、更强。长期的训练比赛,养成了运动员顽强拼搏的精神与坚韧不拔的意志品格,这种拼搏精神可以赋予创业企业、创业团队源源不断的生机活力。创业就是一场马拉松比赛,想要顺利"完赛",不仅需要良好的"体力",更加需要坚忍不拔的奋斗精神。

3. 良好的抗压能力

艰苦的训练生涯锻炼,通过各种赛场的历练,每个运动员都或多或少地经历过成功与失败,这些经历造就了运动员坚强不屈的意志和永不言败的信念。长期面对不同赛场、不同对手、不同环境的挑战,养成了运动员良好的抗挫能力和抗压能力。面对创业困难时能够勇敢面对,遇到挫折时能够坦然应对,在巨大的挑战中能够坚持到底。创业过程中遇到各种困难和意外是常态,每一个创业者都面临着企业、家庭、社会的多重压力,而运动员这种抗压能力在艰苦的创业过程中能够起到至关重要的作用。

4. 无形资产价值

专业运动员特别是优秀运动员,取得奖项众多,知名度广,影响力大,号召力强,长期活跃在各种比赛场合,是"聚光灯"下名副其实的明星。在各种媒体的宣传报道之下,很多运动员已经家喻户晓,"圈粉"无数。这种"体育明星"的光环,为运动员积累了一定的无形资产,正向积极的"明星效应"对运动员的创业具有积极的促进作用。运动员在役期间的运动经历、运动成就、重大事件,这些无形资产的沉淀与积累,有利于运动员退役后在创业过程中更加容易建立信任、建立合作,更加容易获得成功。

(二)退役运动员创业的劣势(Weaknesses)

1. 心理调节与社会适应

国内外很多研究表明,在运动员从最熟悉的训练、比赛环境,转换到就业、创业模式时,会对运动员产生一定的心理应激反应。尤其是从运动员转化为创业者时,需要放下此前的荣誉与光环,放低身段,"重新再出发"。巨大的心理落差会导致退役运动在职业转换的过渡期产生焦虑情绪,退役运动员在面临社会适应和创业发展的双重压力时,容易陷入"自我怀疑",影响创业过程中的判断与决策。在退役运动员转型适应期,同龄的伙伴、家长以及运动队教练或领队对于运动员的支持,可以在很大程度上缓解运动员的退役心理负担,从而使运动员更好更快地适应社会,全身心参与到创业中。

2. 社会经验缺乏

运动员在相对"封闭"的职业生涯中,相处对象主要是队友和教练,与陌生人接触机会少,与社会存在一定的"脱节",缺乏社会经验。隔行如隔山,未经过系统创业培训的退役运动员不懂得商业管理,不熟悉商业运作,商业嗅觉不够灵敏,加上创业初期缺乏投资和管理团队,创业的难度比普通创业者更高、风险更大。另外,退役运动员在个人成长中更多地依靠自身刻苦努力,认为只要自己努力就能成功,长期以来养成了相对独立的个性。在创业中遇到问题时,不愿意主动去寻找专业人士的帮助,容易钻牛角尖,进入"死循环"。

3. 创业知识不足

随着社会的高速发展,商业世界发生了翻天覆地的变化,创业早已不是"开门做生意"的时代。随着越来越多的精英人士加入创业大军,创业门槛不断被抬高。创业群体的"内卷"现象严重,各种创业培训、商学院不断兴起。较为完备的创业知识、商业技能,已经成为当今创业者的必备技能。由于目前创业培训体系在运动员群体中尚未普及,缺乏创业知识是运动员创业的普遍现象和难点之一。时代的高速发展,电商的互联网商业、抖音等新媒体商业的相继崛起,市场环境的变化、商业模式的升级,对创业者的要求越来越高,时代倒逼创业者必须积极拥抱新潮流,拥抱新科技。

(三) 退役运动员创业的机会(Opportunities)

1. 政策导向明晰

为保障退役运动员的各项权益,国家和各省市先后出台了多项关于鼓励和支持退役运动员自主择业的利好政策。2023年1月1日起执行的《体育法》在保障运动员的创业方面做了明确规定,为退役运动员的创业服务提供了法律保障。法律的保障、政府的重视、社会的关注,为新时代退役运动员的创业带来了新的历史机遇。

2. 体育产业兴起

体育产业是国民经济新的增长点,是城市软实力和吸引力的重要支撑。随着社会经济生活水平的提高,作为朝阳产业的体育产业不断升温,获得了前所未有的发展。《上海市体育产业发展"十四五"规划》显示,2016—2020年,上海市体育产业总规模从1 045.87亿元增长至1 621.62亿元,年均增长率达11.6%,体育产业主营单位数量从2016年的8 910家增至2020年的28 426家,增长3.2倍。《上海市体育产业发展"十四五"规划》提出,到2025年,全市体育产业总规模比2020年翻一番,体育产业增加值占全市GDP的比重达到2%左右。随着体育领域的新需求、新场景、新内容、新模式、新产品的进一步重构,上海体育产业的发展将迎来更加广阔的前景,体育产业领域将会显现更多的商业机会。

3. 社会支持增大

退役运动员和退役军人一样,通过奉献个人的青春为国家增光添彩,社会大众对运动员具有相当程度的认同和推崇,这些无形价值更加容易获得大众的信任,有助于创业者更加容易找到实力雄厚的合作伙伴。近年来,各种支持和服务运动员创业的非营利性社会组织、公益性基金不断兴起,为退役运动员的顺利创业提供了良好的社会支持条件。

(四) 退役优秀运动员创业的威胁(Threats)

1. 创业竞争激烈

中国经济在经历爆发式增长阶段后,已逐步进入"小增量"的存量市场,在有限的存量市场下,海量的竞争企业与同质的产品,对创业企业的产品质量、个性化服务要求更高。创业企业不仅要比产品,还要比服务、比个性。激励竞争的创业环境,需要创业者不断地学习,为企业注入更多的智慧与创新,才能立足于竞争激烈的商业世界。

2. 经济环境的变化

2020年,随着新冠肺炎疫情席卷全球,国内外经济环境均受到不同程度的影响,本轮经济周期的影响仍会持续相当长的一段时间。在经济下行、疲软的背景下,创业难度增加、风险增强。

3. 缺乏资金与团队

创业项目不论规模大小,从项目构思的落地到项目发展的每一个环节都需要一定的资金投入。退役运动员的创业资金大都来自个人积蓄或亲朋好友的借款,创业初期使用银行贷款和创业基金比例很小,资金短缺是创业项目落地的主要困难之一。此外,一个好的创业团队需要拥有与创业项目相匹配的复合型团队,既要包含专业技术型人才,也需要商务类、管理类、市场类人才。退役运动员本身及身边的人才资源更偏向于技术型人才,组建一支配置合理、能力互补的创业团队,是决定创业能否成功的重要因素之一。

4. 缺乏创业退出机制

赛场和商场有所不同,一次比赛的失利,通过训练还有下一次比赛的机会,而创业过程中某些重要节点的决策失败,对一个创业企业而言,可能带来致命性的打击。通过公开资料了解,目前尚无专门针对退役运动员创业失败的退出保障机制。众所周知,创业的失败率远远高于成功率,创业者一旦失败,就将面临人财两空的局面,对创业者个人和家庭都会产生深远的伤害和影响。

五、退役运动员全周期创业服务支撑体系的构建

(一)建立退役运动员创业政策支撑体系

2018年10月,退役军人事务部联合多个部门颁布了《关于促进新时代退役军人就业创业工作的意见》。该意见实施后,仅2018年就帮助了8万多名军转干部和40多万名退役士兵顺利实现就业创业。退伍军人就业创业工作的成功与完整的退役军人就业创业政策支持体系息息相关,建立支持退役运动员创业的政策群,提高配套政策的权威性、关联性、继承性、协同性,是扩大退役运动员创业规模和高质量发展的必要条件和基本保障。通过退役军人创业支撑体系与我国退役运动员创业支撑体系对比发现,我国在支持退役军人创业方面已经具有较为完整的政策体系、管理体系和服务体系,而退役运动员创业支持体系尚不健全。我国退役运动员创业政策体系与退伍军人创业政策体系相比,在政策的数量、政策的力度、政策的协同等方面差距显著。尽快完善我国退役运动员创业政策支撑体系,逐步建立上海市的地方政策,是促进上海市退役运动员积极参与创业的首要条件。建立以指导性政策、管理性政策、服务性政策、激励性政策、兜底性政策、协同性政策为政策群的支撑体系,能够有效提高上海市退役运动创业的规模和质量。

1. 上海市退役运动员创业的指导性政策

由上海市体育局牵头联合上海市人社局等部门,根据国家体育总局、人社部、财政部等相关部委的政策文件,依据上海的实际情况,出台鼓励和支持上海市退役运动员创业的纲领性、指导性政策。指导性政策需要明确退役运动

员创业不同周期、不同阶段的负责管理的牵头单位、资金来源、优惠政策等,指导性政策是上海市退役运动员创业服务的顶层设计,是其他相关配套政策主要依据。

2. 上海市退役运动员创业的管理性政策

管理性政策,重在实施过程的监督与管理。根据指导性政策,明确退役运动创业培训、创业见习、创业大赛、创业基金、创业孵化、创业加速等各个环节的具体实施单位和部门。出台上海市退役运动员创业管理政策细则、退役运动员创业基金管理办法、上海市退役运动员创业大赛实施意见等,明确政策实施的各个单位、各个部门、各个环节,做到权责分明、奖惩分明。

3. 上海市退役运动员创业的服务性政策

服务性政策是从退役运动员创业者的角度,从实际困难出发,制定的相关服务政策。服务性政策需要明确退役运动员创业初期的指导、服务部门,减少政策享受的限制性因素,提倡"免申即享"、一网通办。建立创业培训管理、创业初期的场地管理、孵化器管理、经营证照注册办理、创业基金申请流程、创业导师制度、创业困难援助等政策。

4. 上海市退役运动员创业的激励性政策

通过制定相关创新创业的激励政策,鼓励更多的退役运动员参与创业。通过以赛代奖、以奖代补的形式,给予退役运动员创业者包括但不限于现金奖励、物质奖励、政策奖励等。激励性政策制定应该做到普及与提高并举,加大宣传力度,起到示范和引领作用。

5. 上海市退役运动员创业的兜底性政策

兜底性政策更加侧重于创业运动员的创业风险规避和退出机制。通过延长退役运动员的安置有效期,无偿提供创业启动资金,设立创业保险等形式,解决退役运动员创业的后顾之忧。

6. 上海市退役运动员创业的协同性政策

上海市关于退役运动员创业管理、服务、保障的政策主要牵头单位应以上海市体育为主,加强与教育、人社、工商、税务、金融等部门的协作,共同研究,联合发布相关政策法规,提高政策法规的权威性。据统计,退役军人事务部已经颁发有关退役军人安置的政策文件有19个(其中独立颁布10个,联合颁布9个),涉及机构25个,机构之间共产生了328次关系合作。通过协同性政策的制定,建立与教育、工商、税务、人社、金融等领域的协同合作。将税务优惠、房租减免、社保返还等政策落到实处,避免出现跨部门协同管理的"真空地带"

和"踢皮球"的现象。

（二）建立退役运动员创业培训体系，创业培训的前置

结合运动员群体的文化水平、学习力、社会阅历等特殊性，有针对性开发创业培训教材，研发和设计上海市运动员创业课程体系。针对运动员学习时间、地点不固定等特殊情况，采用模块化培训机制，建立线上、线下结合的创业课程体系，尽可能做到创业启蒙教育全覆盖。积极探索按照运动训练队、训练基地的分布情况配备专兼职的职业规划和创业导师。依据运动员距离退役时间的长短、创业意愿强烈程度以及职业规划的不同阶段，有针对性地开展创业培训。建立退役运动员创业培训发展档案，促进退役运动员创业培训更加精准化，建立退役运动员创业信息共享平台，及时分享创业信息，方便创业者沟通，实现资源共享。

创业培训教育的前置，能够让运动员提前认知创业，经过课程体系的学习和创业导师的评估，让运动员更早、更清晰地了解自身创业条件，避免盲目创业。创业培训需要建立金字塔式的分级体系，避免"一刀切"，真正做到创业启蒙教育全覆盖、创业提升教育更精准、创业延展教育更聚焦。

（三）健全创业见习体系，提高创业认识

2022年7月，上海市体育产业联合会正式成立，上海市体育产业联合会是由体育产业链上下游不同的企业代表组成的联合性、非营利性社会组织。首批会员由近100家主营体育产业的企业和机构组成，体育产业联合会的成立在推动上海体育产业发展、助力上海著名体育城市建设中具有十分重要的作用。充分发挥和利用上海市体育产业联合会的平台资源、会员资源，尝试建立上海市运动员创业见习、实习基地，发挥上海市社会体育领域优秀草根创业企业的引领作用，建立创业见习、实习网络体系。利用运动员非备战时间、运动员退役转换期等时间段进入各个见习基地，进行短期创业见习，身临其境感受创业企业运营与发展。定期邀请创业专家、成功创业者为运动员开展创业讲座，提高运动员的创业认知度。见习基地规模应涵盖初创型、微小型、中大型企业，可以让见习者体验到企业不同创业阶段的实况。见习基地不仅局限于体育产业领域，还可以拓展和建立非体育行业的创业实践基地，拓宽运动员创业者的见识和视野，积极与新媒体、直播、人工智能等新兴行业建立创业见习基地，为创业者提供更加宽广的实践舞台。

（四）建立创业孵化体系，加强项目培育与跟踪

借鉴大学生创业孵化体系，从创业想法到创业实施，建立一整套符合退役运动员的创业孵化体系。发挥市、区体育局下属场馆资源优势，建立各级体育孵化器，拿出一定量的办公场地，免费作为退役运动员创业空间。加强与上海市人社局、各区就业促进中心、市级创业孵化器、上海体育学院国家级体育产业园的紧密合作，利用现有的创业孵化体系做好与退役运动员的创业孵化的"嫁接"。早在2018年上海曾举办过退役运动员创新创业训练营，建立了"双创"导师制。通过创业新苗计划，建立创业导师制，挑选高校、企业、政府等相关专家建立上海市退役运动员创业指导专家库，通过双向选择建立"一对一导师制"，跟踪创业项目的发展，定期组织各种创业沙龙、创业论坛，搭建体育创业者的沟通交流平台。

（五）健全创业大赛体系，建立体育创业基金

创业者无论从创业计划到创业落地，还是从初创期到发展期，每一阶段都需要外部平台的支持与助力。创业大赛就是创业者和创业项目的不断打磨和历练的平台之一。创业大赛对于创业项目的挑选、提升、资源对接、社会宣传等方面都具有十分重要的作用。通过建立上海市退役运动员创业大赛体系，为运动员创业者提供创业项目展示和交流的舞台。建立运动员创业计划书大赛、初创企业创业大赛、成熟企业创业大赛等三级分赛体系，通过设立大赛奖金、政策优惠等形式，提高宣传力度，鼓励处于不同创业时期的退役运动员创业者都能参与到大赛之中。

目前除国家体育总局在中华全国体育基金会下设立了退役运动员就业创业扶持基金外，关于退役运动员的创业基金相对较少。除积极引导退役运动员创业者申请政府普适性创业基金以外，体育部门应联合体育基金、慈善机构、银行、国有企业等机构设立上海市退役运动创业专项基金。退役运动员创业基金的形式包括但不限于短期无息贷款、长期低息贷款、贴息贷款、无偿资助、成果奖励等。体育主管部门应明确基金使用办法和管理细则，成立基金管理小组，优化申请流程，提高基金使用效率，增强基金的自我"造血"功能。

（六）建立创业加速体系，延展创业服务，提高创业速度

进一步延展创业服务周期，针对发展比较顺利的创业企业，积极发挥创业

加速器的作用,向人社、商委、共青团等部门积极推介。主动对接企业的需求,为创业者解决发展瓶颈问题,助力企业加快进入高速发展期。体育主管部门牵头组织项目路演活动,提供展示平台,提高资源对接效果。建立与各大银行、金融机构的合作机制,为处于发展阶段的创业企业降低融资难度,提高信贷规模,推动企业高速发展。推动建立上海市退役运动员创业协会、退役运动员创业联盟等组织,搭建退役运动员创业者的沟通交流的平台,引导创业企业间的合作互助。

(七)建立风控体系,形成退出机制,解决后顾之忧

建立退役运动员创业风控体系,定期组织创业专家对创业企业进行"坐诊""搭脉",完善创业求助机制,发现问题及时预警。在创业者陷入困境时,发挥政府、社会组织的积极作用,调动多方资源,及时有针对性地提供帮助,助力企业渡过难关。通过加强与保险机构、金融机构的合作,研究制定退役运动员创业专项保险,减少创业过程中的资金损失。加大与银行、基金会等机构的深度合作,提高无偿创业基金的额度,制定创业失败后的贷款归还、征信修复等方面的解决办法。通过延长就业安置期的方式,创业者在一定年限内,仍可以享受政府安置。通过一系列举措,形成切实可行的创业退出机制,最大程度降低退役运动员创业失败后的经济损失、物质损失和信誉损失。通过风险控制、退出机制,解决退役运动员参与创业的后顾之忧,吸引更多退役运动员加入创新、创业的行列。

六、小结

第一,通过对标退役军人创业服务支持体系、大学生创业服务支持体系,无论从政策数量、政策力度还是政策协同等方面,我国在退役运动员的政策支持上都比较薄弱。良好的创业政策和创业环境是退役运动选择创业、敢于创业重要保障条件之一。

第二,通过建立上海市退役运动员创业的指导性政策、管理性政策、服务性政策、激励性政策、兜底性政策、协同性政策等一系列政策群,促进各个政策的统一性、系统性、协同性,是提高上海市退役运动员创业规模和创业质量的重要保障。建立贯穿于退役运动员创业全周期的一整套支撑服务系统才能解决根本性问题。

第三,建立退役运动员创业培训体系,重视运动员创新思维培养与创业启蒙,通过将创业能力培养的前置,研究制定上海市退役运动员创业课程体系,建立线上、线下相结合的创业教育培训体系,分级管理,建立金字塔式的培训体系,避免"一刀切",能够提高创业培训的精准度和实效。

第四,加强上海市运动员创业见习基地建设,建立创业指导专家库,完善创业导师制,重视运动员创业过程中的内外部影响因素,充分发挥退役运动员创业的优势条件,扬长避短,错位竞争,做到提前评估、科学规划、精准指导,有效提高退役运动员的创业成功率。

第五,通过完备的创业大赛体系、退役运动员专项创业基金、退役运动员创业协会、创业沙龙和创业新苗计划等,形成上海市退役运动员创业孵化体系,助力退役运动员创业项目的初期成长。

第六,延展退役运动员创业服务周期,持续跟踪退役运动员创业发展动态,对处于成长期的创业者,在金融信贷、社会支持等方面积极给予支持,助力企业高速发展。同时建立退役运动员创业风控体系,及时帮助创业者走出困境。通过制定良好的退役运动员创业退出机制,最大程度地解决退役运动员创业的后顾之忧。

参考文献

[1] 周靖弦.当前我国退役运动员群体就业的新规律探析——基于江苏省2016—2020年退役运动员就业数据分析[J].体育科技文献通报,2022(8).

[2] 冠军基金.重磅:中国运动员创业现状与创业需求调查报告发布[EB/OL].(2017-11-23)[2020-02-01].https://www.sohu.com/a/206173027_505467.

[3] 高天野,刘建.基于扎根理论的退役运动员创业意愿影响因素研究[J].南京体育学院学报,2019(2).

[4] 付宝森,朱佳美.双创背景下退役运动员创业行为影响因素研究[R].第十二届全国体育科学大会论文摘要汇编——专题报告(体育管理分会),2022-03-25.

[5] 国家体育总局.百舸争流,奋楫者先;千帆竞发,勇进者胜运动员成功就业或创业典型案例集[EB/OL].(2021-10-27)https://www.sport.gov.cn/rlzx/n5622/c23660669/content.html.

[6] 中国投资咨询网.细数那些退役后创业的体坛明星们[EB/OL].http://www.ocn.com.cn/shangye/201608/ujskk26163519.shtml.

[7] 陈祥岩.破解优秀运动员"社会化孤岛期"的培养方式探究[J].沈阳体育学院学报,2015(5).

[8] 范齐,张朔.退役优秀运动员向体育行业创业转型问题研究[J].体育科技文献通报,2019(4).

[9] 高天野,刘建."双创"背景下我国退役运动员创业的社会支持问题研究——基于邹春兰事件启示[J].体育与科学,2021(2).

[10] 黄谦,等.社会支持、退役准备与运动员退役应对积极性[J].体育学研究,2021(3).

[11] 杨尚剑,马帅星.我国退役运动员创业支持体系研究——基于退役军人创业支持体系解构[J].体育文化导刊,2020(8).

[12] 刘纪达,王健.变迁与演化:中国退役军人安置保障政策主题和机构关系网络研究[J].公共管理学报,2019(4).

建设上海市电子竞技运动项目规范的研究

马成国　曾健博　干敏雷　郑欣怡
陆子杰　刘自桂　马梁云超　范本浩[*]

[**摘　要**]　上海电子竞技发展正迎来新机遇,目前尚未建立电子竞技运动项目的规范性治理体系。如何制定适用的项目标准,是电子竞技发展的难点,缺少制定规范性文件的主客观条件已成为电子竞技发展的痛点。本文借鉴传统体育和其他行业管理规范,提出加大监管力度,加快制定电竞内容要素、管理要素和产业要素的规范文件,在电竞运动员管理、俱乐部管理、赛事组织管理、场馆管理、器材设备管理等方面制定集合科研、体系构建、人才培养、监督等全方位多领域的电子竞技运动项目规范体系。

[**关键词**]　上海;电子竞技;标准;规范体系

一、研究背景

上海市正在加快建设全球电竞之都,成为我国电竞产业最活跃和最具影响力的城市。近年来,上海市有关部门和协会相继出台促进电竞发展的鼓励性政策和规范性文件,在电竞园区、企业和产业资金的注力下,上海电竞的发

---

[*]　本文作者简介:马成国,华东师范大学,副教授,硕士生导师,研究方向:体育产业管理;曾健博,深圳市龙岗区坂田实验学校,硕士研究生,研究方向:电子竞技管理;干敏雷,华东政法大学,讲师,硕士研究生,研究方向:体育管理;郑欣怡,华东师范大学,硕士研究生,研究方向:体育产业管理;陆子杰,华东师范大学,硕士研究生,研究方向:体育产业管理;刘自桂,华东师范大学,硕士研究生,研究方向:体育营销;马梁云超,上海工程技术大学,本科,研究方向:产业管理;范本浩,上海市科技体育管理中心,副主任,硕士研究生,研究方向:体育管理。

展已逐渐形成电竞体系和发展特色。电竞高质量发展成为推动城市经济转型升级和快速提升文化软实力的重要驱动力。如何加强新时代上海电子竞技项目规范建设,对于落实体育强国建设、加快推进上海全球著名体育城市和全球赛事之都建设具有重要的现实和理论意义。

随着电竞项目与云计算、物联网、大数据、人工智能、虚拟现实等新技术的不断创新与融合发展,电子竞技项目必将催生上海电竞产业的新模式和新赛事,其发展迎来机遇也面临重大的挑战。上海的电竞项目发展不可能一蹴而就,对标洛杉矶等电竞之城,仍存在产业链不完善、职业俱乐部管理欠规范、品牌赛事组织不系统、电竞专业场馆建设滞后等明显短板,电竞发展水平与城市经济地位和产业基础明显不匹配。当前上海亟须从制定行业标准、落实监管责任、强化人才培养等重点难点问题入手,完善专项性规范政策体系,深化电竞全产业链布局,提升产品生态体系建设能力,鼓励相关学校利用学科优势发展电竞教育并设立产学研实训基地,同时完善各类人才培养及保障机制以满足快速增长的市场需求。在电竞产业规划、企业发展、运动员培养、赛事组织、俱乐部运营等方面参照传统体育标准,制定一个集行业体系构建、人才培养、市场监督等于一体的全方位多领域的电子竞技运动项目规范体系成为亟须解决的系统性问题。

二、电子竞技项目的规范政策分析

(一)国家电子竞技运动项目主要政策文件分析

在国家政府官网和电竞协会、各大媒体等相关机构网站,梳理出34项国家和全行业层面的我国电子竞技运动专项性规范政策文件(见表1)。

表1 国内电子竞技运动专项性规范政策文件

规范领域	发布时间	发 布 主 体	规范类型	文 件 名
竞赛规则	2006	中华全国体育总会	执业规范	《全国电子竞技裁判员管理办法(试行)》
	2006	中华全国体育总会	行业规范	《全国电子竞技竞赛管理办法(试行)》

续　表

规范领域	发布时间	发布主体	规范类型	文件名
竞赛规则	2006	中华全国体育总会	行业规范	《全国电子竞技竞赛规则》
	2015	体育总局体育信息中心	国家政策	《电子竞技赛事管理暂行规定》
	2020	中国音像与数字出版协会	行业标准	《电竞赛事通用授权规范》
职业规范	2006	中华全国体育总会	行业规范	《全国电子竞技运动员注册与交流管理办法(试行)》
	2006	中华全国体育总会	行业规范	《全国电子竞技运动员积分制度实施办法(试行)》
	2019—2022	中国通信工业协会	执业标准	《电子竞技陪练师》《电子竞技游戏师》《电子竞技指导师》《语音指导师》《电台指导师》《音乐指导师》《电子竞技运营师》《游戏代练师》《电子竞技专用显示器》《电子竞技专用耳机》《电子竞技主机专用散热系统》《电子竞技主机专用电源》《电子竞技DIY工作站》《游戏陪玩师》《游戏语音主持》《游戏语音主播》《游戏音乐师》《电子竞技主播》《电子竞技解说员》《语音陪伴师》
	2020	中国通信工业协会	行业标准	《中国电子竞技培训讲师标准》
	2020	人社部等部门	国家标准	《电子竞技员国家职业技能标准》
场馆规范	2017	中国体育场馆协会	行业标准	《电子竞技场馆建设标准》
	2018	中国互联网上网服务行业协会	行业标准	《电子竞技场馆运营服务规范》
综合规范	2017	腾讯	企业标准	《腾讯2018电子竞技运动标准》
	2019	中国通信工业协会	行业标准	《中国电子竞技产业标准体系》
教育规范	2021	教育部	国家标准	《高等职业学校电子竞技运动与管理专业实训教学条件建设标准》

从文件涉及领域看，包括综合规范、竞赛规则、职业规范、教育规范、场馆规范等，其中与职业规范相关的文件数量最多，达到24项。

从发布时间看，大部分的规范文件发布于2006年，2006—2014年未发现有规范文件出台，2015—2022年出台的规范文件较少，可见规范文件内容较为陈旧，亟须更新。

从发布主体看，包括企业、体育社会组织、各行业协会、政府部门等，规范文件主要由体育社会组织和各行业协会发布，国家体育总局未成立专门机构。

从文件内容看，大多数文件参考借鉴了传统体育规范和各行业标准，如《全国电子竞技竞赛管理办法（试行）》是根据《中华人民共和国体育法》和《全国体育竞赛管理办法》制定的，《高等职业学校电子竞技运动与管理专业实训教学条件建设标准》引用了《计算机场地安全要求》等几十项国家标准。

（二）上海市电子竞技运动项目政策文件分析

1. 电竞项目的支持性政策（表2）

2017年12月20日，上海市政府发布了《关于加快本市文化创意产业创新发展的若干意见》，提出加快全球电竞之都建设。在随后的几年中，陆续出台了相关政策，旨在鼓励投资建设电竞赛事场馆，重点支持建设或改建可承办国际顶级电竞赛事的专业场馆，规划建设若干个特色体验馆；发展电竞产业集聚区，做强本土电竞赛事品牌，支持国际顶级电竞赛事落户；促进电竞比赛、交易、直播、培训发展，加快品牌建设和衍生品市场开发，打造完整生态圈，为国内著名电竞企业落户扎根营造良好环境。

表2 上海市级的电子竞技产业扶持政策（部分）

发布时间	发布主体	文件名	主要内容
2017	中共上海市委 上海市人民政府	《关于加快本市文化创意产业创新发展的若干意见》（文创50条）	加快建设全球电竞之都；支持赛事落户和电竞场馆、产业聚集区、品牌建设
2018	中共上海市委宣传部等13个部门	《关于促进上海动漫游戏产业发展的实施办法》	加强电竞场馆和集聚区建设；完善电竞生态圈
2019	中共上海市委宣传部、上海市文化和旅游局、上海市体育局	《关于促进上海电子竞技产业健康发展的若干意见》（电竞20条）	加强创作和研发；搭建电竞赛事体系；加强电竞媒体建设；优化电竞空间；构建电竞人才培养体系

续 表

发布时间	发布主体	文 件 名	主 要 内 容
2020	上海市人民政府	《上海全球著名体育城市建设纲要》	加大政府资助力度,创新财政补助方式,支持电竞等运动项目成立职业俱乐部,举办职业赛事,打造具有上海特色的职业体育精品
2020	上海市文化和旅游局	《上海在线新文旅发展行动方案(2020—2022年)》	开展数字内容产业发展专项行动

自此,上海市相关部门和各区加紧制定电竞产业扶持政策,尤其关注企业落户、场馆搭建、赛事运营、人才培养、技术研发、品牌建设、产业集聚方面的扶持。目前上海各区如静安、杨浦、闵行、浦东、普陀、徐汇等相继发布了支持政策(表3)。

表3 上海区级政府的电子竞技产业扶持政策(2017—2020年部分)

序号	时 间	政策和文件
1	2018年7月11日	《闵行区加快推进文化创意产业发展若干意见》《闵行区文化创意产业发展三年行动计划(2018—2020年)》
2	2018年11月28日	《浦东打造上海"电竞之都"核心功能区实施细则》
3	2019年1月24日	《静安区电竞产业发展规划》《上海市静安区促进电竞产业发展的扶持政策(试行)》
4	2019年7月4日	《杨浦区促进电子竞技产业发展"23条"政策》上海市杨浦区打造"电竞+影视网络视听"产业基地
5	2019年12月11日	《普陀区加快发展电竞产业实施意见(试行)》
6	2020年1月19日	《关于推动徐汇区体育产业高质量发展的实施意见》
7	2020年1月16日	《静安区关于促进电竞产业发展的实施方案》

静安区将灵石路建设成灵石中国电竞中心,构建完整的产业链条。从企

业集聚、人才引进、原创能力提升、场馆建设、赛事活动等方面支持电竞企业发展,培育完善的产业生态,构建产业集聚的空间布局,打造具有影响力的重点项目。

杨浦区打造"电竞＋影视网络视听"产业基地,杨浦区拥有"文创＋科创"的产业优势,区域内活跃着7 600多家科技型企业,集聚了一批电竞和影视网络视听企业,长三角电子竞技产教协同创新中心已在杨浦成立。

浦东新区主要加强对电竞展会、行业峰会的支持力度,强化对发行平台、顶级赛事的支持,构建完整的电竞产业链和良好的文创产业发展生态环境,鼓励依托自贸区先行先试优势,创新完善电竞赛事规范,进一步完善、充实电竞的产业人才培育环境等。

普陀区支持政策的内容涵盖全产业链,支持优秀电竞行业企业引进、场馆建设、赛事举办、内容开发运营、平台建设、人才引进、电竞IP衍生品开发融合、电竞装备研发等,扶持方式包含电竞场馆建设最高500万元资助、电竞平台建设最高500万元资助、领军企业最高300万元开办资助、举办电竞赛事最高300万元资助、电竞人才经纪最高100万元资助、电竞战队俱乐部运营最高50万元资助等,积极引进和培育电竞产业重点企业和重大项目,优化电竞产业发展环境,打造上海电竞产业的重要承载区。

闵行区政府联合了广东超竞与腾讯互娱合作建立的电竞产业园,打造设计、研发、比赛、培训、交易、直播等电竞产业链。适时建设可承办全球顶级电竞赛事的场馆。超竞电竞产业园是14个重点项目之一,该项目位于虹桥商务区的南虹桥(闵行区华漕镇)地块,建设用地约350亩,建筑面积约65万平方米,总投资65亿元。

2. 电竞项目的规范性政策(表4)

2017年中国体育场馆协会发布了国内第一个《电子竞技场馆建设标准》,在此基础上,上海市文化和旅游局于2019年发布了更高规模的标准,即对施工搭建、运营规范、设施要求更完善的《电竞场馆建设规范》。前者对A级场馆的要求是建筑面积不小于5 000平方米,座位不少于2 000个,后者对A级场馆的要求是建筑面积不小于50 000平方米,座位不少于5 000个。同年,上海市文化和旅游局发布了《电竞场馆服务运营规范》。

2018年,上海市电子竞技运动协会发布的《上海市电子竞技运动员注册管理办法(试行)》,成为全国首部由政府制定的电竞运动员管理系统,为促进电竞运动员职业化提供支持。

表4 上海市电子竞技运动项目规范文件(部分)

发布时间	发布主体	文件名	主要内容
2018	上海市电子竞技运动协会	《上海市电子竞技运动员注册管理办法(试行)》	全国首部由政府制定的电竞运动员管理系统
2019	上海市文化和旅游局	《电竞场馆建设规范》	规定电子竞技场馆建设、等级、运营、活动、转播等的要求
2019	上海市文化和旅游局	《电竞场馆服务运营规范》	规定电竞场馆运营服务、设备设施、环境、人员、内容、安全管理、服务评价与改进的要求
2020	上海电子竞技运动协会 上海市网络游戏行业协会 上海市互联网上网服务行业协会	《电子竞技直转播平台管理规范》	对直转播过程中的信息发布审核、播出及播出平台提出管理要求
2020	上海电子竞技运动协会 上海市网络游戏行业协会 上海市互联网上网服务行业协会	《电子竞技直转播技术管理规范》	对直转播过程中的技术提出管理要求
2022	上海电子竞技运动协会	《电子竞技指导员管理规范》	对电子竞技指导员的资质认定、服务要求、技能水平等予以了细化明确
2022	上海电子竞技运动协会	《电子竞技指导员服务能级评价导则》	对电子竞技指导人员提出更为详细的考核标准,并且出台相关技能证书

2021年,电竞直播收入是上海电竞市场的主要收入,达到32.8亿元,占59.4%。2020年,上海市电子竞技运动协会等发布《电子竞技直转播平台管理规范》和《电子竞技直转播技术管理规范》,对快速发展的上海电竞直播市场提出要求。《电子竞技直转播平台管理规范》加大了对未成年人的保护,规定了向未成年人的直播时间段、累计时间等。

三、上海市电子竞技运动项目规范存在的主要问题

(一)电子竞技法规缺位,未形成规范体系

2022年6月,《中华人民共和国体育法》修订通过,促进了我国体育法治建设,为电子竞技发展营造了良好的法治环境。但因为电子竞技有其特殊性,还要有更具体的法律法规予以管理。上海市在电竞规范上走在全国前列,但电竞法律法规依然未覆盖全部领域,远不能满足电子竞技健康发展的需求。举例而言,在知识产权保护方面,电竞直播领域的著作权法治建设仍存在空白,2015年上海耀宇文化传媒有限公司起诉广州斗鱼网络科技有限公司截取DOTA2亚洲邀请赛赛事画面并直播的行为构成著作权侵权和不正当竞争。法院最终判决斗鱼公司构成不正当竞争,但是视频转播权不属于法定的著作权权利,比赛画面不属于著作权法规定的作品,不构成侵害著作权。不正当竞争法是知识产权法的兜底法,其适用具有一定的不确定性。在未来,电竞赛事直播的版权纠纷将不断出现,法律法规模糊不利于直播行业的健康发展。在从业者保护方面,2018年《上海市电子竞技运动员注册管理办法(试行)》的发布,使得电子竞技运动员职业化发展迈出了重要一步,但是依然缺少职业权益保护的制度规范。在教育标准方面,上海体育学院和部分职业技术学院已开展本科、专科电竞专业教育,却仍未出台电竞相关专业的教育培养标准,国内目前电竞教育方面的标准只有2021年教育部颁发的《高等职业学校电子竞技运动与管理专业实训教学条件建设标准》。

目前来看,上海电子竞技协会等社会性团体颁布的规范性文件对电子竞技监管起到了主要的作用。从表1可以发现,我国电竞规范文件发布始于2006年,2006—2014年规范性文件的发布陷入停滞,2015—2022年出台的文件较少。十余年间的文件规范涉及竞赛规则、职业规范、教育规范、场馆规范等领域。虽然涉及领域较为广泛,但核心赛事等领域的法规较为陈旧,亟须更

新。如电子竞技项目随着科学技术发展快速更新换代,2006年出台的《全国电子竞技竞赛管理办法(试行)》明显已经不再完全适用于当前的电子竞技。此外,上海乃至全国,在内容审查、消费限制、电竞博彩等方面均尚未形成明确的制度规范。

(二)电子竞技规范滞后错乱,执行效率不高

2021年,中国通信工业协会发布《电子竞技指导师》团体标准,内容涉及电子竞技指导师在职业概况、基本要求、工作要求、权重四个方面的要求,可作为电子竞技指导师职业技能培训及认证时的依据。2022年,上海市电子竞技运动协会制定了《电子竞技指导员管理规范》,对电子竞技指导员的资质认定、服务要求、技能水平等方面进行了规定。同时上海市电子竞技运动协会还发布了《电子竞技指导员服务能级评价导则》。关于"电竞指导员"的规范,两个机构颁布了两个文件,内容上存在交叉和标准不一的情况,采用哪个规范未见有相关部门给予规定。2006年,中华全国体育总会颁布了社会团体规范《全国电子竞技竞赛规则(试行)》,对裁判、教练员、运动员等主体的行为规范与职责进行了规定,然而由于头部游戏厂商在电竞赛事中拥有较大话语权,会自行制定竞赛规范,比如《腾讯2018电子竞技运动标准》也对裁判、教练员、运动员作出了详细规定,相比之下,《全国电子竞技竞赛规则(试行)》在很多赛事中并无规范参考作用。同时,因为《全国电子竞技竞赛规则(试行)》制定至今已经有16年,在电子竞技科技发展迅速的背景下,其制定的电脑主机、外接设备等软硬件设备和场地要求已经无法满足当前丰富的电子竞技比赛的需要。

当前制定规范的主体主要是各个社会团体自行制定,出现各自为政的局面且规范执行力不强,必将导致行业内对规范的认可不统一,而无法有效地去执行。其社会协会的性质,也无法对相关主体开展有效的监督管理。

(三)电子竞技监管部门错位,监管模糊

在国家体育总局内部曾有两个部门负责管理电子竞技,先是"办公厅",然后是"中国体育报业总社",直到2009年,"国家体育总局信息中心"成立了电子竞技项目部,正式成为电子竞技项目的主管部门。然而实际中电子竞技到底由谁管一直是一个没有解决的问题:在体育端,可以监管电子竞技的部门机构除了"国家体育总局信息中心",还有"全国省、市、区级电竞协会""全国体

育运动学校联合会科技体育委员会""中国体育场馆协会电子竞技分会"等;在文化端,有"中国文化娱乐行业协会电子竞技分会""中国互联网上网服务行业协会电子竞技分会""中国文化管理协会电子竞技管理委员会""中国音像与数字出版协会电子竞技工作委员会";在工业端,有"中国通信工业协会电子竞技分会"。

在我国,"竞技体育"和"职业体育"的管理模式为四层结构模式,即国家体育总局作为国务院直属机构宏观管理各项体育活动,竞技体育司作为国家体育总局的内设机构直接管理竞技体育,各运动项目管理中心作为国家体育总局的直属机构管理各单项竞技体育项目,各单项体育协会作为中华全国体育总会的团体会员管理相应的竞技体育项目。四层管理模式显然不适用于电子竞技,一是因为与举国体制的竞技体育不同,电子竞技的准入门槛低,有深厚的群众基础;二是电子竞技同时兼具很强的文化和体育属性,文化部门和体育部门均可监管;三是电子竞技存在版权问题,游戏厂商往往扮演着规则制定者的角色。

总体而言,上海乃至全国,电子竞技的监管口径并不统一,且经常出现各行政部门之间监管规则不一致的规定,在"集中监管"和"联合监管"方面都未成体系,权责不明使得电子竞技谁都能管又没办法全管,使得电子竞技的规范和监管看起来很热闹,做起来很困难。

四、对策与建议

(一)制定关键领域的规范性文件,建设电子竞技规范体系

2021年,党中央、国务院印发《国家标准化发展纲要》,为体育标准化发展提供了政策保障;2022年,国家体育总局印发的《体育标准化管理办法》,结合2017年颁布的《体育标准制修订工作实施细则》和《体育标准体系建设指南(2018—2020年)》,为体育标准的制定提供了具体指导方法。2017年上海市政府出台促进体育产业行业规范和标准体系建设的《上海市体育产业发展实施方案(2016—2020年)》,2019年上海人大常务委员会发布的《上海市标准化条例》,均为制定上海电子竞技的相关标准制度提供了依据。结合当前存在的全国性和上海市电子竞技规范性文件,应在关键领域弥补关键规范性文件的缺失,在行业、管理和产业三个领域搭建电子竞技规范体系(图1)。

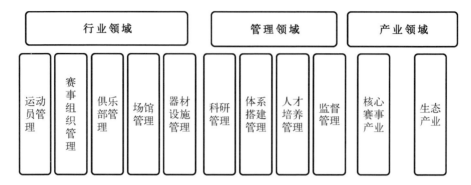

图 1　上海市电子竞技规范体系

1. 制定相关行业领域的规范(表 5)

表 5　上海市电子竞技规范体系内容要素规范

行业领域	内 容 要 素	管 理 文 件
运动员管理	1. 注册 2. 行为规范 3. 转会、待遇、退役保障	1.《上海市电子竞技运动员注册管理办法(试行)》(2018/11/29) 2.《上海市电子竞技运动员、教练员、裁判员条例》 3.《上海市电子竞技运动员权益保护办法》 4.《上海市电子竞技运动员转会规定》
赛事组织管理	1. 审批 2. 主办方和承办方的条件、申请 3. 赞助商条件、赞助分配 4. 赛事运营组织	1.《上海市电子竞技竞赛管理办法》 2.《上海市电子竞技赞助管理办法》
俱乐部管理	1. 准入、审批 2. 核查 3. 组织机构 4. 管理体系	1.《上海市电子竞技协会职业俱乐部准入规程》 2.《上海市电子竞技俱乐部信息核查登记库》 3.《上海市电子竞技俱乐部运营信息核查登记库》 4.《上海市电子竞技俱乐部管理办法》

续　表

行业领域	内容要素	管理文件
场馆管理	1. 建设、等级划分 2. 运营、设备设施、环境、人员、内容、安全管理、服务质量和评价 3. 审批、核查	1.《电竞场馆建设规范》(2019/8/3) 2.《电竞场馆服务运营规范》(2019/8/3) 3.《上海市电子竞技场馆信息核查登记库》
器材设施管理	1. 供电 2. 采光 3. 照明 4. 通风 5. 防火 6. 安全与卫生 7. 网络环境 8. 场所布置	《上海市电子竞技比赛条件建设标准》

（1）运动员管理。一是在运动员注册方面，已经出台有《上海市电子竞技运动员注册管理办法（试行）》，使得上海电子竞技的职业化发展迈出了重要一步。二是在运动员、裁判员和教练员的行为规范方面，一般各类电子竞技比赛的"竞赛规程"都会对这类主体进行规范，然而不同的比赛对他们的要求并不相同，也难以规范他们在比赛之外的行为。这就要求制定《上海市电子竞技运动员、教练员、裁判员条例》，对他们的赛场行为、生活作风、监督、惩罚等进行统一的规范管理。虽然2006年发布的《全国电子竞技竞赛规则》有对动员、教练员、裁判员的行为规范作出规定，然而一方面此文件颁布已有16年，一些内容已不适用当今运动项目的发展需要（如没有作出裁判员对外挂的检查处理规定），另一方面此文件对教练员和运动员的规定过于笼统，缺少具体的规范作用。三是在运动员转会、待遇、退役保障方面，应尽快出台《上海市电子竞技运动员转会规定》和《上海市电子竞技运动员权益保护法》。在对职业运动员的合同解除权和自由择业权行使的限制上，按照行业惯例，运动员解约并改签其他俱乐部时，新签约俱乐部应向原俱乐部支付转会费，然而在《中华人民共和国劳动法》第37条中规定，劳动者拥有无因解除合同的权利，在离职前30天书面通知单位即可。而《中华人民共和国劳动合同法》第22条和第23条有规定部分情况下劳动者解除合同应交付违约金，但"转会费"与"违约金"是两

个概念。转会无具体规定,导致转会乱象频发,损害相关利益者利益。因为职业电竞运动员普遍文化水平不高,黄金年龄在18~24岁,退役时间早,导致电竞选手在退役后生活得不到保障,而从业愿望低,这严重阻碍了电竞运动员的更新,所以要加强退役运动员的转岗、安置规定,实现运动员退役"软着陆"。2016年法国颁布了《数字共和国法》,着重强调保护职业电竞玩家的劳动者地位,并对电竞玩家的劳动合同期限、续约、报酬、补助金、抚恤金和违约处罚等内容做了详细规定;2017年又出台了《关于竞争性电子游戏的受薪职业玩家的地位法令》,对电子竞技运动员的劳动合同进行了更为详细的规定。法国对电子竞技运动员劳动合同的规定,对我国有借鉴意义。另外,电竞运动员的健康、生活环境问题也应受到规范。

(2)赛事组织管理。2006年,中华全国体育总会发布的《全国电子竞技竞赛管理办法(试行)》对各级别电子竞技的审批和主办方的条件、申请进行了规定。2015年,国家体育总局颁布的《电子竞技赛事管理暂行规定》明确非国家体育总局体育信息中心主办的国际性和全国性赛事均不需审批,并对电竞赛事承办方的条件和申请作出了要求。后者对前者的审批制度等规定进行了更改,却又没完全替代前者,如对主办方的条件没有作出明确规定。另外,后者只是对国家体育总局信息中心主办、合办或指导的电竞赛事有规范作用,对于其他商业性、群众性、公益性的电竞赛事并无规范作用。因此,制定《上海市电子竞技竞赛管理办法》,对各类各级别电子竞技的主办方和承办方资质条件以及申请等问题进行明确规定和统一管理,变得十分重要。国家体育总局1993年发布了《运动员适用运动营养补品管理暂行办法》,对社会捐赠的营养品范围和审批程序作出了规定;1996年制定了《社会捐赠(赞助)运动员、教练员奖金、奖品管理暂行办法》。上海应出台《上海市电子竞技赞助管理办法》,内容包括明确赞助模式、对赞助商和赞助品的要求、赞助物资的分配等,树立电竞项目的形象,实现效益最大化。

(3)俱乐部管理。一是在准入、审批方面,应尽快制定《上海市电子竞技协会职业俱乐部准入规程》。可借鉴传统体育俱乐部的准入规程,如《中国足球协会职业俱乐部准入规程》的要求,中超、中甲各球队必须拥有一支一线球队、一支预备队,并建立U13、U14、U15、U17、U19五支不同年龄层的青少年梯队,准入的俱乐部应建立国际青训中心,输送青少年球员赴国外训练比赛,便于更好地进行青少年人才培养。电竞运动员黄金年龄是18~24岁,这就更加要求俱乐部要建立完整的青训体系,来保障比赛运动员的输送。为平衡运动员学业和训练,保障他们的受教育权力,可借鉴传统少体校的培养模式,采用白天上学、晚上训练的体教结合的方式。二是在核查方面,应开展电子竞技俱乐部精准核查,建立电子竞技俱乐部核查机制和全面实施市场准入负面清单制度,全面加强电子竞技综合治理的精准化和科学化水平。上海市体育局会同有关部门,对全市电子竞技俱乐部建立《上海市电子竞技协会职业俱乐部准入规程》和《上海市电子竞技俱乐部信息的核查登记库》。信息库内容包括公司名称、经营状态、法人代表、注册资本、成立时间、经营范围等26项调查信息内容,确保底数审核登录,具体见表6。另外,要加快建立《上海市电子竞技俱乐部运营信息的核查登记库》,登记全市电子竞技俱乐部从事的运动项目、训练内容和大纲、训练时间、队员和教练员等相关人员情况、训练场地器材等,确保经营底数审核登录。三是在组织机构方面,应厘清俱乐部组织架构和人员职责分工,效仿传统体育职业俱乐部的管理模式并结合自身特点,制定关于目标管理、组织架构、计划统筹、协调控制、市场开发、绩效考核、激励机制以及青训体系等方面的《上海市电子竞技俱乐部管理办法》,尤其对俱乐部董事长、总经理、运动员和主教练等重要人员的职责和行为作出强制性规定,对财会部、市场部、会员部、法律部、体育部等部门的策划、赞助招商、营销、执行、评估等行为作出推荐性规定,统一和规范市场行为。

表6 上海电子竞技俱乐部信息的核查登记项目

序号	项目	序号	项目
1	公司名称	9	所属省份
2	经营状态	10	所属城市
3	法定代表人	11	所属区县
4	注册资本	12	统一社会信用代码
5	实缴资本	13	纳税人识别号
6	成立日期	14	注册号
7	核准日期	15	组织机构代码
8	营业期限	16	参保人数

续 表

序号	项　　目	序号	项　　目
17	公司类型	22	电话
18	所属行业	23	其他电话
19	注册地址	24	邮箱
20	最新年报地址	25	其他邮箱
21	网址	26	经营范围

（4）场馆管理。上海在电竞场馆建设、等级划分等方面，已经制定《电竞场馆建设规范》，在运营、设备设施、环境、人员、内容、安全管理、服务质量和评价等方面已经制定《电竞场馆服务运营规范》，并实现了11个电竞专业场馆的评级、挂牌，使得上海市电竞场馆规范化、专业化发展迈出了重要一步。然而可评级、挂牌的专业电竞场馆毕竟只在少数，一大批小型、多用途甚至临时的、改造而来的电竞场馆同样需要规范化管理。这就要求一方面要严格要求《电竞场馆建设规范》和《电竞场馆服务运营规范》扎实落地，另一方面要加强信息化精准管理，建立《上海市电子竞技场馆信息的核查登记库》，实现本市电子竞技场馆的全面精确管理。与传统体育场馆可作为综合性运动场馆不同，电竞场馆功能较为单一。为推动全民健身场地设施建设和为电竞场馆增加盈利渠道，还应加快研究电竞场馆对公众开放的渠道、方式，制定开放管理标准。

（5）器材设施管理。全面规范电竞比赛，应尽快出台《上海市电子竞技比赛条件建设标准》，内容应包括供电、采光、照明、通风、防火、安全与卫生、网络环境、场所布置等通用标准。因为与传统体育项目相比，电子竞技具有电子性，因此设立的标准应更注重借鉴各行业领域的标准，如《高等职业学校电子竞技运动与管理专业实训教学条件建设标准》就引用了《计算机场地安全要求》等几十项国家标准。同时电子竞技项目众多，不同项目对游戏软件载体和计算机及其配件等硬件设施规格要求不具相同，因此比赛中软件和计算机硬件的规格标准不必设置，也不能设置。此时可以发挥市场的作用，由市场主体自行设立标准，同时由国家体育总局信息中心等部门充当顾问、监督的角色。

2. 制定相关管理领域的规范(表7)

表7 上海市电子竞技规范体系管理要素规范

管 理 内 容	管理规范与文件
政府综合管理	1. 研究 2. 培养 3. 联合部门	1. 上海市电子竞技发展研究中心 2. 上海市电子竞技产业发展研究中心 3. 上海市电子竞技规范化技术委员会 4. 标准化专业人才化队伍
体系构建管理	1. 产业 2. 职业赛事 3. 监督管理	1.《上海市电子竞技产业标准体系》 2.《上海市电子竞技职业赛事体系》 3.《上海市电子竞技监督管理体系》 4.《上海市电子竞技职业标准体系》
人才培养管理	1. 学历、职业教育 2. 职业培训、考核、注册	1.《上海市电子竞技本专科专业培养标准》 2.《上海市电子竞技职业教育培养标准》 3.《电子竞技员国家职业技能标准》(2021-2-10) 4.《电竞职业分类技能标准》
监督管理	1. 主体 2. 内容 3. 权责 4. 惩罚激励	1.《上海市促进电子竞技规范化工作发展的指导意见》 2.《上海市电子竞技规范管理办法》 3. "上海市电子竞技规范化工作会议"

(1) 政府综合管理。目前上海电子竞技的市级管理体制主要基于由市委宣传部、市文旅局、市教委等政府部门和上海市电子竞技运动协会共同组成的联席会议。建议成立"上海市电子竞技运动管理中心"专门负责职能管理机构,统筹中长期宏观管理,落实全市电竞工作的综合职能。另外,加强电竞管理的研究工作,联合中国电子技术标准化研究院、国家体育总局体育信息中心、文旅部公共研究中心等上级相关部门,由市体育局牵头,联合市委宣传部、市文旅局、市教委等政府部门,邀请上海经信委大数据联合实验室、文旅部公共研究基地、上海社科院、华东师范大学电竞产业发展研究中心等研究单位以及世纪华通、盛趣、东亚、久事、英雄体育 VSPN 等业界知名企业,EDG 等电子

竞技俱乐部,建立"上海市电子竞技规范化技术委员会",成立"上海市电子竞技项目规范化发展研究中心"和"上海市电子竞技产业发展研究中心",形成覆盖电竞"行政管理、科研、企业和教育"的体系化与全链条的研究团队(图2)。另外,应加快组建电竞标准化专业人才队伍,重点提高电竞标准化人员的业务能力和服务管理水平,引导和培育一批从业经验丰富、专业知识过硬、创新能力突出、综合素质高强的电竞标准化从业人员。

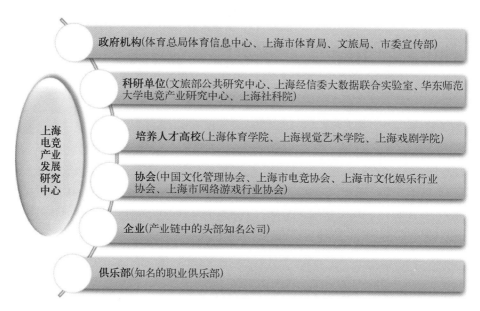

图 2　上海市电竞产业发展研究中心组成机构

(2)体系构建管理。一是在构建产业体系方面,建议尽快出台《上海市电子竞技产业标准体系》,内容包括通用基础、技术、内容分级、赛事、学历及职业教育、媒体报道和直转播、安全保障、特色体验区等八个方面,明确电子竞技行业相关主体的产品、服务的各项标准范围与要求。二是在构建职业赛事体系方面,2021年上海市体育局印发了《上海市体育赛事体系建设方案(2021—2025年)》,为建立电竞职业赛事体系提供了宏观指导。应借鉴成熟的传统体育职业赛事体系,加快制定《上海市电子竞技职业赛事体系建设方案》,使得电竞职业赛事规范化、专业化、健康化发展。2017年,英雄联盟职业联赛效仿传统体育进行了"联盟化""主客场制"的电竞改革,聚集在上海的俱乐部开始陆续迁往国内其他城市设置主场。此举是上海向建立完整电竞职业赛事体系迈出的重要一步。三是在构建监督管理体系方面,建议制定《上海市电子竞技监督管理体系》,监督管理体系以规范体系为底,作为监管内容,结合以政府的行政监管、电竞协会的行业监管、电竞企业联盟的自我监管、社会大众的网络监管的"四位一体"的监管模式。

(3) 人才培养管理。随着高校电竞专业的建设,社会舆论压力也是高校电竞教育面临的问题,不少家长不支持孩子报考电竞专业。电竞教育的师资、教材和教学资源保障都面临挑战。2020年人社部颁发了《电子竞技员国家职业技能标准》,2021年教育部颁发的《高等职业学校电子竞技运动与管理专业实训教学条件建设标准》,电竞相关教材体系在逐步构建与完善,但师资问题亟待解决。由于电竞产业快速发展中缺乏体系化的研究,电竞行业标准缺乏导致教学标准缺失,同时,对于电竞行业的岗位职责和相关人才培养标准不明确。如电竞行业的裁判都不是"持证上岗",电竞俱乐部许多岗位人员也是"身兼多职",没有明确的职责划分。因此,需要政府联合相关行政部门、行业协会、科研单位、头部企业和俱乐部建立行业细分标准,联合高校建立培养方案和执业标准。目前培养标准的缺失,从事电竞教育的企业良莠不齐,导致部分学校与企业的合作出现质量问题。目前上海电竞人才缺口巨大,培养电竞专业人才有庞大的现实需求。在本科学历教育和职业教育中,建议出台《上海市电子竞技本专科专业培养标准》和《上海市电子竞技职业教育培养标准》,提升人才质量。

(4) 监督内容管理。针对监督部门和人员的权责、监督内容、被监督主体责任、激励及违规惩罚制度,应尽快出台《上海市促进电子竞技规范化发展工作的指导意见》和《上海市电子竞技规范管理办法》。同时上海市体育局要联合市场监管等部门开展各区的电子竞技企业、俱乐部、机构等主体规范化审查行动,对相关主体的资质、服务质量、行为规范等进行系统化监督,坚决打击查处违规行为。同时体育局要评选出规范化运营的电竞俱乐部,市场监管部门评选出规范化经营企业。

3. 制定相关产业链领域的规范(表8)

2019年中国通信工业协会电子竞技分会等单位起草实施了《中国电子竞技产业标准体系》,制定了基础、技术、内容分级、赛事通用、学历教育、职业教育、媒体报道、安全保障、特色小镇九个方面的标准。除了要制定《上海市电子竞技产业标准体系》,还要在产业规范中制定针对具体主体的规定,作为规范体系的补充。

表 8 上海市电子竞技规范体系产业要素规范

产业链领域	内　　容	管　理　文　件
核心赛事产业	1. 上游游戏研运商 2. 中游赛事运营方及俱乐部 3. 下游的电竞直转播平台	1.《上海市游戏研发商和运营商产品、服务标准》 2.《上海市电子竞技知识产权法》 3.《上海市电子竞技赛事运营规范》 4.《上海市电子竞技直转播技术管理规范》（2020-8-1） 5.《上海市电子竞技直转播平台管理规范》（2020-8-1）
生态产业	1. 直转播 2. 内容制作 3. 大数据 4. 场馆 5. 体育经纪 6. 外设	《上海市电子竞技经纪人职业规范发展意见》

（1）在核心赛事产业中，上游应制定《上海市游戏研发商和运营商产品、服务标准》，引导输出健康产品和高质量服务，尊重研运商（尤其是头部赛事研运商）市场话语权的同时防止权力过大形成垄断。针对游戏盗版、抄袭，侵害赛事知识产权等乱象问题，应尽快制定《上海市电子竞技知识产权法》，在游戏研发、赛事知识产权的保护与管理方面，给予法律依据，保护相关主体权益。同时要制定中游赛事运营商的《上海市电子竞技赛事运营规范》，推进赛事专业化、规范化、科学化、健康化、效益化发展。赛事产业中游的俱乐部管理可以参照项目规范中对俱乐部的管理。在下游的直转播平台中，2020 年上海市电子竞技运动协会制定了《电子竞技直转播平台管理规范》，对直转播过程中的信息发布审核、播出及播出平台管理提出了要求，同年制定了《电子竞技直转播技术管理规范》，对直转播过程中的技术管理作出了要求。在直转播实际操作过程中，还可以参考《腾讯 2018 电子竞技运动标准》等头部游戏研发商的规范，在传输、视音频、虚拟及包装设备、集成服务、系统等方面制定推荐性标准。为解决电竞直转播侵权频发、法律监管模糊的问题，在《上海市电子竞技知识产权法》中应添加直转播内容保护、版权等方面的内容，保护相关主体的知识产权。

(2) 在生态产业中,要制定直播、内容制作、大数据、场馆、体育经纪、外设等方面一体化的产业标准。尤其在我国电竞人才缺口巨大,我国体育经纪人和体育中介制度还未建立的背景下,应尽快制定《上海市电子竞技经纪人规范发展意见》,建立完善的电竞经纪人制度和平台,推动电竞人才流通,提高人才使用效率。

(二) 加大监管力度,提高规范执行效率

加大监管力度需要明确规范性文件的落实主体,明确主管部门的监管职责。建议成立"上海市电子竞技规范化管理委员会"对全市的电竞规范进行统筹管理,承担起联络体育局、工商局、电竞协会等相关部门的职责,提高各部门沟通效率,使得"规范"落到实处,并使电子竞技规范实现一体化,融入体育规范的大框架。另外,还应建立"电子竞技规范化巡查制度",由市体育局牵头,联合各相关部门成立巡查小组,对电竞企业、俱乐部、赛事方等相关单位和个人进行定期规范化巡查监督和宣讲,提高规范执行效率。同时还需明确强制性标准和建议性标准的区别,保障各行为主体的自主权的同时达到监管效果,并确保相关部门在监管过程中有法可依。

(三) 构建适合电子竞技的"四位一体"监管主体模式

电子竞技项目的监管,既需要政府的管理,也需要电竞协会、电竞企业、电竞消费者、体育团体、大众媒体等多方利益相关者共同参与治理。监管主体要充分引领多方力量共同参与,设立"扁平化、专业化"的治理共同体和"上下互通、政社协同"的管理联合体。可以设立"政府—协会—企业—社会"四位一体的新型电子竞技项目监管主体模式(图3)。各区体育局要加强领导,明确分工,尽快建立服务监管工作机制。

1. 政府部门的行政监管

目前上海市电子竞技监管主体不明确,多头治理的状况突出,应该设立"上海市电子竞技规范化管理委员会"机构,直接隶属于市政府。机构由上海市体育局牵头协调,联合市场监督管理局、人力资源社会保障局、文旅局、市委宣传部等部门进行联合管理,在完善规范性体系和监管制度后,各部门应明确分工和职责,制定相关监管细则,从源头杜绝互相推诿的情况。各部门可以通过定期检查、"双随机"检查、专项检查等,查处电竞主体的违规行为。各部门应加大网格化治理,打通市、区和街镇的纵深监督路线,并畅通投诉、举报渠道。

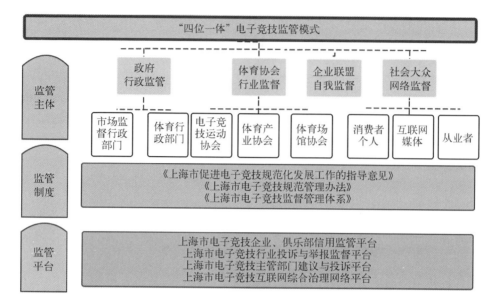

图3 上海"四位一体"电子竞技监管模式

2. 体育协会的行业监督

体育协会的监督有专业性、公益性的特点。电子竞技协会由电竞行业的资深企业、个人和机构组成,上海市电子竞技运动协会在标准制定、赛事指导、科研等方面发挥了重要作用,在电子竞技规范化中具有很大的话语权。由上海市电子竞技运动协会参与监督,可以发挥其专业特长,对电子竞技形成细致、及时有效的管理,发挥示范引领的作用。体育产业协会和体育场馆协会可发挥各自领域优势,作为辅助部门与电子竞技协会协同监督。各体育协会在发现违规现象之后,要及时向有关部门反映。

3. 电竞企业联盟的自我监督

当前电子竞技行业准入宽松,市场化程度高,头部游戏厂商在行业中拥有很高的话语权。因此需要加引导形成诸如"中国电子竞技俱乐部联盟"的"上海电子竞技企业联盟",利用行业团体加强电子竞技企业的自律监管。企业联盟成员应当自觉遵守上级相关部门的规定,应完善职业培训机制,在入职环节自觉聘用高素质的工作人员,在入职后加强工作人员的培训,促进职业发展,同时还应当制定适合于联盟和具体企业的规章制度,确保落到实处。

4. 社会大众的网络监督

在新媒体时代,互联网监管有其方便、时效快、覆盖广等特点。应对传统的监管渠道进行革新,建立连接社会大众、体育部门、体育市场主体和其他相关监督部门的"上海市电子竞技综合治理网络平台",利用大数据技术搜寻记录并建立"失信违规名单",提升智能化监管,提高监管信息流转效率,促进形成协同监管机制。同时,还应在"上海市电子竞技企业、俱乐部信用监管平台""上海市电子竞技行业投诉与举报监督平台""上海市电子竞技主管部门建议与投诉平台"等平台为社会大众畅通互联网渠道,提高社会大众监督的便捷性、时效性和覆盖面。

参考文献

[1] Sztobryn Karolina. In Search of Answers to Questions about Electronic Sports and Copyright[J]. GRUR International,2021(3).

[2] Holden John T., Edelman Marc, Baker Thomas A. III. A SHORT TREATISE ON ESPORTS AND THE LAW: HOW AMERICA REGULATES ITS NEXT NATIONAL PASTIME[J]. UNIVERSITY OF ILLINOIS LAW REVIEW, 2020(2).

[3] Ridenhou, Kelsey F. Traditional Sports and Esports: The Path to Collective Bargaining[J]. Iowa Law Review, 2020, 1857-1897.

[4] Holden John T., Kaburakis Anastasios, Rodenberg Ryan. The Future Is Now: Esports Policy Considerations and Potential Litigation[J]. Journal of Legal Aspects of Sport, 2017(1).

[5] DiFrancisco-Donoghue Joanne, Balentine Jerry, Schmidt Gordon, Zwibel Hallie. Managing the health of the eSport athlete: an integrated health management model. [J]. BMJ open sport & exercise medicine, 2019(1).

[6] George B. Cunningham, Sheranne Fairley, Lesley Ferkins, Shannon Kerwin, Daniel Lock, Sally Shaw, Pamela Wicker. eSport: Construct specifications and implications for sport management[J]. Sport Management Review, 2018(1).

[7] 刘福元.电子竞技场域中政府主体的身份转型与路径重设——从"举办和参与"到"监管和服务"[J].上海体育学院学报,2021(2).

[8] 张惠彬,沈浩蓝.论电子竞技运动的法律治理[J].西安体育学院学报,2021(5).

[9] 连小燕,黄凤腾.中国电子竞技标准化探究[J].中国标准化,2021(21).

[10] 刘福元.电子竞技产业化的行政法律机制建构——"放管服"指引下的应对之策[J].兰州学刊,2020(12).

退役运动员创业影响因素及政策优化研究

晏 慧 周 珊 黄笑炎 刘 畅 黄 谦*

[摘 要] 本研究采用文献资料法和访谈法,基于计划行为理论对三个创业案例进行验证性分析,得出退役运动员创业影响因素及作用机制,并提出政策优化建议。研究发现,创业动机及感知行为控制是创业意向的影响因素,创业动机是退役运动员创业意愿形成的重要因素;主观规范、制度环境和创业教育是影响创业意愿的外部因素,其中制度环境和创业教育在创业意愿向创业行为跨越的过程中发挥着调节作用。研究建议,要多阶段、多类型开展创业教育,激发退役运动员的创业动机与感知行为控制,形成创业意愿;营造良好的创业文化环境,提升退役运动员对政策的认知,提升个人创业质量。

[关键词] 退役运动员;创业意愿;机会型创业;创业动机;创业教育;制度背景

一、研究背景

(一)政策背景

1. 经济、社会发展领域政策

2014年10月,国务院颁发《关于加快体育产业 促进体育消费的若干意

---

* 本文作者简介:晏慧,上海体育科学研究所(上海市反兴奋剂中心),助理研究员,博士研究生,研究方向:体育管理;周珊,上海体育学院,博士研究生,研究方向:体育管理;黄笑炎,上海体育科学研究所(上海市反兴奋剂中心),研究实习员,硕士研究生,研究方向:体育传播;刘畅,上海体育科学研究所(上海市反兴奋剂中心),助理研究员,硕士研究生,研究方向:运动人体科学;黄谦,西安体育学院,教授,博士研究生,研究方向:体育人文社会学。

见》(简称国发46号文),明确要完善人才培养和就业政策,鼓励退役运动员从事体育产业工作。2015年7月,上海市人民政府发布《关于加快发展体育产业 促进体育消费的实施意见》,提出加强对退役运动员的创业孵化,研究鼓励退役运动员从事体育产业工作的扶持政策。2017年4月,中共中央、国务院颁布了《中长期青年发展规划(2016—2025年)》,将青少年的就业创业作为重要的发展举措,具体包括推动完善促进青年就业创业政策体系、加强青年就业服务、推动青年投身创业实践、加强青年就业权益保障等具体发展措施。2021年8月23日,国务院印发《"十四五"就业促进规划》,明确指出坚持市场主导、政府协调,既要发挥市场配置的作用、实现市场化社会化就业,又要强化政府引导的作用,提供政策引导,破除机制制约,实现资源的优化配置;提出到2025年实现创业带动就业动能持续释放,包括优化创业环境、完善政策体系。

2. 退役运动员社会保障政策

我国政府十分重视退役运动员的社会保障问题,颁布了政策文件以加强对退役运动员的保障。2010年,财政部修订的《运动员保障专项资金实施细则》明确,国家财政设立的该项资金主要用于在役运动员和退役运动员重大伤残医疗补助金、运动员特殊困难补助金以及运动员教育资助金、开展职业辅导工作;2011年,中华体育基金会发布的《运动员保障专项资金的实施细则》明确鼓励运动员接受高等教育,并给予教育资助,另外对运动员开展的职业辅导工作,既包括宏观层面的理论研究、规划编制、工作标准等,又包括微观的职业转型项目策划、教学大纲撰写、扶持体系建立等具体工作。2020年,国家体育总局与中华全国体育基金会拟定了《退役运动员创业扶持基金使用暂行办法》(体基字〔2020〕1号),提出为退役运动员提供创业指导、信息咨询、场地设施等创业孵化服务,对注册成功且企业运营一年以上的退役运动员给予1万元的资助等,且对扶持资金的使用、监管进行了约定。

(二) 现实需求

长期以来,退役运动员的科学、合理安置一直是我国各级体育主管部门面临的复杂课题。上海市体育局每年通过举办退役运动员综合素质培训班、组织退役运动员到企事业单位实习实训、编制运动员简历手册、组织退役运动员与用人单位见面会等方式,努力做到因才就业、科学安置,全面实现运动员的妥善安置。

从国家治理能力角度来看,我国现有的竞技体育人才培养模式是一种国家行为。《中华人民共和国体育法》第四章第三十九条约定:"国家促进竞技体育发展,鼓励运动员提高体育运动技术水平,在体育竞赛中创造优异成绩,为国家取得荣誉。"因此政府应在运动员不得不面临职业转型时提供相应的社会政策支持,即向运动员提供各种象征性的奖励与实质性的服务以协助其职业转型。从运动员应得权利来看,运动员作为我国职业分类中的一种,在其职业生涯期间,放弃了其他与其竞技表现提升无关的社会活动与教育,这种关注其体育竞赛成绩的身份角色和强烈排他的身份认定,使其在接受封闭式训练的同时,不可避免地导致其缺失与同龄人接受同样文化教育的时间与精力,以及社会融入困难,所以政府理应对退役运动员的职业转型提供社会政策支持,为其转型后的社会保障提供支持。因此,做好退役运动员的职业转型工作,属于国家体育治理能力的方面,体现了我国体育治理水平。

从资源有效配置角度来看,国发 46 号文发布以后,我国体育产业得到了快速、稳定的发展。体育强国的共性经验阐明了体育产业化的高水平才能推动体育事业的高速成长,体育强国的建设工作才能顺畅运行(鲍明晓等,2018)。体育产业作为我国体育强国建设中重要的物质基础建设,其高质量发展离不开体育要素的合理、有效配置。支持退役运动员创业不仅能有效解决退役运动员职业转型问题,而且在推动我国体育产业发展的同时,对我国经济及社会发展同样具有推动作用。

从体育事业发展角度来看,2020 年 9 月在教育文化卫生体育领域专家座谈会上,体育被赋予了"提高人民健康水平、促进人的全面发展、提高经济社会发展、展示国家文化软实力"的四大使命。面对新时期体育事业被赋予的新使命,再加上体育强国建设的发展目标,体育事业的发展已不能再被割裂为独立的部分,而是需要全民健身、竞技体育、学校体育、体育产业、体育文化的共同发展,作为国家重点培养的职业运动员,在其作为运动员身份时所形成的与其他人相比对体育更深刻的理解,因此其对我国体育事业的贡献不能局限于竞技体育这一领域,而需要政府开展有效的政策设计,变相延长其运动生涯,使其为我国体育事业的发展提供更多的支持。

二、政策演变与文献回顾

(一)退役运动员安置政策的演变

早在 20 世纪 80 年代,湖北省体委教研室和湖北省体育科研所的调研就发现：长期以来，未入选优秀运动员的体校学生得不到合理解决以及优秀退役运动员就业安排不理想，导致的不良社会影响是造成一些体育项目后备人才青黄不接的原因，学者呼吁通过制定协同政策解决业余体校及体工队退役运动员的出路问题。然而我国对退役运动员的就业安置工作一直由政策手段指导开展。

从《选拔各项运动选手集中培养的通知》(1952年)明确由组织解决退役运动员安置工作，到《关于试行运动队伍工作条例(草案)》(1963年)附件中提出必须妥善安排退役运动员的出路，再到《关于做好调整处理运动员工作的通知》(1965年)再次明确对退役运动员的安排要本着负责到底的精神，可以看出政府历来十分重视运动员的退役安置工作及运动员因训练导致的文化教育时间的缺失，普遍存在文化教育水平偏低的就业困境。因此政策目的在于通过安置退役运动员工作的手段，妥善解决运动员的后顾之忧，使运动员消除就业负担而专心训练，从而提升我国竞技体育的发展水平。

《运动员退役费实施办法》(1986年)的出台，从政策上为退役运动员提供了经济保障。《关于著名优秀运动员上大学有关事宜的通知》(1986年)围绕退役运动员就业困境之文化教育水平低这一现象，为著名优秀退役运动员提供文化教育机会。《关于进一步做好退役运动员就业安置工作的意见》(2002年)更是提出探索市场机制下的退役运动员就业安置新思路，在此基础上提出建立与完善社会保障机制和就业培训制度以激发运动员自主择业意愿。为进一步落实2002年的意见，《自主择业运动员经济补偿办法》(2003年)明确为自主择业运动员提供经济补偿。虽然政策目的仍为完善退役运动员的职业转型工作，更好地发展竞技体育，但退役运动员工作安置政策仍有如下局限：从单一强制性政策工具向兼具强制性与自愿性政策工具特征的混合性政策工具演变，政策效力逐渐减弱；从政策的覆盖对象来看，因政策价值取向变化，安置福利的覆盖面正在缩小，即价值取向由统包、统配模式的注重公平到精英运动员享有此项权益的效率为先；从政策执行主体来看，由国家统一安排到地方体育政府负责，不同政府层级以及不同地区政府对政策理解存在差异，或受地区发展现实所限，因此政策执行存在地区性差异，即地方政府依据自身对政策的理解，根据区域经济发展现实与竞技体育发展目标而采取不同的政策手段(冯晓露等，2013)。

(二) 退役运动员创业研究回顾

一直保持良好的竞技状态对运动员而言是一项不可能完成的任务，虽然没有官方统计的选择进入商界的体育明星的数量,但通过创业或特许经营是专业运动员走向商界的道路之一(Daley,2012),商业报告显示,运动员在退役后进入商界是一个很好的选择。而我国学者较少关注退役运动员创业行为,在运动员职业转型研究过程中更多关注退役运动员就业安置的宏观与微观层面:宏观层面主要涉及国家配套政策,在政策分析框架下对我国退役运动员就业安置政策进行阶段梳理与决策机制分析;而微观层面上,主要分析影响退役运动员就业的因素,包括运动成绩与文化教育水平以及大多采用了心理学、社会学的跨学科研究视角,探讨退役运动员职业转型时期的心理调适、社会融入、自我认同。

新西兰橄榄球运动员协会(NZPRA,2011)发现橄榄球运动员在高水平体育环境中所培育的一些技能、特质和价值观,使其在就业或创业中能发挥更大的价值。Wylleman等(2004)使用专业运动员、精英运动员职业发展数据拟合的模型,与Bloch(2005)的创业生涯阶段框架对比,发现职业中期创业家的年龄与退役运动员的年龄水平相仿。运动员职业转型是一个复杂的变化过程,相对于传统的职业理论,运动员的职业转型中涉及因素多且复杂,而这种复杂、关联、叙事性的职业生涯视角可以在企业家或管理家的职业生涯中发现(Bloch,2005)。Slay(2011)发现职业橄榄球选手与创业者在某些方面具有一致性。虽然退役运动员在其运动生涯中获取处理事情的经验与韧性,但运动生涯同样在一定程度上也限制了其创业机会(Rae,2005)。

以橄榄球职业运动员为研究对象的一项研究表明,创业教育与创业计划是职业运动员创业的关键要素(Kenny,2015)。同时,创业不应受到外部的强烈引导,而应基于运动员自身产生的意愿,即若创业是基于个人兴趣,且外部环境赋予了个人相应的权利,就能引发强大的内部动机(Taatila,2010)。在创业意愿形成后,创业教育可以通过知识与技能的培养,提高创业者的创业成功率,但这种成功更多依赖于外部环境,同样创业教育与技能也是如此(Carayannis等,2003)。

(三)退役运动员创业影响因素研究

以运动员创业为研究视角的体育学文献较少,在"大众创业,万众创新"政策的推动下,学界近几年以社会资本和政策支持为视角,对退役运动的创业选择进行了辅助性论证。而竞技体育退役运动员能否通过成功创业维持生计,对我国竞技体育事业发展的影响是巨大的(高天野,2021)。

在创业影响因素方面,社会支持对退役运动员创业而言十分重要(高天野,2021),运动员退役后由竞技体育水平的强势群体转为社会融入的弱势群体,社会支持的投入、不同社会支持供给方的配合以及主客体间的双向沟通,均能有效促进退役运动员的创业。政策保障、制度完善以及创业环境的优化能激发退役运动员创业,而培养其与人沟通、剖析问题能力以及创新意识则有助于其创业成功。

在创业政策研究方面,一项基于退役军人创业扶持政策的研究(杨尚剑等,2020)认为:政策层面应完善对退役运动员的创业教育培训以及建立创业资金专项政策;管理层面应整合国家体育总局人事司等负责退役运动员就业创业部门的力量;服务管理层面,一是发挥社会力量加大对退役运动员创业的资金支持,二是以"互联网+"技术提高对运动员创业的信息支持和教育培训工作。

三、研究方法与变量选择

(一)案例选择及案例简介

1. 案例选择

(1)案例选择依据之一——机会型创业模式

旨在通过案例分析,探讨退役运动员创业意愿的影响因素及作用机理,为创业政策优化提供循证决策证据。我国退役运动员既有机会型创业,也有生存型创业,两者存在较大的区别,体现在:机会型创业者更愿意承担创业风险,能敏锐地把握机会,在面对企业未知风险时更具有主动性与战略性。机会型创业是以个体追求新机会实现创造新价值为关键驱动力的创业形式,对提升创业活动的质量而言,具有非常重要的作用(张玉利等,2015)。该类型的创业意愿主要来自创业者的内部动机(李爱国,2014),而内部动机主要由个体自我实现、自我成长的需求形成。机会型创业可看作人力要素流动,反映出个体识别、利用机会并将创业机会转变成市场价值的过程。"邹春兰创业失败"专题访谈引发了大众对退役运动员创业的关注与反思,失败原因多归结于"心态失衡""目标缺失""能力欠缺""行为消极"等方面,而在邹春兰的创业之路上得到了政府、大众和舆论的支持,但就现有资料难以看出邹春兰创业行为中的个人驱动因素,由此邹春兰的创业行为更属于生存型创业。相比生存型创业,机会型创业显现出更强的创新性。鉴于我国创业的创新程度与世界发达国家相比还较低,因而更加倡导在新环境下寻求新价值的机会型创业,以促进国家整体创业能力的提升(张玉利等,2015)。综上所述,基于本研究的目的,在案例的选择上更倾向于机会型创业。

(2) 案例选择依据之二——排除控制变量的影响

为排除与创业相关的经济发展、营商环境等地区因素,初步在江浙沪地区寻找创业案例,最后以目的性抽样原则确定在杭州市、湖州市和嘉兴市创办企业的退役运动员作为本研究的案例。虽国内未有实证研究揭示人口统计学特征等控制变量对退役运动员创业产生影响,但相关研究认为运动成绩、运动项目等对退役运动员职业转型产生影响。因此,为排除年龄、成绩、运动项目等个人因素对创业行为或职业转型的影响(Torregrosa 等,2004),探求退役运动员创业行为形成的共性关键因素,三位调研对象在年龄段、运动项目、取得的最好运动成绩方面均具有明显的区别。同时为了使研究结果更具有实践价值,在完成退役运动员调研后,访谈了熟识上海市退役运动员就业安置工作的人员,以更好地了解上海市退役运动员就业安置的现状、举措以及存在的现实问题。

2. 案例基本情况介绍

研究团队分别深入访谈了三位退役运动员,他们均有五年及以上的创业经历,目前企业仍在经营中,且企业的经营范围发生了一定的扩展与转变。其中:黄××,男,60后,浙江人,技巧世界冠军,退役后安置为助理教练,后在国外从事教练工作,在经历餐饮创业之后,回国创办蹦床器材生产企业,连续服务了三届全运会以及2012年伦敦奥运会,除蹦床器械的生产外,还与他人合作运营体育度假村;毛××,女,80后,浙江人,武术世界冠军,在从事团委工作、教练员、演员后,选择了自主创业,从事武术文化创意业务和武术客栈的民宿项目;黄××,女,90后,福建人,摔跤全国冠军,退役后选择自主创业,有10年的创业经历,曾开办婚庆和餐饮企业,现创办面对孤独症儿童等特殊群体康复业务的蛟娃体智训练中心。

(二) 主要解释变量的选择

创业意愿作为创业前因研究中的重要变量,在创业行为形成以及创业绩效分析的相关研究中一直被国内外学者广泛采用。创业意愿的概念在1988年由Bird提出,指个体在创业行为实施前的与创业相关的心理状态,对未来创业行为开展的承诺程度(Krueger,1993)以及信念(Thompson等,2009)、想要创业的想法(范巍等,2004)以及对创业行为倾向的衡量因素(卢阳旭等,2019)。基于计划行为理论框架下的相关研究认为：创业意愿对创业行为具有较强的解释力,增强创业意愿能从根本上促使创业行为形成。创业意愿是潜在创业者对创业行为的态度,是由内部个人因素与外部环境因素共同作用下形成的(Angulo-Guerrero等,2017),其中个人动机是形成创业意愿的内部因素,且为关键因素(李爱国,2014);而外部制度情景(崔宏桥等,2021;鞠伟等,2021)、资金支持(蔡莉等,2008)、创业教育(徐振浩等,2020)等均为影响创业意愿的外部环境因素。

四、退役运动员创业的影响因素及机理

调研发现,退役运动员机会型创业模式产生的重要因素是创业意愿,而创业意愿主要受到动机和感知行为控制等内部因素的影响,同时主观规范这种外部因素也对其产生作用。动机不仅对创业意愿产生作用,而且对创业行为也发挥着积极作用,而动机在创业的不同阶段会一直发生变化。制度环境和创业教育也对创业意愿产生影响,创业教育的影响可能是双向的,同时两者在创业意愿到机会型创业过程中发挥着调节作用(图1)。

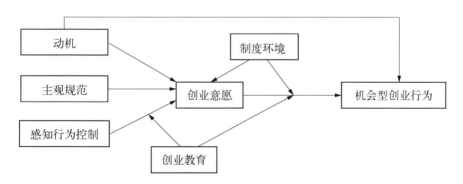

图1　退役运动员机会型创业行为的影响因素及机理

（一）创业意愿的内部影响因素

1. 创业动机与创业意愿

调研发现,退役运动员的创业动机是其创业意愿形成与深化的重要驱动

力,作为创业意愿的关键解释变量,也是指导、激励和维持创业者行为的心理因素。调研发现创业动机不仅在创业者创业意愿形成阶段发挥作用,并且在企业经营的各阶段,即初创、发展、瓶颈、突破等阶段指导与平衡创业者的行为,创业动机会随外部环境因素与自我能力改变而平衡变化。创业动机类型是多样化的,根据动机产生的来源可以分为内在动机(自我满足,如奖励、认可)与外在动机(外部刺激,如财富、地位),根据归因理论可以分为利己动机(如增加自身的福利)与利他动机(如提高社会福利)。

访谈对象更多提及的是内在动机与利己动机。三位访谈者中的两位在从事教练员及其他职业后选择了自主创业,他们创业的重要动力为自身强烈的内在动机。相对于政策、教育等外部环境因素,内在动机对三位访谈者创业意识的形成都发挥关键的引导与指导作用,这一研究结果与Taatila(2010)的研究发现一致。退役运动员创业的内在动机:一是原有工作已不能满足个人生活的需求,体现为收入不足,希望通过创业改善现有的物质生活条件,从而实现财富自由;二是追求自由时间与自主行为是退役运动员创业的重要动机之一,运动员长期封闭式的训练生活使个人更加渴望拥有时间与行动的自主权,而教练员工作与运动员生活在行为模式上具有一定的相似性,因而访谈者表示自由是其选择创业的主要原因;三是个人预判原有工作未来发展后,认为该份工作已不能实现个人价值,价值追求成为驱使个人创业的重要动机。

创业动机会随着环境以及创业者自身的发展而改变。两位创业者在开展与体育领域无关的创业时,其创业动机更多表现为个人对财富的追求,属于生存型的创业行为。在个人物质条件得到满足之后,创业行为随之发生转变,企业经营业务发生变化。以黄××(女)为例,在婚庆与餐饮创业后,激发个人第三次创业经历的原因在于对孤独症及其他生理有缺陷儿童的关注与关爱。而这一转变中,创业动机调整为提高特定群体的福祉,属于利他动机,并且访谈者在其每段创业经历中,通过聘请退役运动员、自媒体宣传等方式,积极为其他退役运动员职业转型出力或发声。退役运动员创业的利他动机还表现为对自身所在群体的关注,即对拥有相同训练经历退役运动员职业转型的关注,甚至愿意牺牲个人利益帮助其他退役运动员完成职业转型,运动员更容易表现出一种群体凝聚力,形成圈层。

因此,退役运动员创业动机正向影响着创业行为的发生以及持续创业,是退役运动员创业意识的主要解释因素,创业动机会随着个人创业经历的丰富而改变,基本上呈现出由利己动机向利他动机转变,由外在动机向内在动机转变。

2. 感知行为控制与创业意愿

在计划行为理论的框架下,感知行为控制作为行为意愿的影响因素而作用于行为的形成。感知行为控制主要包含两层含义:一是创业者对自己所具有的创业能力的自信程度;二是创业者对创业行为难度的感知程度。一般情况下,创业者越相信自己具备创业能力,且创业行为的难度在自己掌控范围内,越容易产生创业意愿或创业意愿越强烈。

三位被访者均表达了早期的就业以及创业经历,尤其创业经历对现在的创业行为产生了积极的影响,包括坚信自己具备创业能力,对创业风险有一定的认识,缩短了其创业决策时间,能准确识别创业机会并尽快将其转化为业务。在感知行为控制上,退役运动员在其运动生涯中塑造的乐观态度以及面对未知风险的应对能力,使他们在自我感知方面优于其他人群。但感知行为控制对于个体创业意愿的产生或增强,是一把"双刃剑":一方面,感知行为控制能使创业者降低决策的复杂性并付诸行动,及时抓住商机;另一方面,盲目自信以及对创业缺乏全面了解容易导致创业失败。三位访谈者或没有接受创业教育或对现有创业教育表达不满,认为大多创业课程邀请高校教师传授理论知识,学习后也缺乏对创业的鲜活认识,因此创业教育对其创业行为的影响不大。而访谈中提及的"他们设计出来的东西好丑",其实表达个人通过对比其他创业者的产品后,认为自己可以做到更好,从而增强创业意愿。因此,访谈者更多通过自身经历和现实观察,坚定自己的创业意愿,而非通过创业教育,这可能与创业教育的内容过于理论、缺乏鲜活性相关。

(二)创业意愿的外部影响因素

1. 主观规范与创业意愿

在计划行为理论的框架下,认为主观规范能使个人产生或增强创业意愿。在创业意识的形成和增强过程中,创业决策者周边他人尤其是重要他人(父母、朋友、教练)对其创业行为是否支持以及能否提供创业支持,将对创业者产生积极或消极的影响。若他人对创业者行为的赞同且能为其提供相应的信息或物质性支持,且创业者对该人的信任程度越高,越能增强个人创业意愿,并转变为创业行为,而中国情境下主观规范对创业意愿的作用强度高于国外情境(李永强等,2008)。学者调查发现主观规范对创业意愿产生正向的影响,然而主观规范在影响创业意向的路径中,并非起到必要的因素作用,对于独立需求高的创业者而言,主观规范的作用效果偏弱(陈戈等,2020)。调查结果也反映了这一研究结果,一位创业者在抉择是否继续创业时,得到他人对其创业的肯定后,这位创业者继续创业,企业规模不断发展壮大。主观规范在创业者意愿不强或思想徘徊时能起到较强的作用。而另一位创业者在从离职到创业的过程中,未告知家人、朋友,自我决定,或许与其所从事的体育项目是武术有关,属于独自决策的个人运动项目。主观规范并非仅对创业意愿产生影响,对创业经营的瓶颈期也会产生影响作用。一位调研对象在创业亏损的过程中,得到了社会组织——冠军基金的认可与支持而坚持创业。

但本次调研在访谈对象的选择上也存在一定的局限性,即所有的调研者均未受到来自家庭的反对,或许与调研对象均来自自主创业意愿较强、创业文化氛围浓郁的省份——浙江、福建有关。因此本次调研结果不能得出主观规范对创业意愿反向影响的结论。社会支持被认为是退役运动员职业转型或创业行为的重要因素(黄谦等,2021;高天野等,2021),在调研过程中发现社会支持的积极作用更多发生在企业创办后的运营阶段。

2. 制度环境与创业意愿

创业意识和创业行为是创业者与外界环境互动作用而形成的结果。一般而言,制度是广泛意义上需要个人或组织遵守的法律法规、文化以及社会规范等准则。因此,制度分为正式制度和非正式制度(North,1990)。而制度环境作为外界环境,对创业活动而言,发挥着管制、规范与认知的作用(Scott,1995)。调研发现:一是制度环境不仅在创业意识形成阶段发挥作用,在创业经营过程中发挥更为重要的作用——包括资源的可得性以及创业的合法性,对退役运动员能否创业以及企业绩效产生重要的影响,即制度环境不仅可以诱发创业者的意愿,尤其在创业过程中,其对创业行为发挥调节作用;二是制度环境对创业意愿以及创业行为发挥作用的前提是能被创业者感知,且其作用程度与创业者认知水平有关,即制度环境在对创业意愿与创业行为关系中,个体的创业认知发挥着调节作用。

政策对我国退役运动员职业转型具有重要的作用,且我国退役运动员职业转型工作一直在政策的指导下开展。两位创业者在创业的过程中通过制度支持,获取了资源支持以及创业合法性。其中一位调研对象萌发创业意识是在2015年,正值国家刚提出"双创"政策;在创业过程中,得到了省体育局的资金资助。但遗憾的是省体育局对创业者的资金等资源支持的相关政策,并不被这些创业者所熟识,他们也未积极地寻求政府支持,这一方面与政策的宣传力度与方式有关,另一方面可能与创业者自身获取信息以及对政策感知的能力有关。另外，政策支持的力度在体育行业发展的过程中略显不足，在嘉兴从事体医融合业务的创业者，表示其目前遇到的最大问题是缺少政策支持，即其从事运动康复行业，但该地区对康复人员的补助只能发放给医疗机构，并不能给予他们相应的资金支持，使企业承担了较为沉重的成本负担。

3. 创业教育与创业意愿

创业教育最初为在中学、大学开设的课程，后随着创业行为的普遍化，创业教育成为旨在提升个体创业意识、知识和技能的课程与活动，一般需要达成三种目标：一是培养创业意识，通过教育使退役运动员萌发创业意愿，在这一目标达成中，需要提升个体的创业认知，即个体能挖掘周边的创业机会；二是提升创业能力，在这一过程中需要个体培养出将创业机会转换成企业的业务，并积极创造经济价值，以及规避风险的能力；三是提高企业运营能力，创业是一个充满风险的过程，如何在企业的不同发展阶段，采取战略性的行为以更好地发展业务。因此创业教育在创业行为中发挥的作用主要体现在两点：一是促使个体产生创业意愿，发现创业机会，并评估自身能力而不盲目创业；二是提升创业者的经营管理能力，使企业更好地发展。调研发现，三位调研者在其自身创业过程中，尤其是创业意识培养阶段，更多的以自身的工作经历和创业经历发现创业机会与衡量自身能力，创业教育在其创业意识培育过程中作用不足。在创业过程中，一位创业者接受过冠军基金关于创业经营能力提升的相关课程。但值得注意的是，创业教育在创业意识培养过程中可能起到双向的作用，即创业教育可提升个体的创业意识，也可能使个体经过自我衡量后，放弃创业的念头，双向影响的创业教育都视为有效的教育结果，因为激发创业动机的同时也避免了某些退役运动员盲目创业。

五、退役运动员机会型创业政策支持的优化建议

相较于其他省市，上海市退役运动员就业安置的力度较大，安置工作有条不紊地开展着：符合安置条件的70%的上海市退役运动员享受公务员和事业单位安置的待遇，30%的退役运动员选择了自主择业，其中包括文化教育深造和自谋职位。虽然选择自主创业的上海退役运动员较少（预估不足1%），但不少退役运动员选择在上海创业，这与上海大力发展体育产业以及拥有良好的营商环境有着密切的联系。然而上海退役运动员就业安置工作也面临了一定的困境：一方面，公务员及事业单位的编制逐渐紧缩；另一方面，安置工作与

退役运动员的适配性欠佳,即退役运动员是否为工作岗位所需,以及工作岗位能否满足退役运动员的发展需求。加之,上海市在2015年及2021年发布的与体育产业发展相关的意见与规划中,都明确鼓励退役运动员投身体育产业,因此在政策指导下,面对就业安置工作的困境,提前规划以优化创业政策显得尤为重要。正如文献回顾与案例分析所述,退役运动员创业具有非常鲜明的优劣势,这均由运动员封闭式的训练生活而产生的。运动员在训练过程中形成的坚忍不拔的意志以及团队协作素养等都是创业者所应具备的,但因训练而缺少培养兴趣爱好和接受文化、职业教育的机会,使其在创业中处于劣势。同时"单纯"作为运动员的性格特点,访谈对象认为这既是优势,也是劣势,优势在于能赢得合作对象的信任,劣势是缺乏规避创业风险的意识与措施。调研发现,在政策的支持下,鼓励退役运动员扬长避短地开展创业活动,能更好地激发其职业认同感。

(一) 多类型、多阶段开展创业教育,培育创业意愿

创业动机是退役运动员创业意愿提升的重要因素,而创业意愿对创业行为具有极强的预测作用,同时创业动机与机会型创业行为有一定的关联。因此全面而有效地激发退役运动员的创业动机,对个人自主创业具有正向作用。调研发现,创业动机萌发的最佳时段对大多数运动员而言可能并非是退役时,有可能在职业转型后,即退役运动员已经积累一定的职业能力后选择创业,但或许该结论与调研对象在早期未接受到有效的创业教育有关。正如学术性创业以及职业中断后创业的人群一样,积累一定的资源,建立社会网络后创业,是其最佳选择。访谈者纷纷表示自己的运动员生涯与就业(创业)经历都为其后期创业行为的形成以及企业的规模产生积极而有效的作用。然而对于全国知名、获得国际级冠军的退役运动员而言,创业的最佳时机可能是个人退役时,此时其社会关注度、资源可得性均为最佳,尽早创业能使此类运动员尽快占据市场份额,获得商业先机,但因缺少对此类调研对象的调研机会,该结论尚待验证。

创业教育对创业意识、创业能力、运营能力均能发挥积极作用,而培育创业意识与创业能力的创业教育能实现激发创业动机、启发创业心智、转变职业身份等作用:一是创业教育是培育创业意识的有效手段,此阶段的创业教育往往能激发运动员的创业激情,使其萌发创业意识,了解创业也是个人职业转型的有效途径,且该途径更能产生职业认同感,实现个人价值。除了培育创业

意识外,教育的目的在于帮助创业者了解如何识别创业机会、把握创业机会以及将创业机会转变为一项经济业务,因此建议多采用实践活动的形式,或邀请成功创业的退役运动员或其他创业者展示个人的创业经历,使退役运动员对创业活动有更"鲜活"的感受,更容易接受创业。二是创业教育在创业主体感知行为控制到创业意愿的路径中发挥调节作用。一方面,当预备创业者获取相关的知识与能力后能加快其创业意愿向创业行为转变的活动;另一方面,创业教育应帮助退役运动员及时转换职业身份。访谈者表示,在自身由运动员向创业者身份转变时建议放低身份,忘记自己曾是个世界冠军,转变心态能更好地开展创业工作。此类的创业教育应在激发创业意识之后,围绕退役运动员创业所需的知识与能力开展相应的实践活动或讲座,使退役运动员在萌发创业意愿后增强创业认知,能够较为客观衡量自身与创业者的差距,理性进行创业决策,以及了解所应补充的知识与能力。虽然创业想法向初始创业行为跨越对退役运动员创业而言是至关重要的,但是成功创业的关键在于获取更高的商业价值,所以创业者应具有一定的企业运营技术以更好地开展经营活动,对此不同阶段应采用不同类型与内容的创业教育,使退役运动员能适时获取适宜的知识以更好地创业。

(二)营造创业文化环境,提升退役运动员的政策认知

求职意向往往受地区或群体文化制度的影响,创业文化制度的目的在于将创业精神渗透到退役运动员的身心,使创业成为退役运动员职业转型中的一项自由选择。积极营造创业文化,不仅可以培养退役运动员的创业意识,而且有利于打造创业生态系统,实现退役运动员社会网络搭建的过程。建议:一是通过加强对创业政策的宣传与教育力度,深化退役运动员对创业的认知。二是搭建创业平台,为有创业意愿或已经创业的退役运动员提供指导、交流与学习的平台,提高创业质量。一方面,联合相应的社会组织与企业,为退役运动员建立企业联系;另一方面,建立风险评估机制,为退役运动员测量其创业胜任力,提高个人与创业行为的匹配度,鼓励具备创业能力的运动员勇于创业,同时避免盲目创业。

在退役运动员萌发创业动机的时候,政策认知的增强在创业意愿向创业行为跨越的过程中发挥着重要的作用。体现在:一是创业者或想要创业的个体对创业政策的感知与享受,能有效地改善其创业机会。在调研过程中发现,访谈者大多反映或政策条款不够具体,或缺乏解读类文件,或即使有解读类文

件但仍无法准确获取政策信息，导致退役运动员不清楚如何才能享受到政策福利。另外创业者认为，政府在制定相应政策时缺乏对产业实践者或政策服务对象的调研，使政策缺乏针对性，形同虚设。二是，增强退役运动员对政策感知的积极作用，不仅要在创业意识向创业行动转变的过程，而且要在退役运动员企业经营过程中，除体育行业的政策外，了解与业务开展相关的国家政策能更好地挖掘其中的商机，提高企业运营的绩效。因此，增加政策宣讲的形式，协同社会组织共同提升退役运动员的政策认知水平，可以培育退役运动员的创业动机，提升创业企业的绩效。

调研发现，退役运动员创业所开展的业务类型已不再局限于体育培训类，而逐渐向"体育＋"领域拓展，完善的制度背景能促进退役运动员创业行为的产生：一是体育产业规模的壮大，尤其体育赛事和文化产业，离不开体育无形资产的培育。《体育法》已将体育产业纳入法律框架，但新技术的发展使体育无形资产类型逐渐多样化，仅明确部分无形资产的归属问题仍无法有效保护体育赛事品牌产生的合法权益，因此建议应将产业条例等条款具象化，明晰产权制度，营造良好的营商环境以支持退役运动员创业；二是体育旅游、体育文化、运动康复等已被纳入退役运动员创业的经营范围内，单由体育部门制定的支持政策已不能满足"体育＋"产业发展的需求，支持力度不足从而影响到退役运动员创办企业规模的扩大，建议体育部门协助创业者为相关融合产业发展提供资源，从而扩大地区体育产业的规模；三是初创企业存在"新进入"的劣势，尤其在发展前期往往面临合法性不高的困境，即企业被接受的程度不高。换言之，在发展过程中需要业务建立其信任度以发展业务，因而第一笔业务的开展对创业者而言至关重要。调研中，有位访谈者提到起初业务开展时，教练员借助自身的人脉资源协助他跑业务；另一访谈者在运动员期间认识的媒体朋友，成为其开展文创活动的重要资源。因此在初创企业合法性不高的困境下，此时政策支持尤其是社会网络的搭建，能帮助创业者联合其他企业，达到知识与信息的转移，从而有效实现资源拼接。

六、配套立法建议

基于本课题的调研内容以及《体育法》的相应条款，主要围绕运动员培养、创业指导与服务以及体育产业营商环境等提出建议。

《体育法》第四十二条规定："国家加强对运动员的培养和管理，对运动员进行爱国主义、集体主义和社会主义教育,以及道德、纪律和法治教育。"建议:增加对运动员的职业教育,退役运动员职业转型的顺畅与否,除了退役时的技能培训之外,更需要在早期形成未来职业规划。

《体育法》第四十七条规定:"各级人民政府加强对退役运动员的职业技能培训和社会保障,为退役运动员就业、创业提供指导和服务。"建议:应积极营造良好的创业文化环境,多阶段、多类型地开展创业教育,激发退役运动员的创业动机。

《体育法》第五十二条规定:"在中国境内举办的体育赛事,其名称、徽记、旗帜及吉祥物等标志按照国家有关规定予以保护。"建议:该条款虽明确了对体育赛事无形资产的保护以及产权所有者,除了体育赛事名称、徽记等作为商标保护的权利外,还有诸如运动员形象权和创意等均未涵盖在内,对创意产权等设立一个立法保护原则,可以保护创业者的经营权利,营造一个良好的营商环境。

七、结束语

退役运动员职业转型一直是我国竞技体育发展中不得不妥善解决的现实问题。运动员训练与成才注定是一项艰苦的过程,需要运动员与家长的长期付出,而这些付出能否得到成比例的回报并不确定,且运动员的退役出路一定程度上影响着运动员的选拔工作。然而在安置资源紧缩的背景下,由政府主导的组织安置工作愈加困难,加之岗位要求与运动员技能的匹配度不强,使得运动员在退役时容易陷入迷茫困境。

基于生命周期理论,职业转型是一项复杂的系统工程,应贯穿于运动员培养的全过程。虽然职业转型发生在运动员退役时,但能否成功转型以及转型顺畅与否与运动员学习与训练的全过程相关。三位调研对象选择创业,且取得目前的成就,缘于他们在运动员期间的学习能力与兴趣爱好的培养。因而早期的职业规划与心理应对能力训练对运动员职业转型而言是必要而卓有成效的。而在这一过程中,合理设定运动员的培养目标显得尤为关键。

政策制定往往需要兼顾公平与效率,效率原则使公共政策资源偏向优秀的退役运动员,而这些运动员在职业转型中往往具有优势,更多中部运动员缺乏相应的支持。以举重、摔跤等运动项目的运动员为例,他们的家庭收入水平普遍欠佳,因此在就业或创业过程中,除自身运动项目市场化水平低外,更大弊端在于这些运动员的社会支持水平偏低,职业转型尤为困难。

创业是个人认知与外部环境相互作用下形成的一种就业模式。在"大众创业,万创创新"的制度背景下,创业成为大学生、农民等群体自主择业的选择之一。近年来,随着体育产业发展利好政策频频发布,创业行为也成为退役运动员职业转型的选择之一。运动员在自主择业与创业时,因其文化教育水平不高而被视为创业弱势群体。然而在调研中发现,学习能力、兴趣爱好与创业行为关联更密切。营造良好的创业文化环境能激发更多有能力的退役运动员选择创业,实现自我价值。

参考文献

[1] 高天野,刘建."双创"背景下我国退役运动员创业的社会支持问题研究:基于邹春兰事件启示[J].体育与科学,2021(2).

[2] 杨尚剑,马帅星.我国退役运动员创业支持体系研究——基于退役军人创业支持体系解构[J].体育文化导刊,2020(8).

[3] Wylleman P, Alfermann D, Lavallee D. Career Transitions in Sport: European Perspectives[J]. Psychology of Sport & Exercise, 2004.

[4] Kenny B. Meeting the entrepreneurial learning needs of professional athletes in career transition[J]. International Journal of Entrepreneurial Behaviour & Research, 2015.

[5] Krueger N F, Carsrud A L. Entrepreneurial intentions: applying the theory of planned behaviour[J]. Entrepreneurship & Regional Development, 1993(4).

[6] 范巍,王重鸣.创业倾向影响因素研究[J].心理科学,2004(5).

[7] 黄谦,熊优,崔书琴,郑倩,岳文飞.社会支持、退役准备与运动员退役应对积极性[J].体育学研究,2021(3).

上海电子竞技运动项目标准规范建设研究

徐成龙　张峰筠　朱沁沁　王苗苗
柴梦妍　何育卓　韩璐蔓*

[摘　要]　电竞运动标准规范的建设是保证上海电竞运动有序、稳定、健康并可持续发展的基础。本文主要采用文献资料、专家访谈、对比分析等方法，在充分借鉴传统体育项目规范建设方面的宝贵经验并对全国以及上海电子竞技运动项目的标准规范建设现状进行全面了解的基础上，对上海电竞运动规范建设方面存在的主要问题展开深入剖析，总结归纳出未来上海电竞项目标准规范建设的对策建议。即：强化意识，加强学习，积极借鉴传统体育及其他省市的先进模式与经验；顶层设计，明确机制，优化上海电竞项目标准规范发展模式；需求导向，明确路径，补足上海电竞标准规范空白薄弱区；加大标准规范宣传力度，构建信息服务平台；搭建标准规范监督-评估-反馈机制，落实标准规范实际应用。

[关键词]　电子竞技；电竞运动；标准规范；规范建设；上海

一、研究背景

上海不仅是国内电竞运动发展起步最早的城市，也是国内目前电竞产业

---

* 本文作者简介：徐成龙，上海体育学院，副教授，博士研究生在读，研究方向：电子竞技、体育大数据；张峰筠，上海体育学院，副教授，博士研究生，研究方向：体育管理；朱沁沁，上海市电子竞技运动协会，秘书长，硕士研究生，研究方向：电子竞技；王苗苗，上海体育学院，硕士研究生，研究方向：体育管理；柴梦妍，上海体育学院，硕士研究生，研究方向：体育管理；何育卓，上海体育学院，硕士研究生，研究方向：体育管理；韩璐蔓，上海体育学院，本科，研究方向：数据科学与大数据。

最活跃、最有影响力的城市。早在2017年，上海市政府就绘制出加快建设"全球电竞之都"的蓝图，在"文创50条""电竞20条"等相关政策的出台落实下，上海电竞产业布局不断加速，大量顶尖电竞赛事、电竞俱乐部、头部企业等纷纷落地上海，产业聚集使上海电竞生态变得愈加完善。

在政策、经济等积极环境因素的影响下，上海已经成为电竞产业发展的沃土。据有关数据显示，2022年上海电竞产业收入预计达到268.9亿元，其中2022年上海电竞赛事收入预计占全国电竞赛事收入的比例达到45.9%，成为全国赛事收入最高的城市。此外在最新发布的"全国电竞城市发展指数"中，上海凭借78.7分位列综合排名第一，在国际上仅次于洛杉矶。

在看到成绩的同时，我们也能看到目前上海电竞运动在发展过程中仍然存在一些问题。如何在保持全国领先优势的前提下，建立完善的上海电子竞技运动标准化体系和规范，为电竞项目的良性发展起到示范作用，是我们目前面临的课题与挑战。

本研究运用文献资料、专家访谈和比较分析等多种研究方法，充分借鉴传统体育项目规范建设方面的宝贵经验，并在全国以及上海电子竞技运动项目的标准规范建设现状进行全面了解的基础上，对上海电竞运动规范建设方面存在的主要问题展开深入剖析，总结归纳出未来上海电竞项目标准规范建设的对策建议，并提出可行性路径。为推动上海电竞行业规范发展提供理论基础，为政府管理机构提供决策依据，为上海全球电竞之都建设做贡献。

二、传统体育项目相关标准规范建设现状

相较于电子竞技运动项目，传统体育项目发展时间较长，在标准规范建设方面也更为完善。本文选取了足球、棋牌以及射击三个项目，研究传统体育项目的相关标准规范建设现状，为上海市电子竞技运动的标准规范建设发展提供参考。

（一）足球项目相关标准规范建设现状

足球项目发展历史悠久，且历经四次重大改革，无论是在管理体系还是标准规范建设方面发展都较为完善，对上海电竞运动规范发展具有借鉴意义。截至2022年9月，我国国家、地方及社会有关部门或团体已出台足球项目相关标准规范达62项。在足球项目的标准规范种类上，涉及了运动员、教练员、

裁判员、俱乐部、兴奋剂、场地器材、竞赛规则、赛事、运动水平等级、协会及其他相关人员 11 个方面。其中,关于足球场地器材方面的最多,占现行标准规范中的 61.29%。除企业标准外,我国足球项目的标准规范级别丰富,包括国家标准、地方标准、行业标准、团体标准以及其他规范文件。现行标准规范大多由中国足球协会发布,主要是对赛事、竞赛规则、足球相关人员、协会、技术等级、俱乐部及兴奋剂等方面做出有关规定。除国家、地方有关部门及社会团体发布的标准规范文件外,我国部分企业也发布了有关足球项目的企业标准。

(二)棋牌项目相关标准规范建设现状

棋牌项目包括象棋、国际象棋、围棋等多种类小项,与电子竞技包括王者荣耀、英雄联盟、和平精英等多种类小项的特点较为相似。截至 2022 年 9 月,我国国家及社会有关部门或团体出台棋牌项目标准规范 55 项,涵盖了象棋、国际象棋、围棋、桥牌、国际跳棋、五子棋以及竞技掼蛋等小项。棋牌项目各小项间发展不均衡导致相关项目的标准规范建设不均衡,其中象棋的标准规范数量最多,占比 35%。象棋的标准规范涉及到赛事管理、会员、技术等级、协会、裁判员、教练员以及培训 7 个方面,而五子棋和竞技掼蛋均只各涉及一个方面。有关棋牌项目的标准规范包括行业标准、团体标准和其他规范文件三种级别,其中其他规范文件的数量最多,占比 91%,而行业标准和团体标准的数量占比分别为 2% 和 7%。由国家体育总局棋牌运动管理中心及各协会发布的规范性文件主要涉及赛事、竞赛规则、技术等级、相关人员、协会、场地器材、会员方面。

(三)射击项目相关标准规范建设现状

射击项目属于静态运动,且需要借助一定的器材或设备来完成比赛,与电子竞技项目特点相似。通过数据整理发现,我国射击运动项目发布了 20 项标准规范。在标准规范发布的年份中,2015 年发布的标准规范数量最多。射击项目的标准规范种类包括场地器材、技术等级、运动员、裁判员、赛事以及教练员方面,其中与场地器材相关的标准规范数量最多,主要对射击场地、射击所用器材的质量等做出相关规定。射击项目的标准规范主要包括国家标准、地方标准、行业标准、团体标准以及其他规范文件五个级别。

(四)传统体育项目标准规范建设总结

第一,传统体育项目已初步形成了"政府牵头、协会主打、企业协助、社会参与"的标准规范建设工作机制。

第二,所涉及的标准规范主题较为全面,包括了场地器材、技术等级、运动员、裁判员、赛事以及教练员等运动项目各方面。

第三,各运动项目同步建立了国家标准、地方标准、团体标准和行业标准,形成了较为完善的规范标准层级体系。

三、电子竞技项目相关标准规范建设现状

(一)全国电子竞技项目标准规范建设现状

为推动中国电子竞技行业标准化、体系化建设发展,文旅部和人社部牵头,全国各省市的电竞运动协会主导实施,并联合场馆、互联网和游戏等有关行业协会,共同制定了电竞行业的标准规范。

截至2022年9月,我国有关部门出台电子竞技相关建设标准规范共计73项(包含正处于立项、征求意见、审查和批准阶段的标准规范)。电子竞技项目标准规范涉及10个种类。标准种类数量排名前三的与行业从业人员、场馆和赛事相关。在行业从业人员的相关标准规范中,涉及主播、解说员、数据分析师、战术分析师、运营师、陪练师和协会志愿者等职业分类,对其职业含义与工作范围等方面进行规定。在针对场馆相关的标准规范中,主要种类包括电竞场馆的建设规范、运营服务规范和评级标准。在与赛事相关的标准规范中,内容主要围绕赛事管理办法、赛事等级评定、赛事技术规范要求等方面展开。

我国电子竞技项目的标准规范级别划分与传统体育项目类似,包括国家标准、地方标准、团体标准和其他规范文件。电竞项目现行的标准规范级别主要为团体标准,占比83%,地方标准次之,占比11%,国家标准和其他规范文件均占比3%。

团体标准的发文单位主要为各省市的电子竞技运动协会和关联行业的行业协会,发文方式包括单一协会发文和多协会联合发文两种。地方标准的发文单位为省市级电子竞技运动协会和地方市场监督管理局,发文方式包括单一协会发文或地方市监局发文和多协会联合和地方市监局发文两种。目前,我国已颁布2项电竞项目国家标准,参与标准颁布的机构分别是文旅部和人社部,标准内容的主题分别是场馆运营和运动员职业技能。

在各省市层面对比中发现,目前宁夏、山东、四川、上海等地的电竞运动标准规范建设较为全面,发文数量较多,涉及主题较为丰富。上海与全国其他地区相比,在标准规范建设方面的优势不够突出。

(二)上海市电子竞技项目标准规范建设现状

截至2022年9月,上海市颁布的电子竞技相关标准规范累计达12项(包括现行和征求意见稿),文件内容涉及赛事、场馆和行业从业人员等方面。其中,2019年颁布的《电子竞技场馆运营服务规范》已于2021年正式从团体标准升级为上海地方标准;2019年颁布的《电竞场馆建设规范》已于2022年颁布修订版本(表1)。

表1 上海市电子竞技相关标准规范建设现状

序号	发布时间	文件名称	发布单位	文件级别	备注
1	2018年11月	《上海市电子竞技运动员注册管理办法(试行)》	上海市电子竞技运动协会	规范文件	
2	2019年8月	《电竞场馆建设规范》(T/SGCA 000001-2019)	上海市电子竞技运动协会 上海市网络游戏行业协会 上海市互联网公共上网服务行业协会	团体标准	内容修改
3	2019年8月	《电竞场馆运营服务规范》(T/ISAS 000001-2019)	上海市电子竞技运动协会 上海市网络游戏行业协会 上海市互联网公共上网服务行业协会	团体标准	标准升级
4	2020年8月	《电子竞技直转播技术管理规范》(T/SHOGA 000001-2020)	上海市电子竞技运动协会 上海市网络游戏行业协会 上海市互联网公共上网服务行业协会	团体标准	

续 表

序号	发布时间	文件名称	发布单位	文件级别	备注
5	2020年8月	《电子竞技直转播平台管理规范》（T/SHOGA 000002-2020）	上海市电子竞技运动协会 上海市网络游戏行业协会 上海市互联网公共上网服务行业协会	团体标准	
6	2021年5月	《电子竞技基础建设规范》征求意见稿	上海市市场监督管理局	地方标准	
7	2021年10月	《电竞场馆运营服务规范》（DB31/T 1327-2021）	上海市市场监督管理局	地方标准	序号3升级后
8	2021年11月	《上海市电子竞技办赛指南》	上海市电子竞技运动协会	规范文件	
9	2022年1月	《电子竞技陪练师服务管理规范》征求意见稿	上海市电子竞技运动协会	团体标准	
10	2022年6月	《电子竞技指导员管理规范》（T/SESA 0001-2022）	上海市电子竞技运动协会	团体标准	
11	2022年6月	《电子竞技指导员服务能级评价导则》（T/SESA 0002-2022）	上海市电子竞技运动协会	团体标准	
12	2022年9月	《电竞场馆建设规范》（T/SGCA 000001-2022）	上海市电子竞技运动协会 上海市网络游戏行业协会 上海市互联网公共上网服务行业协会	团体标准	序号2修改后

（来源：本课题组自行整理）

上海市电竞项目标准规范涉及7个种类。标准规范种类数量排名前三的分别是场馆相关标准规范、指导员相关标准规范和直转播相关标准规范。在场馆相关的标准规范中，电竞场馆建设与运营服务两类主题各有现存标准规范 2 项。在指导员相关的标准规范中,标准种类涉及指导员管理规范与服务能级评价。在直转播相关的标准规范中,标准的内容围绕直转播技术管理规范与平台管理规范两方面展开。

上海市电竞行业标准规范级别包括地方标准、团体标准和其他规范文件。现行的标准规范级别主要为团体标准,占比 66.6%,地方标准和其他规范文件均占比 16.7%。

参与上海市电竞项目标准规范颁布的社会团体包括上海市电子竞技运动协会、上海市网络游戏行业协会和上海市互联网公共上网服务行业协会。上海市电子竞技运动协会参与发布的数量共计 10 项,其中有 5 项是与上海市网络游戏行业协会、上海市互联网公共上网服务行业协会共同发布的。上海市市场监督管理局也发布了 2 项地方标准。

四、上海市电子竞技项目相关标准规范建设中存在的问题

通过对传统体育项目(足球、棋牌、射击)标准规范建设的发展现状、我国电子竞技标准规范发展现状的对比研究,以及上海市现有电竞标准规范的梳理,结合对电竞专家的访谈,总结了目前上海电竞项目标准规范建设的问题。

(一)缺乏对上海电竞运动规范发展的整体规划

目前上海市电竞运动标准规范缺乏前期的整体规划。整体规划的缺位会导致上海电竞运动的标准规范建设只能够根据相关政策要求分散推进,让标准规范体系建设缺乏比较明确而清晰的方向和路径。

(二)标准规范体系中存在空白薄弱区

完善的体育项目管理制度包括竞赛规则和裁判法、赛事活动管理制度(办赛指南、参赛指引、赛场行为规范等)、场地器材标准、运动员管理制度、教练员管理制度、裁判员管理制度、后备人才培养制度、反兴奋剂管理制度、运动水平等级管理制度、项目培训规范、会员管理制度等一系列促进项目有序健康发展的标准和规范。目前上海电竞运动项目已发布的标准规范多集中在电竞场馆、直转播以及部分从业人员(电竞运动员、电竞指导员)的管理方面,对电竞裁判员等电竞从业人员、电竞项目认定、电竞赛事分级分类、电竞器材设备等

方面的标准规范的关注不足。

（三）上海电竞标准规范的发布主体较为单一

从已有的电竞运动标准规范来看，目前上海电竞标准规范主要由上海市电子竞技运动协会等行业协会发布，与传统体育项目中多类型行业协会发布多主题的标准规范形成了对比。此外，在政府部门中，上海市市场监督管理局发布了两项地方标准。而与电竞运动具有强关联的上海市体育局、上海市文旅局并没有发布相关标准规范的指导或具体的政策文件。

（四）上海电竞项目标准规范的影响力不高、约束力不强

从上海电竞项目标准规范的级别以及类型来看，占绝大多数的团体标准属于指导性标准，不具备强制性要求，需要行业、企业以及社会自愿采用。此外，上海电竞标准规范发布的最主要主体——上海电子竞技运动协会的社会影响力相对较低，缺乏良好的宣传渠道。相比上海电竞行业的繁荣发展程度，上海电竞标准规范太少，且位阶较低，影响力不高，约束力远远不够。

（五）标准规范的监督-评估-反馈机制缺位

一方面，体育行政部门和电竞协会对现行标准规范的监管力度不够，导致标准规范在落实过程中的效果差强人意。另一方面，针对现行标准规范在行业内的应用情况以及执行过程中存在的问题或漏洞，相关体育行政部门与电竞协会无法得到及时的反馈。

五、上海市电子竞技项目相关标准规范建设建议

（一）强化意识，加强学习，积极借鉴传统体育及其他省市的先进模式与经验

第一，充分意识到标准规范建设对于上海市电子竞技项目发展的重要性，政府主管部门和行业协会等上海电竞运动参与主体务必达成共识，将上海市电竞项目标准规范建设作为现阶段上海电竞运动发展的重点工作，扎实推进该项工作的开展。

第二，进一步借鉴和学习传统体育的标准规范建设，以及其他省市在电竞

运动标准规范建设中的可借鉴、可参考的先进经验,在积极吸收借鉴其先进模式与经验的基础上,结合上海城市特点创造性地进行上海电竞项目标准规范建设。

(二)顶层设计,明确机制,优化上海电竞项目标准规范发展模式

应加强上海电竞项目标准规范发展的顶层设计,科学系统地对标准规范进行分类,明确指出标准规范建设的清晰的方向和路径,从而形成完整的体系架构,保证体系既兼顾电竞领域的各个方面,又涵盖电竞发展的特点与需求。在标准的制定过程中,要向标准利益相关各方公开标准规范制定流程,广泛听取并吸取利益相关方对标准规范的意见和建议。在透明、公开、公平原则指导下制定出台的标准规范,才会为业界各方所认可并采纳。首先以顶层设计为引领,按照建设的总体要求,建议形成"政府牵头、协会主导、企业协助、社会参与"的标准规范建设工作机制,明确职责分工。强化政府在标准规范体系中的领导地位,充分发挥上海市体育局在电竞领域的标准化引领作用,由政府主导制定标准应用的指导性文件;支持上海电子竞技运动协会在标准规范建设工作中发挥更重要的作用,《体育法》中明确指出,单项体育协会"制定相应项目技术规范、竞赛规则、团体标准,规范体育赛事活动",上海市电子竞技运动协会作为地方体育组织,在推动上海市电竞项目标准规范体系建设的工作中应起到基础性、战略性和引领性的作用。鼓励俱乐部、企业等行业主要主体,自主完成企业标准的起草工作,由协会择优将其吸收为团体标准或地方标准。此外,邀请第三方主体(高校、关联行业主体)参与标准修定工作,丰富参与主体,为上海市电竞行业发展保驾护航。从而形成多方参与、多元共建的标准化工作格局,扎实推进标准规范的制定、审查、发布和更新。

(三)需求导向,明确路径,补足上海电竞标准规范空白薄弱区

随着上海电竞运动的不断发展,对于电竞运动标准规范也必将产生新的要求。因此,应以上海市电竞运动发展需求为导向,遵循当前电竞运动发展的总体趋势,强化上海电竞运动重点领域的标准规范研究,找出下一阶段上海电竞标准规范体系的重点领域,围绕电竞核心从业人员、俱乐部及赛事管理等方面,规划出需要制定的标准规范目录明细,并按照轻重缓急的顺序做出工作进度安排时间表,使相关部门能遵循优先顺序开展编制工作。建议在未来三年内参考表2内的优先级顺序进行相关标准规范的编制。

表 2　上海市未来三年电子竞技项目标准规范建设建议路径

序号	领域	主体	建议构建内容	预期发布时间	起草人员组成建议
1	人员管理	电竞裁判员	从业规范、技术等级评定和注册管理、纪律约束与适用情形等	2022—2023	上海市电子竞技运动协会、上海市标准化协会、头部电竞赛事类企业、上海高校、法律等领域专家顾问等
2	人员管理	电竞教练员	从业规范、资质认证、培训考核、技术等级、注册管理、纪律约束与适用情形等	2023	上海市电子竞技运动协会、上海市标准化协会、头部电竞赛事类企业、上海高校、法律等领域专家顾问等
3	人员管理	电竞主播	资质认定、服务要求、技能水平等	2024	上海市电子竞技运动协会、上海市标准化协会、头部电竞赛事类企业、经纪公司、头部直播平台、上海高校、电竞传媒类企业、法律等领域专家顾问、行业主播代表等
4	赛事管理	电竞赛事评级	赛事性质分类、赛事评级标准等	2025	上海市电子竞技运动协会、上海市标准化协会、相关行业协会、头部电竞赛事类企业、上海高校、法律等领域专家顾问等

应积极推动建立有效明确的标准规范迭代机制。一方面,根据标准预计使用年限,将标准规范分为短期具体实施细则(1～2 年)、中期标准规范(3～7 年)和长期行业标准规划(8～15 年),并明确不同使用年限的标准规范应满足的具体要求,便于标准制定主体完成标准撰写工作。另一方面,根据上海市对不同级别标准规范的需求,明确标准规范的转化的机制,提升市场适应良好的标准规范级别,构筑上海市电竞项目标准规范层级体系。

(四)加大标准规范宣传力度,构建信息服务平台

上海市体育局、上海市电子竞技运动协会等要多渠道、多层次开展标准规范宣传工作,可以通过线上线下举办标准规范基础知识学习培训、公益讲座或讨论会等形式,帮助电竞主体掌握标准规范基本内容,增强标准化意识,传播

标准化理念;同时,可以定期开展标准规范进企业等活动,提高相关电竞企业对标准规范建设工作的认识,深刻理解标准规范建设对电竞行业高质量发展的重要意义,营造"学标准、讲标准、用标准"的良好氛围,从而提升标准规范的认知度和影响力。积极推动有关电竞标准规范的信息服务平台建设,支持标准规范的在线检索、免费阅读等服务,使电竞主体能够及时查询了解相关标准规范信息;同时平台要加强对标准规范文件及体系的解读,可以通过上传录制培训宣传教学视频或微课的形式,帮助各电竞主体正确理解和使用标准,从而进一步提升标准规范的实施效果和规范指导作用。

(五)搭建标准规范监督-评估-反馈机制,落实标准规范实际应用

《中华人民共和国标准化法》中明确指出,标准化行政主管部门、有关行政主管部门要对标准的制定进行指导和监督,对标准的实施进行监督检查。首先,电竞运动相关行政主管部门要加大对上海电竞运动标准规范的实施监督力度,推进标准规范的落地实施。畅通投诉渠道,完善投诉举报受理程序和处置办法。其次,效果评价机制能够切实提高标准规范的应用效果,通过采用应用效果第三方评价机制,及时了解电竞标准规范的使用动态,对于上海标准规范体系更新的及时性、主动性和创造性具有建设性的意义。第三,要重视收集上海电竞标准规范实施过程中的信息反馈,加强对实施效果的分析,重视开展上海电竞标准规范实施反馈、效益和评价工作,及时进行复审、修订。

参考文献

[1] 刘福元.电子竞技场域中政府主体的身份转型与路径重设——从"举办和参与"到"监管和服务"[J].上海体育学院学报,2021(2).

[2] 刘福元.电子竞技产业化的行政法律机制建构——"放管服"指引下的应对之策[J].兰州学刊,2020(12).

[3] 徐伟康.我国电子竞技发展的法治化路径研究[J].体育成人教育刊,2020(3).

[4] 邝兵.标准化战略的理论与实践研究[D].武汉大学,2011.

[5] 雷厉.我国体育标准化体系理论架构与实证研究[D].北京体育大学,2012.

[6] 刘三江,刘辉.中国标准化体制改革思路及路径[J].中国软科学,2015(7).

[7] 饶璇,耿天霖,王亚萍,夏秀琳.新形势下我国体育标准化建设现状分析与思考[J].标准科学,2021(9).

[8] 涂迪.中国排球运动项目协会运营模式研究[D].成都体育学院,2021.

[9] 练碧贞,高国贤.我国青少年篮球运动员选材标准的研制[J].北京体育大学学报,2019(7).

[10] 连小燕,黄凤腾.中国电子竞技标准化探究[J].中国标准化,2021(21).

[11] 刘福元."竞技"抑或"体育"?——"放管服"视域下电子竞技的概念解纷[J].体育研究与教育,2021(5).

[12] 徐成龙,李海,张丽琳,张韵.建设全球电竞之都背景下上海电子竞技行业发展的若干思考[A]./第十一届全国体育科学大会论文摘要汇编[C].2019.

[13] 王钦.上海市电子竞技运动员注册管理政策执行研究[D].华东政法大学,2021.

[14] 张丽琳,芦雅茜,徐成龙.上海电子竞技赛事的发展困境与对策研究[J].辽宁体育科技,2020(3).

社会力量联办一线运动队管理机制和评价体系研究

冉宁培　秦　曼　周　航　王　靓　谭　丽
陆建明　曹银行　陶焕芝　翟鲁波*

[摘　要]　本研究将高校作为社会力量的一种类型,立足于上海立信会计金融学院市花剑队情况,总结建队以来面临的突出问题和新周期带来的机遇与挑战,从承办机构内部循环管理机制和市体育局外部循环评价两方面提出可行性建议。主要包括:内部循环方面要充分发挥"造血"功能,从机制创新、专业优势、产学研和品牌效应方面进行管理机制的革新。外部循环方面要适当释放权力,从顶层设计、资源整合、多元主体和评价改革方面进行完善。力争新周期中在全运会、奥运会等重大赛事上实现成绩的突破。

[关键词]　社会力量;高校;一线运动队;管理机制;评价体系

一、研究背景

（一）国家政策文件宏观要求

2020年8月国家体育总局和教育部联合印发了《关于深化体教融合促进

---

* 本文作者简介:冉宁培,上海立信会计金融学院,讲师,硕士研究生,研究方向:体育教育训练学和基因组学;秦曼,上海立信会计金融学院体育与健康学院,院长,教授,博士研究生,研究方向:学校体育学和教师效能;周航,上海立信会计金融学院,讲师,硕士研究生,研究方向:体育教育训练学;王靓,上海立信会计金融学院,副教授,研究方向:运动训练学;谭丽,上海立信会计金融学院,讲师,研究方向:运动训练学及数据分析;陆建明,高级教练员,研究方向:竞技体育;曹银行,上海体育学院,副教授,博士研究生;陶焕芝,上海市师资培训中心附属闵行实验中学,中级职称,研究方向:学校体育学;翟鲁波,上海立信会计金融学院,讲师,硕士研究生,研究方向:体育教育训练学。

青少年健康发展的意见》,(以下简称《意见》)中提到,要充分利用国民教育体系的培养资源,鼓励建设高水平运动队或将具有开展条件的高校纳入竞技体育人才培养序列。2021年,浙江省发布的《浙江省人民政府关于鼓励支持社会力量办体育加快推进体育改革与发展的若干意见》,成为全国范围内首份鼓励和支持社会力量办体育的省级政策文件。2021年9月上海发布的《上海市体育发展"十四五"规划》中提到要调动各区、高校、企业、社会组织等积极性,探索更加开放多元的办队模式,加快形成体制内与体制外相结合的竞技体育管理体制和评估体系。从国家发展层面而言,社会力量办体育已然成为国家体育发展的重要议题,并在个别省份的实践中成功破题。

(二)竞技体育发展模式更迭

学者赵吉峰认为自我"造血"模式是未来竞技体育高质量发展的基本模式,在此基础上,职业体育与专业体育应协同发展,同时要依靠科技的支撑,只有三者共同协作,才能达到理想的竞技体育发展状态。同时,竞技体育要与群众体育并行发展,打造良好的体育共生模式。我国目前正处于体育综合改革的高速通道上,体育单招、体育中考、体教融合、课程一体化等体育领域中的各项命题正值研究的高峰期,如何多方面助力实现体育强国战略发展?如何使竞技体育早日实现理想的发展模式?上海立信会计金融学院(以下简称我校)作为与上海市体育局、崇明训练基地、虹口区体育局多方联合建设的上海市花剑队是高校作为社会力量助力竞技体育发展的大胆尝试。从我校作为直接委托方的角度剖析管理机制及评价体系的优势及问题,以期为吸引更多的社会力量参与联办优秀运动队提供模式借鉴。

(三)高校作为社会力量的现实需要

早在1999年,国家体育总局就出台相关社会力量联办竞技体育的政策,并进行了初步尝试。在此后数年间,高校作为体教结合、体教融合的重要载体,主要在运动员的学习和训练方面发挥作用。但从竞技体育高质量发展模式而言,高校作为社会力量(如中国乒乓球学院、中国足球学院等),有必要与企业、俱乐部、社会组织等共同作为协办主体助力竞技体育的发展。从国家竞技体育机制改革方面而言,举国体制已向市场化运作方向迈进,传统的"大锅饭"粗放型发展模式已不适合当今时代的潮流。高校集训练、教学、专业于一体,在场馆资源、人力资源、教育资源等方便拥有先天优势。缓解学训矛盾、加强体育素养、实现个性化教学,高校无疑是高水平运动队的最佳选择。

二、问题和机遇

(一)我校市花剑队情况简介

我校作为第一批高校与上海市体育局联合培养一线队的试点单位,于2007年正式签订承办市花剑队协议,并成立上海金融学院市花剑队(2016年改名为上海立信会计金融学院市花剑队,以下简称我校市花剑队)。教练员、运动员属于上海市体育局编制,文化学习、日常管理、训练参赛及后勤保障等由学校负责。我校市花剑队运动员编制为男、女运动员各10名,共计20名。教练员编制暂设为男、女花剑主教练员各1名,副教练员各1名,共计4名,编制隶属于上海市竞技体育训练管理中心。

在队伍发展过程中,经费主要依靠上海市教委和上海市体育局的拨款。其中市教委每年投入建设经费90万元,市体育局每年投入建设经费100万元。联合承办队伍至今,我校市花剑队运动员曾代表上海市参加奥运会、亚运会、全运会等比赛。在各类重大比赛中斩获奖牌80余枚,其中金牌12枚、银牌17枚、铜牌51枚。参加的主要赛事有2009年亚洲击剑锦标赛、2013年第十一届全国运动会、2013年第十二届全国运动会、2014年亚运会、2017年第十三届全国运动会、2019年世界大学生运动会、2021年世界大学生运动会选拔赛以及2021年第十四届全国运动会等。主教练陆建明、运动员徐云迪在第三十二届奥运会、第十四届全运会上获得突出贡献奖。

(二)我校市花剑队面临的问题

1. 发展过程中急需解决的问题

在上个周期发展过程中,尽管取得了一些成绩,但受体育强国战略思想和体教融合理念的改革思潮影响,我校市花剑队暴露出在发展过程中的一些弊端,主要分为内部受限和外部制约两大方面。

(1)运动队缺乏"造血"功能,未能形成"双高"型共生模式。"双高"型是培养竞技体育人才的路径之一,指的普通高校以弹性学习的方法对高水平运动队进行培养。一方面对高水平运动员进行专门组班,以"学分制、延长学制、个性化授课、补课"等方式进行培养,缓解学训矛盾,提高运动员文化素养。另一方面为托举竞技体育人才向高水平后备人才迈进铺路,为运动员提供专业训练、专业竞赛、专业保障、专业出口的平台,实现运动员反哺学校和社会。观之我校,目前运动队共有教练员 4 名,在训在编运动员 20 名,教练员层面,教练员团队尚缺乏核心领导力。在训练过程中缺乏对行业最新技战术的分析研判能力和相关经验的科学总结,不足以达到高水平的教练团队、高水准的科研团队的要求。运动员层面,后备人才储备不足。2021 年,我校市花剑队共招收 5 名运动员进入一线队伍,其中男子花剑 3 名、女子花剑 2 名,为新周期选拔了优秀苗子,但女子花剑缺少新的尖子队员。运动员中年龄差别较大,且运动员生源不一,有的为职业运动员,有的为高水平学生运动员,所代表的身份不尽相同,导致在训练比赛过程中缺乏内生动力。

(2)训练比赛配套经费不足,成绩未能实现重大突破。自 2007 年合作办队至今,上海市教委和市体育局在整个合作周期内的拨款总额未产生变化,但随着市场经济的发展和物价的飙升,相关的训练成本和比赛成本增加,一定程度上影响运动员的竞技状态。同时,对于运动队的管理方式相对粗放,相关的规章制度、训练规范等制度建设不够健全,对训练过程的监督力度较小,客观上影响比赛成绩。在上个周期中,上海市花剑队未获得奥运会参赛资格,近两届亚运会、全运会也未取得个人或团体前三名的成绩,成绩方面没有重大历史性突破。受制于大环境影响,近几年我校与国际优秀队伍之间缺乏技战术深度交流,对击剑领域新的训练理念、训练方法、体能指导、伤病预防等方面的获取路径相对单一。

2. 新周期管理办法带来的冲击

2022 年 6 月,上海市体育局印发《上海市体育局联办优秀运动队管理办法(试行)》(以下简称管理办法)。管理办法对联办机构、过程管理、经费管理和责任权利方面进行了改革,为我校市花剑队发展带来新的冲击。

(1)办训理念带来的成绩压力。管理办法中提到新周期坚持"人才优先,效益至上"的原则,新周期对运动员在奥运会、全运会等比赛中获得的成绩与奖励挂钩,直接影响整个运动队的经费支持力度。在新周期中,我们急需根据新周期办训目标定位,重构竞技体育后备人才培养理念、培养模式、培养制度、培养保障和人才评价等元素,不断调整运动队办训理念,形成新的发展思路,扭转队伍现状,力争在成绩方面有所突破。

(2)量化评价带来的管理挑战。管理办法中提到"对联办机构采用综合量化评价,开展过程管理",并对体育局和联办机构的责任权利进行界定。这就意味着我校承担运动队全面管理职责,办队情况接受市体育局综合量化评价和过程化管理。这与传统的联办管理方式不同,增设了体育局监管的力度和不定期抽查制度。这一转变需要我们肩负起运动队管理职责,全面负责运动队有关疫情防控、安全事件、反兴奋剂及赛风赛纪等责任。

(3)取缔编制带来的人员变动。联办机构原则上不设事业编制,依据绩效导向原则,对特别优秀的高层次人才(高水平运动员)落户进编采取"一事一议",同时,取消教练员事业编制。这对运动员和教练员都是新的挑战。目前我校运动员和教练员的编制问题亟须解决。这些新的规定直接影响教练员和运动员的收入,这个变化对今后我校办队思路和办队投入带来新的挑战。

(4)学校设置带来的职责归属。通过访谈我校体育与健康学院秦院长、领队张老师、行政人员及教练员,笔者认识到我校市花剑队归属我校二级学院管理,在训练过程中与我校的单招高水平运动队实行区别管理,在比赛参与方面个别赛事没有明确的划分,参加比赛所获得的成绩既代表我校,亦代表上海市。训练基地方面有专门的击剑训练中心,训练过程中除了击剑中心外,会运用到我校田径场、气膜体育馆、健身房等场地资源,在运动员监测方面除了有专门的队医,另外有配备专业的体育老师进行科研。目前,国内体育局与高校联办优秀运动队的模式中,主要分为:设有专门的机构直属学校领导管理、依托体育学院或体育与健康学院管理、挂靠学校单位名称实则在训练基地三种。我校属于第二种模式,该种模式存在的优势在于体育与健康学院可依托自身专业优势进行综合管理,如赛事报名、赛事参与、训练监督等,但缺点在于与日常承担的体育教学工作不同,运动员的学习和训练未能在学校层面真正意义上实现专业知识的个性化精准指导。

(三)我校市花剑队面临的机遇

1. 社会力量办训已成为国家体育强国战略的重要议题

国家体育总局"十四五"规划中提到"推动整合体育系统、教育系统以及社会力量资源,形成上下协同、横向贯通、精英汇聚的训练格局"。一线运动队是优秀运动员、前沿训练技术的代表,高校是运动理论、运动技术研究的基地。利用高校产学研的优势,将科学研究、运动训练、资金投入进行有机整合,充分释放政府、社会、市场等多元主体活力,实现"训、企、校"三方的合作共赢是社会力量办训的重要实现路径。

2. 上海市体育局对社会力量办训的政策文件导向明确

2022年3月,上海市发布的《上海市体育发展"十四五"规划》中提到,坚持政府体制与市场机制结合,推动竞技体育集约化、科学化、社会化、职业化发展。为充分发挥教育、体育两个领域、两种资源优势,进一步优化融合机制,创新融合模式,近年来上海市体育局与社会力量联办运动队已在多个区进行实践。这些都为我校办训及后期引入其他社会力量提供了政策导向。

3. 我校已具备双高型竞技体育人才培养的"金名片"雏形

2007年至今,我校市花剑队已经成为我校的一张名片。合作期间,我校建立了横向与体育系统合作、纵向与中小学衔接的"省队校办"模式。我校现有在职专职体育教师58名,绝大多数毕业于国内顶尖体育大学,拥有较强的科研能力,可以继续为运动员训练提供科研支持,我校市花剑队运动员等级有国家健将和一级运动员,具备高水平技战术能力。高质量科学研究团队和高水平运动员为组建"双高型"竞技体育人才培养提供了得天独厚的条件和优势。

三、对策建议

(一) 充分发挥自身"造血"模式,打造内部循环管理系统

加强一线队伍自身"造血"功能是竞技体育良性发展的基础,也是竞技体育内在动力和自身组织能力的重要体现,是社会主义市场经济下竞技体育高质量发展的必然选择。

1. 加强机制创新,激发内部驱动

体制机制是一个团队高质量发展的保障。联办机构要以运动队的长期发展为目标导向,以在全运会、奥运会等重大赛事中实现成绩的突破为关键,在此前提下,要从宏观制度方面进行完善。一是制定和落实教练员和运动员的日常训练制度。在运动员方面,制定训练监管制度、体能抽查制度、队伍管理制度、奖惩制度;在教练员方面,制定技战术分析制度、岗位遴选制度、大赛计划制定制度,形成相对规范的"队内方案"。二是以激发运动队内生动力为出发点,做好相关保障制度。如医疗保险制度、队医跟踪制度、经费使用管理办法、后备人才培养及退役安置制度,形成从后备人才到参赛队伍,从训练到就业的闭环系统,实现运动队的长效发展机制。三是吸取国内外竞技人才培养的先进经验和模式,根据我校的实际发展情况,将相关的训练理念、参赛经验

等扩充到体制创新中,进一步缩小与全国乃至世界优秀运动队的管理方面存在的差距,从规章制度方面对运动队形成开放与约束并存的局面,提升一线运动队的训练质量。

2. 立足市场需要,发挥专业优势

一线队运动员拥有得天独厚的技术优势,但现实情况是竞技体育与社会需要之间有鸿沟,两者未能实现有机融合。一是从市场需要出发,有针对性地对运动员的体育文化素养进行个性化教学,一方面能为运动员退役后的就业创造岗位核心竞争力和胜任力,创造更多的就业机会。另一方面,吸引更多的社会力量关注竞技体育,做大做强竞技体育的辐射面和效益,反哺运动队发展。二是从花剑项目特点出发,深度挖掘项目的比赛文化、服装特点等具有特色的软实力,从文化建设方面入手,从项目宣传力度出发,拓展击剑项目的社会认可度和接受度,定期定时举办与群众同气连枝的组织项目服务体育活动,使整支队伍形成自我认可度高、乐于奉献、富有活力的运动氛围。三是从新修订的《体育法》出发,切实保障运动员权益和运动队权益,带动竞技体育无形资产的开发和宣传,实现高校与社会在人才培养、队伍建设、资金支持、社会服务等方面的深度融合。

3. 重视科技支撑,服务运动训练

科学技术是竞技体育高质量发展的重要保障之一。科学的技战术训练理念必须通过不断应用在一线运动训练过程中才能得到充分的施展。要正确处理科学研究与运动训练的关系,重视体育科技攻关技术,提升一线队可持续发展的后劲。一是要整合单位体育科研团队的组建工作,打造一支专业能力强、基础知识扎实、年龄结构合理的复合型科技攻关团队,继续强化科技助力和复合型团队建设,对运动员的日常训练、生理生化等方面进行科学的追踪,学习和借鉴最新训练理念,大力推进训练创新。二是从运动员的身体特点出发,汇总基因组学、代谢组学、营养补充等方面的数据,发挥骨骼肌适应性、运动员健康筛查等方面的重要作用,建立适用于个体运动员的疲劳监测和精准训练模型。三是在遵循最佳道德标准和数据保护原则和政策的基础上,运用多组学技术和大数据机器学习,集成训练学、运动学、医学、遗传学等交叉学科的内容,最大限度地发挥运动员的才能,将最新的研究成果引入运动训练过程,提升国内运动基因组学研究的水平,从新的视角为高水平运动员疲劳监测及精准训练提供思路。

4. 探索介入路径,打造品牌效应

信息化时代为竞技体育的发展带来新的机遇,随着生活环境的多情景化,社会层面将目光聚焦于体育衍生品。随着新的管理办法出台,运动队配套经费亟须借助其他途径获取,在此发展前提下,承办单位要从自身运动队实际出发,探索多路径的介入。一是赞助与合作方面,可从花剑队服角度出发与中国传统民族品牌如回力、安踏、李宁等进行合作,联合推动击剑项目普及化。可从击剑项目体能特点出发,探索与新兴运动项目(花样跳绳)等进行项目之间的深度融合,推动运动项目的可持续发展。可从击剑项目的高雅运动属性出发,与出国留学机构、华尔街英语等相结合,为出国深造的学生提供技术指导和平台搭建,为击剑项目国家化发展提供路径。可从击剑器材出发,尝试与手表、计时器等品牌进行冠名合作,推动品牌在赛事中的宣传力度。二是将运动员进行分层管理,成绩好的运动员可签约俱乐部,解决部分资金问题,后备人才可重点加强形象管理(如董力现象),适当对接和参与相关体育综艺节目,在宣传运动项目的同时带来经济效益。

(二)借助政府政策文件支持力度,疏通外部循环评价梗阻

新管理办法的出台已经从总则、基本原则、基本要求、审核流程、过程管理、经费管理、责任权利、参赛选拔和考核变更等方面做出明确界定。新管理办法符合约束与激励相容相束、具备稳定性和选择性激励三方面的条件,承办单位须在新管理办法的前提下进一步解读新管理办法的精神内涵,从自身的项目特点和学校发展特点出发,为运动队的长期发展疏通阻碍。

1. 加强顶层设计,放权行政手段

如何将合作双方的效益得到最大化的实现是顶层设计时必须考虑的守则。管理办法中提到,建立运动员、教练员优势互补、资源共享、人员流动的友好合作关系,充分发挥各自积极性,除按竞赛规程规定必须代表上海市外,其他可冠名参赛,运动队冠名需遵循公序良俗原则,体现上海城市精神和中华体育精神,这一定程度上为一线队自我发展和管理提供了方向。相较于传统的举国体制办运动队,新管理办法承办单位在行政权力方面已然实现较大的自主权和话语权。承办单位在进行过程管理中除了明确自身的责任权利,应注意方式方法的运用,在不违背管理办法的前提下尽可能发挥自身优势,促使运动队建设在保障各方效益的过程中实现绩效的最大化。政府要在过程中充分发挥宏观调控作用,正确处理好体育局、高校及相关联办单位的复杂要求,维持好多元利益主体共存共生,达到竞技体育良性发展的相对均衡,避免权力交叉滥用。

2. 善用科技团队，搭建智能平台

要想在重大赛事上成绩有所突破，就必须有雄厚的科技人才队伍作为支撑。上海作为国内竞技体育发展的前锋，拥有雄厚的人力物力财力资源。在科学技术方面，上海市体育局、上海市体育科学研究所和上海体育学院拥有先进的体育攻关核心技术。当今世界是大数据时代，是信息流通的高速通道，体育管理部门应充分调动各方人力资源、科技资源、信息资源等，加速加快科学研究成果转化，广泛吸纳国内外优秀体育人才，搭建跨学校、跨机构的人才流通渠道，组建一线队核心技术攻关团队，从体能训练、大赛储备、赛后恢复、伤病预防等方面为运动员提供服务保障。在智能体育方面，"体育＋"已在多个运动项目、多种运动场景中得以实现，如在马拉松比赛中，通过在运动鞋上放置芯片，可动态监测运动员的步频、配速甚至心率等指标，在网球比赛中，通过在网球拍手持柄中置入感应器，能动态监测运动员的跑动轨迹、移动速度、体能消耗能数据（目前仅作为赛后技战术分析，不可在比赛过程中实时监测指导，不可作为商业用途）。此类现象在体育领域已屡见不鲜，但如何对获取数据进行大数据处理，如何搭建一、二、三线队技术支持共享系统管理部门可以作为重要抓手。

3. 赋能多元主体，注重深度合作

国家体育总局的"十四五"规划和上海市体育局的"十四五"规划中均提到社会力量包括各地区、高校、企业和社会组织，所以在严格意义上，竞技体育的发展需要多元主体的联合助力。企业可提供冠名赞助，学校和俱乐部可提供场馆、人力资源，社会组织（如单项协会）可提供赛事资源等，然而无论哪种社会力量都只能在其中承担一部分的职能，无法仅凭一己之力完成整个竞技队伍的长期发展。只有充分发挥政府与社会力量的衔接，协调政府和各联办主体之间的合作与竞争，进一步促使各主体职责各司其职，才能共同推动优秀运动队集约化、科学化、社会化、职业化发展。多元主体在合作过程中如何实现多边共赢，其核心在于权责的界定，纳吉姆在其著作中提到，政府与其他社会组织之间存在的关系无外乎四种，即合作、吸纳、互补和冲突，因此，在多元主体共存期间，政府在发挥"掌舵"作用的同时，必须正确面对和处理四种关系，正确区分各每个主体的权责和角色，达到合作共赢的协同关系，调适好政府、社会及市场力量之间的平衡机制，界定好各主体的责任范围、边界和方式，保持和维系竞技体育的稳定发展行列。

4. 突出地域优势，推进评价改革

上海作为国内最早实现社会力量办训的城市，虽然在市场化运作下尚没有为竞技体育输送一线运动员的先例,但在体育领域改革中处于全国前列水平,如近年来的体育中考改革、中小学体育一体化、基本运动技能等级标准研制等。在体育竞赛方面,2020年东京奥运会上,上海运动健儿共为祖国获得5金4银2铜,进一步提升了上海的体育知名度。在承办国内外高级别赛事方面,上海是国内最早举办国际体育大赛的城市,如国际田联田径钻石联赛、ATP网球大师赛(1000积分赛)、F1车赛等,高规格比赛的承办、规范化的制度保障、科学高效的训练都为上海市竞技体育的发展提供了优势。在竞技体育发展改革浪潮中,必须契合上海市城市发展理念和上海市体育发展规划,进一步推动评价体系改革和先进制度经验的积累,积极承办高级别赛事,将赛事作为文化交流、训练理念、体旅融合的重要载体,推动地区经济增长,积极传播上海城市精神和中华体育精神,促进区域间竞技体育的竞争与合作,共同推动我国竞技体育上新的台阶。

参考文献

[1] 赵吉峰,邵桂华.我国竞技体育高质量发展的系统动力学模型与模拟仿真[J].上海体育学院学报,2022(3).

[2] 彭国强,高庆勇.新阶段竞技体育助力社会主义现代化强国建设的时代机遇与战略路径[J].天津体育学院学报,2022(5).

[3] 方媛,陈晓雪,金育强.基于解释结构模型的我国竞技体育国际话语权影响因素研究[J].体育学刊,2022(5).

[4] 陈德旭.新时代我国体育产业高质量发展内涵、困境及策略[J].体育文化导刊,2022(9).

[5] 柳鸣毅,敬艳,孙术旗,孔年欣,魏零壹,刘松.行政放权与多元赋能:"社会力量办体育"的中国方案——基于浙江省改革实践的案例分析[J].上海体育学院学报,2022(9).

[6] 谢云.我国竞技体育后备人才培养:发展现状与路径选择[J].天津体育学院学报,2022(5).

[7] 刘波,黄璐,王松.新时代大学体育的时代使命、维度生成与发展路径[J].北京体育大学学报,2022(7).

[8] 杨国庆.体教融合背景下我国高校高水平运动队建设:历史考察、经验凝练与优化策略[J].北京体育大学学报,2022(7).

［9］陈睿,黄高端,刘永峰,王兴宇,严浩铭,胡峻嘉,艾榆淋.21世纪全球竞技体育格局空间态势演变及中国应对方略[J].体育科学,2022(7).

［10］李中文,胡果,杜尚泽.开创我国体育事业发展新局面.加快把我国建设成为体育强国[N].人民日报,2017-08-28(1).

［11］张学兵,章碧玉,孟令飞.社会力量办体育实践经验与启示——以"温州模式"为例[J].体育文化导刊,2022(4).

［12］辜德宏,田兵兵,郑广霞.我国竞技体育发展中社会和市场力量的成长模式研究[J].天津体育学院学报,2022(2).

［13］崔佳柠.体育社会组织承接政府购买公共体育服务的发展困境与混合治理研究[D].山西师范大学,2021.

［14］范成文.我国老年人体育服务社会支持系统研究[D].湖南师范大学,2019.

［15］陈星飚,郭晓培,梁凤波.国内外高校高水平运动队培养模式研究综述[J].广州体育学院学报,2022(3).

［16］缪佳.上海竞技体育在建设全球著名体育城市中的发展探索与思考[J].体育科研,2022(3).

［17］訾彤.现代化竞技体育训练基地对区域发展的推动作用——以上海崇明体育训练基地为例[A].国家体育总局体育文化发展中心、中国体育科学学会体育史分会.2021年"一带一路"体育文化学术大会论文摘要集[C].国家体育总局体育文化发展中心、中国体育科学学会体育史分会：国家体育总局体育文化发展中心,2021.

［18］张文鹏,周有美,杨闯建.改革开放以来国务院《政府工作报告》竞技体育治理的关注度研究[J].天津体育学院学报,2022(5).

［19］王松,陈怡莹.从"清华模式"到大学体育高质量发展的思考——刘波教授访谈录[J].体育与科学,2022(5).

［20］吴楚楚,胡孝乾,沈圳.英国竞技体育后备人才培养治理权力架构与治理体系研究[J].体育与科学,2022(5).

［21］叶雷雷.新时代体教融合背景下中国特色竞技体育后备人才培养的困境及策略分析[J].南京体育学院学报,2022(9).

［22］方媛,陈晓雪,金育强.基于解释结构模型的我国竞技体育国际话语权影响因素研究[J].体育学刊,2022(5).

［23］张瑞林.我国竞技体育教练员队伍建设影响因素及对策[J].中国体育教练员,2022(3).

［24］杨小丽,杨小明.体育强国建设背景下高校网球运动推广策略研究[J].文体用品与科技,2022(17).

［25］袁煜闯,王爺.困局与纾困：基于史密斯模型的校园足球政策执行分析[A].国家体育总局体育文化发展中心、中国体育科学学会体育史分会.2022年第六届中国足球

文化与校园足球发展大会摘要集[C].国家体育总局体育文化发展中心、中国体育科学学会体育史分会：国家体育总局体育文化发展中心,2022.

[26] 郭晓培,钟秉枢.我国高校高水平运动队发展探析[J].体育文化导刊,2022(3).

[27] 乔曦,梁勤超.美国高校高水平运动队建设经验与启示[J].体育文化导刊,2022(2).

[28] 王俊亮,葛春林,吴宾.我国高校高水平运动队时空布局：演进规律、布局现状及影响因素[J].天津体育学院学报,2021(5).

[29] 刘敬林.高校高水平运动员的体育教育与管理探索——评《学校体育教育与高水平运动队训练管理研究》[J].热带作物学报,2021(3).

[30] 郝光安,李贵森."体教融合"的关键问题、发展思路与实践探索——以大中小学运动技能等级标准制定为例[J].北京体育大学学报,2021(1).

[31] 郭振,茹亚伟,毕金泽.我国大学高水平运动队的体教融合研究："清华模式"的探索[J].北京体育大学学报,2021(1).

[32] 胡应国,陈秋屹,蒋波,毛建军,万勇,何佳芮.大学高水平运动队后备人才培养路径研究[J].西南师范大学学报(自然科学版),2020(12).

第 3 篇 体育产业

上海市户外运动发展空间和路径研究

林章林　张思帆　刘元梦[*]

[摘　要]　在户外运动大力发展的背景下,为探明上海市户外运动发展空间和路径,本课题一是对国家和上海市相关政策进行了梳理,明确上海市户外运动发展目标和规划;二是通过户外运动的研究综述,理清了户外运动的定义、特点和类型;三是通过文献资料、实地调研和问卷调查等,对上海市户外运动进行了SWOT分析、发展现状分析,总结了上海市户外运动发展存在人群、产业、空间和管理冲突的问题;四是利用空间作图法对上海市户外运动实体空间、产业空间、虚拟空间的发展新形态进行了重塑;五是提出上海市户外运动应拓展三重空间、遵循六个发展路径和五条立法意见的发展建议。

[关键词]　户外运动;户外运动空间;上海市户外运动;户外运动项目;户外运动政策

一、研究背景

(一)时代呼唤发展

1. 发展新阶段提出新要求

随着我国全面建成小康社会,国民消费结构出现了较大变化,城市的高强

---

[*] 本文作者简介:林章林,上海体育学院经济管理学院,副教授,博士研究生,研究方向:体育旅游;张思帆,上海体育学院经济管理学院,硕士研究生,研究方向:体育旅游;刘元梦,上海体育学院经济管理学院,硕士研究生,研究方向:体育旅游。

度、快节奏生活促使大众对休闲娱乐、精神文化生活的追求日益增长。户外运动作为兼具体育运动、旅游、休闲和社交等多重属性的活动，能极大地满足长期处在都市生活中的人们对于大自然的向往以及身心健康的需要。

但当前的户外运动不仅面临着事故频发、管理混乱、市场良莠不齐等问题，而且还存在着户外运动空间缺乏的难点和痛点，无法提供优质服务。针对这些困难，我国对"十四五"发展新阶段提出了新要求——以高质量发展为主题。各省市应在以人为核心的基础上，在城镇化建设过程中积极推进户外运动空间的打造，协同好空间、规模与产业的关系，联动好规划、建设与管理的关系，融合好生产、生活与生态的关系，积极构建户外运动高质量发展的空间布局。此外，根据国内外相关行业和产业的发展经验，标准化是其转型升级的必经之路，是发展质量的根本保证，这也是对高质量发展国家战略的深化落实。只有这样，户外运动行业才能健康发展，才能为户外运动参与者提供规范、标准、高质量的服务。

2. 冬奥会带动新消费

借助举办冬奥会契机，国内多部门此前接连出台鼓励发展冰雪运动的政策，带动3亿人参与冰雪运动。各省市相关部门也积极响应，已成功形成了冰雪运动"南展西扩东进"的空间格局。如上海市的各类冰雪运动分布于13个区、4所高校，累计举办青少年冰雪赛事5 000多场次，2021年全市参与冰雪运动达200万人次；在终年无雪的广州也出现了冰河湾、融创雪世界等独具岭南特色的冰雪天地，成为一部分广州市民固定的娱乐方式。随着科技的助力，冰雪运动的大发展摆脱了空间约束，形成冰雪运动新场景，促使冰雪运动向四季延伸、在全国"遍地开花"，让当地民众不出家门就能感受冰雪运动的快乐，成为大众生活和消费的新风尚。

3. 统一大市场引发新动能

2022年4月10日，《中共中央 国务院关于加快建设全国统一大市场的意见》发布，明确提出要加快建立全国统一的市场制度规则，打破地方保护和市场分割，打通制约经济循环的关键堵点，加快建设高效规范、公平竞争、充分开放的全国统一大市场。

"统一"的关键在于尽可能消除地区差异，但因各地发展情况各异，所以先建立区域性统一市场是建设国内统一市场的有效手段。目前已经形成的京津冀、长三角、珠三角等区域则可以成为区域经济一体化的"领头羊"，可加速推动形成全国范围内的不同区域一体化，最终实现统一大市场的目标。而近年来,体育极大地推动了区域一体化的进程。如长三角地区积极探索区域体育一体化,带动了长三角城市群的协同发展。但随着经济的一体化发展,"统一"的最终呈现方式将表现为人员、资源等的流动,对体育而言更是如此。如2021年举办的第八届长三角运动休闲体验季,该项活动从5月持续到10月,涉及浙江三站、上海一站和江苏、安徽各两站。这类跨区域的大型活动容易引发结构性矛盾,如外地游客可能会侵占本地居民的休闲空间,因活动建造的场地仅能供比赛使用等。

因此,统一大市场的提出既为户外运动的发展提供了良好的环境和"养分",也引发了对区域时间、空间等各类资源合理利用和调配的思考。

(二)政策指明方向

1. 国家户外运动政策(附件一)

从2010年开始,国家就相继出台有关体育与健身的相关政策,对户外运动行业的发展一直保持支持和鼓励发展的态度。国家的政策主要围绕户外运动项目、设施建设、发展形态、户外运动安全四方面展开。

(1)在户外运动项目方面,空间决定项目。如2016年的《冰雪运动发展规划(2016—2025年)》和2019年的《关于促进全民健身和体育消费推动体育产业高质量发展的意见》,均表明了要针对地区情况来发展适宜的户外运动项目。此外,随着"绿水青山就是金山银山"理念的践行,以及户外运动本身与自然亲近的属性,相关政策也开始强调户外运动与自然的连接。如《"十四五"体育发展规划》《"十四五"旅游业发展规划》《关于构建更高水平的全民健身公共服务体系的意见》,都充分表明要推动自然资源向户外运动开放,对一些生态稳定性好、环境承载能力强的森林、草原、湖泊、湿地、沙漠等自然空间依法依规进行科学规划,制定相关户外运动活动目录。

(2)在设施建设方面,积极拓展户外空间。国家引导和推进健身休闲设施,如户外营地、休闲绿道、户外运动公园、运动船艇码头等,并积极完善户外运动配套设施,如停车、供电、供水、环卫、通信、标识、应急救援等。

(3)在发展形态方面,打造新消费场景,主要有户外运动旅游和户外体育赛事。《关于大力发展体育旅游的指导意见》和《关于促进全域旅游发展的指导意见》均表明要发展具有较大市场需求的户外运动旅游新产品,涉及冰雪、航空、山地等类型。在《"一带一路"体育交流活动计划》中,更是指出要大力发展运动休闲旅游,打造体育旅游精品线路。此外,国家积极引导扶持业余精品赛事,在《关于加快发展体育竞赛表演产业的指导意见》中鼓励开展户外运动等各项目赛事,并通过等级评价的方式推动其规范发展。

(4)在户外运动安全方面,营造安全户外空间。在甘肃白银马拉松百公里越野赛事故发生后,国家相继出台《关于进一步加强体育赛事活动安全监管服务的意见》《关于建立健全体育赛事活动"熔断"机制的通知》和《关于进一步加强户外运动项目赛事活动监督管理的通知》,进一步实行分级分类管理,督促各类体育赛事活动组织者密切关注气象、水利、地震、自然资源、交通运输、卫生健康、应急管理等部门发出的预警信息及有关灾害、事故信息,加强防范,及时启动"熔断"机制。除此之外,《"十四五"文化和旅游发展规划》和《关于构建更高水平的全民健身公共服务体系的意见》也对户外运动有关安全的内容提出了相关要求,加强了户外运动项目赛事活动制度化、标准化、规范化建设。

2. 上海市户外运动政策(附件二)

上海市政府在国家政策的指导以及在自我城市规划下,有关户外运动的政策主要围绕户外空间、设施建设、赛事发展、建设管理四方面展开。

(1)在户外空间方面,上海市呈现出"全面开展蓝网绿道体系建设,强化全域公园的有机串联"的趋势:《上海市"一江一河"发展"十四五"规划》提出推进"一江一河"上游及主要支流的蓝绿生态走廊体系建设,为市民提供更多的公共休闲、生态绿色空间;《关于加快本市体育产业创新发展的若干意见》提出积极推进徐家汇、嘉定、长兴岛、前滩、南桥、松江、罗店、长宁等体育主题公园的建设;《上海全球著名体育城市建设纲要》提出要充分利用城市的"金角银边"构建居民休闲空间;《关于推进上海市公园城市建设的指导意见》中对各类公园的概念、建设要求等作出了说明。

(2)在设施建设方面,上海市关注与生态空间的融合发展:《"健康上海2030"规划纲要》和《关于加快本市体育产业创新发展的若干意见》都充分表示要大力建设城市绿道、体育主题公园和沿江、沿河、沿湖体育休闲设施;《健康上海行动(2019—2030年)》也表明要在公园、绿地、林带等建设嵌入式体育设施;《上海市体育发展"十四五"规划》更是明确指出要构建公共体育设施"四极、三片、两带、一环、多点"格局,强调体育设施与自然的融合。

(3)在赛事发展方面,上海市积极构建匹配现代化国际大都市的赛事发展空间布局。一边积极打造本土化品牌赛事,一边引导赛事的科学布局。在《关于加快本市体育产业创新发展的若干意见》中表明要着力提升上海户外赛事的质量,建立本土自创品牌赛事;《上海市体育赛事体系建设方案(2021—

2025年)》则积极引导自然资源禀赋较好的郊区,因地制宜地举办各类户外运动赛事,形成差异化、品牌化赛事发展格局;并依托苏州河深挖水上运动文脉资源,积极举办假日赛事,大力发展夜间赛事。

(4) 在建设管理方面,上海市紧抓户外空间的规范化发展。上海市相关部门相继提出了《上海市郊野公园建设设计导则(试行)》《上海市高危险性体育项目(攀岩)经营许可实施办法》《上海市郊野公园运营管理指导意见》《上海市口袋公园建设技术导则》《上海市居民住宅区室外公共体育设施建设与管理的指导意见(试行)》和《上海市公园绿地游乐设施管理办法》,规范有序地推动上海市户外运动空间的打造。

3. 疫情激发需求

自2019年末新冠肺炎疫情袭来后,给人们的生活带来了长远的影响。在身体层面,新冠肺炎最容易发生在免疫功能较差的人群中,这就要求人们需要通过运动锻炼来增强自身抵抗力,从而降低感染风险;在心理层面,居家隔离以及病毒感染的不确定性致使人们容易出现紧张、害怕、焦虑甚至恐惧等情绪,需要通过一定的途径去舒缓和排解;在消费层面,人们可以走出家门,户外运动成为大多数人运动休闲的选择。其中露营、飞盘、房车旅行等出现爆发式增长,各类旅游网站也纷纷推出一些新玩法,户外运动得到快速推广。疫情防控无疑是给户外运动的发展插上了"翅膀",提高了户外运动在国内的渗透率,因此也引发了人们对户外运动空间更多、更高的要求。

二、户外运动的研究综述

(一)户外运动的概念

一直以来关于户外运动的概念在学界都存在一定的讨论,国内外学者基于不同的理解为户外运动的定义作出了界定(表1)。从表1中可看出,国内外学者主要从运动项目、探险、教育、休闲游憩的角度进行阐释,这其实主要是基于户外运动不同类型的角度进行的表述。而概括较为完全、更符合现代户外运动概念的则是孙永生、史登登(2013)提出的:户外运动是在自然环境或人工模拟环境中开展的以游憩、教育、竞技、探险为目的的体育活动的统称。这不仅将户外运动的环境拓展到人工模拟的环境,同时将户外运动的各种目的作了综合表达,Watkins S. Alam F.(2014)和宋学岷(2012)也认可这一看法。

表 1 国内外学者对户外运动的定义

视角	国内外	基 本 定 义	相 关 学 者
运动项目	国内	户外运动是指在自然场地进行的一组集体运动项目群	孙班军(2007),董范等(2009)
	国外	户外运动又称自然运动,泛指在自然环境中开展的体育运动	Clawson M, Knetsch JL (2013)
探险	国内	户外运动是指一种带有探险挑战性质的运动	李久全,高捷(2008)
	国外	户外运动是指非机械性的、与自然环境有互动联系的、包含一定风险和危险因素,收益具有不确定性并且受参与者和自然环境影响的一系列户外游憩活动	Alan Ewert(1990)
教育	国内	户外运动是在自然环境中开展的,以户外运动的基本知识、技术和技能为教学内容,以培养学生参与户外运动所需的素质为教学目的,有计划有组织实施的教育活动	操学诚,吴德祖(2006);李正贤(2008)
	国外	户外教育是一种在户外环境中开展的,强调多感官直接的体验,并综合与自然环境、社区环境和个人环境的接触来实现教和学的方法	Ken Gilbertson (2006); Katherine Joy Pinch (2005); Arthur Owen Sanderson (2005)
休闲游憩	国内	户外运动是指人在与自然融合的过程中,借助于现代高科技手段,最大限度地发挥自我身心潜能,向自身挑战的娱乐休闲项目	齐震(2008)
	国外	户外运动是指在自由时间内自愿参加在自然环境中开展的,且突出人与自然环境有互动关系的游憩活动	Sessoms (1975); Moore, Driver (2005); Ryan Plummer (2009)

而随着城市化的不断发展,城镇居民不断增多,居民健康观念和体育参与意识的增强,户外运动又逐渐凸显出城市户外运动这一类别。城市户外运动的定义在学界并没有清晰表述,但有学者阐述了城市居民和户外运动的关系。城市户外运动主要为了满足城市居民亲近自然、释放压力、缓解情绪、健康体

魄的需求,在城市内或周边郊区展开,是一种城市居民新的生活方式(岳同岩,2009)。

(二)户外运动空间

有关户外运动空间的概念,学界并没有形成统一的学术表达,只有少部分学者对其进行了一定的探讨。马欣祥、田庄(2015)将户外运动空间分为三类:第一类为纯自然环境;第二类为在自然环境的基础上进行一定程度开发的环境,如森林公园;第三类是人工创造的模拟自然的环境。吴一洲等人(2015)认为,城市户外运动休闲空间在城市或近郊,属于城市游憩空间的主要一类,参考美国旧金山的娱乐和开放空间规划(Recreation & Open Space Element in San Francisco General Plan),高品质的城市户外运动空间应当具备综合性和多功能性、归属感、公平性和可达性、连通性、健康与安全、生态功能与完整性、持续管理等特征。

城市户外运动空间在不同时间段也呈现着不同的形式。从工业革命前的广场、体育场,到工业革命后的植物园、动物园等,再到20世纪以来从单纯的绿地拓展至商业、文化空间和水域,直至发展到现在的专业化体育公园、慢行绿道等。但随着时代的发展、技术的不断革新,户外运动也逐步实现产业化发展,形成自己的产业空间。此外,依托物联网、大数据等新技术,以及疫情、元宇宙的催化,户外运动虚拟空间的出现也成为可能。

(三)户外运动的特点

户外运动区别与其他运动最关键的特征即为与自然的互动。此外,还体现着多样性、综合性、延伸性的特点(马欣祥、田庄,2015)。多样性主要体现在活动内容、户外运动形式和目的的多样性;综合性体现在户外运动不仅是对人体素质的全面锻炼,而且还需要在掌握运动技能的基础上,懂得自然和环境的相关知识;延伸性则表现在户外运动除了能在身体层面强健人的体魄,更能让人在精神层面有愉悦的感受。

(四)户外运动的类型

户外运动的类型丰富多样,根据不同分类方式可以将户外运动分为不同类型。按地理空间可以分为水、陆、空户外运动;按户外运动的目的和功能可以分为健身性、娱乐性、探险性的户外运动;按户外运动的专业性可以分为大众休闲和专业户外运动;按户外运动过程中人和自然的联系程度可以分为自然类和半自然类运动。

综上所述,本课题中的户外运动在目的上主要指的是亲近自然、释放压力、缓解情绪、健康体魄、游憩、教育,在内容上是以健身娱乐性、大众休闲类的户外运动为主,水陆空、自然类和半自然类户外运动均会涉及;而户外运动空间在区域上指的是在城市或周边郊区,在环境上则为自然环境或人工模拟环境。

三、上海市户外运动发展的 SWOT 分析

(一) 发展优势(Strengths)

1. 区位优势

上海地处中国海岸线的中点和长江入海口的交汇处,属于亚热带季风气候,气候温暖,水量充足。上海位于长江入海口,河海连运,海陆空交通便利,地理位置优越,对外交往十分便利。此外,上海有众多港口航道、湿地滩涂、风能潮汐能等海洋资源丰富,拥有天马山、佘山等山地资源,各类地形相对具备,成为发展各类户外运动的良好基础条件。优越的地理位置和庞大的经济腹地使上海具有了得天独厚的区位优势,成为国际经济、金融、贸易、航运、科创等五个中心的国际化大都市,为上海市户外运动发展提供了不少的便捷之处,也是上海持续发展的重要禀赋资源。

2. 经济优势

作为长三角区域发展的核心城市,上海具有高度开放和发展现代服务业的优势,并且各类产业丰富齐全,致力于打造"全产业链"。2021 年,上海市的 GDP 总量为 43 214.85 亿元,比上年增长 8.1%。分产业来看,上海的第一产业增加值为 99.97 亿元,第二产业增加值为 11 449.32 亿元,第三产业增加值为 31 665.56 亿元。其中,上海的服务业增加值已经占到全市经济总量的七成以上。上海经济发展的良好态势能够为上海户外运动的发展奠定稳定的经济基础。近年来,上海积极建设户外运动场地和设施,如新建改造体育场馆设施等,为上海户外运动的进一步发展提供了依托优势。

3. 人文环境优势

文化是城市形象的表达,上海作为国际化大都市,以海纳百川的姿态面向

世界汲取各色文化,以其特有的地域特征孕育了海派文化等。魅力独特的海派文化,营造了多元、开放、包容的体育氛围,人们对于户外运动的需求也向多元化方向发展。如今,人们参与户外运动的形式丰富多样,除了身体力行地参与各种活动外,户外观赛也成为闲暇生活的重要组成部分。正是强大的群众基础,推动了各类运动项目的发展和国际体育赛事的开展,使很多小众项目拥有了受众基础和发展空间,如F1大奖赛、ATP网球大师系列赛等具有国际影响力的传统赛事,上海苏州河城市龙舟国际邀请赛,世界龙狮锦标赛等体现中国文化元素的民俗赛事;还有九子、舞龙、舞狮等民间传统体育项目等。特别是近年来户外健身热潮的兴起,掷飞盘、划桨板等昔日的新兴项目正吸引越来越多的关注和参与,这也得益于多元的体育文化与充满海派气息的上海已经找到了契合点。

(二)发展劣势(Weaknesses)

1. 地形不够多元

大量户外运动项目的开展都与地方特殊的地形地貌有着紧密联系。例如:在海岸资源丰富的地区,适宜开展潜水、帆船等体育运动;在地势平坦的平原、高原地区,适宜开展骑马、赛跑等体育运动;在山崖峭壁地区,适宜开展登山、攀岩等运动。上海地处长江下游的长江三角洲冲积平原,海域面积大,海岸线长,具有较为丰富的港口资源、滩涂资源、海洋水产资源和淡水资源。但也正是因为上海周边的海岸线都是上游泥沙冲积而成,因此缺少可利用的沙滩,水域较为浑浊,难以发展水上运动项目。同时,上海虽然也有不少山脉,但普遍高度不高,且地势平坦开阔,难以发展户外登山、攀岩、滑翔等运动项目,导致户外运动的多元化发展相对受限。

2. 民俗活动发展有限

从民族类型来看,上海现有少数民族55个,基本覆盖了国内所有少数民族,类型较为多元。但从人口比重上看,少数民族2021年仅占上海市人口的1.6%,在全市的占比较低,其中参与体育运动的少数民族人数则更少,在一定程度上不利于特色民俗活动的纵深发展。另外,由于宗教信仰、文化风俗等与城市社会存在差异,目前上海城市少数民族人口参与城市文体活动的人数和次数都不多,参与热情度不高,并且面向城市少数民族人口的公共文体活动偏少,多元化服务设施缺乏,因此难以满足他们的特殊文化需求,也使各民族的民俗活动发展受到一定阻碍。

(三)发展机遇(Opportunities)

1. 良好的政策环境

2021年,国务院发布《全民健身计划(2021—2025年)》,提出积极培育户外运动等体育产业,普及推广冰雪、山地户外等户外运动项目,并建立户外运动安全分级管控体系;国家体育总局发布《"十四五"体育发展规划》,指出要重点发展户外运动产业,鼓励社会力量参与建设户外运动营地、打造户外运动赛事活动,推动自然资源向户外运动开放,丰富户外运动赛事活动。2022年,国务院发布《关于构建更高水平的全民健身公共服务体系的意见》,其中重点关注了未来户外运动行业的发展。

2012年,上海市旅游局、上海市体育局、上海市质量技术监督局发布《体育旅游休闲基地服务质量要求及等级划分》,规范了体育旅游休闲基地的建设和服务。2021年,上海市人民政府发布《上海市全民健身实施计划(2021—2025年)》,提出要提升水上运动、户外运动等设施功能,优化布局各类社区体育设施。这些政策和举措正是上海户外运动发展的重要指导思想,也为上海户外运动的发展起到了保驾护航的作用。

2. 城市更新的推动

产业转型升级是引导城市空间形态转变的核心动力,也是推动城市公共休闲空间更新优化的重要动力。随着上海城市化进程的推进,陈旧的基础设施、缺乏吸引力的景观以及被污染破坏的生态环境都难以满足人们休闲生活的需要,可见城市更新行动迫在眉睫。在此背景下,将已经废弃的工业设施、工厂等拆除,改造为博物馆、餐饮娱乐等多元化休闲场所,使其焕发新的活力,就显得尤为重要。上海通过城市更新,使原本的城市空间重新规划和使用,打造了"15分钟社区生活圈""城市体育公园""城市商业综合体"等城市体育空间,也促进了户外运动空间的发展。上海市政府在规划建设过程中对徐汇滨江重新定位,不仅将废弃的工业企业搬迁,同时也对闲置的工业遗存和历史建筑进行空间改造,以文化产业为主导,积极打造"西岸文化走廊",重新赋予徐汇滨江休闲功能,为人们带来了全新空间的感受。可见,在城市更新的推动下,对废旧城市空间进行空间重组,赋予新的功能,能够有效推动上海户外运动空间新发展。

3. 户外运动需求的迅速增长

上海经济发达,工作生活节奏快,人们越来越重视户外活动,想要通过休闲娱乐、身心放松来满足自身对美好生活的追求。特别在经历了新冠肺炎疫情后，休闲理念和休闲行为正发生着激烈的变革，人们对于体育锻炼和强身健体的消费需求意识被唤醒，更加注重锻炼身体以提高自身免疫力。城市居民更希望在自家门口进行户外运动和户外活动，所以居所周边的户外运动空间的数量及功能都会影响城市居民的居住满意度和生活质量的提升。可以看到户外运动已成为城市人的基本生活方式，休闲功能成为所有城市必不可少的功能之一，推动城市户外运动空间进一步更新和丰富。上海聚焦打造"15分钟社区生活圈""15分钟体育生活圈""家门口的好去处"等，其中既有家门口随时可达的小型公园，也有时尚街区、文化服务站、运动建设器材等社区生活设施，为城市户外运动空间增添了新的内容和活力，促使生活空间更加宜居。

（四）发展挑战（Threats）

1. 异业竞争挑战

产业结构的调整一定程度上表现为城市产业空间布局的变更，产业的发展带动各种资金、劳动力、技术等经济资源向城市中心流动，人口的集聚与城市用地布局和城市空间形态有着密切联系。同时，在城市空间重组、功能调整的过程中，不同产业发展重心不同、方式不同，为维护各自利益，不同产业之间必然存在一定的竞争关系。一般来说，良性竞争有利于促进自身产业优化和提升，但恶性竞争则会对产业的发展造成一定危害。户外运动空间的拓展，往往需要场地、基础设施等各方面的修建，这在空间上对城市形态就会产生一定的影响。然而也存在一些商家为了自身利益，对公共空间的过度使用，导致户外运动设施适用范围缩小，其他利益相关者的合法使用权益无法得到体现，对户外空间的可持续性发展产生了阻碍。

2. 长三角一体化挑战

伴随着长三角一体化深入发展，区域内部竞争日趋剧烈。虽然长三角体育产业规模超过全国体育产业总规模的34%，成为区域经济建设重要的增长极，并呈现良好的一体化发展态势，但仍存在协同发展不畅、地区联动不足、资源利用不充分等问题。要实现长三角一体化发展，并非只是地区间简单的融合，而是在市场驱动条件下实现资源要素的全面流动和跨区配置。不同城市间的产业结构、行政分割，甚至对于不同体育资源的利用都存在较大差异性，在这样一个大区域范围内且存在多元主体参与的情况下，如何实现统一化管理,并因地制宜满足不同人群在不同地形、地貌的户外运动需求,成为当前一体化战略框架下体育产业协同发展的前提条件。另一方面,受地理区位、资源禀赋、人文历史等多方因素影响,长三角地区体育产业发展的梯度特征也十分明显。总的来说,信息化发展水平不平衡,在区域联动中存在信息不对称、不透明等问题,更加大了统一管理的难度。上海作为长三角地区的核心城市,应积极发挥自身力量。上海的户外运动发展,既要抓住长三角一体化所带来的机遇,也要应对面临的外围压力和挑战,在资源配置、产业管理、赛事联动等环节发挥作用,形成多元治理主体平等合作、可持续的协同发展格局,从而规避恶性竞争。

四、上海市户外运动发展现状

(一)上海市户外运动发展概况

上海市户外运动起源于户外运动商品的流通。从 1997 年仅有几家户外运动品牌,到 1999 年上海成立第一家户外运动俱乐部、2006 年一些俱乐部开始尝试走商业化俱乐部的道路,再到 2008 年上海市登山运动协会成立、2009 年 30 多家户外俱乐部联合签署行业自律公约,到现在上海有百余家户外运动俱乐部。根据 2021 年的数据,上海市目前人均体育场地面积为 2.44 平方米,距离 2025 年人均体育场地面积 2.6 平方米的目标还差一些,且 16 个区发展差异较大,如松江区人均体育场地有 2.62 平方米,而杨浦区和黄浦区人均体育场地则分别只有 1.11 平方米和 1.32 平方米。这与上海市户外运动的需求形成了较大反差。

作为户外运动的主要客源地之一,上海的户外运动发展主要可以从户外运动项目发展、参与群体、运营主体、运动空间、管理五方面展开。

(1)在户外运动项目发展方面,上海市具备一定自然特色资源,有完善的路网体系,建设有多个体育公园、绿化步道等模拟自然环境的人文资源,较为适合发展山地运动项目、水上运动项目和航空运动项目。

(2)在户外运动参与群体方面,根据参与者的需求和目的基本可以划分为四类群体:主要参与家庭活动和户外教育的 18 岁以下人群;为了身体放松和减压的 18～29 岁人群;工作稳定,想要培养兴趣,体现自我价值的 30～49 岁人群;为康健养生、延缓衰老、感受户外运动魅力的 50 岁以上人群。

(3) 在户外运动运营主体方面,主要有俱乐部、协会。目前上海已有市级户外运动协会 52 家,已有户外运动俱乐部 38 家,主要包含了海陆空各类户外运动项目以及上海市特有项目如上海市社区"九子"运动协会等。

(4) 在户外运动空间方面,上海市积极建设体育公园、运动中心、运动基地,并不断完善漫步道、跑步道、骑行道等,构建城乡公园体系和蓝网绿道体系。其中上海建有 30 个体育公园,能基本覆盖全年龄段群体的户外运动需求。

(5) 在管理方面,基于户外运动本身属性和功能的多元化,其实涉及市体育局、市容绿化局、住建局、旅游部门、教育部门等多个不同的行政主体。但行政管理部门不明确,导致户外运动产业发展缺乏主线、管理范围模糊等现象较为普遍。

(二) 上海市居民对户外运动项目和空间的感知分析

为更好地了解上海市居民对上海市户外运动项目和空间的感知情况,课题组采用问卷调查的形式,共发放回收 516 份问卷,剔除未参与过上海市户外运动项目的问卷和一些其他问题的问卷后,共收集有效问卷 508 份。相关分析如下。

1. 上海市被调查居民基本情况(表 2)

在被调查的上海市居民中,男女比接近 6∶4,这与男性平均参与户外运动较多的情况相符。被调查居民常住区域集中在浦东新区,其次为黄浦区、闵行区、静安区。年龄段集中在 80 后和 90 后,然后是 70 后与 00 后。76.37% 的被调查居民为企业职工,由此可见可能由于企业职工的工作压力过大,所以在企业工作的人更愿意进行户外运动。此外,进行户外运动居民的月收入集中在 6 001~15 000 元。

表 2 上海市被调查居民情况统计表

性别与人数			
性　别	人数	性　别	人数
男	194	女	314

续 表

常住区域

区　域	人数	区　域	人数
黄浦区	50	闵行区	55
徐汇区	35	宝山区	35
长宁区	27	嘉定区	18
静安区	41	金山区	6
普陀区	28	松江区	23
虹口区	20	青浦区	18
杨浦区	29	奉贤区	9
浦东新区	110	崇明区	4

各年龄段占比

年龄段	比例(%)	年龄段	比例(%)
40后(1940—1949年)	0.20	80后(1980—1989年)	36.22
50后(1950—1959年)	0.39	90后(1990—1999年)	42.72
60后(1960—1969年)	2.56	00后(2000—2009年)	8.46
70后(1970—1979年)	9.45	10后(2010—2019年)	0

不同职业占比

职　业	比例(%)	职　业	比例(%)
政府机关/事业单位职工	8.47	学生	7.68
企业职工	76.37	工人	0.39
个体工商户	2.56	离退休人员	1.18
自由职业者	3.35		

续 表

月收入占比			
月收入	比例(%)	月收入	比例(%)
2 000 元及以下	5.12	10 001～15 000 元	32.29
2 001～6 000 元	10.63	15 001～20 000 元	13.19
6 001～10 000 元	30.31	20 001 元及以上	8.46

2. 上海市被调查居民户外运动项目感知情况

(1) 户外运动参与原因。根据图1显示,508名被调查居民中,进行户外运动的原因中79%是休息放松,其次为健身、消遣娱乐和享受自然。可以看出上海市居民进行户外运动最主要的原因是想释放压力、休闲放松,对于社交和挑战探险的欲望没有那么强烈,这符合在前文中对城市户外运动的相关描述。

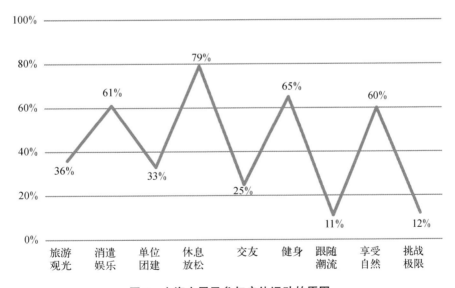

图1 上海市居民参与户外运动的原因

(2) 户外运动项目参与情况。从户外运动项目参与情况来看(图2),上海市居民大多数会选择便于在城市进行的跑(散)步、骑行,其次才会选择需要去特定环境的登山、露营、篮球等户外运动。可见,方便快捷是城市户外运动需要优先考虑的重要因素,这也是上海市打造生态蓝网绿道、建设口袋公园、社区公园等的重要原因。

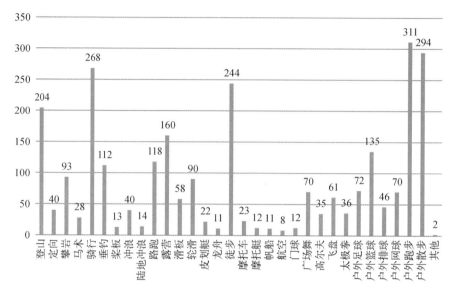

图 2 上海市居民户外运动项目参与情况(单位:人)

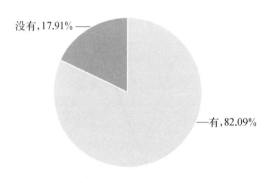

图 3 上海市居民参与户外运动比赛情况

(3)户外运动赛事参与情况。在赛事参与方面(图 3),绝大多数居民都没有参加过与户外运动相关的比赛。这可能一方面是因为他们参与户外运动只是为了锻炼和休闲娱乐,并没有进行专业化训练;另一方面是因为相关的比赛数量少或宣传不到位。参与过户外运动比赛的居民大多参加的都是上海市较为知名的路跑类和定向类赛事,如上海马拉松、城市定向赛等。

(4)户外运动信息获取渠道。在户外信息的获取渠道方面(图 4),上海市居民会从微信、短视频、朋友处获取户外运动信息的超 50%,其次为微博、网站、俱乐部、户外广告等。这主要是由于现在人们获取信息多基于互联网,而微信、短视频等 APP 几乎占据了绝大多数网民的手机,流量巨大。

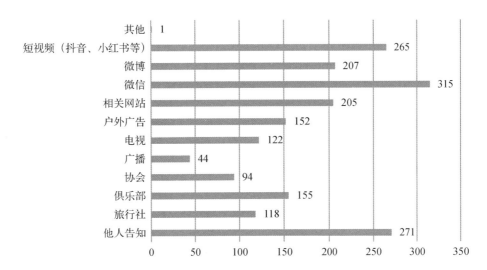

图4　上海市居民户外运动信息的获取渠道（单位：人）

（5）户外运动频率和时间段。由于城市生活节奏快，工作压力大，大多数市民都会在周末休息日的时候通过户外运动来休闲放松（图6）。但随着上海市健身步道、绿地绿道、楼宇空间的建设，城市居民生活区周边体育空间的逐步扩大，促使上海市居民能更弹性地利用自己的空闲时间，不定时地进行户外运动（图5、图6）。

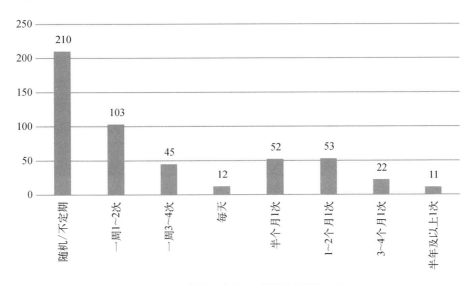

图5　上海市居民户外运动频率（单位：人）

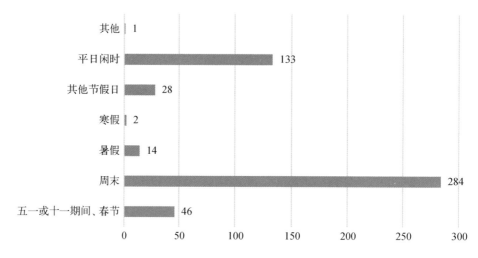

图6 上海市居民户外运动时间段(单位:人)

（6）户外运动组织情况。根据图7的数据显示，上海市居民进行户外运动多为自发组织，其次是单位或户外俱乐部组织。可以看出上海市户外运动的发展还没有形成较为完善的组织体系，缺乏相应的供给链条。根据户外运动与自然融合的特性，自发组织的自然类户外运动存在较高风险，应当尽量降低自然类户外运动的自发组织率。

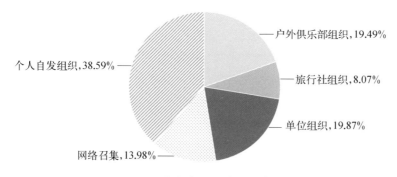

图7 上海市户外运动组织情况

（7）户外运动参与费用和消费类型。22.24%的上海市被调查居民每年在户外运动上的花费为501～1 000元，其次为500元以内、1 001～2 000元(图8)。2021年户外运动花费5 000元以上的人均消费额度同比去年下降33%，新冠肺炎疫情后，越来越多的人选择徒步、爬山等更为日常便捷的方式锻炼身体。这样就导致相对消费会少很多,且主要集中在购买相关装备或设备及餐饮和交通上,其他如住宿、保险等方面的花费占比相对较低(图9)。

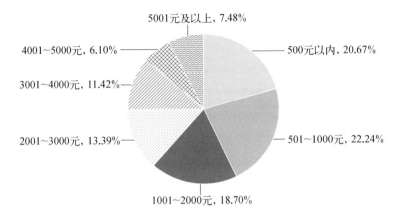

图8 上海市居民户外运动的参与费用

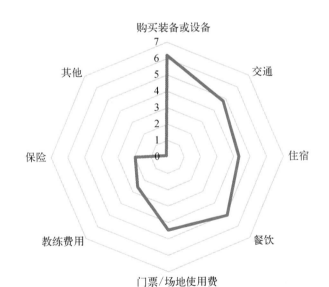

*选项平均综合得分=(∑频数×权值)/本题填写人次

图9 上海市居民户外运动的消费类型平均综合得分雷达图

(8) 户外运动风险感知情况。特殊天气/地质灾害、高温/低温伤害属于自然风险;安全宣传不到位、缺少预警机制、保障救援体系不完善、组织协调沟通不力属于组织风险;其他则属于人为风险。图10的数据显示,各类户外运动风险的发生可能性比较平均,都相对较高。这一方面展示了人们对户外运动安全的关注以及担忧,另一方面表明了户外运动的不可控和风险预防机制的不完善。

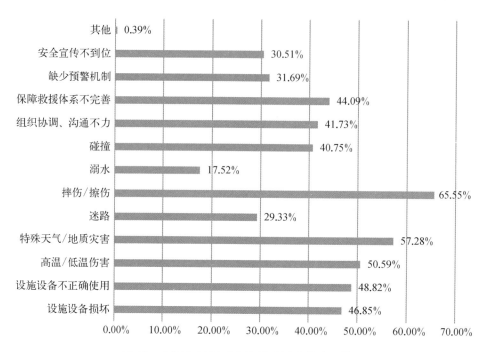

图10　上海市居民对户外运动风险的感知情况

3. 上海市被调查居民户外运动空间感知情况

(1) 户外运动区域选择情况。上海市居民选择日常进行户外运动的区域依次是城市公园、体育公园和专业场地,选择景区和社区/街道开设空间进行运动的占比接近,而选择非专业场地进行户外运动的最少(图11)。可以看出上海市居民在选择户外运动场地时主要考虑的是自然条件优越,尤其是体育设施专业完善、自然条件较好的区域。景区虽然自然条件也较好,但体育设施融入不足;社区/街道开设空间和非专业场地则要么是体育设施欠缺,要么是环境不够好。所以,环境和专业体育设施的相互融合对于户外运动场所来说十分关键。

(2) 户外运动环境偏好情况。具体到户外运动场所的环境,上海市居民更喜欢舒适轻松的环境,其次是可观赏自然景观、熟悉和了解的环境,再是有

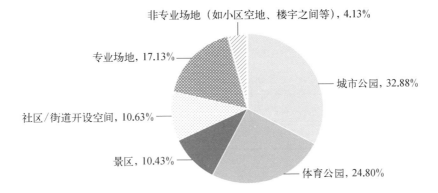

图 11 上海市居民户外运动区域选择情况

历史文化气息的环境(图12)。而让人最舒适轻松和熟悉了解的环境就是自己日常工作生活的场所,因此建设良好的城市生态体系,将体育融入社区、公司等日常生活环境对于城市户外运动的发展十分有利。

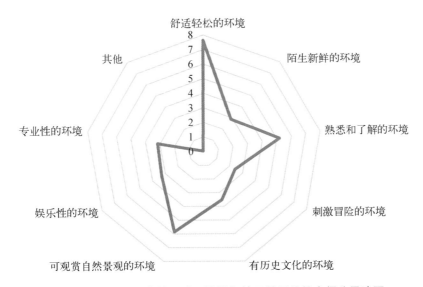

图 12 上海市居民户外运动环境偏好情况的平均综合得分雷达图

(3) 户外运动过程中对周边环境的感知情况。接近70%的上海市被调查居民对于户外运动过程中周边环境都表达了比较好及以上的态度(图13),这表示上海市对于自然环境的保护和维护相对较好。但在户外运动过程中,仍然会存在破坏环境的行为,如乱丢垃圾、破坏植被、随地吐痰、损害公共设施等(图14)。这一方面需要提升户外运动参与者的公共素养,另一方面也要加强对破坏环境行为的组织管理。

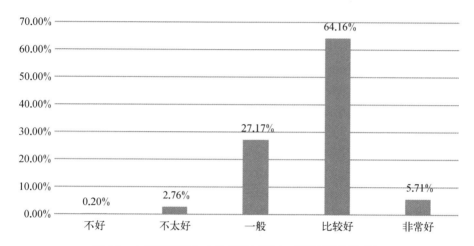

图 13　上海市居民在户外运动过程中对周边环境的感知

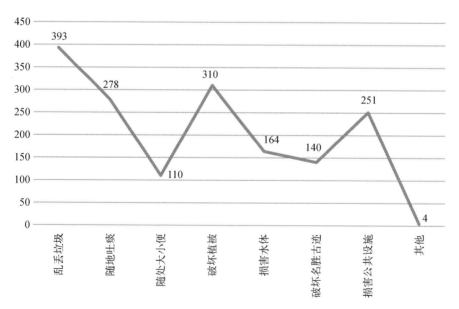

图 14　上海市居民对户外运动过程中破坏环境行为的感知(单位:人)

4. 交叉分析

(1) 代际与获取户外信息渠道的交叉分析。从图 15 可以看出,40 后获取信息的渠道最为简单,完全依靠"他人告知"和"微信"的方式,50 后获取信息的渠道则较为均衡,60～00 后在获取户外信息渠道上呈现出线上渠道占比大于线下渠道的情况。随着时代的发展,越来越多信息载体的出现,促使大众有较多选择来获取自己想要的信息。积极老龄化的提出也让越来越多的老年人开始慢慢适应新型的线上传播方式,如 60 后也会使用微博、短视频等新媒体平台。不过由于老一辈人既有的生活习惯,他们倾向于使用传统方式。当前许多户外运动信息在选择传播载体的时候会更可能选择线上平台,从而较为容易造成各代际群体获取信息的不对称,形成一定的代际矛盾。

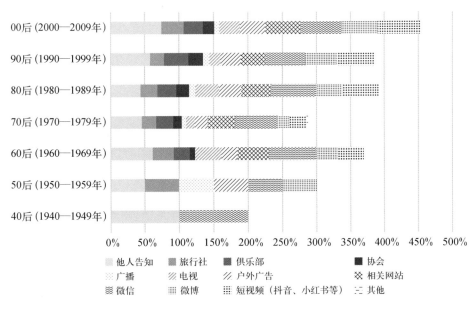

图 15　代际与获取户外信息渠道的交叉分析图

(2) 职业与户外运动区域的交叉分析。根据职业与户外运动区域的交叉分析可知(图 16),各种职业的人群都首选在城市公园进行户外运动,其次就是景区和体育公园。由此可以看出各类人群在选择户外运动区域上具有共通性,而城市公园作为居民最常选择的户外运动场所,各类人群在同一空间的概率大大增加,从而发生冲突的几率也随之提高。

(3) 户外运动时间与户外运动区域的交叉分析。图 17 显示,除寒假外,其

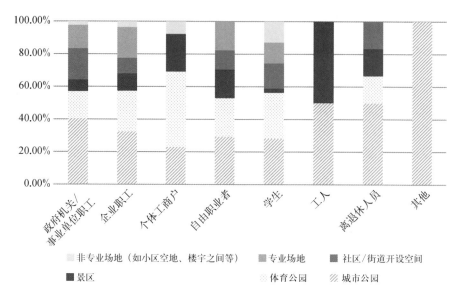

图 16 职业与户外运动区域的交叉分析图

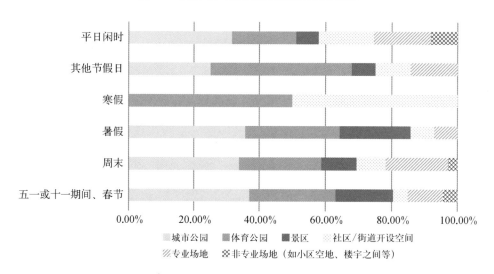

图 17 户外运动时间与户外运动区域的交叉分析图

余时间至少有 5 种以上的户外运动区域供上海市居民选择,其中城市公园是大多数人的选择。但是在寒假阶段,上海市居民主要会去体育公园和社区/街道开设空间进行户外运动。这样就导致这两类空间的承载力过高,从而易引发空间资源的争夺,形成空间上的冲突。

（4）户外运动组织与破坏环境行为的交叉分析。从图18中可以看出，无论是户外俱乐部、旅行社等组织的户外运动，还是个人自发组织的户外运动，都会存在各类破坏环境的行为。其中，乱丢垃圾、随地吐痰、破坏植被、损害公共设施均是较为常见的。由此可见，户外俱乐部、旅行社等组织单位并没有使用或者是没有发挥好自己的管理职能，未对相关人员的不良行为进行积极约束，存在一定的管理问题。

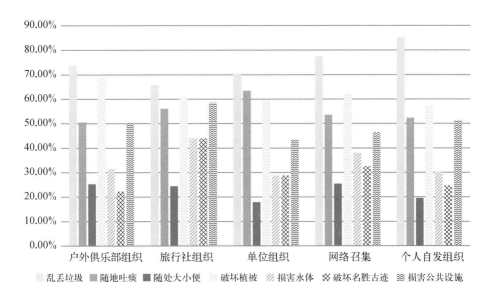

图18 户外运动组织与破坏环境行为的交叉分析图

（三）上海市户外运动发展存在的问题

根据相关分析，上海市户外运动发展存在的问题可以归结为以下四个方面：人群冲突、产业冲突、空间冲突和管理冲突。

1. 人群冲突

对有限资源的索取和需要是人群冲突的主要原因，除此之外，还有文化差异、认知差异、组织制度差异等因素综合影响着人群冲突。人群冲突分为积极冲突和消极冲突，但不管是哪种冲突都需要将其控制在一个合理范围内，只有这样，我们才能更好地发挥积极冲突的作用，也能让消极冲突控制在各方可接受的范围内。如在某一年的中超联赛中，双方球迷早已经在球场外开战，大打出手。这个时候不仅仅是球迷个体与个体之间的冲突，更是赛事组委会与观众之间的冲突。赛事组委会应当提前做好观赛环境保障工作,在安检、看台设施、安全隐患、安保人员、观赛引导等方面都需要进一步完善。

2. 产业冲突

城市产业空间作为城市生产经营活动的集中地,其承载的产业类型不断更迭,反馈的消费需求日益多元,各类新潮奇玩持续涌现。产业空间在发展的过程中所关注的焦点并非是一成不变的,往往在不同阶段,其产业构成不尽相同,体现城市发展的特定阶段属性。正因如此,不同产业由于目的和达到目的的方式不同,在环境、交通、资金、人才等因素的作用下,导致传统产业和新兴产业之间不可避免地存在着一些冲突与矛盾。

随着经济的发展,上海产业发展重点不断发生变化。生产要素从依赖土地、劳动力、能源等传统要素转向知识、技术、信息等新兴要素,使空间选择更加多元化,但也一定程度上加剧了传统产业和新兴产业间资本不协调、人才不匹配、创新实力不均等问题,从而激化产业冲突。从"去哪儿健身"到"15分钟体育生活圈",体育产业的发展已经从立足产业发展需求到立足城市空间资源优化利用,从只关注产业布局到关注产城融合。但体育产业在发展的过程中,与一些传统产业之间必然存在一定的内在矛盾和张力,因此,如何解决体育产业与其他产业间可能面临的冲突,也是当前需要重视的问题之一。

3. 空间冲突

空间冲突是由土地利用冲突概念演变而来的,本质上属于资源稀缺性和空间不可移动性基础上的经济利益冲突。随着城市的更新发展,城市人口和功能不断增加,城市空间多元化转化趋势明显。一方面,由于人们对户外运动需求量的提升,对户外运动空间的开发势必会引发不同规划之间的冲突;同时,户外运动空间的兴建对原有空间资源可能会造成一定的损害,从而导致不同空间利用主体间的经济利益冲突。另一方面,户外运动空间的自身内部也有可能产生一定的冲突。从现实供给来看,目前户外运动空间供需不平衡,导致使用过程中可能造成使用主体在时间、空间上的难以协调。因此,有必要确立户外运动空间的建设导则、合理使用的基本规则等,规范户外运动空间的发展。

4. 管理冲突

管理冲突存在于一切的管理之中,并贯穿于每一个管理过程的始终。管理冲突主要分为主体冲突、客体冲突和主客体间的交叉冲突。

管理主体冲突,主要反映的是当前户外运动的管理规范化不足、缺乏相关标准,还未形成一个综合有效的管理机制。管理客体冲突,是指作为管理的对象,参与户外运动的人员众多,情况复杂,由于一些参与者价值观念和安全意识的淡薄,时常发生人为失误造成的安全问题。当然这也反映出管理主体中户外专业人员匮乏,缺少对群众进行专业的户外运动指导的问题。在相关安全事故中,管理滞后、救援的基础配套设施缺乏也是目前管理中的难点。管理主体与管理客体的交叉冲突,主要是由于政策制度的不健全、管理标准的缺失、行业规范的不完善,导致市场的供需双方存在一定的矛盾。

五、上海市户外运动空间发展新形态

上海市的户外运动从一开始的探索学习,到后来的逐步扩大,再到现在的大众化发展,经历了从无到有、从小到大的过程,这使得户外运动仅凭物理上的实体空间早已无法满足大众对运动休闲的需求。加之近些年国家、上海市的发展规划,体育强国、全民健身的需要,资源的紧张、技术的发展等,都推动了人们对户外运动空间概念的理解,产业空间、数字化空间不断丰富,形成了更多元化的户外运动空间。

(一)实体空间

在城市户外运动空间不断发展变化的过程中,实体空间一直存在,只是其具体形态根据时代的变化在不断变化。上海市目前正在积极打造宜居城市、公园城市、体育城市、绿色城市,在《上海市生态空间专项规划(2021—2035)》中明确表明要构建"一江、一河、一带"蓝绿生态网络和城乡公园体系,上海市的其他政策也在积极推进各类户外空间的建设。总体而言,上海市的户外运动实体空间可以分为绿道绿地、水域、公园、旅游景区、营地、体育旅游休闲基地和都市运动中心七大类。需要说明的是,本课题对户外运动实体空间的划分是非绝对的。根据上海市户外运动空间的实际情况,再叠加不同户外运动项目,这七类空间可能会存在一定程度的重合。

1. 七类实体空间

(1)绿道绿地。上海市目前绿道总长已达 1 300 千米,主要分布于外环林带、黄浦江滨江空间、苏州河滨水之间以及各社区公园、绿地之中。"十四五"期间,上海将建设总长 100 千米的外环绿道,重点打通断点,串联绿道成线成环成网,形成连续、舒适、安全的慢行游憩空间(图19)。经初步梳理,外环绿道共有146个断点,包括市政道路断点68个、河道断点39个、公共设施断点20个、超大型断点19个,2022年计划打通其中的25个断点。目前,多部门正开展环城绿带慢行空间专项研究,将根据不同断点类型,主要以建设桥梁和涵洞等方式,逐步打通绿道断点,最终实现外环绿道的无障碍贯通。届时,将有条件在外环绿道内开展环上海中心城的马拉松项目或自行车赛,让上海更有魅力。至2035年,将建成约2 000千米的骨干绿道。

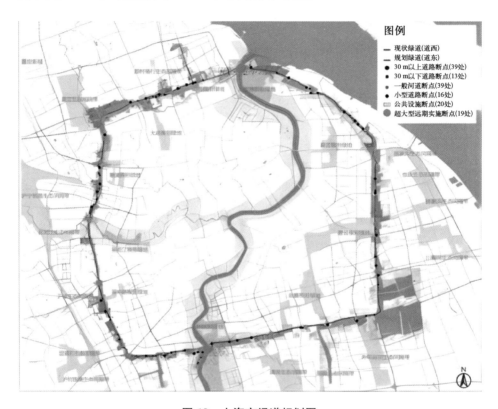

图19 上海市绿道规划图

为进一步规范上海市绿道建设,有效提高绿道建设质量和水平,上海市绿化管理指导站主编的《绿道建设技术标准》(DG/T J08—2336)应运而生。该标准适用于上海市绿道的设计、施工、质量验收和养护管理等。

此外,针对绿地建设,将按照城市公园标准,上海市正在全面建成并开放森兰、碧云、三林、桃浦楔形绿地;加快推进北蔡、吴淞、大场、吴淞江、吴中路楔形绿地前期研究;启动三岔港楔形绿地规划建设研究(图20)。

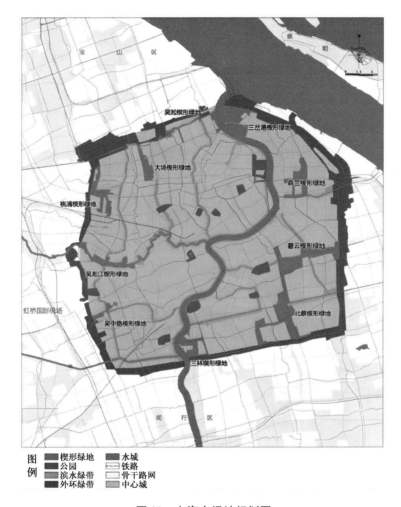

图20 上海市绿地规划图

(2) 水域。水域主要包含湖泊、湿地、河道等。截至2021年,上海市共有河道(湖泊)47 086条(个),河道(湖泊)面积共649.214 6平方千米,各区河湖面积、河湖水面率如表3所示。在新城建设中,上海市聚焦嘉定远香湖、奉贤金海湖等大型湖泊,打造以湖泊为核心的特色绿化景观空间。《上海市城市总体规划(2017—2035年)》中表明要不断增加公共空间,形成连续贯通的公共岸线和功能复合的滨水活动空间。至2035年,全市将形成226条水绿交融的河道空间,主城区生态、生活岸线占比不低于95%。通过不断恢复河道水系功能,形成市域蓝色网络。

表3 2021年各区河湖面积、河湖水面率统计表

行政区域	面积（km²）	河道（湖泊）面积（km²）				河湖水面率（%）
		河道	湖泊	其他河道	小计	
合计	6 340.50	519.682 5	75.313 5	54.218 7	649.214 5	10.24
浦东新区	1 210.41	121.966 4	4.598 6	11.984 6	138.549 6	11.45
黄浦区	20.46	1.890 1		0.025 0	1.915 1	9.36
徐汇区	54.76	3.984 4		0.037 7	4.022 1	7.34
长宁区	38.30	0.993 8		0.132 1	1.125 9	2.94
静安区	36.88	0.599 2		0.097 0	0.696 2	1.89
普陀区	54.83	1.930 9		0.129 2	2.060 1	3.76
虹口区	23.48	0.870 8		0.093 7	0.964 5	4.11
杨浦区	60.73	6.008 9		0.288 9	6.297 8	10.37
闵行区	370.75	32.687 0	0.612 4	0.846 2	34.147 4	9.21
宝山区	270.99	17.062 4		4.526 7	21.589 1	7.97
嘉定区	464.20	38.288 7	0.634 2	1.166 2	40.089 1	8.64
金山区	586.05	40.356 6		2.272 6	42.629 2	7.27
松江区	605.64	47.318 7	0.292 8	3.683 1	51.294 6	8.47
青浦区	670.14	64.001 4	57.278 6	4.084 0	125.364 0	18.71
奉贤区	687.39	51.305 4	0.540 9	3.926 1	55.772 4	8.11
崇明区	1 185.49	90.417 8	11.356 0	20.925 6	122.699 4	10.35

（3）公园。为贯彻落实"人民城市人民建,人民城市为人民"重要理念,进一步优化"市民—公园—城市"三者的关系,积极破解超大城市生态环境建设瓶颈,不断推动绿色空间开放、共享、融合,上海市着力实施千座公园计划,以"公园＋体育"带动城市活力,结合公园绿地布局各具特色的市民休闲健身与运动场地、场馆,为市民提供环境优美的健身场所,建立多层次、多要素的公园

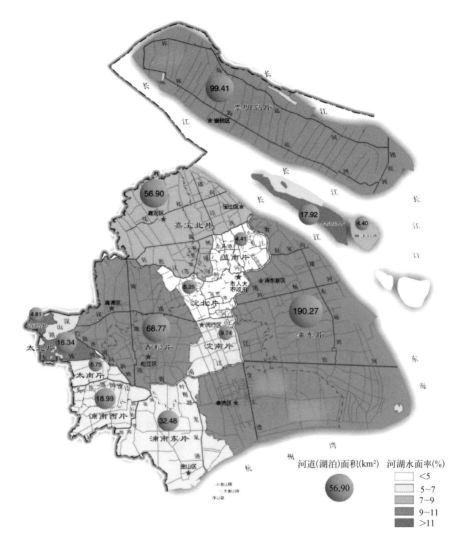

图 21　2021 年上海市各水利片内河湖面积及河湖水面率统计图

城市。上海市公园类型主要包含城市公园、郊野公园、社区公园、口袋公园和乡村公园 5 大类（图 22，详见附件三）。其中，城市公园一般位于城镇开发边界内或紧邻城镇区域，是居民日常使用频率较高的公园；郊野公园主要以生态涵养、远足度假和体验自然野趣为主，一般位于城镇开发边界外且自然条件较好，是市民进行户外休闲、户外教育的好去处；社区公园则与"15 分钟社区生活圈"相对应，强调步行可达性，主要满足社区邻里日常的休闲需求；而口袋

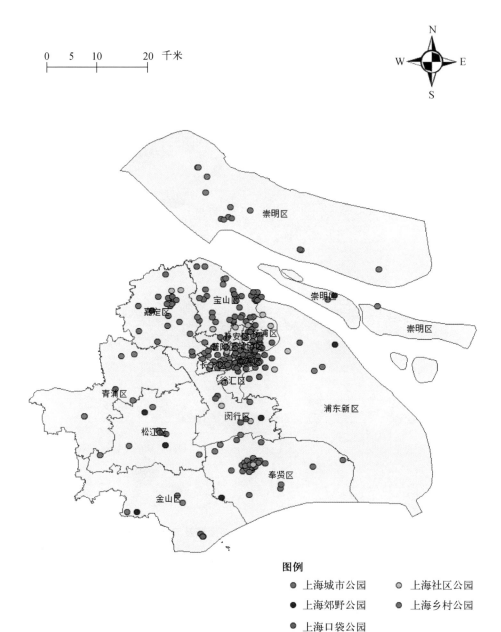

图 22 上海市各类公园空间分布图

公园则是社区公园的良好补充,在社区公园无法覆盖的地方就可以建设口袋公园,选址较为灵活,且尺度比较人性化;乡村公园既可为乡村居民提供休闲游憩空间,提升生活品质,又能美化乡村环境,传播乡村本土特色文化,带动乡村旅游业的发展,推动乡村振兴,降低城乡差异。上海市目前积极推进相关公园的建设,这不仅是提升市民幸福感的手段,更是提升城市软实力的重要抓手。各类公园不仅能与城市空间有机融合,促进生产、生活、生态空间和谐统一,而且也能良好展现上海的红色文化、海派文化、江南文化,增强城市吸引力。

(4) 旅游景区。近年来,随着体育旅游的不断升温,单纯的观光旅游早已无法满足游客的需求,且旅游景区的重游率相对较低。面对瞬息万变的游客市场,旅游景区的转型显得尤为迫切。而景区作为风景秀丽、自然风光良好的环境,则十分适合"+体育"发展户外运动,提升景区新活力。

上海作为拥有130个A级旅游景区的城市(图23),可以充分将景区分级分类,因地制宜地嵌入体育设施,融入体育赛事。在丰富景区内容的情况下,以体育旅游的新视角进行宣传营销,不仅能吸引外地游客,提高重游率,同时还可以盘活市民游客资源,有效推动旅游景区再发展。

(5) 营地。营地主要是随着露营这项户外运动而兴起的游憩空间,上海市的营地主要以房车、露营为主(图24)。在《"十四五"体育发展规划》中提到要鼓励社会力量参与建设1万个户外运动基地;在《长三角地区体育产业一体化发展规划(2021—2025年)》中指出要依托浙江"雁荡山—仙霞岭—千里岗—天目山"、安徽"黄山—九华山—天柱山"等特色自然资源,开发登山、徒步、滑板、骑行、露营等项目,并表明要定期发布"长三角最佳汽车运动营地"。2016年,教育部、国家文旅局联合发布了《关于推进中小学生研学旅行的意见》;2017年,教育部将研学旅行在内的实践活动纳入中小学生必修课程,这表明研学旅行将迎来发展机遇。上海市作为教育改革的先行者,更应注重中小学生的综合素质培养,而户外运动则是锻炼人的综合素养的最佳选择。因此上海市应加大营地的建设,尤其是汽车营地和相关户外教育营地的供给。

(6) 市级体育旅游休闲基地。体育旅游休闲基地主要以提供户外运动以及其他项目为主。上海市目前共有30个市级体育旅游休闲基地,其中3星级8个、4星级18个、5星级4个(图25)。上海市体育局在《上海市体育产业发展"十四五"规划》中曾表明要做大做强体育旅游休闲基地的品牌,从而激发体

图 23 上海市 A 级旅游景区空间分布图

图 24 上海市营地空间分布图

图 25 上海市体育旅游休闲基地空间分布图

育产业新动能。未来上海市也需进一步因地制宜打造体育旅游休闲基地,促进其功能聚集、能级提升、产业空间的完善,从而为大众提供更优质的户外运动服务。

(7) 都市运动中心。上海市十分重视都市运动中心的打造,2021年5月,上海市体育局印发《关于推进都市运动中心新型体育服务综合体建设的意见》,对都市运动中心的定位、发展原则、规划选址、建设标准都做出了相应的说明。目前上海市认定了五项园区型都市运动中心:三邻桥体育文化园、翔立方体育文化综合体、智慧湾、中体城奉贤都市运动中心、云间粮仓运动中心;一项商区型都市运动中心:洛克公园SSR体育综合体;正在嘉定区建设户外都市运动中心(紫气东来沿路公共空间示范段)。各类都市运动中心充分利用城市空间和场地设施资源,不仅是运动休闲的新空间,更将成为健康上海的新地标(图26)。到2025年,都市运动中心将实现全市16个区的全覆盖。

2. 上海市户外运动集聚区(带)

从上海市实体空间分布总图(除水域和绿道绿地)(图27)可以看出,上海市户外运动空间覆盖范围较广,各区均有涉及,呈现出"一区五带五点"的特征。目前上海市户外运动实体空间在上海市主城区形成了区域集聚,这主要是由于中心城区面积小、人口多、基础设施齐全等因素导致,但集聚度过高就会导致户外运动空间过于饱和,发展相对受限,因此户外运动实体空间的建设应更多地从"点"发散到"线"和"面",辐射其他行政区域。通过分布图可以看到,五大新城已经出现了户外运动空间的带状聚集,之后可以根据各区定位和资源,进一步打造具有特色的户外运动集聚带,如奉贤区城市公园资源丰富,可打造城市公园集聚带等。宝山区、浦东新区、崇明区的户外运动实体空间初具聚集趋势,而在金山区和闵行区则为点状分布居多,未来可进一步发展特色集聚区/带。最终形成"一区一环一域"(一区:中心城区;一环:五大新城、宝山区、浦东新区;一域:上海市全域)的户外运动空间布局。

3. 上海户外运动实体空间与项目的关系分析

户外运动项目的开展需要依托一定的空间进行,每一类项目都有相对固定的空间要求。但由于目前正处于户外运动空间大力建设的过程,各类实体空间所适宜的户外运动项目特点并不突出。本课题尝试通过实体空间的资源、项目对环境的需要以及市场开发定位,初步建立实体空间与户外运动项目的对应关系(表4)。

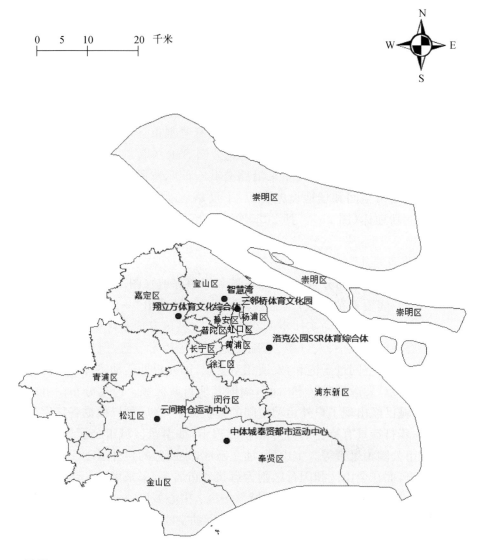

图例
● 上海都市运动中心

图26 上海市都市运动中心空间分布图

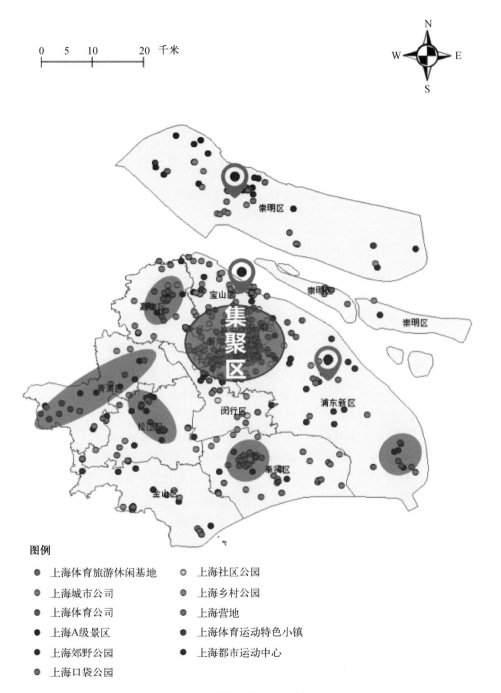

图 27 上海市实体空间分布总图

表 4 实体空间与户外运动项目的对应关系

实体空间	更适宜户外运动项目	户外运动项目举例
绿道绿地、社区公园、口袋公园	对运动场地要求不高的体育运动	骑行、太极拳、快走、跑步等
水域	水上户外运动	垂钓、游艇、皮划艇、桨板、龙舟等
旅游景区、城市公园、郊野公园、体育旅游休闲基地、营地、体育公园	融娱乐性、健身性于一体的大众休闲运动	羽毛球、篮球、轮滑、飞盘、广场舞等
都市运动中心、体育公园、体育旅游休闲基地	强度大、专业性强的户外运动	射箭、马术、高尔夫、攀岩等

（二）产业空间

上海作为我国经济最发达的城市之一，市民休闲意识较高，户外运动受到人们的广泛关注和热烈追捧，而户外运动所释放出的新消费潜力也进一步推动上海体育产业向更深层次、立体化的产业体系发展。

2016 年，上海市有四个小镇成功被评为我国第一批运动休闲特色小镇。如今，上海体育运动休闲小镇、体育旅游休闲基地越来越多，成为户外运动功能体现的良好载体。在实现产业结构突破和优化的同时，满足了人们观赏型和参与型的体育消费需求，还推动了体育产业和房地产、文化、旅游、科技、生态以及养老等领域的跨界融合。这类体育小镇不仅是体育新业态的重要表现形式，也是上海户外运动产业空间发展的重要落脚点。可以说上海户外运动的产业空间是一个以体育特色产业为支撑、以城市空间为载体的产业聚落空间，同时兼顾生活、生产、生态等多元功能，是产业融合为支撑的新业态发展载体。

产业空间具有其独特的优势。通过"体育+"，使相关产业融合成为新业态，从而构建共享经济新模式；通过"+体育"，赋予相关产业体育符号，进一步拓展区域内新空间。不同产业在空间上的集聚、叠加、融合和渗透，使产业空间成为立体化的综合性区域。以上海市奉贤区海湾镇运动休闲特色小镇为例，该小镇近几年不断引入大量体育产业和体育赛事，利用房车露营、帐篷露营等优势资源大力发展体育旅游。同时奉贤区海湾镇通过标准化改建和个性化定制,盘活全域存量产业空间和各类闲置资源,积极打造海湾国际生态商务区,完成了生产、消费、销售和企业的一体化发展。在这样的产业空间内,对空间的全面开发不仅提升了社会知名度、塑造了地区品牌,同时也满足了人们在有限范围内对体育运动的多元化需求。此外,像迪卡侬打造体育公园式商店,宜家打造体验式休闲公园等,这些也都成为体育产业空间的缩影。在这样的区域空间内,不同业态相互渗透,形成相互需求、相互促进的产业联动关系,激发消费需求,也使得体育产业链更趋完整。

当前,上海正在建设全球著名体育城市,体育产业空间的实体化对促进户外运动的发展发挥着重要作用。其发展方式主要为两个方面:一是以体育特色资源为依托,以核心产业为主体,在体育产业的上游、中游和下游的不同环节垂直延伸,从而形成本体产业、外围产业和衍生产业在内的体育产业链;二是通过体育产业的跨界融合,将不同产业中的资源要素进行产业重组,从而实现价值增值。同时,不同产业在同一空间内的融合叠加,能够提高资源利用率,有效缓解空间和时间供给不足和利用不充分等矛盾,从而在有限范围内服务于更广泛的人群,为上海市户外运动发展增添新动能(图28)。

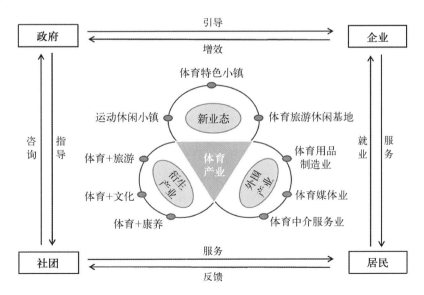

图28 产业空间内部联动示意图

(三)虚拟空间

在元宇宙环境下,以往的体育实体空间和数字化体育空间已经不能完全满足于人们的消费需求和体验需求,而无论是突破物理条件束缚体验极限运动、创新体育形式,或是为消费者提供更具有沉浸感、更具个性化和多元化的体育产品及服务,虚拟体育空间都显然具备更大的发展潜力。可以说,元宇宙下的虚拟体育空间是以数据为驱动,在现实体育空间基础上,借助沉浸式技术和交互式体验,拓展延伸出与现实体育空间平行的虚拟体育空间,从而实现与现实体育空间的融合,形成沉浸式体验场景。

近年来,外部环境不断变化,给体育行业带来了诸多不稳定性,也催生了线上体育发展新格局。元宇宙的应用使得全民健身不再局限于线下模式,也摆脱了疫情的影响,打破了时空和现实的限制。"云健身"不断升温,线上体育活动逐渐被大众接受,各种线上培训课程、直播互动交流等新模式都慢慢引导和改变了大众的健身习惯和渠道偏好。以马拉松为例,以往马拉松赛事可能受到场地、环境、地形地貌、天气等制约,而与传统的线下马拉松相比,线上马拉松打破了由参赛城市限定、比赛场地有限所带来的地域及人数限制,将室外场景转化为室内场景,不受时空和名额的限制,提高了体育空间的利用效率。而且由于线上比赛时间更加自由,多维多重的体育场景增强了体育作为身体游戏的趣味性,能够更大程度地吸引大众参与到该项赛事中来,不仅降低了参与门槛,也增强了人们对体育的关注度和参与度。同时,在虚拟体育空间中还能够拥有无限的创造力,人们只需要戴上设备就能够随时随地体验冲浪、攀岩、滑雪等运动项目,以往需要在大尺度中完成的内容在小范围内就能完成,真正实现空间代替人移动。

毫无疑问,元宇宙在体育领域的应用,给户外运动发展带来了巨大改变,运动方式、观赛模式、交互行为都迎来了升级迭代。在元宇宙中,以技术的方式颠覆了人们以往参与运动的方式、形态,虚实结合的新场景对体育不断赋能,也使体育在虚拟空间中蓬勃发展。在虚拟体育空间中,人们可以在夏季体验与感知滑雪运动的刺激与惊险,也可以在家中穿越时空与古代人进行一场趣味体育比赛。元宇宙还能够突破物理条件束缚,将赛事以更沉浸、互动的方式展现给观众,观众甚至不用去现场就能身临其境,开启"上帝视角"。

虚拟体育空间为户外运动提供了更多元的形式,弥补了现实空间的局限性,促进了多重体育形态、多样化体育内容的再创造。2022年1月,一段谷爱凌的超写实数智达人 Meet GU 裸眼 3D 视频在网上疯传,Meet GU 踩着滑雪板"破屏"而出,带领大家"亲临"比赛现场,仿佛实现了与冠军零距离亲密接触,观众沉浸式地参与这场互动,对冰雪运动的激情瞬间被引爆。2022 年北京冬奥会,更是一次元宇宙和体育赛事的完美结合。观众通过 360°的 VR 技术,享受到了 8K 超高清的观赛视觉盛宴,让观众仿佛置身于现场,沉浸式地感受比赛氛围。继奥林匹克虚拟系列赛成功举办后,2022 年国内首个虚拟体育综合性赛事上海虚拟体育公开赛正式启动,通过科技加持,实现虚拟数字场景与真实世界运动的联通,实现在沉浸式的元宇宙场景中的参赛体验,为上海体育的发展提供了一个全新的形式与空间。

总的来说,虚拟体育空间通过虚实相融打破了体育虚拟空间和现实空间的边界,满足了现实中人们对于虚拟运动、虚拟体育旅游、虚拟观赛等一系列体育产品和服务的需求。现目前户外运动的发展不仅需要传统的线下体育产品,也需要虚拟体育空间平台的升级和再造,从而将消费者的感官体验从视听层面拓展到全方位、立体的感知层面,进而满足消费者对于体育的多样化、个性化和多层次需求。

六、上海市户外运动的发展建议

(一)上海市户外运动应拓展三重空间

1. 将户外运动纳入城市实体空间,注重生产、生活、生态的和谐统一

目前上海市对生态空间进行了一类至四类的划分,参考户外运动资源审查委员会(ORRRC)于 1962 年开发的"户外运动系统",上海市相关部门可以根据上海市户外运动的资源密度、资源类型将户外运动区域进行分类。比如分为资源密集区(开发强度高,户外运动项目供给丰富)、半密集区(开发强度低,户外运动项目供给少)、自然区(保有较强的自然资源,主要依托现有资源进行户外运动)等。通过这样的划分,可以根据不同区域的不同情况有针对性地开发利用,从而促使各区域政策资源和政策措施配置的合理化,进而在户外运动实体空间方面形成统一。

此外,在开发的过程中,要始终注重选址和与环境的融合发展。在不破坏生态的情况下,使户外运动实体空间做到在上海市内的全覆盖,全方位融入市民的生产生活中。

2. 拓展户外运动的产业空间,着重打造本土品牌赛事和发展户外旅游业

户外运动产业涵盖了从产品研发设计、生产制造、运营销售的全过程以及赛事、旅游、餐饮、传媒等多个领域。上海市正在积极建设"赛事之都",具有较为完善优越的赛事服务。2021年,上海市顺利举办了46项国际国内体育赛事,曾举办的上海马拉松和上海城市定向户外挑战赛等都取得了较好的成效。体育赛事是上海建设全球著名体育城市的核心要素之一,上海市现已形成"上海赛事"的品牌认定体系,其中上海半程马拉松、上海赛艇公开赛等都位列影响力总得分前十名。上海市体育局应再积极开发新的本土户外品牌赛事,助力体育赛事的整体品质提升,进一步释放户外体育赛事的综合效益。

在品牌赛事的吸引下,再加之上海市本身旅游资源丰富,在国内外都具有较高知名度,必将会吸引众多国内外游客,户外旅游业也将随之发展。

3. 探索户外运动的虚拟空间,以户外运动资源数据库作为突破口

在互联网高速发展的今天,几乎所有人群都离不开手机、离不开网络,线上交流、消费已成为绝大多数人的生活习惯。户外运动作为在国内渗透率不高,还在快速成长期的产业,需要与时俱进、加大宣传、提升服务品质。为了户外运动的长远发展,建立上海市户外运动资源数据库或将成为户外运动网络化发展的关键。

户外运动资源数据库会向用户展示户外运动项目(结合不同季节、不同资源进行推送)、户外运动空间、游玩攻略、地图导览等基本信息,同时还提供在线预订等一站式户外运动服务。在技术成熟之后,甚至可以上线场景模拟体验、穿衣推荐等功能,增强用户黏性,为户外运动参与者提供更高品质、更个性化的科技服务。

(二)上海市户外运动应遵循六大发展路径

1. 了解调研户外运动资源,规划户外运动空间布局

没有调查就没有发言权,要想上海市户外运动高质量发展,首先就需要进行调查。上海市相关部门需要彻底摸清上海市户外运动资源如户外运动项目、户外运动空间、户外运动经营主体等情况。在此基础上,结合上海市整体发展目标,形成户外运动空间布局规划,极大提高郊区户外运动空间的打造力度,形成上海市户外运动特色集聚区(带),最终形成"一区一环一域"的发展格局。

2. 针对五类人群打造户外运动空间,惠及全民

建立"空间—市场—项目"三位一体的发展原则,根据空间资源情况、市场定位,从而因地制宜地开设户外运动项目。针对不同群体,满足他们的户外运动需求。如对于在上海积极打拼的"打工人",可给予一定的户外运动消费补贴或发放消费券;对于老年群体,政府应积极鼓励养老院配置户外运动空间,丰富他们的老年生活;对于广大学生,户外运动不能仅局限于劳动和自然教育,应当将户外运动纳入上海市中小学生的学习要求中,促使学生德智体美劳全面发展;对于特殊人群,应当积极完善无障碍设施的建设,为其户外运动提供便利;对于在上海的外国友人,可通过定期举办国际户外运动节等方式,让其有"宾至如归"的感受。

3. 完善跨行业、跨部门的综合管理机制和相关法规,促进户外运动健康有序发展

由于户外运动自身属性和功能的丰富性,其管理部门涉及多个,如国土、财政、航空、换环保、社区、教育等,但一直以来都没有形成一个良好的管理机制。根据户外运动的发展特性,需形成跨行业、跨部门的一个户外运动综合管理中心。该中心采取以市政府为核心,其他单位紧密配合的分工协作管理模式。这样统一规范管理的方式才能有利于避免管理冲突,提供更优质的公共服务。

此外,有关户外运动的法律法规仍不完善,且有些规章过于笼统,导致操作性不强,容易出现权责难以厘定的情况。因此亟须推动相关户外运动的立法工作,如体育保险等相关内容,从立法层面保护户外运动者的合法权益。

4. 区分户外运动空间的"事业"属性和"产业"属性,激发运营主体活力

为政府为激发运营主体的活力,政府首先要对户外运动的发展开展托底管理。根据国家体制,将户外运动空间分为"事业型"和"产业型",根据属性的不同给予不同程度的财政支持。有关"事业型"户外运动空间建设应由政府全部投资,而"产业型"户外运动空间建设则为市场投入,差额由政府补贴。其次,在寸土寸金的上海,为在不改变土地性质的情况下开展户外活动,可以采用临时设施、临时建筑的方式来缓解土地性质和功能之间的矛盾。此外,还需建立户外监管的多层级平台,保障市场的有序。

5. 制定并推广相关标准,提升户外运动质量和组织服务水平

在我国"十四五"期间高质量发展的要求下,各行各业纷纷实行标准化运营,标准成为市场的"通行证"。上海市相关部门应针对户外运动,积极对户外运动空间、设施、安全、组织管理等方面作出规范,如龙舟活动服务规范、长三角营地建设标准等。这样不仅能让大众科学健身、科学运动,同时也能推动户外运动组织服务水平。

6. 建立户外运动人才体系,提供户外运动可持续发展引擎

人才培养是户外运动长远发展的根基。上海市相关部门应当充分联动企业、社会和学校,形成校企社三方联通的户外运动人才体系,从而适应户外运动发展过程中对人才的需要。对于社会而言,由于有些户外运动项目具有一定门槛,需要由专业户外运动指导员进行教学;此外,户外运动参与者与自然接触紧密,也需要向其科普相关户外环保等知识。这部分人才可以通过以往的领队、社区工作人员以及相关退役运动员经过专业培训后组成。对于企业而言,户外运动产业需要既懂户外运动又懂管理的人才,这就离不开各高校对户外运动专业相关人才的培养。对于学校而言,除高校有相关专业能进行人才培养外,在中小学的教育中也要增设户外运动课程,激发学生潜能,培养学生的户外运动素养,为新时代户外运动的发展提供引擎。

(三) 上海市户外运动的相关立法意见

根据上海市实际情况,本课题从户外运动建设属性、经营主体、相关从业者、安全和环保五方面提出相关立法意见。

1. 辨明户外运动的建设属性

根据目前上海市相关部门对户外运动的投入情况,可以看出很大一部分属于政府的公共投入,这些投入旨在保障市民的使用,具有公共属性;但其实也有一部分是由市场主体投资开发的,具有商业属性。在进行相关立法工作时,需要辨明户外运动的建设属性,有利于保障建设主体的权益。

2. 明确经营主体资质和责任义务

户外运动的经营主体大多是俱乐部,但俱乐部其实并不具备旅行社的资质,没有经营此类休闲旅游活动的权力。此外很多俱乐部的组织不明、管理混乱,相关责任义务内容不清。这些都需从立法层面予以进一步明确。

3. 规范相关从业者行为

一方面,一些地方在高危险性户外体育项目的经营管理上存在重许可、轻监管的问题,监管措施多以行政告诫、责令整改为主,行政执法力度不够。另一方面,户外运动指导员的资质和等级问题缺乏相关规范约束和管控;户外俱乐部领队至今仍不属于一个职业,其相关的资质、权利、义务都需要进一步界定和规范。

4. 加强户外运动安全保障

户外运动作为新兴的体育运动项目,仍处于被大众认知的阶段,许多人都不清楚户外运动的潜在安全风险。虽然目前有相关户外运动安全的立法内

容,但不同部门基于的角度不同、认知不同,形成的立法保障难以概括完全。且户外运动安全事故类型众多、责任纠纷复杂,更需要有统一的司法体系来维护相关人员的合法权益。

5. 增加与环保相关的内容

户外运动区别于其他的体育运动,它强调与自然的和谐统一,因此在户外运动的立法中需要强调与环保相关的内容。可对环境承载力、各类破坏环境的行为做出相关规定,从立法层面增强人们的环保意识。

参考文献

[1] Arthur Owen Sanderson. Bridges and barriers to of-fering outdor education to gr ade 4－7 students inschools[D]. Vancouver. University of British Columbia, 205：15.

[2] Alan Ewert. A review of adventure recreation：concepts, history, trends and issues [G]/An outdoor renaissance proceedings of the national conference on outdoor recreation. 4th. North Carolina：Mississippi university, 1990：63－64.

[3] Clawson M, Knetsch JL. Economi cs of outdoor recreation[M]. Routledge 2013.

[4] Ken Gilbertson. Outdoor education. methods andstrategies [M]. Champaign：Human Kinetics, 2006.

[5] Katherine Joy Pinch. The nature and operation ofthe gender system in an australi an outdoor educationprogram for adolescents [D]. Minneapolis：University of Minnesota, 2005.

[6] Moore R L, Driver B L. Introduction to outdoorrecreation[M]. PA：Venture Publishing Inc, 2005：11－12.

[7] Ryan Plummer. Outdoor recreation：an introduction [M]. London：Routledge Taylor&Francis Group, 2009：18.

[8] Sessoms H D. Leisure services[M]. 6th ed. NJ：Prentice Hall, 1975：237.

[9] Watkins S. Alam F. The Turbulent FlowFieldRelevant to Outdoor Sports[J]. Procedia Engineering, 2014(72)：792－797.

[10] 操学诚,吴德祖. 户外运动与青少年全面发展[J]. 中国青年研究,2006(6).

[11] 丁媛. 上海户外运动俱乐部研究[D]. 华东师范大学,2011.

[12] 董范,国伟,董利. 户外运动学[M]. 武汉. 中国地质大学出版社,2009.

[13] 高贵武,李政. 数字时代下代际冲突的动因与影响——基于跨文化传播视角的再考察[J]. 中国青年研究,2022(6).

[14] 黄海燕.长三角地区体育产业发展报告(2018—2019)[R].北京：社会科学文献出版社,2019.
[15] 李正贤.高校户外拓展训练课程安全问题研究[J].体育文化导刊,2008(10).
[16] 李红艳.户外运动的理论与实践研究[D].北京体育大学,2006.
[17] 马欣祥,田庄.对户外运动概念的重新甄别与界定[J].中国体育科技,2015(1).
[18] 齐震.休闲视角下的户外运动[J].沈阳体育学院学报,2008(2).
[19] 孙班军.山地户外运动[M].北京：学苑出版社,2007.
[20] 宋学岷.体育院校户外运动类课程发展要素的新视域——课程核心与教学要素的选取与确定[J].体育科学研究,2012(3).
[21] 孙永生,史登登.户外运动相关概念辨析[J].体育学刊,2013(1).
[22] 吴一洲,刘倩,陈前虎."四态"融合理念下的城市户外运动休闲空间规划策略[J].规划师,2015(8).
[23] 吴晔,秦尉富.消费促进背景下我国户外运动产业 SCP 范式分析及其发展路向[J].广州体育学院学报,2019(1).
[24] 岳同岩.城市化进程中户外运动对城市人的影响[J].体育科技文献通报,2009(6).
[25] 周振林.领导冲突及其调适[M].中共中央党校出版社,1996.
[26] 张恩利,刘新民.我国户外运动安全的法律保障[J].西安体育学院学报,2020(5).
[27] 曾蕾,杨效忠.地理学视角下空间冲突研究述评[J].云南地理环境研究,2015(4).
[28] 张磊,雍明.长三角体育赛事协同发展的理论逻辑,现实问题与策略选择[J].体育文化导刊,2022(5).

附件一　国家户外运动政策

表 1　国家户外运动政策

时　间	出台部门	政策名称	主　要　内　容
2010 年 3 月	国务院	《关于加快发展体育产业的指导意见》	主要任务之一就有广泛开展群众喜闻乐见的运动项目,加强群众体育俱乐部建设;积极稳妥开展新兴的户外运动、极限运动等项目的经营活动,因地制宜地开发和培育具有地方特色的体育健身项目,加强对民族民间传统体育项目的市场开发、推广。

续 表

时间	出台部门	政策名称	主要内容
2014年10月	国务院	《关于加快发展体育产业促进体育消费的若干意见》	定下中国体育产业到2025年要完成的发展目标,重点提到大力支持发展滑雪运动、健身跑、健步走、登山攀岩等潜力运动项目,引导户外营地、徒步骑行服务站、汽车露营营地等设施建设。
2016年10月	国务院办公厅	《关于加快发展健身休闲产业的指导意见》	提到要发展户外运动:制定健身休闲重点运动项目目录,以户外运动为重点,研究制定系列规划,支持具有消费引领性的健身休闲项目发展,如冰雪运动、山地户外运动等;重点建设一批山地户外营地、徒步骑行服务站、自驾车房车营地、运动船艇码头、航空飞行营地等健身休闲设施;鼓励企业通过海外并购、合资合作、联合开发等方式,提升冰雪运动、山地户外运动等器材装备制造水平。
2016年11月	国家发展改革委、国家体育总局、教育部、国家旅游局	《冰雪运动发展规划（2016—2025年)》	充分发挥市场作用,整合现有资源,建设一批复合型冰雪旅游基地和冰雪运动中心。鼓励冰雪运动场地开发大众化冰雪旅游项目,建设一批融滑雪、登山、徒步、露营等多种健身休闲运动为一体的体育旅游度假区或度假地。
2016年12月	国家旅游局、国家体育总局	《关于大力发展体育旅游的指导意见》	以有群众基础、市场发育较好的户外运动旅游为突破口,重点发展冰雪运动旅游、山地户外旅游、水上运动旅游、汽车摩托车旅游、航空运动旅游、健身气功养生旅游等体育旅游新产品、新业态。
2018年3月	国务院办公厅	《关于促进全域旅游发展的指导意见》	大力发展冰雪运动、山地户外运动、水上运动、汽车摩托车运动、航空运动、健身气功养生等体育旅游。

续 表

时 间	出台部门	政策名称	主 要 内 容
2018年8月	国家体育总局办公厅	《"一带一路"体育交流活动计划》	以"一带一路"体育旅游活动为统领,重点在沿线国家和国内沿线地区开展冰雪、汽车摩托车、马拉松、自行车、水上运动、户外挑战等体育赛事活动;加大国家各类运动产业规划的落实力度,大力发展运动休闲旅游和体育培训旅游,发动旅行社等旅游企业增加户外运动的游客流量导入,在国内"一带一路"沿线地区培育一批体育旅游精品线路;推进符合标准的登山步道、休闲绿道、自行车赛道、滑雪场、水上运动船艇码头、电竞场馆、汽车自驾运动营地、航空飞行营地、户外运动公园等体育旅游设施建设,对沿线区域自然关联的运动赛道进行联通。
2018年12月	国务院办公厅	《关于加快发展体育竞赛表演产业的指导意见》	引导扶持业余精品赛事。创新社会力量举办业余体育赛事的组织方式,开展马拉松、武术、搏击、自行车、户外运动、航空运动、极限运动等项目赛事,采用分级授权、等级评价等方式,增加赛事种类,合理扩大赛事规模。鼓励各地加强体育赛事品牌创新,培育一批社会影响力大、知名度高的业余精品赛事。
2019年3月	中共中央办公厅 国务院办公厅	《关于以2022年北京冬奥会为契机大力发展冰雪运动的意见》	健全群众冰雪组织。充分发挥各级体育总会、冰雪运动协会和其他社会组织作用,组织和引导群众广泛参与冰雪运动。扩大冰雪运动社会体育指导员队伍,支持社会力量兴办冰雪运动培训机构。建设群众冰雪设施。支持各地结合自然环境、气候条件、社会需求等因素,加强公共滑冰馆、室外滑冰场、

续 表

时间	出台部门	政策名称	主要内容
			滑雪场、综合性冰雪运动中心等场地场所建设，并配建无障碍设施。鼓励在有条件的城市公园或利用其他现有设施、场地，建设冬季临时性户外群众冰雪设施，同步做好安全保障。支持社会力量按照有关标准和要求建设各具特色的冰雪运动场馆。
2019年4月	国务院办公厅	《关于以2022年北京冬奥会为契机大力发展冰雪运动的意见》	力争到2022年，我国冰雪运动总体发展更加均衡，普及程度明显提升，参与人数大幅增加，冰雪运动影响力更加广泛；冰雪运动竞技水平明显提高，在2022年北京冬奥会上实现全项目参赛，冰上项目上台阶、雪上项目有突破，取得我国冬奥会参赛史上最好成绩；冰雪产业蓬勃发展，产业规模明显扩大，结构不断优化，产业链日益完备。
2019年9月	国务院办公厅	《关于促进全民健身和体育消费推动体育产业高质量发展的意见》	促进区域特色体育产业发展，以资源禀赋为依托，引导足球、冰雪、山地户外、水上、汽车摩托车、航空等运动项目产业合理布局。分项目制定新一轮产业发展规划，加强相关基础设施建设，鼓励各地开发一批以攀岩、皮划艇、滑雪、滑翔伞、汽车越野等为代表的户外运动项目，支持新疆、内蒙古、东北三省等地区大力发展寒地冰雪经济。
2019年9月	体育总局 公安部 自然资源部 住房城乡建设部 卫生健康委 应急部 市场监管总局 林草局	《关于进一步加强冰雪运动场所安全管理工作的若干意见》	要加强对冰雪运动场所安全管理的组织领导，建立有效顺畅的沟通协调和联合监管工作机制，因地制宜，认真研究解决本地区冰雪运动场所安全管理方面的突出问题。要落实"管行业必须管安全、管业务必须管安全、管生产经营必须管

续 表

时　间	出台部门	政策名称	主　要　内　容
			安全"的要求以及"谁审批、谁监管""谁主管、谁监管"的原则,完善相关机构,充实执法力量。进一步健全和完善冰雪运动场所的相关建设标准、运行规范。要建立本地区冰雪运动场所名录库,形成常态化监管工作机制。
2021年4月	文化和旅游部	《"十四五"文化和旅游发展规划》	加强行业管理和服务。完善应急体系,开展行业安全培训和应急演练。健全旅游安全预警机制,加强旅行安全提示。加强安全能力建设。统筹疫情防控与文化和旅游发展,建立文化和旅游领域应对突发公共事件的应急机制,加强应急体系建设。
2021年6月	国家体育总局等十一个部门	《关于进一步加强体育赛事活动安全监管服务的意见》	明确了政府监管与行业自律相结合、实行分级分类管理、加强事中事后监管、监管与服务相结合的监管原则,要求按照"谁审批（备案）、谁负责""谁主办、谁负责""谁主管、谁负责"的要求,全面加强体育赛事活动安全监管。要完善监管标准,要求体育总局各运动项目管理中心、全国性单项体育协会要加快构建体育赛事活动标准体系,制定办赛指南、参赛指引,明确各类体育赛事活动举办的基本条件、标准、规则和程序,明确组织者的条件和要求,规范参加者的资格条件。
2021年7月	国务院	《全民健身计划（2021—2025年）》	大力发展运动项目产业,积极培育户外运动等体育产业,通过普及推广冰雪、山地户外等户外运动项目,建设完善相关设施,拓展体育旅游产品和服务供给,加强全民健身安全保障,建立户外运动安全分级管控体系。

续 表

时间	出台部门	政策名称	主 要 内 容
2021年10月	国家体育总局	《"十四五"体育发展规划》	指出要重点发展冰雪、山地户外、水上、汽车摩托车、航空、自行车、马拉松、铁人三项等户外运动产业,利用中央资金支持地方重点推进户外运动等公共服务设施建设,鼓励有条件的乡村在开发山地、河流、古驿道、乡道时,统筹规划建设登山步道、山地户外营地、汽车自驾营地、徒步骑行驿站、滑雪场等,同时鼓励社会力量参与建设户外运动营地、打造户外运动赛事活动,持续打造国际山地旅游暨户外运动大会等户外活动品牌;坚持践行"两山"理念与发展户外运动相结合,推动自然资源向户外运动开放,丰富户外运动赛事活动,同时进一步强化山地户外越野等重点项目和高危险性体育项目监管。
2021年10月	国务院	《成渝地区双城经济圈建设规划纲要》	发展水上运动、山地户外运动、汽车摩托车运动、航空运动等,布局建设自驾游营地和野外露营地,发展乡村民宿,推出温泉、游轮、徒步、自驾等一批特色化、品质化旅游产品,大力发展"旅游+"产品。
2021年12月	国务院办公厅	《"十四五"旅游业发展规划》	充分发挥国家公园教育、游憩等综合功能,在保护的前提下,对一些生态稳定性好、环境承载能力强的森林、草原、湖泊、湿地、沙漠等自然空间依法依规进行科学规划,开展森林康养、自然教育、生态体验、户外运动,构建高品质、多样化的生态产品体系。

续　表

时　间	出台部门	政策名称	主　要　内　容
2022年3月	国家体育总局	《关于建立健全体育赛事活动"熔断"机制的通知》	各级体育部门要认真落实《中华人民共和国突发事件应对法》相关规定,按照属地管理原则,做好体育赛事活动突发事件的应对工作,建立健全体育赛事活动"熔断"机制。督促各类体育赛事活动组织者密切关注气象、水利、地震、自然资源、交通运输、卫生健康、应急管理等部门发出的预警信息及有关灾害、事故信息,加强防范,及时启动"熔断"机制。
2022年3月	国务院办公厅	《关于构建更高水平的全民健身公共服务体系的意见》	推动户外运动发展,编制户外运动产业发展规划,开展自然资源向户外运动开放试点,制定在可利用的水域、空域、森林、草原等自然区域内允许开展的户外运动活动目录,推动户外运动装备器材便利化运输,鼓励户外运动装备制造企业向服务业延伸发展;完善户外运动配套设施,加强冰雪、山地等户外运动营地及登山道、徒步道、骑行道等设施建设,加强户外运动目的地与交通干线之间的连接,完善停车、供电、供水、环卫、通信、标识、应急救援等配套设施;建立户外运动安全分级管控体系,分类制定办赛安全标准,制定政府有偿救援标准,支持保险和商业救援服务发展,培育民间公益救援力量,加强户外安全知识教育,引导群众科学认识身心状况、理性评估竞技能力、积极应对参赛风险。

续 表

时　间	出台部门	政策名称	主　要　内　容
2022年3月	国家体育总局	《关于进一步加强户外运动项目赛事活动监督管理的通知》	体育总局相关户外运动项目管理中心和全国性单项体育协会要加强户外运动项目赛事活动制度化、标准化、规范化建设,根据不同项目特点,研究制定组织规范、竞赛规则、办赛指南和参赛指引,明确办赛基本条件、标准、规则和程序,提示参赛风险、要求和条件,不断完善赛事活动的制度标准规范。主动靠前指导,重点从专业设备和技术人员配备比例、医疗救助、应急救援等安全保障条件方面进行规范引导,及时排查风险隐患、督促整改到位。加强对户外运动项目赛事活动组织者及相关从业人员在专业技能、应急救治以及防止运动伤害、防范安全风险等方面的培训。建立完善赛事活动"熔断"机制,落实安全主体责任。鼓励户外运动项目赛事活动主办方为赛事活动购买公众责任保险,为参赛者购买意外伤害保险。
2022年4月	国务院办公厅	《关于进一步释放消费潜力促进消费持续恢复的意见》	充分挖掘县乡消费潜力,提升乡村旅游、休闲农业、文化体验、健康养老、民宿经济、户外运动等服务环境和品质;强化用地用房保障;适应乡村旅游、民宿、户外运动营地及相关基础设施建设小规模用地需要,积极探索适宜供地方式,鼓励相关设施融合集聚建设。

附件二　上海市户外运动政策

表 2　上海市户外运动政策

时间	出台部门	政策名称	主要内容
2014年8月	上海市绿化和市容管理局 上海市规划和国土资源管理局	《上海市郊野公园建设设计导则（试行）》	郊野公园在建设和使用过程中，应保护基地内的自然环境以及自然、人文资源的真实性和完整性，通过科学的恢复与修复措施持续提升资源价值改善生态环境，同时促进农业增产、农民增收、优化城市空间布局，并在此基础上发展符合郊野公园特性的大众游憩功能，为市民提供近郊户外游憩空间，实现资源永续利用。
2018年4月	上海市人民政府	《"健康上海2030"规划纲要》	引导发展户外营地、徒步骑行服务站、汽车露营营地、帆船游艇码头等设施，将体育设施融入生态发展，大力建设城市绿道、体育主题公园和沿江、沿河、沿湖体育休闲设施。
2018年5月	上海市体育局	《上海市高危险性体育项目（攀岩）经营许可实施办法》	明确了使用范围、管理职责、行业管理、审批范围和权限、审批条件、申请材料、审批程序、告示制度、管理规定、保险制度、监督检查等方面内容。
2018年8月	上海市人民政府	《关于加快本市体育产业创新发展的若干意见》	着力提升上海国际马拉松赛、"上海杯"诺卡拉帆船赛、上海城市定向户外挑战赛等赛事的办赛品质，培育和保护一批社会影响力大、品牌知名度高、具有独立知识产权的本土原创品牌赛事；制定专项规划，支持冰雪、水上、山地户外、汽车摩托车和航空等具有消费引领性的健身休闲项目发展；推动极限运动、电子竞技、击剑、跆拳道、飞

续 表

时间	出台部门	政策名称	主要内容
			镖、射箭、马术等时尚运动项目健康发展,培育相关专业培训市场;充分挖掘水、陆、空资源,重点建设户外营地、徒步骑行服务站、汽车露营营地、运动游艇码头、航空飞行营地等健身休闲设施;将体育设施融入生态发展,重点建设环崇明岛、环淀山湖、外环绿带、郊野公园自行车健身绿道等项目;推进徐家汇、嘉定、长兴岛、前滩、南桥、松江、罗店、长宁等体育主题公园,以及沿江、沿河、沿湖体育休闲设施建设;积极培育器材装备民族品牌,通过技术引进、海外并购等方式,提升冰雪运动、水上运动、山地户外、汽车摩托车运动、航空运动、室内健身等器材装备的国产化水平;鼓励企业与各级各类运动项目协会等体育组织开展合作,通过项目对接和赛事营销等模式,扩大消费群体,提高品牌知名度。
2019年9月	上海市健康促进委员会	《健康上海行动(2019—2030年)》	建设社区市民健身中心、市民球场、益智健身苑点、健身步道、户外多功能球场、自行车绿道等体育设施。在公园、绿地、林带等建设嵌入式体育设施。
2020年10月	上海市人民政府	《上海全球著名体育城市建设纲要》	构建"处处可健身"的高品质运动空间。加强土地集约复合利用,整合社区文教"体医养"等公共服务设施资源,优化完善"15分钟社区生活圈"。增加商务楼宇、产业园区、公园绿地、小尺度广场等各类场地中的健身设施供给。合理布局农村体育设施。结合"双环、九

续　表

时　间	出台部门	政策名称	主　要　内　容
			廊"等市域线性生态空间,兼顾马拉松、自行车等群众性体育赛事,构建城市绿道系统。充分利用城市空地、闲置厂房、仓储用房、地下室、建筑屋顶等"金角银边",因地制宜形成多样化、无处不在的健身休闲空间。
2021年2月	上海市人民政府	《关于本市"十四五"加快推进新城规划建设工作的实施意见》	发挥市民体育公园、保利剧院、州桥老街等文体资源,拓展体育旅游、健身休闲等特色服务。每个新城规划新建至少1个都市运动中心或体育公园,打造高品质体育服务设施集群。加大学校文体设施开放力度,进一步推进运动场馆共建共享。以绿色生态为引领,在规划、建设、管理全过程中明确新城建设要求,构建"蓝绿为底、宜居为本、低碳为要、数字赋能、韧性为基"发展内涵,以蓝绿一体网络,构筑新城生态底色。推进各类附属绿地开放以及口袋公园、林荫道建设提升。
2021年5月	上海市人民政府	《关于加快推进环城生态公园带规划建设的实施意见》	照"十四五"期间探索推进、"十五五"形成框架、"十六五"基本建成的目标,分阶段、渐进式推进环城生态公园带规划建设。到2025年,"一大环+五小环"环城生态公园带体系基本形成,"一江、一河、一带"公共空间格局初步形成。到2035年,以外环绿带为骨架,向内连接10片楔形绿地,向外连接17条生态间隔带,与"五个新城"环新城森林生态公园带密切衔接的宜居宜业宜游大生态圈基本建成。

续　表

时　　间	出台部门	政策名称	主　要　内　容
2021年6月	上海市绿化和市容管理局	《关于推进上海市公园城市建设的指导意见》	全面开展蓝网绿道体系建设，强化全域公园的有机串联。推进滨水沿路两侧绿道建设，提升公共空间品质，促进生态、生活功能的有效融合，承载市民健身、休闲等功能，形成连续畅通、功能复合的公共活动空间。中心城依托商业中心步行街道、景观道路绿地以及历史风貌街区等空间，创建宜人的林荫道网络。全面开展城乡公园体系建设，提升全域公园品质。城区内完善城市公园的服务品质；提升社区公园的覆盖水平，以"15分钟社区生活圈"为标准，强化社区公园的可达性，与社区服务设施结合设置，满足日常休闲需求；强化口袋公园的就近服务，在中心城区等土地资源有限的空间内建设口袋公园；建设提升一批特色鲜明的郊野公园，完善郊野公园高品质、复合型配套设施，逐步形成与城市发展相适应的大都市游憩空间格局；营造乡村公园的本土特色，结合郊野地区田、水、林特色生态资源，推进兼具优质生态本底、乡土文化特色与休闲服务功能的"一村一园"建设；提升开放林地的休闲功能，提升和改造现有林地资源，强化生态涵养和休闲功能的复合。
2021年7月	上海市人民政府	《上海市"一江一河"发展"十四五"规划》	坚持还江于民、还河于民，结合区域产业转型，加快推进滨江贯通岸线向南北延伸、向腹地拓展，推进"一江一河"上游及主要支流的蓝绿生态走廊体系建设，为市民提供更多的公共休闲、生态绿色空间。聚焦提升活力，完善体育休闲、文化设施、综合交通等功能配套。打

续　表

时　间	出台部门	政策名称	主　要　内　容
			造滨江体育休闲活动带。以黄浦江滨江公共空间为载体,举办具有重大影响力的文化、旅游、体育活动。推动上海国际马拉松、上海杯帆船赛、世界技能大赛、上海国际艺术品交易月、西岸艺术与设计博览会等系列活动落户滨江沿岸。重点打造前滩、徐浦大桥、南浦大桥、杨浦大桥等大型体育主题公园,因地制宜嵌入篮球、排球、羽毛球等小型场地。推进浦东久事国际马术中心建设,迁建徐汇滨江划船俱乐部。
2021年8月	上海市人民政府	《上海市体育发展"十四五"规划》	郊区重点发展大型户外体育公园等群众体育和竞技体育训练设施。确保每个新城至少拥有1个市级体育设施,规划新建至少1个都市运动中心或体育公园。建成徐家汇体育公园、浦东足球场、久事国际马术中心、上海自行车馆;规划实施上海市民体育公园功能拓展、临港水上运动中心,研究推动奉贤极限运动公园、青浦户外运动公园落地,加快虹口足球场、市体育宫、划船俱乐部等功能转型提升。联合推广马拉松、自行车、汽车摩托车、水上、山地户外、航空、冰雪等运动项目,共同打造一批具有区域特色的国际性品牌赛事。构建公共体育设施"四极、三片、两带、一环、多点"格局。"四极"为徐家汇体育公园、虹口足球场、市民体育公园、东方体育中心,满足重大赛事需求,打造公共体育活动聚集区,成为体育综合效益发展带动极。"三片"为环淀山湖片区、环滴水湖片区、崇明陈家镇片区,具备

续 表

时间	出台部门	政策名称	主要内容
			竞技体育训练和市民运动休闲功能，打造具有全球知名度的国际水上运动中心和体育特色小镇。"两带"为结合"一江一河"建设，布局市民身边的体育设施，打造黄浦江滨江、苏州河滨河体育生活秀带。"一环"为外环绿带，加强公园绿地和体育功能结合，拓展更多休闲健身空间。"多点"为包括源深体育中心、江湾体育场、市体育宫、上海国际体操中心、临港奉贤足球训练基地等在内的各级各类公共体育场馆设施。同时，考虑未来城市发展需求，预留大型综合性体育赛事场馆用地。
2021年9月	上海市人民政府	《上海市全民健身实施计划（2021—2025年）》	支持自贸试验区临港新片区、长三角生态绿色一体化发展示范区建设高等级体育设施，提升水上运动、户外运动等设施功能，优化布局各类社区体育设施。
2021年11月	上海市体育局	《上海市体育赛事体系建设方案（2021—2025年）》	引导自然资源禀赋较好的郊区，因地制宜举办各类户外运动赛事，形成差异化、品牌化赛事发展格局。
2021年11月	上海市绿化和市容管理局	《上海市郊野公园运营管理指导意见》	通过加强管理，科学运营，夯实基础，强化郊野公园主体功能，增强郊野公园自身活力，不断提升郊野公园整体运营水平，使公园景观面貌更优美，市民游客游憩体验更舒适，园区配套功能更完善，运营管理更有序安全，游园服务更便捷高效，农民增收增益更显著。

续　表

时　间	出台部门	政策名称	主　要　内　容
2021年12月	上海市绿化和市容管理局	《上海市口袋公园建设技术导则》	对定义与分类、实施原则、设计要求等做了规定,并须满足《园林绿化工程施工及验收规范》的要求。
2022年3月	上海市体育局 上海市住房和城乡建设管理委员会 上海市房屋管理局	《上海市居民住宅区室外公共体育设施建设与管理的指导意见(试行)》	适用于本市居民住宅区的物业管理区域范围内,由各级政府投资建设或由居民住宅区建设单位建设的市民健身步道、市民球场(智慧运动场)、市民益智健身苑点等室外公共体育设施。
2022年3月	上海市绿化和市容管理局 上海市市场监督管理局	《上海市公园绿地游乐设施管理办法》	公园绿地游乐设施设置和运营管理应当遵循符合公园规划、功能布局合理、设备质量合格、运营管理规范、确保游客安全的原则,实施科学化、智能化、精细化管理。鼓励游乐设施运营单位投保相关安全责任险,以提高事故赔付能力。公园绿地游乐设施的管理工作纳入区绿化、直属公园年度绩效考核,公园分类分级管理、文明公园考评和复评等。市绿化管理部门组织对全市公园绿地游乐设施管理情况进行综合评价。

附件三　上海市各类公园空间分布图

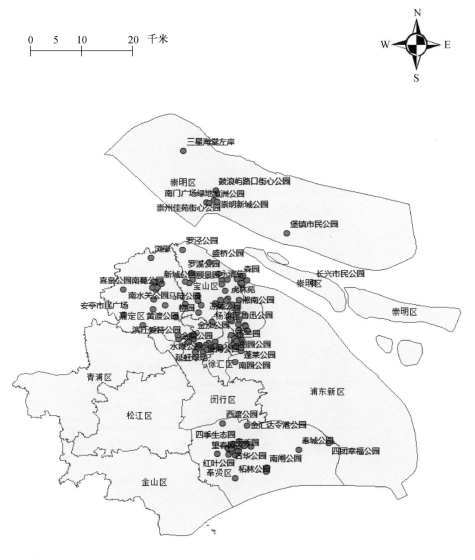

图例
● 上海城市公园

图1　上海市城市公园空间分布图

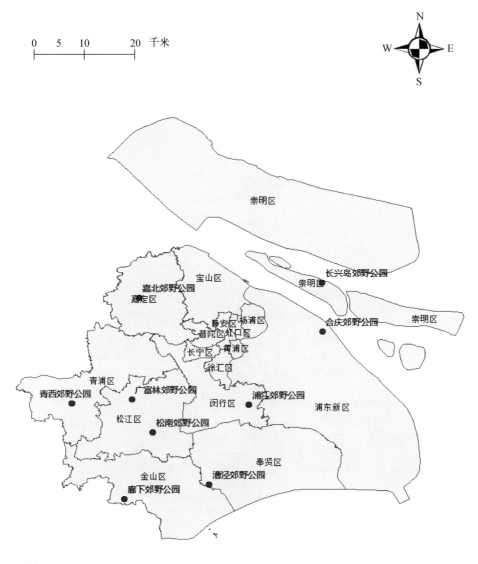

图 2 上海市郊野公园空间分布图

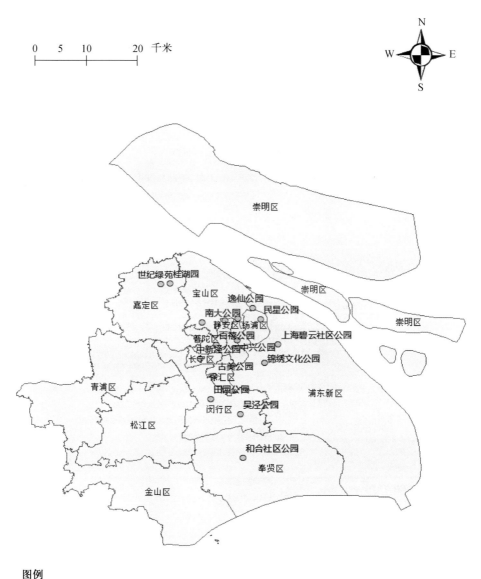

图 3 上海市社区公园空间分布图

图4 上海市乡村公园空间分布图

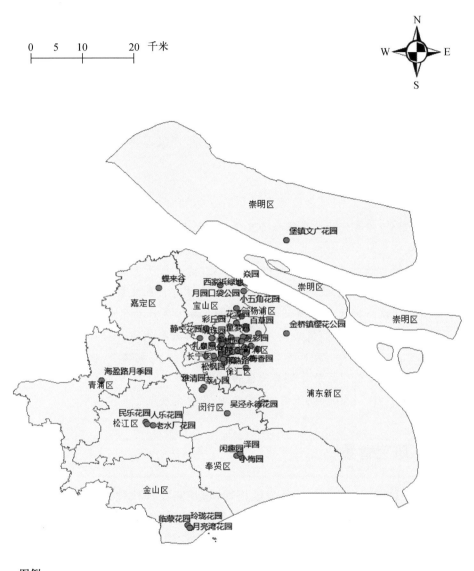

图例
● 上海口袋公园

图5 上海市口袋公园空间分布图

建设全国统一大市场背景下上海体育产业发展研究

蒋硕亮　高　瑜　陈贤胜　陈　瑜　张晟杰　曾佳恒[*]

[摘　要]　体育产业是我国经济发展的支柱型产业之一,上海体育产业的发展将成为带动经济发展的突出亮点之一。尽管当前上海体育产业整体趋势向好,但当前仍存在相应的不足,需要基于上海市地方性资源要素优势,探索基于统一大市场背景下上海体育产业发展新路径。本研究基于建设全国统一大市场背景,聚焦上海体育产业发展的现状及问题,分别从"外部应对"策略和"内部应对"策略进行阐述。有针对性地提出基于建设全国统一大市场背景下上海体育产业发展路径,旨在为加快上海体育产业优化发展提供有价值的理论参考。

[关键词]　统一大市场;上海;体育产业;优化发展

一、研究背景

习近平总书记指出:构建新发展格局,迫切需要加快建设高效规范、公平竞争、充分开放的全国统一大市场,建立全国统一的市场制度规则,促进商品要素资源在更大范围内畅通流动。这一指示为构建我国统一大市场提供了根本遵循。2022年4月《中共中央国务院关于加快建设全国统一大市场的意见》

---

[*] 本文作者简介:蒋硕亮,上海财经大学,教授、博士研究生,研究方向:企业、产业管理;高瑜,上海财经大学,副教授、博士研究生,研究方向:体育公共政策;陈贤胜,上海财经大学,博士研究生,研究方向:公共治理;陈瑜,上海财经大学,副教授、博士研究生,研究方向:体育产业;张晟杰,上海财经大学,硕士研究生,研究方向:体育经营管理;曾佳恒,上海财经大学,硕士研究生,研究方向:体育经营管理。

(简称《意见》)发布,为我国新发展格局提供了更加明确的目标和行动方案。然而,构建全国统一大市场这一战略,也在一定程度上被部分人误读。第一,统一大市场的构建并不是完全的"自我封闭"式市场。同样上海市体育产业在构建统一大市场的背景下需要秉承开放思维,在体育产业市场规则、产业发展所需的基础设施等方面加强与全国甚至国外互惠联通。第二,统一大市场的构建,不是要构建"铁板一块"的市场,还需要兼顾地区差异,遵循经济规律,避免"一刀切",允许各地发挥比较优势,开展差异化竞争。第三,全国统一大市场的建设是一个循序渐进的过程。统一大市场的构建不是"一蹴而就"的,需要循序渐进,逐步形成。

全国统一大市场的构建同时也为上海市体育产业发展提供了一定的指引,上海市体育产业发展基础良好,近几年来,体育产业市场不断发展和扩大,其中不乏大批国内外知名体育企业以及部分民营企业落户上海并在上海迅速发展的例子。据统计数据显示,2016 年上海市体育企业共计 8 910 家,至 2021 年末已达 29 767 家,增长了 3.3 倍。发展上海体育产业能够提高居民健康水平、满足居民美好生活的需要,不仅对上海加快建设全球著名体育城市具有关键作用,对提升上海城市整体实力和核心竞争力也具有重要意义。同时也是基于全国统一大市场的建立,服从国家战略,落实五大发展理念的重要举措,发展上海体育产业对加快建成"五个中心"、国际文化大都市和全球著名体育城市、增进民生福祉、推进经济转型等具有重要意义。因此基于全国统一大市场背景下,在体育产业规范方面,事前要有统一的市场准入,事中要有统一的市场监管,事后要有统一的惩罚措施。需要找到政府干预体育产业的点,并分析对于全国统一大市场的利弊,提出相应的措施;找到体育产业发展的关键要素,并观察要素是如何产生影响的,是否充分流动和配置,有的放矢,制定因地制宜的体育产业发展政策。

统一大市场背景下上海体育产业发展空间广阔、潜力巨大,但同样也面临诸多困难和挑战。从宏观上来看,国际环境不确定性增加,全球经济低迷,城市化问题突出,上海体育产业发展总体水平仍处于起步阶段;从微观上来看,一是上海市当前体育产业规模不断增大,但总体实力和体育竞赛表演类赛事的申办和筹办能力不足,部分场馆的设施的运营管理需要进一步提升;二是上海目前还未形成一套完整的体育人才培养体系和完善的用人体系,缺少优秀的后备体育产业人才、后补队伍和较高水平的专业型、领军型教练员。因此,本研究基于以上背景,进一步对问题进行分析和研究,探索基于统一大市场背景下的上海体育产业发展思路。

二、全国统一大市场背景下上海体育产业发展现状与问题分析

(一)发展现状

统一大市场背景下上海体育产业不断发展,上海市正积极推动体育产业发展质量变革、效率变革、动力变革,提高全要素生产率。通过建设高效规范、公平竞争、充分开放的体育产业大市场,不断增强体育产业的创新力和竞争力,推动体育产业形成良性供需互促、产销并进、畅通高效的国内大循环,为上海市总体经济发展提供坚实有效的市场载体。

根据产业结构指数,上海体育产业区域结构协调指数为负增长,表现为区域结构发展不平衡。未来上海要制定因地制宜的体育产业发展政策,着力推动体育产业区域结构协调发展;根据发展动力指数,上海体育产业增长的动力仍是资本驱动,体育科技支出占体育总支出的比重较低,跨领域融合能力有待提升;根据生产效率指数,上海体育产业应对风险能力有待提高,抗风险能力较低致使上海体育产业在高质量发展的同时会产生较大的不确定性。总体呈现以下特点:一是上海体育产业整体发展趋势良好,规模不断扩大,产业质效进一步提高。二是市场主体数量不断增长,上海体育产业各类主体市场不断发展,规模逐步扩大,逐渐成为本市各类产业发展的活力和竞争力源泉。三是上海体育产业核心竞争力快速提升、引领性进一步显现,其中,体育赛事、运动场馆等产业链核心环节增长迅速,发展趋势整体向好。

1. 产业整体发展规模不断扩大

随着中国经济的快速发展,营商环境以及制度环境不断完善,上海体育产业发展水平不断提高,上海 16 个区体育产业发展的平均指数从 2015 年的 76.76 提高至 2019 年的 86.27(图 1),整体上规模不断扩大。

2015—2020 年,上海体育产业总规模从 910.1 亿元快速增长至 1 621.62 亿元(图 2),其中,2019 年达到增速顶峰,为 1 780.88 亿元,年均增长率达 18.3%。其中,体育服务业成为引领上海体育产业高质量发展的重要动力。随着上海体育产业的总规模和增加值不断地扩大,产业规模持续扩大,2019 年,上海体育产业总规模首次迈过 1 500 亿元大关,达到 1 780.88 亿元,较 2018 年的产业总规模 1 496.11 亿元增长 19.03%,提前完成"十三五"时期 1 500 亿元的发展目标。其

图1　2015—2019年上海16个区体育产业发展指数平均值

资料来源：根据《上海体育产业发展报告(2019—2021)》整理。

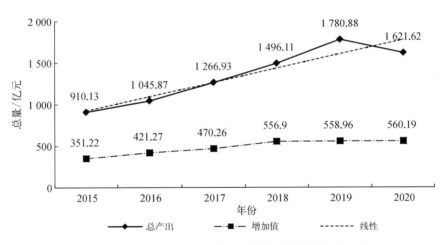

图2　2015—2020年度上海市体育产业总规模和增加值

资料来源：根据2015—2020年度《上海市体育产业统计公告》整理。

中,2020年总产出由于新冠肺炎疫情防控影响有所下降。

2. 各产业类别主体产出持续增长

截至2020年,上海体育产业总产出已达1621.62亿元(表1),其中,体育场地和设施管理的总产出为15.72亿元、体育场地设施建设的总产出为24.70亿元、体育教育与培训的总产出为26.69亿元,相较于其他产业总产出较少。而体育类健身休闲活动,传媒与信息服务,用品及相关产品制造,用品及相关产品销售、出租与贸易代理等相较于其他产业增幅较大,分别为 40.51 亿元、87.13 亿元、51.96 亿元、280.79 亿元。与 2019 年相比,分别增长 7.2%、15.5%、9.3%和 50.1%。上海市体育产业各类别主体产出呈现较快增长趋势,逐步成为上海经济发展的动力、活力和竞争力的源泉。

表1 2020 年上海市体育产业总产出和增加值

体育产业类别名称	总量(亿元)		结构(%)	
	总产出	增加值	总产出	增加值
上海市体育产业	1621.62	560.19	100.0	100.0
体育管理活动	39.73	22.99	2.4	4.1
体育竞赛表演活动	48.47	29.70	3.0	5.3
体育健身休闲活动	123.44	40.51	7.6	7.2
体育场地和设施管理	15.72	2.13	1.0	0.4
体育经纪与代理、广告与会展、表演与设计服务	39.99	4.97	2.5	0.9
体育教育与培训	26.69	8.25	1.6	1.5
体育传媒与信息服务	192.89	87.13	11.9	15.5
其他体育服务	183.14	27.43	11.3	4.9
体育用品及相关产品制造	304.84	51.96	18.8	9.3
体育用品及相关产品销售、出租与贸易代理	622.00	280.79	38.4	50.1
体育场地设施建设	24.70	4.33	1.5	0.8

资料来源:根据《2020 年度上海市体育产业统计公告》整理。

3. 产业核心竞争力快速提升

全球正经历着以大数据、云计算、物联网、人工智能、元宇宙等为代表的技术大爆发,数字经济蓬勃发展,数据要素价值凸显。全国统一大市场的建立需要依赖数字技术对产业的重塑,主要表现为对体育产业资源的聚合和重组。

以数字技术作为新一轮产业发展的动力,加速推动了上海体育产业高质量发展。当前,上海市经济随着全国统一大市场的构建逐步转向高质量发展阶段。

上海拥有全国最具活力的体育消费市场,不仅居民体育产业各个方面消费需求旺盛,而且诞生了诸多体育消费新产品、新服务、新模式。上海也是国际体育资源进入中国市场的窗口,通过积极引入国际优质体育赛事、体育企业、体育组织、体育人才等要素,充分发挥中国巨大的市场优势,上海将迎来经济发展"双循环"的全新阶段。作为新兴产业,体育产业在推动经济结构优化、促进经济转型升级等方面的贡献越来越大。可以看到,上海体育产业总产出占上海地区GDP产出的比重较小,但从2015年至2020年呈上升趋势(图3)。上海体育产业正快速发展,体育产业正成长为上海经济发展的重要增长点。

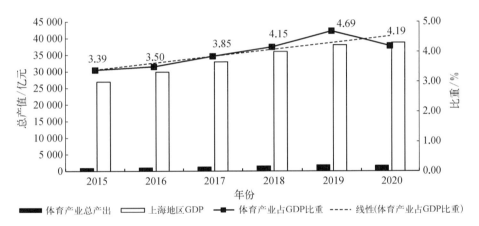

图3　2015—2020年度上海市体育产业总产出、地区GDP以及体育产业总产出占比
资料来源:根据历年《上海统计年鉴》和《上海市体育产业统计公告》整理。

(二)上海体育产业发展面临挑战

1. 全球宏观经济下行带来外部环境挑战

从2021年以来,全球经济出现了欧美的大通胀和中国经济增速下行这样一种罕见的分化的现象。此外,各国产业大分化带来的区域分化、居民收入分化、企业分化也越来越严重。新冠肺炎疫情后的国际社会,在政治上,大国之间相互竞争,国际形势严峻,各国趋向于采取保守政策;在经济上,财政金融危机突显,国际贸易和债务争端增多,产业链和供应链政治化切割较为频发;在文化上,受政治、经济影响,各国也趋于封闭,逐渐将中心转移到国内;体育产业也是如此,各国开始专注于本国大众体育、全民健身、国内赛事和本土职业联赛的运维,同时减少国际赛事的申办和筹办,压缩了国际体育文化交流项目,具体来看:

(1)受新冠肺炎疫情影响,经济发展不确定因素增加。2016—2019年,上海市体育产业总规模年均增长18.2%,但2020年同比下降了8.9%,2021年仍未恢复到2019年的水平。世界各主要体育大国纷纷减少国际赛事承办,压缩国际体育文化交流项目,全国统一大市场的构建将会给上海市体育组织带来更多冲击,这种复杂多变的环境,不利于上海打造全球著名体育城市和扩大全球影响力。

(2)全球经济增速大幅放缓,世界宏观经济正逼近衰退。世界经济发展开始放缓,市场开始萎缩,不可避免地扩散到体育领域。失业人口增加导致全球体育消费下降,全球经济衰退导致体育用品外贸订单减少,叠加中美贸易摩擦不断。2022年,新冠肺炎疫情的不稳定状况,给上海体育产业发展带来一定的风险,受疫情影响,居民对未来的不确定性增加,减少了部分体育支出。同时,由于国际职业联赛等各类大型赛事无法按正常的商业模式进展,如F1中国大奖赛、上海ATP1000网球大师赛等品牌赛事已连续停办2~3年,导致体育赛事的供给不足,并且带来了巨大损失。据上海市电子竞技运动协会统计,自新冠肺炎疫情暴发以来,受影响取消或延期的电子竞技赛事达500场左右,近30家电竞企业受到影响,经济损失超过10亿元。上海市体育外向型企业面临巨大压力。

(3)长三角体育产业一体化进程缓慢,区域发展不平衡问题依然存在。体育产业作为统一大市场发展战略的重要组成部分,在发展过程中区域内发展不平衡问题突出。如位于长三角区域的宣城与湖州地区社会经济发展水平较为落后,叠加与上海较大的地理空间距离,致使两城位于以上海为中心的辐射效应网络的边缘位置。上海与苏州在单日单程高铁通勤车次可达202次,而与湖州、宣城联通的车次分别只有5次和4次。上海体育产业处于体育用品及相关产品制造业到体育服务业的转型,使其和各城市进行合作发展的项目类型选择上大多集中在高端服务业,致使上海与一些欠发达城市区域体育产业发展中的差距被不断被拉大。

(4)城市化综合问题突出,体育产业发展面临新的挑战。随着上海城市化进程不断加快和深入,土地资源紧张、交通拥堵、人口老龄化等城市化问题在不同程度上影响到上海体育产业的未来发展走向。对于体育产业而言,土地资源紧张对城市体育空间的打造提出了更高要求,交通拥堵问题可能成为上海承办全球性综合体育赛事的重要限制,而人口结构改变则会影响城市体育产业发展的方向和重点。

2. 上海体育产业发展不充足带来的内部产业挑战

内部体育产业方面,从宏观上看,上海体育产业发展总体水平仍处于起步阶段,体育产业和相配套的服务和有效供给仍然不够充分,体育健身设施社会力量筹建和保障机制有待进一步提升,体育场馆、人才、版权等相关的体育资源还需要进一步开发和发展。随着科技和数字化发展,体育产业主体项目还需进一步丰富,核心体育企业的竞争力有待提升。体育产业消费结构仍需进一步完善,体育产业中低端消费还需进一步促进,高端体育消费存在外流。具体来看:

(1) 体育产业总体规模实力较弱,仍存在较大的发展空间。近年来,上海体育产业总体规模不断增强,但真正意义上的产业园或产业集聚群较为短缺,总体上产业空间分布较为离散。产业的总体规模实力和集中规划的实力有待进一步加强。对于体育产业中的任何一个部分来说,其本质都是从投入到产出转变的过程。其中后向联系是为产业提供产品或服务,而前向联系实际上是产业分配问题(图4)。合理的产业结构可以有效地利用各类资源,有利于资源在各个方向充分、合理的应用,从而将获得更高的产业产出,形成产业发展统一闭环。由于分散的体育产业空间状况,导致体育消费文化尚未完全形成。根据当前的上海市体育产业发展状况来看,还有较大的提升空间。

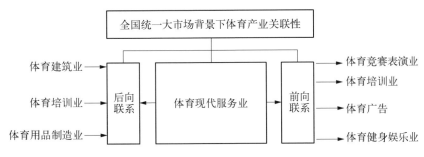

图 4 体育场地服务业产业关联性状态

资料来源:根据文献整理绘制。

(2) 体育产业创新能力不足,运营研发相关投入较少。创新将是上海体育产业发展的新动力,也是新旧动能转换的关键,创新驱动机制的构建更是体育产业供给侧结构性改革的重要内容。2014—2018年,上海体育产业增长的资本平均贡献率为74.56%,劳动力平均贡献率为14.03%,除要素投入因素(包括技术进步、技术效率提升等)外平均贡献率为7.01%。上海市体育产业增长主要由资本贡献,并未进入到技术创新驱动发展阶段,技术创新在其中发挥有限。从创新投入来看,2019年体育科技支出占体育支出的比重为1.88%,较2018年增加0.23个百分点。从创新产出来看,2019年上海市专利申请量为17.36万项,而体育类专利申请量为681项,仅占0.39%。

表2 2015—2019年上海市群众体育健身活动场所情况 (%)

年 份	资本 增长率	资本 贡献率	劳动力 增长率	劳动力 贡献率	其他因素的 贡献率
2014—2015	16.02	68.88	9.77	12.20	18.92
2015—2016	14.96	80.45	15.55	24.29	−4.74
2016—2017	20.60	78.16	13.23	14.58	7.25
2017—2018	15.96	70.76	17.57	22.63	6.61
均 值	16.89	74.56	14.03	18.43	7.01

资料来源:根据《上海体育产业发展报告(2019—2021)》整理绘制。

(3)大型综合赛事的申办筹办工作较少,缺少大赛为城市体育注入活力。体育项目和赛事的申办、筹办是体育产业重要的组成部分,一项超大、重大的体育赛事,如奥运会、亚运会等的成功申办和举办,不仅有利于提升国家形象,更有利于申办城市的经济发展,在带来一定的市容、交通等环境方面改善的同时,以体育产业促成旅游业,同时反过来进一步给体育产业带来巨大利益。上海自1997年"八运会"以来,已经超过20多年没有举办过类似的大型综合性赛事了。而相比之下,南京、杭州等城市在申办青年奥林匹克运动会等赛事方面取得了较好的成绩。

(4)体育场馆功能结构相对单一,体育活动场所管理能力薄弱。上海市各个社区体育健身活动场所不断的建造和扩大,社区体育健身设施数由2015年的12 000个增长至2019年的18 829个(表3),健身点、社区健身场地面积、社区公共运动场的和社区公共运动场面积也在2015—2019年间不断地扩展,但缺乏相应的管理措施,部分场所荒废长草。同样大型的赛事场馆也仅作为赛事用途,功能结构相对单一,还需要进一步探索以"体育场所养体育产业"、以体育产业促体育场馆的发展,发挥体育场所和体育场馆的最大效用。

表3 2015—2019年上海市群众体育健身活动场所情况

指　标	2015	2016	2017	2018	2019
社区体育健身设施数(个)	12 000	13 398	13 653	14 462	18 829
健身点(个)	9 905	11 106	11 316	11 954	15 827
社区健身场地面积(万平方米)	452	458	521	547	640
社区公共运动场(个)	390	390	395	467	547
社区公共运动场面积(万平方米)	53.2	58.5	66.5	76.1	112.5

资料来源:根据2015—2019年《上海统计年鉴》整理。

(5) 本土体育人才数量增速缓慢,体育人才吸引力度不足。优秀的运动员和专业水平较高的领军型教练员仍然不足(图5)。优秀的教练员自2018年开始大幅度增长至1 290人,相较于2017年的268人,呈指数级增长,但后期有下降趋势。因此,在缺乏资金支持和户籍制度吸引的条件下,很容易出现一

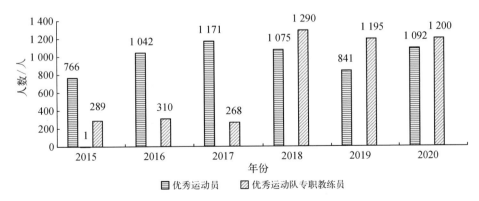

图5 2015—2020年上海市优秀运动员、教练员情况

资料来源:根据2015—2020年《上海统计年鉴》整理。

些高中端人才留不住的情况。同时在上海本土体育人才培育体系中的教职工人员数量仍然增长较缓,系统中管理干部、专职教师、科技人员等人员结构还有待优化(表4)。

表4 2015—2020年上海市体育系统职工情况 (人)

指标	2015年	2016年	2017年	2018年	2019年	2020年
管理干部	1 229	1 194	1 314	1 327	108	1 333
专职教师	120	86	130	137	82	99
科技人员	92	74	74	78	70	92
总计	2 300	2 643	2 858	2 832	1 544	2 724

资料来源:根据2015—2020年《上海统计年鉴》整理。

三、建设全国统一大市场背景下上海体育产业发展的政策建议

加快建设全国统一大市场的关键,需要深化改革,推动有为政府和有效市场相结合,体育产业同样也需要坚持市场化、法治化。既要发挥政府在政策方针上的指导作用,加快转变政府职能,提高政府对市场的监管效能,也要充分发挥市场在资源配置当中的决定作用。建设全国统一大市场是构建新发展格局的基础支撑和内在要求,上海体育产业发展如何构建完善的体育产业链供应链、如何以扩大内需为战略基点、如何更高水平开展体育服务贸易等,这应该是建设全国统一大市场背景下上海体育产业发展的应有之义。

这需要我们进一步强基础、补短板、打通硬阻隔,从广度和深度上持续地推进上海市体育产业深化发展。上海建设全球著名体育城市核心在于体育产业的高质量发展,其主要的着力点在于构建完善的体育产业体系。然而,体育产业体系的构建是一个复杂的系统工程,有许多工作要做,本研究根据上海体育产业的发展现状、目标任务,结合当前统一大市场构建的国内背景,将从以下几个方面给出相应的建议,以期合力推进上海体育产业上新台。

(一)全国统一大市场背景下上海体育产业发展之"外部应对"策略

坚持以推动体育产业高质量发展为主题,把实施扩大内需战略同深化供给侧结构性改革有机结合起来,增强上海体育产业内循环的内生动力和可靠性,同时与国际接轨,提升上海市外循环的质量和水平,加快建设现代化的上海市体育经济体系,着力提高全要素生产率,着力提升产业链供应链韧性和安全水平,着力推进区域融合和区域协调发展,推动经济实现质的有效提升和量的合理增长。

1. 从政策完善、财政支持出发,优化体育产业发展环境

统一大市场的形成需要在"优政策、促改革、强服务、搭平台"上发力,因此上海体育产业的发展需要进一步提升相关体育部门产业服务水平和能力,营造良好的体育产业营商环境,推动体育产业市场的高质量发展。

(1)完善政策供给。加大"1+X"的体育产业政策体系落地力度,推动各项政策更加科学精准、务实管用。以全市金融、高新技术、文化创意、旅游等领域来反促进体育产业的发展,并引导资金、技术、人才和土地等政策资源向体育产业倾斜。完善上海体育产业的统计制度,建立健全重点领域体育行业规范和标准。

(2)加大财政支持。以体育产业发展带动上海市财政收入,以上海各区的体育产业财政收入反哺各区体育产业发展,理清楚在体育产业发展过程中哪些项目应该由市场经济自由发展,哪些必须由政府引导,或是由政府和市场经济主体共同完成。营造公平有序的市场环境,在逐步加大财政投入的基础上,根据地方年度收支情况,不断创新财政资金支持方式,逐步减少或取消"点对点"式直接补贴方式,转而改为"拨改投"或"拨改报"间接性支持方式。

(3)提供优质服务。加快扶持体育产业集群发展,降低和消除企业获取和资源转换的壁垒,建立体育产业群,共享专业化的基础设施、劳动力市场和服务,在一定的区域里,构建生产网络,在发挥市场自主作用的基础上,注重加大对体育产业集聚区的培育,积极吸引各种资源向专业化集聚,放大集聚区的正外部性。将"企业找政策"变为"政府送政策",提升政府在体育产业政务服务水平,精准定位各项职能,增强企业获得感。

2. 鼓励创新创业,扶持民营经济体,激发体育产业市场主体活力

统一大市场背景下,需要坚持体育市场化改革基本方向,"立足内需,畅通

循环",进一步优化体育市场流通体系,优化体育产业要素市场构建,营造进一步统一开放和有序的市场竞争环境。

(1) 鼓励创新创业,创新产业发展模式。支持退役运动员、大学生和相关技术人员参与创业,进一步引进高新技术类产业并优化其布局。搭建体育类产业创新型平台,与高校、企业和金融机构等相互对接。培育一批具有影响力的创新型体育产业,与本市的重大战略和特殊资源相结合,构建系统化的体育产业发展空间。如进一步完善上海市五角场体育产学研集聚区、徐家汇体育公园等新一批体育产业园区。打造全球电竞之都,促成相关电竞类及其附属产业集聚效应的形成。

(2) 支持民营体育企业发展。在积极打造市场竞争性强的大型体育产业集团的同时,需要进一步关注具有"专、精、特、新"等特征的中小微民营企业的发展,提高其市场竞争力。引导具有实力的民营体育类企业,通过连锁、专业化、模式化管理等经营方式,鼓励其积极地"走出去",进一步提升其市场规模和实力,发挥体育企业在发展地区经济、增加居民就业等方面的积极作用。

3. 金融资本助力推动体育产业,拓展体育投融资项目渠道

上海作为全国领先的金融中心城市,拥有较多的金融资源,因此上海体育产业可基于上海金融资本进一步创新拓展,更好地实现资源的合理配置。

(1) 寻求与金融企业的合作,促进体育产业与金融资本有效对接。鼓励体育企业主动寻求与金融企业合作,依托各种金融工具包括信托、租赁、传统金融、新金融等来共同加入体育产业板块合作,推动上海市龙头体育企业在资本市场的发展,打造一批领先的体育行业上市公司,以此推动上海体育产业在资本市场中的发展。

(2) 加大政府扶持力度,拓展中小微体育企业投融资。举办上海中小微体育企业成长大赛,定期评估中小微企业发展现状,通过政策扶持,对优质中小微体育企业具体项目给予贷款贴息资助,并推动中小微体育企业展开与银行等金融机构合作,拓宽上海中小微体育企业融资渠道,推动上海市中小微体育企业的发展。

4. 进一步推动实现长三角体育一体化,充分发挥上海体育产业辐射作用

在多省市的共同努力下,长三角地区体育产业整体发展水平走在全国前列,因此在构建全国统一大市场的背景下,持续推动实现长三角体育一体化也尤为重要。

(1) 制定惠企政策推动长三角体育企业合作。通过制定相关补贴政策鼓

励长三角体育企业展开深度合作,降低省份间合作门槛,为积极寻求省际合作的体育企业制定奖励机制,对于成功与长三角其他地区体育企业展开项目合作的上海体育企业,按照项目合作中买方实际发生的交易额的5%给予补贴,通过惠企政策推动长三角体育企业深度合作,促进区域体育产业资源的互通。

(2) 建立长三角校园体育教学合作平台,共享体育融合教育资源。建立长三角校园体育教学合作平台,加强沪苏浙皖体育老师的相互交流沟通,联合举办长三角体育教学活动、长三角校园体育运动会等,在体教融合大背景下,共享教育资源,促进体育教育事业的蓬勃发展。

(3) 规范长三角体育用品与服务市场,扩大内需助力体育消费。基于扩大内需的战略基点,依托互联网信息化技术建立具有长三角特色的、统一规范的体育产品与服务交易平台,鼓励长三角体育服务企业入驻交易平台并合力提升产品与服务质量,继续推动体育产品电子消费券的发放,加大区域体育消费力度,促进区域体育的发展。

5. 落实体育产业土地供给保障政策

发展体育运动,增强人民体质,是我国体育工作的根本方针和任务。国务院办公厅印发《体育强国建设纲要》(简称《纲要》)中提到要"统筹考虑体育用地需求",这对于上海体育产业发展具有巨大的影响。事实上,早在2014年国务院46号文件《关于加快发展体育产业促进体育消费的若干意见》中就已将我国的体育产业定位为国家发展战略并强调体育产业的重大经济功能。因此,统一大市场背景下,上海促进体育产业发展主要可以从以下方面着手:

(1) 保障体育类产业用地供给。尤其是优先保障一些具有创新性和科技型体育产业用地的供给。对于以营利为目的的相关体育产业用地,政府可通过协议、出让等方式提供。通过出让前的规划实施评估,根据体育产业类型和上海市区域资源要素情况,实现不同土地的因地制宜合理规划。

(2) 合理利用各类资源。通过协调各类体育产业市场主体之间合作,利用好工业厂房、仓储等库存厂房、土地等兴办各类体育产业。其中厂房和仓储的用途和使用权人可暂不变更,往期非营利性体育项目设施用地,符合政府划拨规范的,可继续使用土地;不符合政府划拨规范的,经营期限满一年以上的,如想继续经营,可采取政府出让的方式办理用地手续。部分重点体育产业项目,较难解决的产业项目,可通过相关机构集体协商处理,或可按照有关规定,定期缴纳土地使用权价款,这需要根据具体产业情况,合理规制分期年限。

(3) 提高存量体育产业用地的土地利用率。在处置固定给体育产业的划拨土地时,积极推行和落实以作价出资(入股)的方式。明确规定上海各区体育产业税收收入方式、税收支出方式以及后续的土地管理办法。同时鼓励和引导社会各方面力量来投资兴办体育场馆、产业园等基础设施。

(二)全国统一大市场背景下上海体育产业发展之"内部应对"策略

1. 提升体育产业集聚优势

不可否认,上海体育产业市场潜在空间巨大。然而要真正发挥出这种优势,就需要把分割的市场联结起来,从点到线,从线再到面,这需要一定时间。上海体育产业的发展还需从做大走向做优、做强。

(1)依托重大战略来提升体育产业地位。构建长三角统一体育产业大市场,在场馆建设、后备人才等方面加强合作并结合上海地区自贸区优势,吸引优质体育产业落地发展。以优惠政策来激发体育产业链的完善和发展,探索布局会展、体育文化节等新型发展方式。

(2)依托重大项目促进体育产业发展。打造上海体育产业园区和基地,以园区基地这样的项目发展,带动相关设备设施的完善,从而推进体育产业基础设施建设,如大型体育竞技类场馆、大型功能性体育项目以及上海市各区体育公园、健身设施、体育训练基地等。进一步加快产业集聚,在构建体育产业大市场的同时开发多元化产业生态布局。

(3)依托重大改革改善体育产业环境。优化市场准入标准,将具有带动体育产业发展的"龙头型"企业重点引入,并完善体育产业经济支持方式(类似于国内 BYD 和引进的特斯拉汽车产业)。通过项目扶持、以奖代补、政府外包、政府购买服务等方式,持续性招引体育总部企业、相关体育产业上市公司等,达到"筑巢引凤"的效果。

2. 制定具体政策推动体育产业标准化,促进体育产业高质量发展

体育产业的标准化有利于优化体育产业制度环境,减少体育产业链中的制度性交易成本,推动体育产业实现高质量发展、高水平开放。

(1)制定各领域体育标准化政策,推动体育标准化进程。编制《上海市体育标准化管理办法》,制定包括上海市体育场馆运营管理流程、体育竞赛表演业全周期管理过程、体育企业组织运营管理过程、体育服务产品的开发与销售、全民健身公共服务规定、体育人才库培养方案、数字体育建立与传播、体育旅游文化服务等方面的标准化要求,推动上海市体育标准化进程。

（2）培育各类体育标准化服务机构,组建上海市体育标准化技术委员会。打造体育标准化服务机构,组建上海市体育标准化技术委员会,以《上海市体育标准化管理办法》为基本宗旨,推动上述政策规定的制定、完善与落实监督,参与上述具体标准化要求的管理过程中,推动上海市体育标准化进程。

3. 打造上海市体育信息公布交易平台"沪体荟",促进体育资源合理配置

参考成都"体淘荟"的举措与经验(表5),上海市可基于互联网搭建网络平台"沪体荟",与上海联合产权交易所共同创办"沪体荟"网站,通过公开体育产业资源信息来促进上海市体育资源的合理配置。

表5 成都"体淘荟"的一些交易项目以及交易意义

交　易　项　目	交　易　意　义
府青运动空间招商	社区级公共体育设施与城市体育"金边银边"深度融合
锦江体育公园征集运营方	打造具有显著的体育公园示范效应的公共体育场所
驷马桥体育公园征集运营方	溢价196％成交体现体育资源价值
成都城投体育文化有限公司增资扩股	首创通过企业资本权益配置引入"凤凰山体育公园"运营方的新机制

资料来源:根据成都"体淘荟"相关公开披露信息整理。

（1）企业入驻"沪体荟",公开发布体育项目需求,寻求投资方,促进上海体育产业资源共享。建立"沪体荟"网站平台,鼓励各区体育部门积极引导辖区内体育企业入驻平台,注册企业官方账号,企业如有体育赛冠名赞助等权益招商、企业增资扩股、体育项目征集合作方、体育场馆经营权转让、体育企业并购重组项目、体育企业校园招聘或社会招聘等具体需求时,可在"沪体荟"网站中申请公开发布,同时披露项目基本信息、企业相关信息、投资方要求、合作担保等文件,即可作为资源方发布项目,面向整个市场寻找投资方,以此推动上海市体育资源的信息透明化与市场化的发展,打造全国领先的体育资源市场化交易平台。

（2）引导上海市国有企业、事业单位入驻,整合公共体育招投标项目,推动上海体育基础设施建设。引导上海市国有企业、相关行业协会入驻平台,注册单位官方账号,结合自身实际积极导入赛事、场馆等体育资源,无论是举办

赛事或者场馆建设招投标项目,都可以申请在"沪体荟"平台公开发布,同时公开披露项目基本信息以及招投标具体要求等。如上海市新建、改建、扩建体育公园项目,运动场投资运营招商,上海市体育赛事权益和公共场馆运营等项目均可在该平台发布,通过公开平台来推动体育产业招投标项目更加公开化、透明化、公平化,推动上海市体育基础设施建设。

（3）搭建上海体育企业"朋友圈",促进企业共同高质量发展。在"沪体荟"网站中添加"会话"功能,在上海市体育企业入驻平台后,企业可以通过该功能向其他企业发起对话,可以增强企业间的沟通合作,同时搭建上海体育企业"朋友圈",企业可自由公布企业互助信息等,丰富上海市体育企业合作活动,推动上海市体育企业一同实现高质量发展。

（4）打造立足上海、辐射长三角,具有统一大市场特征的长三角体育"朋友圈"。在"沪体荟"发展较为成熟后,应继续立足上海,辐射周边地区,在网站中开设长三角体育"朋友圈",邀请位于长三角其他省市的体育企业积极入驻平台,发布公开融资投资信息,为周边其他省市的体育资源提供平台入口,同时推广上海市公开体育信息资源,加强省份间体育资源信息互通,为构建体育统一大市场打下基础。

4. "招赛引会、招商引资",提升体育产业辐射引领能力

以上海体育产业市场为"内核"吸引海外中高端体育要素资源向内汇聚,并实现资源的整合和产业的集聚,形成规模效应来带动本市体育产业发展,进一步改善体育产业的生产要素和配置水平,统一产业链,塑造上海"招赛引会、招商引资"新优势。

（1）打造自主品牌赛事。积极创办上海"明日之星冠军杯"足球赛,进一步提升上海马拉松、上海赛艇公开赛和上海超级杯等体育类赛事的办赛质量和水平。在优化赛事举办的政策扶持基础上,持续推进和举办有影响力的赛事,并完善"上海赛事"品牌认证体系。通过完善的政策体系和办赛水准,吸引更多国内外相关赛事的本土举办来带动本土体育产业发展。

（2）坚定开放包容的态度。继续办好 F1 中国大奖赛、上海 ATP1000 网球大师赛、环球马术冠军赛等具有国际影响力的赛事,在培育自主品牌赛事 IP 的同时,主动承接全球范围内具有影响力的赛事,扩大上海体育的本土品牌和筹赛、办会的影响力。

（3）积极参与各类会展。利用中国国际进口博览会的国际化开放优势,积极展示上海本土体育产业优势,吸引全国甚至全球体育产业的核心资源汇

聚上海。通过积极参加中国体育文化博览会和中国体育旅游博览会等国际性会展，推动上海地区的产业"引进来"与"走出去"。

（4）着力促进体育领域资源汇聚流通。通过招商引资，拓展上海体育产业发展优势。积极引进高端制造类、科技研发类、服务贸易类体育企业落户上海，致力于推动知名体育企业总部集聚，发展体育总部式经济。促进体育资源要素市场化配置，发挥上海市各类交易平台作用，吸引国内外各类体育资源在沪交互流转。推进体育产业类公共资源纳入公共资源交易平台和交易目录，进行合理、公开、规范交易，如上海联合产权交易所平台中的体育资源交易，可完善市场价值较高的体育类有形资源和无形资源在数字化平台上进行交易的渠道，提升资源的配置能力。

5. 聚焦数字化，注重体育科技创新

以统一大市场为背景，推进体育场馆设施高标准建设，推进商品和服务市场高水平统一，加快体育场馆产业化、市场化建设。优化场馆服务体系和激励创新机制，从而提升上海体育产业在赛事、招商等具体承载上的核心竞争力。

（1）政府投资建设高标准场馆。根据相关专家的政策建议，科学、合理化规划场馆建设，可结合体育消费、健身休闲、娱乐等发展趋势，打造大型综合性服务型场馆。上海市已建成的体育场馆，在闲置期间，可通过公开招标的方式来委托第三方经营和管理，通过公共场馆的市场化来激发场馆的营利活力，提高资源的利用率，形成良好的运维循环。

（2）完善体育场馆服务体系。新建的体育场馆需注重智能化、数字化和信息化，在承接赛事、体育培训、健身服务等方面需要全面考量，已建成的体育场馆需在原有的基础上进一步提升。要打造综合性服务体系，进一步处理好体育场馆的公益性与市场化的关系，合理利用体育场馆的现有资源，将有形资源和无形资源结合，进一步扩大资源价值和经营效益。

（3）提高体育场馆数字化水平。创新体育场馆的运营机制，创新数字化管理模式。其中，数字化是体育场馆管理的核心动力，也是提升体育安全管理的关键要素，要进一步探索"PPP"运营模式，将场馆的经营模式与数字化相结合，并积极鼓励和引导社会资本以老场馆、旧厂房等各种载体，兴办新型经营类体育产业项目。

6. 联合上海数据交易所，推动体育无形资产在"元宇宙"时代的开发与流通

为解决确权难、定价难、互信难、入场难、监督难等问题，上海市成立上海

数据交易所,构建数据信息流通高效便捷、安全合规的平台,而上海体育产业可以基于此平台,推动体育数字资产的开发与流通。

(1)推动体育产业数字资产的开发。2022年8月24日,上海数据交易所与华谊集团旗下国有老字号"回力"、数字资产首批发行平台"哔哩哔哩"联合首发了数字资产"回力 DESIGN -元年",该数字资产旨在赋予国有老品牌新的数字化内涵,让回力拥抱Z世代、走向元宇宙。基于此,上海市可鼓励更多企业投身数字资产的开发,对参与数字资产开发的体育企业给予补贴奖励,推动更多的上海市企业将体育产品与服务融入新的数字化时代,赋予新的时代内涵。

(2)促进体育产业数字资产的流通。可鼓励上海市体育企业与上海数据交易所展开战略合作,在上海数据交易所的特色平台"元宇宙"大厅发布体育产业数据交易板块,以此支持各类体育产业数据要素的对接,扩大体育产业交易规模,助力体育产业数据实现高效有序的流通。

7. 招才引智,强化体育产业人才保障

统一大市场背景下上海体育产业的发展需要重视体育产业人才这个关键,优化体育产业人才分类,在打造高水平统一产业市场人才队伍的同时,还需要深化产教融合育人、优化学科专业和人才培养体系,为加快建设全国统一大市场背景下的体育产业人才中心提供有力支撑。

(1)鼓励科研院所开展体育经济与管理类人才教育与培训。鼓励科研院所开展和培养"一专多能"型人才,以专业化人才来更好地规范和发展体育产业市场。同时鼓励和引进体育产业管理、体育赛事运营、体育医科等领域高层次人才,推进体育产业人才社会化、市场化。完善体育组织、体育媒体、体育营销机构等相关领域人才流动和保障机制。

(2)编制和发布体育产业重点领域紧缺人才开发目录。通过制定体育产业高层次人才的引进和管理办法,并完善相关配套政策措施,不断地优化各类体育人才引进机制,重点培养复合型管理型人才、经营型人才和研发型人才,进一步通过引进顶尖教练员等方式来加强体育产业人才队伍建设,如具备较好市场基础和能力的运动员或教练员,鼓励其发展和培育新一代体育产业,提供对应的创业条件,从而激发体育产业市场活力。同时要重视退役运动员,制定相应的安置措施和扶持办法,鼓励其从事体育产业工作。

(3)深入推进高校人才培养体系建设。联合上海市教育局推进上海市高校体育人才培育体系建设,为新一轮国家高水平人才提供"一条龙"人才培养体系。将体校、普通高等院校、社会三者相协同,共同培育体育产业人才。

四、全国统一大市场背景下上海体育产业相关领域立法建议

2022年6月24日,第十三届全国人大常委会第三十五次会议表决通过了新修订的《中华人民共和国体育法》,上海市在地方性体育法修订时应增加体育产业相关内容,其中监管主体方面应涉及政府监管的职责问题、职能划分和权利边界等问题,监管对象方面应涉及体育产业的范围界定、有形资产和无形资产的保护等。

(一)上海市地方性体育产业相关领域立法情况现状

1. 体育产业法规较少,内容相对滞后

上海市出台的地方体育产业法规较少,《上海市体育产业发展实施方案(2016—2020年)》使用的相关建议又过于原则化,内容规定得还不够全面具体,随着媒体化、数字化的发展,很多方案是滞后于体育产业发展的实际情况的。在解决具体问题时,主要还是参考其他法规进行规范。

2. 已有体育产业法规前瞻性不足,应考虑产业未来发展

由于体育产业在我国尚处于发展阶段,体育产业的发展速度可能使得立法不能很好地掌握法律前瞻性尺度,所立出来的法律可能具有一定的时效性或与已制定的法律之间产生矛盾。在立法过程中需要适时适当地考虑产业的发展速度,以及全国统一大市场背景下给体育产业带来的不确定影响。

3. 体育产业立法结构应更加规范,基本内容有待补充

本研究团队对2022年6月24日新修订的《中华人民共和国体育法》和国外的有关体育方面的立法进行研究,分析了上海地方性体育产业当前应考虑的立法方向,建议拟定《上海市体育产业促进法》。《上海市体育产业促进法》在立法结构上需参照非体育产业的其他产业促进法的立法方式和规范,其基本内容也应当包括相应的立法原则、执行机构、立法范围、主要奖惩措施和附则等。

(二)国外体育产业立法经验借鉴

1. 加拿大推行健康法律,促进全民健康水平提升

加拿大于1961年推出的《健康体育法》由十四章构成,第一章规定总则及

法律原则为促进加拿大国民的健康水平提升;第二章是对各个部门的司法解释,如审议会、委员会、协定等部门;第三、第四章主要规定了法律规范的范围和对体育产业发展促进的政策与有关事项;第五、第六章主要提到了加拿大联邦政府和各州政府为促进体育产业发展所需承担的社会责任;第七、第八和第九章规定由国家枢密院所任命的各个权力机构的行政权限;第十至第十四章主要是关于体育产业的奖励和处罚的规定等。

2. 波兰立法明确奖惩措施,完善体育产业制度

波兰的《体育法》主要明确了波兰体育产业中的具体奖惩措施。针对不同的优秀体育产业业内突出领军型人才,赋予不同的荣誉称号以及涉及各种级别的奖励和处罚措施。对于具有特殊成就的教练员等,可授予国家级荣誉或奖励。相对应的是对有违反《体育法》规定的从业人员也有具体的处罚措施。

3. 日本完善体育场馆法律,推动场馆运营标准化

日本于1958年推出《体育场馆法》,规定日本的体育场馆由文部省管理,1965年又通过了《青年中心法》。目前日本的学校拥有至少73%的体育健身设施,仅有7%的体育设施是对外开放的,这得益于日本的《学校教育法》,其第三条规定各类学校必须保障对应的体育基础设施。

4. 美国通过发现体育蓝皮书,强调利用体育文化促进社会发展

2000年美国政府委托多所大学发布了《体育产业维护国家利益蓝皮书》,该体育蓝皮书将美国的国家利益分为四个维度,最高维度为国家"一级利益",除了包括清算美国核武器发展与其他国家利益发展等重要的条例外,其他三个维度都不同程度地提到了与体育产业发展有关的方面,如:在"二级利益"层面,提及促进世界各民族体育产业的发展与兴盛;在"三级利益"条例中,强调美国需要利用体育文化来促进西半球各国社会文化多元化发展;在"四级利益"方面,规范了美国体育文化产业发展的具体措施及国际交流等相关问题。

(三)上海体育产业相关领域立法建议(图6)

1. 立法原则

(1)立法的出发点是促进上海体育产业发展。

(2)立法的适用性方面必须满足上海各区体育产业的发展规律。

(3)必须将经济效益与社会效益相统一,不能只注重经济效益而忽略社会效益。

(4)立法所规定的条例必须以其他法律为基础,以国家鼓励、支持和保障

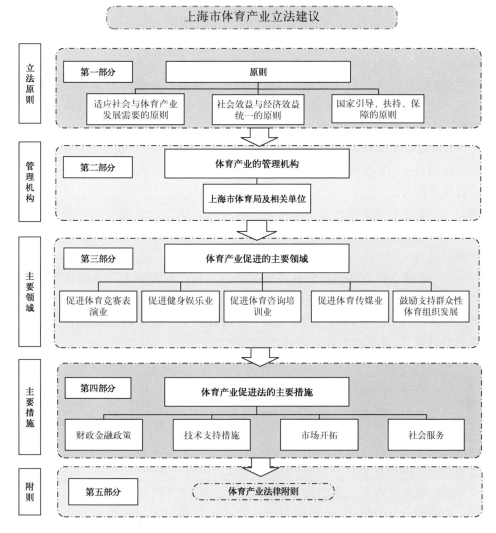

图 6　上海体育产业相关领域立法建议

为原则。

2. 管理机构

体育产业促进法的监管机构主要是上海市和各区体育行政部门。各行政部门应当承担体育产业促进法的执行和监督要求，履行相关义务，实行市级统一化管理、各区分权的管理模式，最大化调动上海市各类体育产业发展的活力。

3. 主要领域

(1) 促进体育竞赛表演业的发展。体育竞技表演需要较高的专业性,需要教练与运动员密切配合才能形成产业核心竞争力。

(2) 促进健身娱乐业的发展。全民健身是体育产业发展的重要目标和方向之一,上海市和各区相关部门需要围绕全民健身运动,有针对性地提供对应服务。

(3) 促进上海体育咨询培训业的发展。统一大市场背景下,体育产业正朝向市场化、一体化、产业化发展,体育类咨询和培训机构将成为体育产业的重要做成部分。

(4) 促进上海体育产业中的传媒业的发展。体育产业的发展相伴而生的是体育传媒行业,因此促进体育行业与传媒行业的发展,将成为体育产业发展的新突破点。

(5) 鼓励支持上海市社会性体育组织的发展。上海体育产业促进的相关立法是以促进上海市体育产业的发展为出发点的,因此,应当以鼓励上海体育产业发展的视角出发,在符合我国法律规范的框架下改革和创新体育社会团体的管理模式,发挥社会体育团体的服务功能。

4. 主要措施

(1) 放宽财政金融政策,引导资金流向体育产业。体育产业的发展和繁荣直接关系到社会经济的发展,是社会经济发展的重要方面之一,需要通过对应的政策引导和货币刺激,从而激发体育产业市场活力,政府的宏观调控和货币金融政策是体育产业发展的重要刺激手段之一,可争取上海市各类银行放宽体育产业的贷款条件等,鼓励更多资金流向体育产业。

(2) 增加对体育产业的技术支持,推动上海体育产业朝着数字化方向发展。随着城市化的发展,上海体育产业将逐步朝着数字化和高新技术产业化发展,世界各国的体育产业发展朝着数字化发展已成为体育产业发展的共识和发展潮流。

(3) 开拓体育市场,打造更有活力的体育市场主体。打造具有竞争力和活力的体育市场主体,此举不仅有利于上海各区体育产业的繁荣发展,也可刺激各区相关产业链上的其他类产业的其他企业共同发展(如旅游业等)。

(4) 推广服务理念,进一步提升体育产业的社会服务功能。统一大市场的背景下,体育产业的发展离不开产业服务质量,需要引导和增强服务理念,形成良好的服务意识。

五、结语

体育产业是国家经济的支柱型产业之一,就上海而言,体育产业是未来产业发展为数不多的突出亮点以及经济新增长点之一。上海体育产业的发展需要基于上海市资源要素优势,以全国统一大市场为背景,探索基于国内大循环和统一大市场背景下上海体育产业发展新路径。

本研究以建设全国统一大市场为背景,基于当前上海体育产业整体向好,但受外部环境影响而导致的不稳定性增加、产业发展低迷和城市化导致的一系列问题,以及产业内部出现的产业规模实力不足、体育竞赛表演业的申办筹办能力不足、体育场馆设施的运营管理能力不足、体育人才吸引力度不足等现状及问题,有针对性地分别从"外部应对"策略和"内部应对"策略进行阐述,提出基于建设全国统一大市场背景下上海体育产业发展的外部应对策略和内部产业优化策略,旨在为上海体育产业快速发展和优化提供对应的理论参考。

上海体育产业发展模式始终是我国体育产业发展"先行先试"的标杆之一,上海体育产业在不断地探索与尝试发展模式,加快建设全国统一大市场的关键在于通过深化改革推动有为政府和有效市场更好结合。在上海体育产业发展方面,需要坚持市场化、法治化原则,既要充分发挥体育产业市场主体本身在资源配置中的决定性作用,又要激发各类体育产业市场的活力和竞争性,配套出台对应的政策措施和产业法律规范,加快转变对应职能,提升上海市政府对体育产业市场的监督和引导作用。

参考文献

[1] 黄海燕,余诗平,徐开娟.体育蓝皮书:上海体育产业发展报告(2019—2021)[M].北京:社会科学文献出版社,2021.

[2] 廉涛,黄海燕.上海推动长三角体育产业一体化发展的路径研究[J].体育学刊,2020(6).

[3] 陆乐,李刚,黄海燕.全球城市体育产业发展评价指标体系的构建与实证[J].上海体育学院学报,2019(3).

[4] 黄海燕,徐开娟,陈雯雯,蔡嘉欣.全球城市视角下上海体育产业发展研究[J].体育学研究,2019(2).

[5] 加快建设全国统一大市场为构建新发展格局提供坚强支撑[J].宏观经济管理,2022(7).

[6] 王广谦.经济发展中金融的贡献与效率[M].北京:中国人民大学出版社,1997.

[7] 江小涓等.体育消费:发展趋势与政策导向[M].北京:中信出版集团,2019.

[8] 吴华强,才国伟,何婧.新发展格局下的全国统一大市场建设[J].南方经济,2022(7).

[9] 徐礼伯,沈坤荣.全国统一大市场建设与双循环新发展格局构建[J].经济问题,2022(8).

[10] 金碚.全国统一大市场中的市场主体行为[J].求索,2022(4).

[11] 谢莉娟,张昊.全国统一大市场与现代流通体系建设:实践探索与关系演进[J].中国流通经济,2022(7).

[12] 窦璐.全国统一大市场建设中的民营经济刑事司法平等保护:现状、机理与路径[J].深圳大学学报(人文社会科学版),2022(4).

[13] 丁俊发.关于建设全国统一大市场的理论与实施[J].中国流通经济,2022(6).

[14] 黄思明,解洪涛,匡浩宇.消费的原则下数字经济增值税横向分配估算——基于建设全国统一大市场的视角[J].税务研究,2022(6).

[15] 曾锡银,宋昱,赵翠焕.上海自贸区试点发行赛马彩票的可行性分析[J].体育文化导刊,2017(8).

[16] 朱鹏.上海船艇运动文化发展研究[J].体育文化导刊,2016(3).

[17] 汪艳,王跃,杜梅,陈林华,何久勇.上海建立国家体育产业基地的可行性研究[J].体育文化导刊,2015(11).

[18] 施怡娜,黄海燕.上海马术产业发展分析[J].体育文化导刊,2015(7).

[19] 汪艳,王跃,陈林华,王乔松.上海体育产业在公共产品供给中的作用研究[J].体育文化导刊,2013(6).

[20] 杨建荣,郑辉.体育产业的投融资环境建设:市场及参与者[J].学术探索,2012(2).

[21] 张忠."体育产业集聚"视角下的体育科技园功效——以上海体育学院科技园为例[J].体育学刊,2010(3).

[22] 改革开放30年的上海群众体育[J].体育科研,2009(1).

[23] 马琳.上海城市景观体育产业发展探析[J].华东经济管理,2008(2).

[24] 莫君晶,张林.上海体育经纪人的现状与发展对策[J].上海体育学院学报,2003(1).

[25] 邱伟昌.论体育在上海"两个文明"建设中的地位和作用[J].上海体育学院学报,2001(2).

[26] 杜梅.上海建设体育资源配置中心的功能定位与推进策略[J].体育科研,2021(1).

[27] 李鉴,李刚,黄海燕.全球体育城市视域下上海体育赛事体系构建战略[J].上海体育学院学报,2020(3).

[28] 马德浩.人口结构转变视域下的上海体育发展战略研究[J].体育科学,2019(4).

[29] 全面健身存在发展不平衡不充分问题——上海市委员建议进一步开放体育设施[EB/OL]. https://www.sohu.com/a/233072527_499971.

[30] 上海市统计局.统计年鉴[EB/OL]. https://tjj.sh.gov.cn/tjnj/index.html.

[31] 上海城市业余联赛[EB/OL]. http://sagsh.shsports.cn/index.jsp.

[32] 上海城市业余联赛组委会.2021上海城市业余联赛工作指南[R].2021-4.

[33] 上海市体育局,上海市体育学院.2019年上海全民健身发展报告[R].2020-9-30.

[34] 上海市体育局.《关于印发建设国际体育赛事之都三年行动计划(2018—2020年)》的通知[EB/OL]. http://tyj.sh.gov.cn/ghjhxx/20190108/0027-131416.html.

[35] 上海市体育局主要职责及内设机构[EB/OL]. http://tyj.sh.gov.cn/jgcs/20191101/0027-130696.html.

[36] 上海市人民政府办公厅.关于印发《上海市体育发展"十四五"规划》的通知[EB/OL]. https://www.shanghai.gov.cn/hfbf2021/20210913/9293b6c37cae415aa87ec159f517d79a.html.

[37] 上海市体育局.关于印发《2021年上海市体育产业工作要点》的通知[EB/OL]. https://www.shanghai.gov.cn/nw49248/20210412/3231816759bf441dbc33a4a6a633e01d.html.

[38] 上海市人民政府.《关于加快本市体育产业创新发展的若干意见》的通知[EB/OL]. https://www.shanghai.gov.cn/nw43980/20200824/0001-43980_56997.html.

[39] 上海一网通办[EB/OL]. http://zwdt.sh.gov.cn/govPortals/municipalDepartments/SHTYSH.

[40] 谭小勇,成瑜,张程龙.上海建设全球著名体育城市语境下体育法治建设的探索[J].体育科研,2021(1).

[41] 王志文,张瑞林,李凌.我国体育产业营商环境的学理构成、问题检视与构建思路[J].体育学研究,2021(5).

[42] 项颖倩.上海培育国际知名体育消费中心的瓶颈与策略[J].体育科研,2021(1).

[43] 徐峰.建设"国际体育赛事之都"背景下上海体育市场监管法制化研究[J].浙江体育科学,2020(2).

[44] 殷冬军.都市发展视阈下上海构建国际型体育立体化城市探究[J].中国商论,2020(15).

[45] 曾理,王跃,吴婷,宋可可,王静,杜梅,汪艳,肖巧俐.基于数字技术的上海市体育市场事中事后全息型监管体系[J].体育科研,2021(4).

上海市体育公园建设标准及路径研究

荣敦国　胡恒智　何　淼　王博霖[*]

[摘　要]　本研究通过梳理我国体育公园的宏观政策基础、设施配置以及实施标准,分析出可参考的体育公园建设标准。整理了上海市现有体育公园,利用空间分析方法分析区域配置情况,从建成时间、区域供给、信息化标准和公园类型等维度盘点了现有资源供给情况。研究发放了上海市体育公园满意度和限制因素调查问卷,从需求侧分析了上海市体育公园的满意度和居民参加体育活动的基本情况,结果表明,制约居民前往体育公园的因素为周边体育公园的距离和时间以及不了解体育公园,影响开展体育活动的主要需求为增加体育公园数量和丰富体育项目。针对上海市体育公园发展现状,结合国内外的有益案例经验,提出了适合上海市体育公园建设的举措,以期帮助相关政府部门了解全貌,提供切实可行的体育公园建设与规划建议。

[关键词]　体育公园政策;GIS空间分析;问卷调查;供给需求分析;案例分析;对策建议

一、引言

体育公园是全民健身的全新载体、绿地系统的有机部分、改善人民生活品质的有效途径、提升城市品位的重要标志。体育公园不是体育和公园的简单概念

---

[*]　本文作者简介:荣敦国,上海商学院体育健康学院院长,教授,博士研究生,研究方向:体育健康管理;胡恒智,上海商学院旅游管理专业,讲师,博士研究生,研究方向:空间大数据与商业规划;何淼,上海商学院旅游管理专业,讲师,博士研究生,研究方向:统计分析;王博霖,上海商学院酒店管理专业,讲师,博士研究生,研究方向:企业管理与运营。

叠加,而是以体育健身为重要元素,与自然生态融为一体,具备改善生态、美化环境、体育健身、运动休憩、娱乐休憩、防灾避险等多种功能的绿色公共空间,是绿地系统的有机组成部分。随着居民生活水平的提高,体育消费需求的多元化、精细化、融合化程度不断提升,体育产业由高速增长向高质量发展的转变进程加速,体育公园标准制定有助于推动城市体育公园多元化发展、创新化经营。

2021年7月,国务院印发的《全民健身计划(2021—2025年)》提出,到2025年,将新建或改扩新建或改扩2 000个以上体育公园、全民健身中心等健身场地设施,补齐5 000个以上乡镇(街道)全民健身场地器材等多项加大全民健身场地设施供给的措施。党的二十大提出,要促进群众体育和竞技体育全面发展,加快建设体育强国。在全民健身国家战略和《"健康中国2030"规划纲要》的要求下,群众"健身去哪儿"的问题亟待解决,体育公园则成为城市居民健身设施有效供给的重要载体之一。《关于加强全民健身场地设施建设 发展群众体育的意见》《关于推进体育公园建设的指导意见》(简称《指导意见》)等一系列政策文件对全国的体育公园建设任务进行了部署。结合上海实际情况,明确上海市体育公园建设标准,从供给侧分析现有体育公园的满意度,有助于推动城市体育公园多元化发展、创新化经营,高质量落实体育公园建设任务。

二、体育公园建设政策与标准分析

(一)体育公园建设相关政策分析

近年来,中央已发布多个体育公园相关政策(表1),对体育公园建设任务进行部署。

表1 与体育公园建设相关的国家政策

政策编号	政 策 名 称	发布时间	发 布 机 构
G01	《"十三五"公共体育普及工程实施方案》	2017年1月	国家发展和改革委员会、体育总局
G02	《关于促进全民健身和体育消费推动体育产业高质量发展的意见》	2019年9月	国务院办公厅

续　表

政策编号	政　策　名　称	发布时间	发　布　机　构
G03	《关于加强全民健身场地设施建设发展群众体育的意见》	2020年10月	国务院办公厅
G04	《中华人民共和国国民经济和社会发展第十四个五年计划和2035年远景目标纲要》	2021年3月	十三届全国人大四次会议
G05	《"十四五"时期全民健身设施补短板工程实施方案》	2021年4月	国家发展和改革委员会、体育总局
G06	《关于推进体育公园建设的指导意见》	2021年10月	国家发展和改革委员会、体育总局等

上海市体育公园建设，应首先准确把握中央政策精神，满足各项政策要求，并在此基础上适当拔高，形成上海市的体育公园建设标准。通过扎根理论的研究方法，对所有体育公园相关政策文本进行汇总，并按照表1中的政策编号注明政策来源，从而梳理得到政策内容要点，使政策各维度的要求导向得以明确（如表2所示，表中字体加粗者为政策有明确要求的）。

表2　体育公园建设的相关政策内容要点

政策类别		内　容　要　点
总体要求	战略导向	全民健身，群众体育（G03）
		人民健身国家战略（G06）
		明确体育公园定义（G06）
	指标要求	数量指标（G03）
		时间节点（G03）
功能定位	设计思路	服务全年龄人口的功能设计（G06）
		体现生态引领功能（G06）
		与其他体育健身主体区分（G06）
		贴合实际情况的均衡布局（G06）

续　表

政　策　类　别		内　容　要　点
功能定位	功能内容	体育培训服务功能(G02)
		延长开放时间(G02)
		应急避难(险)功能(G03)
		信息化监测与管理功能(G03)
规划布局	空间布局	"15分钟健身圈"(G02)
		贴近社区,方便可达(G03)
		选址与人口结构匹配(G06)
	落地抓手	新建城区的健身设施以体育公园为优先形态(G06)
		建设完善的大型体育公园,示范带动(G06)
		体现区域发展和新型城镇化需要(G06)
	建设规模	**统筹各类健身设施功能协调和面积配比(G06)**
		分级编制体育公园建设方案(G06)
		面积指标(G06)
建设标准	硬性要求	**绿化用地占比要求(G06)**
		兼具多年龄段运动项目设施(G06)
		不设固定顶棚、看台(G06)
	鼓励建设	鼓励水上运动设施建设(G06)
		鼓励足球场地建设(G02)
		鼓励季节性装配设施建设(G06)
		鼓励优化配套设施建设(G06)
		鼓励建设智慧健身设施(G05)

续 表

政策类别		内 容 要 点
建设标准	鼓励建设	**绿色低碳建设(G05)**
		全民健身场地设施项目遴选标准(G05)
建设方式	供地来源	现有公园用地的利用(G02,G06)
		城市公益性建设用地使用(G03,G04)
		闲置土地综合利用(G01,G02,G03,G06)
		自然资源充分利用(G02,G06)
	用地方式	划拨用地(G06)
		支持租赁供地(G03)
		倡导复合用地模式(G03)
		优先安排"四荒地"新增用地指标(G06)
		优化用地审批(G06)
	建设资金	多方参与(G02)
运营模式	公益性导向	保障公益性质(G01)
		收费标准(G06)
	鼓励社会化运营	现有体育公园转交第三方运营(G06)
		公开招标,竞争择优(G01,G03)
		鼓励多种运营模式(G06)
		推广社会力量运营模式(G03)
		运营管理体制机制建设(G02,G03,G06)
支持措施	资金支持	直接资金支持(G01,G03,G05,G06)
		财税费优惠(G02)

续 表

政策类别		内 容 要 点
支持措施	资金支持	运营费用优惠(G02)
		信贷支持(G05,G06)
		统筹多种资金渠道(G05,G06)
		长期运营资金支持(G06)
监管规范		依规审查审批(G03)
		用途管控(G03)
		加强项目推进监督管理(G06)

1. 与体育公园建设相关的政策的思路导向

从政策内容分析其思路导向,可以看出,体育公园相关政策始终强调体育公园建设必须坚持普惠性、实用性、生态性、公益性、创新性。

(1) 普惠性要求体育公园空间布局均衡合理。在规划布局时,需要结合现实情况,做到空间上的供需匹配。具体来说,应当与区域发展格局相匹配,符合长三角一体化发展规划等区域发展要求。在上海与江苏、浙江联合发布《上海大都市圈空间协同规划》的背景下,体育公园建设也应当与大都市圈内其他省市统筹规划;应当与区域人口相匹配,使大部分群众来说切实可达,并根据人口发展趋势具有适当前瞻性;应当与绿地系统和公共健身设施系统相匹配。

(2) 实用性要求体育公园功能设计满足实际需求。一方面,要充分考虑居民实际需求,进行完善的功能设计。要根据居民的年龄结构、家庭结构、职业等,按照区域内居民的运动习惯进行功能设计,切实满足居民的运动需求。另一方面,也要充分考虑现有资源,将体育公园建设融入现有绿地系统,实现应急避险、雨水调蓄、体育数据采集等多重复合功能。

(3) 生态性要求体育公园的建设、运营、规划设计均充分体现生态理念。在建设过程中,做到环保安全,控制建设规模和标准。在运营过程中,做到节能减排,绿色低碳。在居民使用场景下,充分体现体育公园的生态亲和性,使居民便于在使用过程中亲近自然。

(4) 公益性要求体育公园运营保持公益性质不动摇。一方面,政策明确要求,体育公园需确保免费或低费向社会开放,不可过度商业化。另一方面,体育公园又需要引入第三方运营,以提高体育公园的长期运营效率。

(5) 创新性要求体育公园建设运营过程中体现新形式、新技术、新模式。在形式上,体育公园不同于传统场馆、公园和社区健身角,是一种新型的多功能绿色公共空间,需要借助新的形式、新的设计来整合多种功能,并与现有其他体育健身主体加以区分。在技术上,鼓励引入智慧测量、信息化监测管理、线上预约及指导服务等,通过技术手段为居民提供切实便利。在运营模式上,体育公园需要在保持公益性的基础上,实现可持续、有活力的运营,因此需要尝试各类建设与运营模式,对运营管理体制机制进行创新改造。

2. 与体育公园建设相关的政策关注的问题

(1) 体育公园的功能定位。针对体育公园这一公共空间新形式,《关于推进体育公园建设的指导意见》给出了明确的定义,并指出了不属于体育公园的情况。具体来说,体育公园应兼具运动健身功能和生态功能,不可偏重其中之一,因此绿化用地占比、健身设施占比等指标必须满足相应条件;体育公园应具有生态亲和性,故政策明确指出不得以建设体育场馆替代体育公园,不设固定顶棚或看台;体育公园的专业性应当更强,运动种类更加丰富,不应简单地以增加健身器材来代替,故中央预算内投资也不支持健身器材的购置;体育公园具有公益性,因此要保持免费或低收费标准,仅允许运营方微利经营。由此,体育公园与普通公园、体育场馆、社区健身苑点、体育经营性市场主体实现了区分。同时,相关政策对有条件优化建设的体育公园提出了更多鼓励措施。针对目前大力发展的运动项目,鼓励在体育公园中建设相关设施,如水上运动设施、足球场等;对季节性运动,鼓励有条件的地方加装季节性装配设施,如临时溜冰场、临时泳池等;鼓励优化配套设施,提供智能化的淋浴、更衣、储物等设施,提供线上预约、人流监测等信息化服务;对于山地森林、草地荒漠等,可在不破坏生态的前提下利用地貌建设特色体育公园。因此,上海市体育公园标准设计时也应当充分体现体育公园的角色定位,具备相应的功能特征。

(2) 体育公园的空间布局。对此,相关政策已提供如下突破口。一是对体育公园进行了分级,从而分层考虑体育公园的辐射范围、项目内容、设施标准等,为体育公园与人口需求匹配提供了依据。二是要求新建城区将体育公园作为体育健身设施的优先形式加以安排,从最容易的地方率先突破。三是鼓励建设示范性的大型体育公园,起到示范引领作用。

(3) 体育公园建设的资源供给。资金和土地问题是体育公园建设面临的主要供给瓶颈,相关政策则提供了一系列支持措施。在资金方面,部分符合标准的体育公园可直接受中央预算内投资的支持①,同时体育彩票公益金可用于体育公园购置健身设施设备。此外,为体育公园建设开辟绿色办贷通道,由政策性银行优先投放;鼓励引入多种资金渠道投资体育公园建设,打通资金通道。在土地方面,扩大土地来源,合理利用现有公园,允许城市公益性建设用地依法依规用于健身设施建设;鼓励利用闲置土地、低效用地、"四荒地"建设体育公园,利用公共绿地、闲置空间、城市"金角银边"等建设健身设施;用地方式包含划拨用地、租赁用地等多种方式,同时倡导复合用地模式,支持健身设施和其他公共服务设施功能整合、复合利用,解决土地紧张问题;允许草坪建设非标足球场,计入绿化用地面积,从而满足体育公园关于绿化用地的标准。

(4) 体育公园建成后的长期持续运营。公益性是体育公园运营的前提,多个政策均强调体育公园应免费或低收费开放,尤其是政府投资新建的体育公园。同时,鼓励将体育公园交予第三方社会化运营,以提高运营管理效率②;运营模式可灵活多样,鼓励创新探索运营管理体制机制。在监管规范方面,政策要求依规严格审查工程方案,严格健身设施用途管理,积极参与体育公园的规划、设计、建设,定期调度项目进展。

(二) 体育公园建设标准分析

1. 体育公园建设标准的核心指标

体育公园建设标准首先应符合《指导意见》中关于体育公园各项指标的要求。2022年7月,国家体育总局办公厅公开了《体育公园配置要求》国家标准计划(计划号:20210625-T-451)征求意见稿。此外,一些省市已率先发布

---

① 其中,上海属于东部地区,中央预算内投资的支持比例上限为30%,单个项目支持限额不超过2000万元。目前中央预算内投资主要支持符合规模标准的体育公园建设,即面积在4万平方米以上的体育公园。
② 第三方机构的选择可参考《关于加强全民健身场地设施建设发展群众体育的意见》中的公开招标机制。

体育公园相关标准及规划方案。2019年10月,广东省住房和城乡建设厅与广东省体育局联合发布《广东省社区体育公园规划建设指引(第二版)》,对广东省社区体育公园的规划设计、建设实施和管理使用进行了指引。2022年7月,重庆市发展改革委员会发布《重庆市体育公园配置标准(试行)》。各标准文件的核心指标汇总如表3、表4所示。

表3 体育公园建设面积、覆盖人口和服务半径分级分类标准汇总表

标准名称	体育公园分级分类		公园总面积A(万平方米)	宜建设该类体育公园的行政区域的常住人口B(万人)	主要服务半径C(千米)	
《体育公园配置要求》(国家标准征求意见稿)	大型		A≥10	B≥50	无相对固定服务半径	
	中型		6≤A<10	30≤B<50	5	
	小型		4≤A<6	20≤B<30	1	
	微型		A<4	B<20	1	
《重庆市体育公园配置标准(试行)》	大型		A≥10	—	无相对固定服务半径	
	中型		6≤A<10		5	
	小型		4≤A<6		1	
	微型		A<4		0.5	
					城市中心地区	城市边缘地区及县城、镇
《广东省社区体育公园规划建设指引(第二版)》	大型	大Ⅱ型	A≥1.2	—	0.8≤C<1	1.6≤C<2
		大Ⅰ型	0.6≤A<1.2			
	中型	中Ⅱ型	0.3≤A<0.6		C≤0.5	0.8≤C<1
		中Ⅰ型	0.15≤A<0.3			
	小型	小Ⅱ型	0.08≤A<0.15		C≤0.3	C≤0.5
		小Ⅰ型	0.04≤A<0.08			

表 4 体育公园绿化及设施分级分类标准汇总表

标准名称	体育公园分级分类		绿化用地占比（%）	健身设施用地（%）	健身步道长度（千米）	运动场地数量（块）	可同时开展的体育项目数（项）	健身器材（套）	智慧体育元素：含智慧信息采集、智慧健身指导、智慧运营管理等（项）
《体育公园配置要求》（国家标准征求意见稿）	大型		≥65	≥20	≥2	≥10	≥5	—	
	中型			≥20	≥1	≥8	≥4		
	小型			≥20	—	≥4	≥3		
	微型			≥15	—	≥2	—		
《重庆市体育公园配置标准（试行）》	大型		≥65	—	≥2	≥10	≥5	≥5	≥2
	中型				≥1	≥8	≥4	≥4	≥2
	小型				≥0.8	≥5	≥4	≥3	≥1
	微型				≥0.5	≥2	≥2	≥2	≥1
《广东省社区体育公园规划建设指引（第二版）》	大型	大Ⅱ型	≥25①	≥45	—	—	≥5	—	—
		大Ⅰ型							
	中型	中Ⅱ型					≥4		
		中Ⅰ型							
	小型	小Ⅱ型					≥2		
		小Ⅰ型					≥1		

国家标准（征求意见稿）在《指导意见》的基础上进一步细化，对微型体育公园进行了界定，在体育公园绿化用地占比、健身设施用地占比等指标上给出明确的标准，可以为上海市体育公园标准制定提供重要参考。

重庆市的体育公园建设标准主要是在国家标准的基础上提高了部分标准

① 其中广东省规定，以公园绿地独立用地性质建设的社区体育公园，绿化用地占比应达到≥65%。

的指标要求,如健身步道长度、可同时开展的体育项目数等。同时,关注体育公园的器材设施配套情况和智慧化管理运营情况,增加了健身器材数、智慧体育元素等方面的规定。

广东省关于体育公园的分级规划所确定的建设规模更小,更关注"社区"概念,旨在构成贴近社区服务的"15分钟健身圈",借助"金角银边"等闲置土地打造公共体育空间,在体育公园面积、绿地面积占比、健身设施用地占比等方面均与国家标准不同。

2. 体育公园建设标准为上海体育公园建设标准提供的启示

(1) 大中型体育公园可以国家标准为主要参考。中央预算内投资支持、政策性银行贷款支持、体育公园典型案例评选等各项国家支持措施均针对符合标准的体育公园,尤其关注大型体育公园。上海市可在中大型体育公园上严格遵守国家标准,并着力打造一批具有示范引领作用的体育公园。

(2) 适度增设拔高部分标准,体现上海的高水平公共服务。可提高和增设部分设施指标,如依托上海水系,增设水上运动的相关标准;增加关于传统运动及特色运动的标准,如龙舟等;增设配套设施的相关标准,如直饮水、淋浴间、更衣室、免费 Wi-Fi 等。可进一步细化体育公园信息化管理相关指标,如:全面实现线上预约管理制度;引入智能健身指导;实现体育公园人流统计,监测体育公园实际使用情况;在体育公园中融入体测调查,等等。可总结体育公园第三方运营方面的实际经验,融入体育公园标准中。

(3) 在微型体育公园的层级上探索标准创新。上海发展仍然面临土地紧缺问题,在城市核心区问题尤为突出,人均体育场地面积严重不足,在这些地区新建大型体育公园是不太现实的。然而,按照国家政策内容,一般认为体育公园面积在1万平方米以上,4万平方米以下的不计入任务统计范畴。上海可在微型体育公园层级上,对占地面积、绿化用地占比、健身设施用地占比等指标进行创新设计,使之符合上海的发展实际。

综上可见,国家政策对体育公园的功能定位、空间布局、资源供给、运营机制进行了系统化的指导,上海市体育公园建设标准设计及路径探索应当遵照中央政策的导向来完成。然而,相关政策措施仍然比较宽泛,相关标准仍有不明确的地方。《体育公园配置要求》国家标准征求意见稿的发布,为上海市建设体育公园提供了重要参考,其他省市的标准设计思路也可为上海提供借鉴。

要想实现上海市体育公园建设的均衡配置和功能设计,仍需要充分结合上海市实际情况,把握人口分布、年龄结构、城市发展规划、居民需求层次、现有公园资源等信息,在供需分析的基础上发现需求痛点堵点,结合先进案例经验总结,选择适合上海市的发展标准和发展路径。

三、上海市体育公园现状与问题

(一)上海市体育公园供给分析

在各类体育公园中,社区体育公园是建设成本最低、建设周期最短、建设审批最简易的类型,广东、江苏和重庆等地都以社区体育公园为切入口开展全域体育公园建设。社区体育公园的用地性质灵活,居住用地的附属绿地、面积小于3亩的边角地等均可用于建设。与社区体育公园相比,综合型体育公园不仅能容纳类型更多的运动场地设施,而且将体育与绿地有机结合,能够同时服务更多市民,因此常常被市区级政府视为优化公共服务的抓手,作为民生实事项目推动。主题型体育公园(也叫体育主题公园)是为市民提供全民健身产品或服务的园区。与综合型体育公园不同,体育主题公园的用地类型为体育用地、商业用地甚至工业用地,因此不受严格的绿化条件限制,体育场地设施占比通常超过45%,建筑比例也通常高于公园绿地。

参考上述由地方规划建设部门和体育部门制定的标准,结合我国近几年来在体育公园建设中取得的实际成果和实践经验,本报告将我国体育公园分为社区型体育公园、综合型体育公园和主题型体育公园三种类型,分别在占地面积、体育设施占比、绿地率、用地性质和建设成本等几个方面进行了大致的标准划分,供后续研究及相关标准进行参考。单项运动公园是以特定体育项目为主题,提供完备的体育场地设施及文化设施,以供群众进行健身、训练或比赛的运动园区。

1. 从建成的类型看

上海市已建成综合性、社区级和主题性体育公园共计34个。根据《城市绿地分类标准》CJJT 8—2017对综合性公园的分类建议,共建成面积10万平方米以上的综合性体育公园17个(表5),4万平方米以上的体育公园22个。其中占地面积居前5位体育公园分别为上海市民体育公园、闵行体育公园、星火体育公园、高东体育公园以及紫气东来体育公园。全市体育公园主题多样各具特色,包括以足球为主的五星体育公园和上海市民体育公园,以网球为主的紫气东来体育公园和前滩体育公园，以沙滩排球场为特色的北水湾体育公园，以家庭休闲露营为主的马桥森林体育公园与星火体育公园，以生态绿色轻运动为主的锦尊体育公园、碧云体育公园等。总体而言，目前上海市体育公园呈现出以辐射较大范围、具备一定规模的"综合性体育公园"为主，以覆盖区域居民生活范围、满足健身休闲娱乐需求的"社区体育公园"为辅，以及具有特色体育项目、承担体育项目训练基地，达到举办赛事硬件标准的"主题性体育公园"的总体格局。

表5 上海市建成的面积10万平方米以上的体育公园汇总表

名 称	地区	地 址	项	目		类型	占地面积（平方千米）
上海市民体育公园	嘉定	安辰路999号	足球	篮球	跑道	市级主题性	2.80
闵行体育公园	闵行	新镇路456号	露营	球类	划船	综合性	1.13
星火体育公园	奉贤	莲塘路明城路	球类	露营		综合性	0.93
高东体育主题公园	浦东	高东镇新园路998号	篮球	乒乓	羽毛球	综合性	0.64
紫气东来体育公园	嘉定	天祝路与胜辛路交叉口	网球	篮球	操场	综合性	0.56
徐家汇体育公园	徐汇	中山南二路1500号	球类	健身设施		市级综合性	0.51
前滩体育公园	浦东	前滩大道735号	网球	篮球	高尔夫	综合性	0.32
马桥森林体育公园	闵行	曙光路东侧	露营			主题性	0.29
五星体育公园	闵行	航中路地铁站2号口旁	足球	飞盘		主题性	0.25
黄兴全民体育公园	杨浦	国顺东路318号	高尔夫	足球	羽毛球	综合性	0.22
浦东体育公园	浦东	源深路655号	羽毛球	游泳	台球	综合性	0.21

续　表

名　称	地区	地　址	项　目			类型	占地面积（平方千米）
长宁虹桥体育公园	长宁	绥宁路820号	游泳	露营		综合性	0.19
赵巷体育公园	青浦	赵巷镇业文路	大草坪	攀岩墙	步道行车道	社区级	0.14
锦尊体育公园	浦东	成山路与锦尊路交叉口	健身步道			社区级	0.13
普陀体育公园	普陀	桃浦镇金通路158号	皮划艇	篮球	足球场	社区级	0.13
朱家角市民广场体育公园	青浦	浦祥路	足球网球篮球	跑道	中央绿地	社区级	0.13
碧云体育公园	浦东	杨高中路1153号	健身步道	篮球		社区级	0.11

2. 从建成时间看

大部分体育公园为近10年新建，尤其在近5年，多座综合性和社区级的体育公园建成投入使用，展现了出体育公园及体育设施供给加速上升的态势，有效地填补了区域体育场地和设施供给的空白。如过去10年，嘉定区通过新建、提升、改造百余个公园分别建设了上海市民体育公园、紫气东来体育公园和北水湾社区体育公园3个各具主题的综合性体育公园，满足市民多元化的健身、休闲和文化需求。自2018年以来，青浦区的3个社区级体育公园赵巷体育公园、朱家角市民广场体育公园、重固体育公园先后建成并投入使用，显著提升了区域生态环境和居民生活品质。近年来，闵行区体育新空间一直在不断扩容，依托自然环境和"闲置"空间打造了4个特色社区级体育公园，如马桥森林体育公园、五星体育公园、体会＋名都公园，里尔体育公园，使更多市民享受到"家门口"运动健康的便捷。

3. 从区域分布看

上海市体育公园总体呈西北、东南向趋势分布（图1），东西方向较为密集，南北方向较为稀疏；其椭圆中心点位于内环内徐汇区，表明全市体育公园总体位于黄浦江以西，反映出上海市体育公园空间供给上的不均衡性。全市体育公园主要分布在外环以内的中心城区以及嘉定、青浦、松江、闵行和奉贤郊外环线以内，外环外体育公园面积相对占地面积较大；全市共 11 个市辖区建设有独立的体育公园，而黄浦、静安、崇明和金山尚未有建成的体育公园。从建成数量来看，浦东新区（14 个）、闵行区（5 个）和嘉定区（4 个），位居全市体育公园数量前列。结合辖区内人口总数和体育公园建成面积，计算人均体育公园面积并进行排序，发现嘉定区、奉贤区和闵行区排序靠前，人均面积超 0.6 平方米/人，徐汇区、长宁区和浦东新区排序居中，人均面积为 0.3～0.5 平方米/人。表明嘉定区和闵行区在数量和人均体育公园面积上均处于优势地位，可以较好满足辖区内居民的健身、训练和休闲需求；其他行政区具备一定的供给能力，可部分满足区域内居民的健身和休闲需求；而未建成体育公园的辖区则亟须新建或改建（图 2）。

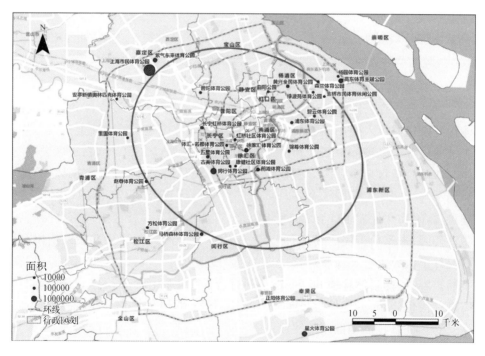

图 1　上海市体育公园空间分布

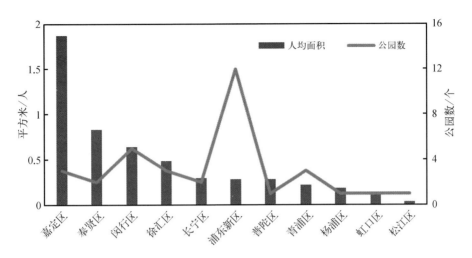

图 2 行政区体育公园数与人均面积

4. 从信息化技术和设备看

新建体育公园普遍采使用了信息化技术和设备,或在原有设施基础上进行了信息化升级。一是依托智能化管理系统结合线上预约、自助扫码入场、健康码人脸识别、自动启闭灯光、自动存储柜等智慧化功能,配合智能化设备和无人值守系统支持居民自助使用场地和配套服务,以互联网+体育的创新,优化市民的健身体验。二是进行智慧场地运营服务升级,通过大屏呈现所有设施的实时使用情况,并分析使用人的年龄段、性别等数据,为开展赛事或培训提供参考。三是在入场、监管、人群分析等方面实现功能全面升级,信息化管理可以精准控制园区到访人数、避免人群聚集,实现人性化服务,满足居民在家门口休闲和锻炼的需求。

5. 从体育设施的配置看

社区型体育公园基本配备了休闲跑道和多功能健身区,新建5万平方米以上的体育公园通常会配置足球、篮球、羽毛球、乒乓球球场,基本满足全年龄段的运动与健身需求,同时配备特色体育项目如水上项目、击剑、棒球、高尔夫等,提供多样化选择,挖掘体育消费潜力。综合性体育公园可提供丰富的体育健身项目,容纳类型更多的运动场地设施:如经过全新改造升级的徐家汇市级体育公园,围绕上海建设"国际赛事之都"的总体目标,一是通过对既有建筑空间进行匹配性改造,布局全民健身和专业服务功能;二是满足顶级赛事及赛事配套空间布局需求,建设成为"体育氛围浓厚、赛事举办一流、群众体育活跃、绿化空间宜人"的市级公共体育活动集聚区。主要承担承办国内外顶级体育赛事、满足市民健身休闲要求、开展青少年业余训练和引领体育产业发展四项功能。另一座市级综合性体育公园——上海市民体育公园共有11人制足球场18片、5人制足球场30片、3V3笼式足球场2片、橄榄球场2片、篮球场21片、网球场2片、棒垒球场2片及飞盘场地,以及服务中心、生态跑道、休闲广场等设施。园区绿化率高达37%,是融绿地生态环境于一体的体育运动休闲地。此外,公园围绕飞盘、棒球等开展一系列活动和比赛,丰富市民游玩体验,还推出露营、烧烤等休闲娱乐项目,让体育公园更加接地气、聚人气。

(二)上海市体育公园需求分析

1. 绝大部分居民具有定期运动的习惯,可接受中低额度的体育消费

参与调查的上海市民中,有72%的居民平均每天运动时间不超过1小时,其中平均每天运动时间0.5~1小时的占比35%。75%的居民每周至少运动一次。41%的居民月均休闲体育活动消费在100元以上,以月消费额101~200元(占18%)和200~500元(占15%)为主。仅37%的居民独自参加休闲体育运动,其余大多由家人、朋友陪同参加。

2. 体育公园到访率不高,大量居民的潜在需求尚未发掘

参与调查的上海市民中,曾去过体育公园的仅占28%,体育公园参与比例有待提高。其中,限制居民前往体育公园的最主要因素是距离太远或交通不便利(占51%)。关于限制居民前往体育公园的因素,41%的受访者表示对体育公园缺乏了解是主要限制因素之一,26%的受访者表示缺乏陪伴。

3. 居民对现有体育公园的满意度较高,最突出的矛盾是体育公园数量不足

在体育公园满意度调查中,大部分曾去过体育公园的受访者表示比较满意(占53%)和非常满意(占16%),仅7%的被调查者表示对现有体育公园不满意。关于体育公园如何改进的问题中,排在首位的就是希望增加体育公园数量(占59%)。

4. 距离是居民前往体育公园时的首要考虑因素,现有体育公园距离和交通有待改进

从休闲体育活动的参与习惯来看,居民前往休闲体育场所的方式以步行(占61%)为主,自行车(占18%)、自驾(占13%)和轨道交通(占12%)次之,绝大部分居民在路途上花费的时间不会超过15分钟(占75%),可以看出,体育公园与主要居民区的距离不宜太远。同时,体育公园距离和交通便利程度

也是受访者最重视的体育公园要素之一,对此重视的居民占比达76%。还有34%的受访者将"改善交通可达性"作为未来最期待的改进方向。

5. 居民关注体育公园设施水平,日常休闲运动项目以徒步、跑步和球类运动为主

体育公园的园内场地设施品质、运动项目种类和附属设施水平是居民最重视的三个体育公园特征,此外,关于未来体育公园改进的方向,57%的受访者最希望完善运动场地、设施和器材,52%的受访者最希望丰富体育公园的运动项目种类。从具体运动项目来看,徒步(占26%)、跑步(占25%)和球类运动(占22%)是居民最常参与的三类体育项目。值得注意的是,有少数(占3.5%)居民最常进行的运动为飞盘、露营、户外瑜伽等草地活动。

6. 使用者重视体育公园美观度,观赏价值同样重要

有76.8%的受访者表示重视体育公园内的绿地、水面、植被等观赏物的美观度,同时有36%的受访者最希望未来体育公园能够提高绿化与水面景观的美观度。这一结果充分体现了体育公园兼具体育运动功能性和休闲观赏性,美观是体育公园的公园属性的体现,在设计时需综合考量。

四、国内外体育公园发展经验借鉴

(一)国内体育公园发展经验借鉴

1. 打破单一主体管理模式,形成多元主体参与机制,提高体育公园运营活力

鼓励和引导社会第三方加入体育公园建设不仅可以有效解决体育公园后续运营在财力、物力及人力方面存在的问题,还有助于提供高质量、多层次的体育服务,满足不同人群的健身需求,引导大众的体育消费。各地区政府体育部门结合实际发展情况,确定体育公园项目建设和运营主体,采用如政府购买、合同外包、特许经营等市场化经营模式,全面负责体育公园的管理与运营,支持社会力量参与,提高体育公园的建设效率和运营活力。以2021年竣工的杭州大运河亚运公园为例,大运河亚运公园的规划、设计、施工管理与服务运营全程由蓝城集团参与,在大运河亚运公园完成2022年亚运赛事承办工作后,蓝城集团的角色将从建设者转变为运营者。在蓝城集团强大的品牌运营、品质管控和产品创新能力背书下,运河亚运公园被成功打造为绿色便捷的全

民健身新载体和开放共享的健身场所。

2. 智慧体育打造科学运动健康"一站式"服务平台，实现跨界联动，加速推动全民健身进程

随着 5G、大数据、云计算、物联网等新技术在体育领域的广泛应用，智慧体育以其更便捷的服务、更科学的运动管理、更高效的信息反馈等优势，成为引领体育高质量发展的关键引擎。智慧体育公园项目通过开展"无接触、非聚集、全天候、智能化"的大众休闲、健身、娱乐活动，不断打破传统市场圈层壁垒，创造交互场景，实现跨界联动，满足人民群众持续升级的健康消费需求。此外，通过"体育＋互联网"智能管理系统收集运动及各项监测数据，并生成统计分析，让公园运营及器材维护更加智能化，也为政府部门的科学决策分析提供大数据参考。以广东省广州市的首个智慧体育公园——二沙岛体育公园为例，该公园在历时一年完成改造后正式投入使用，改造后的公园融入了智能自发电器械、身体素质测试器、智能竞赛车等科技感十足的智能健身设备，吸引着不少市民前去健身休闲。通过将智慧体育和绿色环保有效结合，二沙岛体育公园为广州市民提供了充满科技感的可持续体育生态圈。

3. 着力打造主题鲜明突出、内涵丰富多彩的体育公园

在主题乐园消费热兴起的背景下，体育公园主题化发展未来可能迎来新一轮产业加速集聚及市场集中度提升。发展多样化、特色化、差异化的主题体育公园能够对游客游玩体验、参与消费、服务提供等需求进行有机组合。尤其是一些有王牌项目、重点项目的区域，通过在体育公园周边配套服务、休闲设施，形成区域的聚合效应，能够打造区域的人流聚集地，在满足居民高质量的健身、休闲需求的同时拉动消费。以四川成都非遗·WePark 玩湃全科体育公园为例，公园以"共建儿童友好城市"为宗旨，紧密围绕关爱儿童青少年运动成长这一主题而建造，将丰富多样的体育运动和生机盎然的公园城市融为一体，为儿童和青少年提供涵盖了科技、教育、娱乐、艺术等领域的体育运动新场景。

4. 通过多元化场景助力消费升级，促进体育公园的生态价值向 IP 商业价值转化

成都市江滩公园是天府绿道体系"锦江绿轴"的重要节点和锦江滨水活力及生态的重要展示段落，也是"生态优先、绿色发展"的城市实践。江滩公园占地面积约 30 万平方米，水体面积约 5 万平方米，岸线长度约 2.2 千米，在都市高楼中，营造出可享自然之美、运动之趣的另一番天地。江滩公园一期引入了腾讯王者荣耀 IP 串联各项目节点，打造时尚炫酷运动、潮流网红打卡科技互

动体验的人气活动场所,包含四川最大沙滩排球场、无边界戏水池、西南首个专业碗池滑板运动场等项目。

5. 积极将腾退公共空间改造为适于居民休闲活动的体育公园,有效促进城市低效空间更新

在土地空间资源比较紧张的老旧城区,伴随着居民对运动、健身需求的不断升级,配套设施缺乏土地资源的问题愈加凸显,除了以长期租赁、先租后让等方式为建设体育公园提供用地之外,还要从源头保障体育公园的土地供给,腾退空间则为解决社区居民体育空间不足提供了新思路。以北京市海淀区逸成体育公园为例,这里曾是一片被私搭乱建困扰的区域,经整治后以约1.2万平方米的体育公园新面貌向市民开放,足球场、网球场、篮球场、社区文化广场、塑胶跑道、舞台、儿童乐园等一应俱全,为周边上万名居民提供了健身锻炼的新去处,为城市风貌更新、居民品质提升、全民健身的进一步推广提供了有力保障。

6. 围绕体育旅游打造多业态融合发展阵地,实现一场多用、综合发展,促进体育公园的生态价值向商业价值转化

在实现经济健康可持续发展的新阶段,体育消费是推进体育产业高质量发展的重要着力点,更是促进体育服务业、体育旅游业发展的源泉。各地应充分利用当地景区的地理优势,提升旅游含金量,将"旅游＋体育"做成产业精品、做出市场效益,建设能够满足居民体育、文化、艺术、休闲旅游等多类别需求的综合型体育公园,更好地满足人们对美好生活的向往。以致力于打造集生态旅游、运动休闲于一体的城市休憩地和生态旅游休闲地的贺兰山运动休闲体育公园为例,除了将运动设施与生态景观结合,配有网球场、足球场、篮球场及营地、骑行服务站等体育设施外,公园还充分发挥山岳、湖泊、农林等丰富的生态环境资源,以旅游与体育融合发展的独特路径,打造独具魅力的新业态旅游目的地。此外,贺兰山运动休闲体育公园通过不断举办赛事,如2019年举行的中国户外健身休闲大会(西夏站)暨"神秘西夏"红酒半程马拉松赛,将旅游融入赛事,以赛事宣传旅游,提升地区旅游目的地知名度,促进体育公园的生态价值向商业价值转化。

(二)国外体育公园发展经验借鉴

国外体育公园的建设在20世纪已颇有成效,以欧美发达国家为代表,总体来看,欧洲的体育公园多配制较大的室内空间,美国的体育公园则更注重户外体验。

英国的体育公园在项目设置和活动安排上通常会充分考虑到本国国情以及当地居民的运动喜好。如英国伦敦第二大公园——摄政公园,其中央的草坪提供了橄榄球、垒球、足球、板球、长曲棍球等运动场地。围绕公园的草坪、湖泊、山坡布局了不同长度及类型的健身步道,供锻炼者选择,让不同年龄阶段的居民均有可选择的运动项目。同时,公园在活动内容的设置上体现出人文关怀,如为儿童专门开设丰富多彩的休闲活动、体育课程、夏令营等。

美国城市公园管理机构非常重视公园的健身休闲功能,大部分城市公园都具有体育公园的属性。以中央公园为例,号称纽约"后花园"的中央公园坐落在纽约曼哈顿岛的中央,园中设有许多体育活动设施,运动项目反映运动流行趋势,结合市场和人们的需求,既提供丰富多样的体育活动,又保障场地设置的安全规范,同时拥有可持续的运营体系。美国城市公园之所以能够高效满足居民的不同需求,原因之一在于美国城市公园的管理职能由专门的体育与休闲管理部门统一承担,避免了多部门间权责不清的问题。

五、对策建议

(一)创新体育公园用地模式,因地制宜增量开发

1. 利用疏解腾退空间、城市公园、绿地等场所建设更多体育场地设施

规划方面考虑在土地相对宽裕的新城区优先布局,在郊区优先新建;结合上海城区土地紧张的实际清点已有公园,在符合一定面积标准的基础上尝试通过增加健身步道、开辟球类场地,在有条件的河流湖泊中增加水上运动设施等方式改建现有公园;利用郊野公园资源增加市民体育健身场地供给,试点郊野公园属性调整,可选择现有郊野公园作为试点,在不改变土地性质、不影响绿化面积的情况下开辟部分区域纳入体育公园规划范畴,建设试点公园。

2. 全市一盘棋统筹规划选址,贴近社区多点布局

针对上海居民对体育公园距离太远、数量太少的意见,未来建设可优先考虑新增小微型体育公园,并根据居住社区的分布情况分散化多点布局,贴近居民社区,使体育公园成为"15分钟健身圈"的重要组成部分,减少居民往返时的时间成本和经济成本。加大体育公园宣传力度,鼓励创建社区组织,广泛调动

居民运动积极性,从而提高体育公园的实际使用率。

(二)丰富园区设施和项目,提升园区品质和美观度

1. 进一步丰富体育公园内的体育项目

针对参与人数较多的徒步、跑步,对体育公园道路和外围延伸道路进行复合利用,铺设步行道、跑道,并与园外健身步道/跑道系统进行衔接。着重提供球类运动场地,为大多数居民提供运动机会。探索体育公园场地的复合利用,对广场舞、飞盘等可以在草地上进行的运动项目,在设计体育公园时可考虑利用绿化用地建设该类非标场地。对水上运动,可结合水系景观建设相应设施。可集中配置部分运动设施,如滑板场地、健身器械等,鼓励形成运动社群,提高用户使用黏性。可结合不同年龄段需求,配置儿童乐园、老年健身设施等,更好地服务家庭群体。

2. 高水准设计规划体育公园,兼具美观和实用

应进一步优化体育公园的健身设施,进一步提高设施建设水平和可用性。上海市民对场地设施和配套设施的建设水准具有较高的要求,相应的场地设施水准可在国家标准的基础上适度拔高,体现上海的高品质公共服务。在美观性方面,可进一步优化公园的造景设计,针对场地、配套设施、标识系统、绿地系统等,在安全、便于管理的基础上尽可能美观。可结合冠大浓荫的高杆乔木覆盖,提高晴晒天气时场地设施的使用率,实现美观性和实用性的统一。项目设施建设要突出本地区文化特色,择优选择条件良好体育公园重点建设,打造示范性体育公园。

(三)形成多元主体参与机制,实现高质量运营管理

1. 通过建立市场运作机制,充分发挥公私合营模式(PPP 合作模式)优势,鼓励社会企业投资建设

加快构建政府引导、企业为主、市场运作的体育公园新基建投融资模式。充分挖掘城市体育公园智慧化的商业价值,开发其市场属性,在创造社会效益的同时创造经济效益。打造有效市场,发挥体育公园建设方、运营方等市场主体在资源配置中的决定性作用,通过服务标准与监管机制的建立,建立权责明晰、分工明确的市场体系,加快技术与资本的融合发展。引导社会资源共同开发建设和维护体育设施及体育项目,依托景区的空间规划和资源分布,有选择性、有针对性地引入体育旅游项目,既可以丰富休闲旅游业态,也能够促进景

区升级转型。

2. 优化体育公园管理机制，引导社会力量参与建设运营

上海市居民具有一定的体育消费能力和意愿，同时对运动场地设施、附属设施等都有比较高的要求，在保持体育公园公益性的前提下，探索体育公园整体运营维护分项目、分时段收费模式，部分运动场地非公益时段收费使用，降低园区内体育项目设施空置率，实现长期可持续运营。可在第三方运营机制方面深化探索，通过竞标、群众监督等方式保障体育公园高质量运营维护。引入智能化管理设备，可借助入园预约、场地预约等方式调整人流密度，鼓励居民错峰使用，从而保障园区体验，助力园区智能化数字化管理，降低人力资源成本和设备维护成本。

参考文献

[1] 陈冬平,张军.体育公园的分类及可持续发展方向研究[J].西安交通大学学报(社会科学版),2010(4).

[2] 董海军,倪伟,俞峰.上海市体育公园发展现状及建议[J].体育科研,2011(2).

[3] 黄海燕,曾鑫峰.体育新空间的空间生产表征与实践路径[J].体育学研究,2022(6).

[4] 姜晓涵.生态体育视角下城市体育公园发展路径研究[J].湖北体育科技,2021(11).

[5] 林海,施璐.基于GIS空间分析的城市公共体育设施空间优化整合研究——以沈阳市为例[J].沈阳体育学院学报,2019(5).

[6] 王敏芳,刘玉亭,邱君丽.社区体育公园规划建设的影响因素与发展策略[J].南方建筑,2016(5).

[7] 王玮,丁博汉,张亚军,吕岚琪,潘斌.上海体育产业高质量发展的典型特点、主要问题和对策建议[J].科学发展,2021(8).

[8] 王永平,魏彪,韩巍.我国体育公园规划设计的多元分析[J].辽宁体育科技,2018(2).

[9] 曾洪发,左逸帆.我国体育公园空间分布格局及其影响因素[J].武汉体育学院学报,2022(4).

[10] 郑霞,李舜天.体育公园运营模式研究综述与展望[J].浙江体育科学,2020(4).

[11] 国家发展与改革委员会、体育总局."十三五"公共体育普及工程实施方案[Z],2017.

[12] 国务院办公厅.关于促进全民健身和体育消费推动体育产业高质量发展的意见[Z],2019.

［13］ 国务院办公厅.关于加强全民健身场地设施建设发展群众体育的意见[Z],2020.

［14］ 十三届全国人大四次会议.中华人民共和国国民经济和社会发展第十四个五年计划和2035年远景目标纲要[Z],2021.

［15］ 国家发展与改革委员会、体育总局."十四五"时期全民健身设施补短板工程实施方案[Z],2021.

［16］ 国家发展与改革委员会、体育总局、自然资源部、水利部、农业农村部、国家林业和草原局、农业发展银行.关于推进体育公园建设的指导意见[Z],2021.

［17］ 国家标准化管理委员会.体育公园配置要求(计划号:20210625 - T - 451)征求意见稿[S],2022.

［18］ 广东省住房和城乡建设厅、广东省体育局.广东省社区体育公园规划建设指引[Z],2019.

［19］ 重庆市发展和改革委员会.重庆市体育公园建设实施方案(征求意见稿)[Z],2022.

基于国际体育赛事之都建设的上海赛事品牌形象设计研究

陈林华　徐建刚　赵　权　石佳一　陶雅洁[*]

[摘　要]　赛事品牌形象塑造是检验上海办赛质量和推进国际体育赛事之都建设的必然要求。本文主要采用文献资料法和逻辑推理法,纵向回顾了上海赛事品牌形象设计的发展历程,横向分析了上海赛事品牌形象设计的特征及不足,在此基础上提出推进上海赛事品牌形象设计工作的政策建议:强化意识、加强学习,积极借鉴国内外先进模式与经验;加强组织、优化认证,构建统一规划与整合传播新机制;强化产权、有效运作,开展赛事无形资产保护专项行动等。

[关键词]　赛事之都;体育赛事;品牌形象;无形资产;上海

一、研究背景

上海是我国近代体育的发祥地,也是当代国际高水平体育大赛落户中国的桥头堡。尤其是进入 21 世纪以来,上海始终坚持全球视野、世界眼光,对标国际最高标准和最优水平,先后引进了诸如 ATP 网球大师赛、F1 中国大奖赛、国际田联钻石联赛上海站等国际顶级单项赛事,也逐渐培育出诸如上海国际马拉松赛、上海赛艇公开赛、上海杯象棋大师赛等本土特色体育赛事。经过

---

[*]　本文作者简介:陈林华,华东理工大学,副教授、硕导、博士研究生,研究方向:体育城市评价、体育产业经营与管理;徐建刚,华东理工大学,讲师、硕士研究生,研究方向:体育管理;赵权,松江区体育局,副局长、硕士研究生,研究方向:全民健身及赛事运作;石佳一,华东理工大学,硕士研究生,研究方向:体育产业经营与管理;陶雅洁,华东理工大学,硕士研究生,研究方向:体育产业经营与管理。

30余年持续的努力,上海已经初步形成了以国际重大赛事和顶级商业性赛事为引领,高水平专业赛事、自主品牌赛事、群众性体育赛事、长三角联动赛事、数字化体育赛事交相辉映的赛事发展格局,区域层面重点打造了"一区一品"赛事,时间方面要求"月月有亮点、周周有精彩"。当前,在建设国际著名体育城市和世界一流国际体育赛事之都的宏伟目标下,上海高度重视赛事品牌的塑造,一方面冠以"上海""上海杯""上海站"等字样将赛事品牌与城市名称相结合,诸如上海ATP 1000大师赛、国际田联钻石联赛上海站和上海超级杯短道速滑大奖赛等;另一方面通过赛事标识和赛场设计将上海元素融入赛事视觉形象,并借助各类媒体进行图像传播,诸如F1中国大奖赛、别克LPGA锦标赛等。2021年起,上海还开始致力于推行"上海赛事"品牌认证工作,主要围绕常年举办的重要赛事进行分级认证和升降级机制,着力打造赛事品牌并提升品牌整体影响力。

本研究以品牌形象设计与传播相关理论为指导,在梳理上海赛事品牌形象设计发展历程的基础上,以上海国际马拉松赛、ATP网球大师赛、F1中国大奖赛等重要赛事为例,分析上海赛事品牌形象设计的现状特征与及其存在的问题,并对照国外同类赛事品牌形象设计模式与经验,旨在最终提出上海国际体育赛事之都建设中赛事品牌形象设计的对策建议。

二、上海赛事品牌形象设计的发展历程

上海是中西体育文化交流的门户,早在20世纪90年代,上海就开始尝试举办国际性的体育赛事,举办了诸如首届亚洲青年赛艇锦标赛、首届东亚运动会和世界中学生运动会等重要赛事。2000年以来,上海体育赛事进入高速发展时期,先后举办ATP上海网球大师杯(2002年)、F1中国大奖赛上海站(2004年)、国际田联黄金大奖赛上海站(2005年)、世界高尔夫冠军赛上海站(2005年)、世界斯诺克上海大师赛(2007年)等国际顶级单项赛事。在国际性体育赛事举办与市场化发展的过程中,各项赛事的主办方也开始逐渐意识到赛事品牌形象的重要性,不断进行赛事品牌形象设计的探索与实践。尤其是近年来,随着城市营销和体育产业的发展,上海市体育行政管理部门开始高度重视赛事形象传播与城市品牌建设的协同,并于2021年正式开始实施"上海赛事"品牌认定体系,这也是推进赛事品牌形象建设和高质量发展的重要战略举措。以品牌形象设计战略管理作为判断的主要依据,30余年来上海赛事品牌形象设计实践大致可以分为四个阶段。

(一)图形设计阶段(20世纪90年代):侧重于赛事标志和吉祥物的图形设计

20世纪90年代在改革开放的大背景下,上海市委、市政府高度重视对外文化交流,曾一度将举办体育赛事当作促进开放与交流的重要契机。这一时期,上海举办了首届亚洲青年赛艇锦标赛(1991年)、首届东亚运动(1993年)以及1996年的上海网球公开赛和首届上海国际马拉松赛、1998年的世界中学生运动会和世界女排大奖赛。通过收集与分析当时的赛事图文资料,发现组委会主要是以赛事标志和吉祥物设计来展示赛事形象。例如,组委会为首届东亚运动会设计了赛事标志,即以东亚运英语East Asian Games的首字母"E"和首届概念的"1"为组合;吉祥物则以当年农历生肖鸡为设计原型,"东东鸡"身材圆滚,手中举着一枝代表举办城市上海的白玉兰花朵向前奔跑,寓意着"东方欲白、金鸡报晓"。首届东亚运动会期间,主办方主要通过盛大的开幕式、闭幕式,以及虹口足球场氛围、巨大的东东鸡雕像和纪念邮票等载体展示着赛事或上海城市的形象。1998年上海喜力网球公开赛开创了国内城市首度探索赛事市场化运作模式的先河,赛事视觉设计充分彰显了赞助商喜力啤酒的品牌形象,整个赛场氛围沉浸在绿色的海洋中,赛事本身的形象反而被忽视。由此可见,这一时期上海赛事的品牌形象意识尚处于朦胧状态,部分赛事的形象设计仅限于赛事标志造型和吉祥物设计,一部分赛事甚至被赞助商的品牌形象所压制,并且大多数赛事还是属于一次性体育赛事,政府及主办方的品牌意识较为淡薄,并没有形成长期且稳定的赛事品牌形象。

(二)品牌关联阶段(2000年至2010年):注入上海元素,赛事形象链接城市品牌

在连续举办多届喜力网球公开赛并学习借鉴国外办赛经验的基础上,21世纪初期上海迎来了国际大赛蓬勃发展的黄金十年,先后引进和举办了诸如ATP上海网球大师杯(2002年、2005—2008年)、网球大师赛(2009年起)以及上海友好城市运动会(2003年)、F1中国大奖赛上海站(2004年起)、国际田联黄金大奖赛上海站和汇丰高尔夫冠军赛上海站(2005年起)、特奥会、女足世界杯、斯诺克上海大师赛(2007年起),逐步奠定了上海在全国乃至全世界体育赛事领域的突出地位。从品牌战略视角来看,这一时期主办方高度重视国际赛事与上海城市品牌的链接,或者在赛事名称里嵌入"上海"字样如ATP上海网

球大师赛,或者在分站赛事名称后面呈现"上海站"字样,如F1中国大奖赛上海站,让全球观众在看比赛的时候熟记上海的名字。此外,还通过巨幅广告、礼仪活动将上海的标志性场馆(如上海赛车场、旗忠网球中心、上海体育馆等)或其他地标性景观(如外滩、陆家嘴等)传播出去,越来越善于借助顶尖赛事的高光时刻来推广上海城市天际线等城市元素,并运用球员社交网络"软推广"上海城市形象。最经典的例子莫过于2002年上海网球大师杯赛前,9位世界级的网球大师身着唐装在外滩的合影,背景是陆家嘴天际线。据相关统计,这张图片是中国截至当时刊发次数最多、传播最广的一张图片,费德勒等网坛巨星还曾一度成为上海城市的形象推广大使,让世人见证了体育的力量。可见,这一时期主办方已经明确意识到赛事品牌与城市形象的嫁接,在赛事形象设计与传播过程中广泛地推广城市元素。但由于大多数赛事产权为国际体育组织所拥有,赛事拥有自身的形象识别元素,能够自主设计的形象元素相对有限,这便在较大程度上限制了赛事品牌形象设计的创新性。

(三)文化表达阶段(2010年至2020年):打造赛事组合,注重提升赛事的文化形象

2010年上海举办了世界博览会,"城市让生活更美好"的主题也启发着上海大型体育赛事的发展理念。此后相当长的时期内,上海在继续办好以8大精品赛事和"一区一品"赛事为主体的各项赛事的基础上,通过申办或创办新赛事的方式进一步丰富赛事体系,尤其注重打造赛事组合,并希望赛事真正能够融入居民生活,为美好城市生活服务。在赛事品牌形象设计方面,则更加讲究赛事形象与城市生活的关联性,特别强调赛事品牌的文化形象塑造与文化内涵的提升。例如在冰雪赛事方面,2010年以来上海共举办一届短道速滑世界锦标赛、九届短道速滑世界杯、一届花样滑冰世界锦标赛、三届中国杯花样滑冰大奖赛;2016年起,上海还成功举办多届国际滑联"上海超级杯"短道速滑及花样滑冰、队列滑大奖赛,这也是全球首次以一座城市来命名的冰上赛事。"上海超级杯"赛事标志设计除了呈现冰雪运动人体形象和上海英文字样外,还凸显了黄浦江的形象特征,并且与2011年举办的第14届国际泳联世界锦标赛赛事标志有着异曲同工之妙。此外,在赛事宣传方面,主办方侧重传递冰上赛事举办的"上海标准",进一步提升了赛事的文化内涵。又如这些年上海举办的跑步赛事,主要包括上海国际马拉松赛、上海半程马拉松赛、上马公益跑、中国坐标·上海城市定向户外挑战赛以及后来的上海10公里精英赛等。

其中上海城市定向户外挑战赛创办于2011年,赛事标志更换了好几次,最后于2017年统一为"中国坐标"的赛事标志,该设计既体现了"坐标"的寓意,色彩与线条还呈现了纵横交错的城市道路及丰富多彩的城市生活。如今,上马系列赛事均由东浩兰生公司运营管理,系列赛事的形象设计也就显得更加系统和协调,上海国际马拉松赛沿袭并优化了原有的赛事标志,上海半程马拉松赛、上马公益跑、上海10公里精英赛的标志则延续了此类设计风格,彼此之间既有关联也能较好地区分,并且随着上海城市面貌的更新、路跑线路的优化以及跑者服饰的丰富、比赛设施及背景的升级,上海的路跑赛事品牌形象越来越有辨识度且深入人心。2014年起上海开始举办浪琴环球马术冠军赛,赛事形象设计保持国际统一性,即全面凸显了赞助商的品牌元素,同时也传递出为整个赛马产业设立更高的标准和门槛的信息,赛事内涵得以提升,赛事品牌形象获得提升。此外,利用活动营销来塑造赛事品牌形象与城市形象的联动也逐渐成为惯常做法。例如,2011年起,上海市政府新闻办和网球大师赛主办方共同策划"大师浦江夜"活动;2018年F1赛事期间,时任上海市市长应勇与F1主席兼CEO切斯·凯利共同揭幕上海城市形象标识;2019年国际田联钻石联赛上海站,伊辛巴耶娃、奥利弗和冯志强三位明星运动员在浦江两岸标志性建筑和上海城市形象标识前大声喊出"Shanghai,let's meet!",这些举动将赛事品牌形象、城市形象与重要活动相结合,很好地助力了赛事品牌形象和城市软实力的传播。

(四)整体战略阶段(2020年以来):打造自主品牌,追求单一赛事与整体品牌的综合效应

2020年后,上海先后出台了《上海市体育赛事管理办法》(2020年)、《上海市体育赛事体系建设方案(2021—2025年)》(2021年)等重要政策文件,提出力争每年都要有世锦赛、世界杯等国际重大赛事在沪举办,并申办1至2项与全球著名体育城市相匹配的顶级赛事,创办3至5项与城市特质相符的自主品牌赛事等主要指标。2021年,上海创办了上海赛艇公开赛和上海杯象棋大师公开赛2项自主品牌赛事,并于2022年获得2025年世界赛艇锦标赛和2026年国际自行车联盟场地自行车世界锦标赛举办权。在赛事品牌形象设计方面,2021年上海市体育局联合第三方机构共同推出《体育赛事服务认证要求》团体标准,建立起"上海赛事"品牌认定体系并试行上海赛事"1+3"的品牌认定工作。其中,"1"是指创建一个"上海赛事"品牌,简称"S"品牌,包括一次

性举办的赛事和常年举办的赛事两个类别;"3"即常年举办的赛事分为"P""H""D"3类。主办方还设计了"上海赛事"品牌识别标志,其核心设计理念是"心跳",即以16根长短不一的线条代表上海16个区,组成"心跳"的波形,其中一根线上的两个球形代表着上海标志性建筑东方明珠。"心跳"标识选取魅力紫与竞技蓝作为品牌标识的主要渐变色彩,寓意为通过赛事打造国际品牌,不同的色彩汇聚成上海这一座梦想之城,正在向国际体育赛事之都的目标迈进。"PHD"标识底纹均由上海市市花白玉兰的花瓣组成。金色的"P"象征"金色的果实",体现赛事高规格以及全球巨大的影响力;蓝色的"H"代表"盛开的花朵",展现赛事的标志性和独特性;粉色的"D"释义"待放的花蕾",寓意赛事的潜力和广阔前景。总之,2020年以来,上海正在加快本土赛事的打造与国际顶级赛事的申办,进一步丰富城市的赛事体系,并且在赛事品牌形象设计方面已经有了系统性认识,开始追求单一赛事品牌形象与上海赛事整体形象的综合效应,上海赛事品牌形象设计进入上海城市品牌营销的整体战略阶段。

三、上海赛事品牌形象设计的现状特征及不足

以下重点以上海市常年举办的12大精品赛事及前两届"上海赛事"品牌认定所确立的获奖赛事为考察对象,对各项赛事品牌形象设计的特征进行分析,以此来探讨其存在的主要问题。

(一)上海赛事品牌形象设计的现状特征

赛事品牌形象设计的基本要素主要包括赛事名称、标志图案、标准字体和标准色及其使用规范、用于点缀的辅助图形、吉祥物及其应用组合,这些基本要素的设定就是一个赛事品牌形象的缩影。上海赛事品牌形象具体体现在品牌要素、品牌的培育与维护以及品牌价值与理念三个方面,下面将逐一进行分析。

1. 上海赛事品牌形象设计要素现状分析

品牌要素主要包括赛事名称、赛事标语、赛事标志等视觉听觉要素,具体体现在标志、色彩、字体、图形、声音、吉祥物及其应用组合,它们通过特定方式组合为赛事的品牌形象系统,通过适当的设计将赛事性质、理念和宗旨变成可以认知、辨识与理解的元素,再将要素组合成能够让受众产生共鸣的感官形象系统。因此,赛事品牌要素能给受众最为直观的感受,是赛事品牌形象的外在

呈现。从设计元素进行分析,上海赛事品牌形象的元素主要包括项目元素、场所元素、城市元素、国家元素、国际元素、民族元素等。例如,上海国际马拉松赛的品牌要素主要体现了项目元素(跑步)、城市元素(上海字样与东方明珠电视塔形象)和传统文化元素("三"代表多,三生万物的文化内涵)。表1归纳了首届"上海赛事"品牌认定获奖赛事及其品牌形象设计元素的基本情况,发现上海赛事品牌形象更关注国际元素、城市元素和项目元素,而较少体现场馆元素、国家元素和民族元素等。

表 1 首届"上海赛事"品牌认定赛事品牌形象设计元素分析

品牌类别	赛事名称	赛事权益	品牌形象设计元素					
			项目元素	场馆元素	城市元素	国家元素	国际元素	民族元素
P级赛事	上海ATP1000大师赛	上海久事体育承办	√	√	√		√	
	上海马拉松	上海东浩兰生自主IP	√		√			√
	F1中国大奖赛	上海久事体育承办			√	√		
	高尔夫世锦赛汇丰冠军赛	上海巍美文化承办	√				√	
H级赛事	田径钻石联赛上海站	上海久事体育承办	√		√			
	超级杯短道速滑大奖赛	上海久事体育自主IP	√		√			
	上海环球马术冠军赛	上海久事体育等承办	√				√	
	环崇明岛国际自行车联盟女子公路世界巡回赛	崇明区人民政府等承办			√		√	
	世界斯诺克上海大师	上海久事体育自主IP	√		√		√	

续 表

品牌类别	赛事名称	赛事权益	品牌形象设计元素					
			项目元素	场馆元素	城市元素	国家元素	国际元素	民族元素
H级赛事	射箭世界杯赛上海站	浦东新区人民政府等承办	√		√		√	
	上海半程马拉松	上海东浩兰生自主IP	√	√	√		√	
D级赛事	别克LPGA锦标赛	上海旗忠花园高尔夫俱乐部承办	—	—	—	—	—	—
	上海赛艇公开赛	上海东浩兰生自主IP	√				√	
	WDSF世界体育舞蹈大奖赛总决赛	上海市卢湾体育中心承办	—	—	—	—	—	—
	上海10公里精英赛	上海东浩兰生自主IP	√		√		√	
	高校百英里接力赛	上海每步科技自主IP				√	√	
	上海杯象棋大师公开赛	上海棋院自主IP	—	—	—	—	—	—
	中国坐标·上海城市定向户外挑战赛	上海市登山户外运动协会自主IP	√		√	√		

2. 上海赛事品牌的培育与维护现状分析

品牌的培育与维护主要是指传播行为与规范、输出行为与禁止行为，以及品牌相应管理规范等。赛事品牌形象培育与维护具体包括赛场选择与布置、组织机构建立、赛事接待服务、赛事营销活动、赛事程序性活动或礼仪以及媒体管理流程等。上海赛事品牌的培育与维护环节比较重视赛场氛围营造、接待礼仪、新闻发布会和开闭幕式等，新闻媒体主要有CCTV-5和五星体育电视频道,《中国体育报》《体坛周报》《东方体育报》等传统媒体,以及虎扑体育、腾讯体育、新浪体育、直播吧、抖音等互联网媒体等,仅有部分上海赛事如F1、网球大师赛、上海马拉松等赛事获得国际主流媒体的关注和报道,一方面由于国内媒体的国际话语权还不够,致使国内报道得不到海外主流媒体的关注与共鸣,另一方面也说明上海赛事在媒体运作方面还存在短板,如在海外媒体吸引力、议题设定等方面的能力还有待进一步提升。赛事组委会往往很看重开闭幕式和赛事接待等环节,力求做到气派、安全、热闹和皆大欢喜,尤其是很在乎领导群体的评价,往往把赛事当作年度活动只求按部就班地完成承办任务,对于赛事形象传播愿景和规范却缺乏系统性的规划,至今没有出台成文的赛事传播规范手册,这就使得赛事传播短期效果尚可而长期效果不佳,影响了赛事品牌形象的积累与发展,不利于上海赛事品牌形象的长期发展。

3. 上海赛事品牌价值与理念现状分析

品牌价值与理念是品牌定位的核心,它反映了品牌所主张的价值体系和生活理念,是品牌形象设计的重中之重。体育赛事作为人们参与体育的具体实践,体育赛事的价值理念成为人类维系体育社会关系进行的法则,其宣传口号、价值取向与精神主张都应该具有强烈的文化特性和时代特征。因此,赛事品牌价值与理念主要涉及品牌定位和品牌的更新与发展。在2000年左右上海就基本确立了"国际顶级的单项赛事"的赛事发展定位,力求举办的赛事与上海城市定位相协调,服务于上海国际化大都市建设。20多年的赛事发展实践也基本形成了上海赛事的项目格局:以乒乓球、网球、高尔夫、斯诺克等为代表的小球赛事适合上海人灵巧细致的个性特征;以帆船、摩托艇、龙舟为代表的水上项目符合上海江南水乡的城市特色;以F1、房车、摩托车、自行车为代表的赛车骑行赛事能烘托城市的动感与创新;以马拉松、城市定向等为代表的景观赛事展示了城市的景象与活力。上海赛事品牌的价值与精神内涵也基本体现了上海城市的特色与追求,并且随着时代的进步,部分上海赛事的品牌形象也进行了更新与发展。例如,上马系列赛事都是在上海国际马拉松赛的基础上发展起来的,在赛事标志、宣传口号以及赛事精神内核上都一脉相承又彼此有一定的区隔,较好地演绎了上海路跑赛事品牌形象的传承与创新。当然,上海路跑赛事在品牌价值与理念设计方面还是有提升空间的,如上海国际半程马拉松标志图形是以东方明珠、上海中心、环球金融中心"三件套"为背景的单人跨越形象,精神内核略显模糊,品牌价值没有很好地诠释城市的文化轴心。

（二）上海赛事品牌形象设计的不足之处

1. 品牌形象设计的总体质量不高

从上海赛事品牌形象设计总体情况来看，其视觉设计的总体质量还不高，尤其是标志设计元素过于单调，没有体现应有的文化内涵和魅力特色。以上海国际马拉松赛标志为例，其与伦敦马拉松、波士顿马拉松、纽约马拉松、柏林马拉松、芝加哥马拉松及东京马拉松标志相比，不论是从视觉的形式美感（线条、色彩、图形及其组合），还是城市文化彰显（标志性建筑、雕塑、象征物）以及赛事内涵体现（赛事特色与文化）等方面还存在较大的差距，总体设计质量并不理想，不能很好地达成赛事形象传播的效果。由表1统计可知，首届"上海品牌"认定赛事的形象设计元素存在以下问题：一是国际性与民族性不协调，绝大多数赛事重国际性、轻民族性，这与"民族的就是世界的"普遍共识不匹配，表明对民族文化还缺乏自信；二是城市元素普遍受到重视，但国家元素和场馆元素则略有不足，如果能将中国、上海及场馆都结合起来效果可能会更好，设计元素有待进一步优化。此外，近年上海自主创办的城市品牌赛事的标志设计还有待加强，如上海赛艇公开赛的标志设计元素较为简单，内涵表现不足；上海杯象棋大师公开赛则没有专用标识，赛事形象不够鲜明。

2. 品牌价值与理念偏离文化轴心

上海赛事由于发展历程相对较短，赛事本身也缺乏悠久的文化，因此在品牌形象设计的时候，品牌价值与理念设计往往存在拿来主义之嫌，赛事价值主张大都侧重于宣扬奥林匹克精神或者西方主流价值理念，这就与中国的传统文化及上海的城市文化产生了偏离。例如，上海赛事诸如网球大师赛、F1中国站、高尔夫世锦赛、世界斯诺克大师赛等，大多属于国际顶级的商业性赛事，参与者往往是精英的、职业的选手，赛事注重宣扬精英文化和商业文化，从一定程度上也符合上海经济中心、商业中心的城市定位及海纳百川的城市精神。然而，在赛事品牌价值设计中往往会忽视甚至无视传统文化，精神理念上的偏离也就导致大型赛事与普通居民的生活距离较远，在赛事参与及赛事认同方面达不到各方的预期，赛事难免显得高高在上，与居民生活的关联度并不高。由此可见，过于强调精英的、商业的赛事文化可能会与中国特色社会主义的基本国情和建设"共享之城"的上海城市发展目标发生冲突，赛事品牌的价值与理念并不能深入人心，也就达不到品牌形象传播的真正目标。

3. 赛事品牌整合传播效果不理想

整合营销传播是综合利用各种传播资源、用统一口径进行全方位、立体式、高密度的传播,以达到最佳传播效果的理念与模式。整合传播是塑造与传递赛事品牌形象的绝佳路径,它不仅可以短时间加强赛事形象的传播强度,还可以长时间在受众心理形成稳定的印象,从而真正达到品牌形象建立的目标。从现实看,一方面由于特有的办赛模式特征,诸如主管领导更替、办赛机构更换和赛事政策导向变迁等因素,主办方大都存在较为短视的行为,普遍以顺利完成当年的办赛任务为第一要务,赛事品牌营销的意识并不强,在赛事品牌形象设计与传播方面并没有过多的投入,对赛事品牌形象的宣传推广缺乏意识和积极性;另一方面,由于长期以来缺乏赛事品牌形象建设的统一的标准体系,甚至会出现有些赛事的标志每年都不一样,例如上海城市定向业余联赛就先后出现四种不同的赛事标志,严重影响了赛事形象的稳定性,这些都是致使上海赛事品牌传播总体效果不理想的重要因素。此外,高能级的本土专业性媒体建设的滞后,以及缺乏对国际主流媒体的规范化引导与借势,也是上海赛事品牌形象全球传播的弱项之一。上海举办的赛事无论从赛事级别、赛事数量和项目吸引力,还是上海办赛的专业度、精彩度来看,都曾受到国际体育组织的高度认可,如F1、网球大师赛等都曾受到国际体育组织负责人的高度评价,但是上海赛事在国际媒体和舆论场的热度值和持久度还不如北京、南京等其他国内城市,其原因值得学术界和产业界深究。

三、推进上海赛事品牌形象设计优化的政策建议

(一)强化意识、加强学习,积极借鉴国内外先进模式与经验

品牌是赛事质量、技术、信誉和文化的重要载体,也是提升赛事市场竞争力的核心要素之一。因此,上海在建设世界一流的国际体育赛事之都的过程中,加强赛事品牌形象设计与传播刻不容缓。2018年,上海市体育局发布的《上海市建设国际体育赛事之都三年行动计划(2018—2020年)》,就曾提出"坚持对标全球、塑造品牌"的基本原则,并展开"提升赛事质量""完善赛事标准"等赛事品牌建设计划。为此,要推进上海赛事品牌建设进程,一是要树立品牌意识、加强品牌教育,政府主管部门和办赛机构务必达成共识,将品牌形象设计作为提升办赛质量与赛事内涵的生命线、契入点和必然要求,在赛事申办创

办、具体运作和总结评价过程中都要将品牌建设作为基本要求与标准。二是要加强学习与创新,在积极吸收借鉴国内外城市赛事品牌形象设计先进模式与经验的基础上,结合上海城市特点创造性地进行赛事品牌形象设计。例如墨尔本"随行聚力"的城市座右铭与国际体育赛事之都形象高度契合,墨尔本所有重要赛事都在传播城市整体形象识别元素,无论是F1赛场还是澳网场馆,蓝底方块加白色"MELBOURNE"字体的独有标识通过专业媒体向全世界宣誓"这里就是墨尔本",很好地强化了赛事形象与城市形象的联动。新加坡也热衷于在赛事品牌形象传播中植入城市营销因子,如在F1新加坡大奖赛赛场出现巨幅的"YourSingapore"电子屏等。又如伦敦马拉松最大的特点就是利用创新将赛事艺术化、节日化,全世界马拉松爱好者穿着奇装异服来参赛,既体现差异化,又体现传统与现代结合的城市形象,相得益彰。

此外,国外城市非常注重利用各种原型作为赛事品牌标志设计的要素,如波士顿马拉松赛标志中的独角兽原型、纽约马拉松赛标志中的自由女神造型等,这种标志形象自然与城市文脉紧密相连。因此,应在学习借鉴国内外城市赛事品牌形象设计经验的基础上,优化上海赛事品牌形象设计策略。如在赛事标志设计中既要彰显国际化风格,又要体现本土原型元素,将赛事的世界性与民族性融合统一;在赛事品牌整体形象设计与传播方面要强化整合的力量,利用一切可以利用的资源传递一致的、稳定的和独特的形象气质;品牌文化内涵与价值理念必须与时俱进,不断推进上海赛事品牌形象的更新与发展。另外,还应该注重赛场环境和氛围设计,将赛事品牌形象与城市营销相结合,推进赛事形象与城市品牌的良性互动发展。

(二)加强组织、优化认证,构建统一规划与整合传播新机制

要推动上海赛事品牌与城市品牌的良性互动发展,就要处理好单一品牌与多品牌、子品牌与母品牌的关系,构筑相互融合又颇具区分度的上海赛事品牌群。为此,一是要加强上海赛事品牌建设的组织领导工作,建议上海市体育行政管理部门联合上海市市场监督管理局等部门共同设立"上海赛事品牌建设办公室(或联席会)"统领赛事品牌形象服务管理工作,构建政府主导、社会协同的推进机制,即发挥制度优势,利用政府的强大组织动员能力,动员各类社会和市场力量参与到上海赛事品牌形象设计与传播工作中来。二是要组织力量编撰《上海赛事品牌形象设计标准与指引手册》,构建赛事品牌统一规划、制定形象设计标准,积极推进赛事品牌形象建设工作。上海赛事品牌形象设

计不仅仅局限于赛事标志设计、赛场环境布置、赛事接待礼仪等，而是应该将赛事品牌形象融入城市社会经济生活的各个方面，也就是说，举办大型或国际体育赛事必须确保人们将主办城市视为休闲、旅游和消费的中心，而不仅仅将注意力局限于运动场。赛事品牌形象设计是个较为复杂的系统工程，理应建立相关的设计规范与标准。三是进一步优化上海赛事品牌认证，将品牌形象设计和市场化运作效果纳入赛事评估论证体系。在现有《体育赛事服务认证要求》团体标准和上海赛事品牌认定工作基础上，从视觉形式美、文化适配性、精神价值理念以及市场开发效率、传播效果等多维度，进一步细化认证及评价标准与细则；在"上海赛事"统一母品牌的加持下服务好单一赛事品牌或赛事品牌群，进一步加强上海赛事品牌及品牌群的整体影响力。四是积极构筑赛事品牌创新网络，大力探索赛事品牌无形资产市场化模式与经验。品牌创新是品牌的生命力和价值所在，赛事品牌建设则需要各方的共同参与，其中政府是赛事品牌打造的核心力量，主要负责组织动员；赛事主办机构、赞助商、广告商，以及媒体是重要的组织运作方；运动员、观众和居民则是具体的参与个体。因此，应该汇集各类办赛主体、设计机构、市场主体、政府管理部门，以及个体的力量，通过定期不定期的会议研讨、学习交流、招商展示等形式，尝试结成一定的联盟或合作关系，共同促进赛事品牌形象设计和无形资产市场开发的创新发展，推动上海赛事品牌形象设计质量的持续提升。

（三）强化产权、有效运作，开展赛事无形资产保护专项行动

2022年6月新修订的《中华人民共和国体育法》（简称《体育法》）新增了有关体育产业的专章，提出了体育产业及体育无形资产的规范化发展要求。《体育法》第五十二条专门规定了体育赛事标志、体育赛事活动现场图片、音视频，以及赛事运营权、转播权、冠名权、周边产品、赛事数据等均属于体育无形资产，这些权益都可以在合作合同中进行明确约定，并且在无形资产受到侵害时应当依法维权，这也为上海赛事品牌形象保护与市场开发提供了政策支持与法律保障。因此，建议在体育行政管理部门和市场监督管理部门的主导下，建立上海赛事无形资产普法工作领导小组，定期进行赛事产权及无形资产保护的普法教育，并且开展上海体育赛事无形资产保护专项行动，加大赛事无形资产侵权违法行为惩处力度，为上海赛事品牌资产的健康发展保驾护航。对于相关市场主体而言，强化产权意识、提高市场运作效率，积极维权是对自身权益的保护，可有效减少或避免经济损失；对于行业来讲，打击体育市场违法行

为为上海赛事产业的高质量发展创造更好的法制环境,有助于实现体育产业良性可持续发展。

四、结语

赛事品牌形象是赛事在社会公众心目中个性特征的具体呈现,较大程度上体现了公众对赛事的评价与认知,也反映了赛事本身的品质与魅力。因此,加强上海赛事品牌设计是促进上海赛事高质量发展和建设国际体育赛事之都的重要途径与举措。本文从上海赛事品牌形象设计的历程出发,概括了各个发展阶段赛事品牌形象设计的特征,并针对其存在的问题与不足提出了针对性的解决方案,最终从统一规划、宣传推广、价值塑造以及法制意识等方面提出政策性参考建议,旨在为提升上海赛事品牌形象和整体竞争力献计献策。

参考文献

[1] 陈林华,刘东锋.国际体育赛事举办与我国城市国际化:历程、经验与展望[J].体育科学,2019(11).

[2] Liang, X; Chen, SS; Liu, DF. Strategic thinking and planning behind the development of a sporting event portfolio: the case of Shanghai, SPORT MANAGEMENT REVIEW,2021(10).

[3] 沈佳,姚颂平.大型体育赛事的战略管理研究[J].上海体育学院学报,2008(6).

[4] 陈林华,王跃,李荣日.城市国际体育赛事网络联系度研究——以上海六大品牌赛事为样本[J].中国体育科技,2015(1).

[5] 刘东锋.城市营销中体育赛事与城市品牌联合战略研究[J].武汉体育学院学报,2008(5).

[6] 上海体育.上海市体育局关于印发《上海市体育赛事体系建设方案(2021—2025年)》的通知[EB/OL].2022-01-07/2022-09-28.

[7] 上海发布."上海赛事"品牌认定体系出台!首批18项赛事获颁认定证书[EB/OL].2021-121-28/2022-09-29.

[8] 段艳玲,刘兵.基于观众视角的体育赛事品牌资产测量研究[J].武汉体育学院学报,2017,51(5).

[9] 问绍飞.我国群众性体育赛事品牌培育研究[J].体育文化导刊,2020(10).

［10］张林,李南筑,姚芹,张颖慧,陆林飞.上海体育赛事发展定位研究[J].上海体育学院学报,2010,34(2).

［11］姚芹.大型国际体育赛事的认知效果[J].体育科研,2008(5).

［12］王鸣捷,谢曦冉.体育品牌整合营销传播新思路：基于中外体育品牌比较的视角[J].现代传播(中国传媒大学学报),2021,43(11).

上海市非体育用地建设体育设施的多案例分析

张程锋*

[摘　要]　课题通过对上海市四个利用非体育用地改造体育设施案例的调研,以及对相关企业负责人的访谈,总结了非体育用地改造经验与面临的问题,提出了如下管理启示:一是建立本市非体育用地建设体育设施的名录库,二是建立非体育用地建设体育设施的问题采集清单制度,三是建立本市闲置非体育用地信息采集和公开披露制度,四是建立多部门参与的联席会议制度和推动审批手续的数字化建设,五是建立全市统一的非体育用地改建体育设施建设操作指引,六是建立非体育用地改建体育设施的实施方案制度,七是制定符合非体育用地建设体育设施的优惠政策。

[关键词]　非体育用地;可利用体育用地;老旧厂房;闲置用地;城市更新

一、研究背景

充分利用老厂房、仓库、闲置空地、各类商业设施、公园绿地、楼顶空间等资源改建体育设施,是提高上海市人均体育场地面积的创新路径,也是缓解中心城区体育场地设施供给不足的重要举措。尽管国家和地方层面在一系列政策中提出鼓励利用非体育用地改建体育设施的意见,但已有的政策文本并未说明如何改建,缺乏能够具体指导实施主体改建的操作指南。实施主体需要

---

* 本文作者简介:张程锋,上海工程技术大学体育教学部,讲师,博士研究生,研究方向:体育产业。

对接哪些职能部门、办理哪些具体手续,是当前利用非体育用地改建体育设施的重要障碍。此外,现阶段关于利用非体育用地改建体育设施的政策内容较为模糊,不同职能部门的理解程度和支持力度也存在较大的差异,导致实施主体在办理相关审批手续的过程中也存在较大的难度。因此,研究利用非体育用地改建体育设施的建设操作指引刻不容缓。

本研究基于对上海市四个利用非体育用地改建体育设施案例(杨浦区市京体育产业园、宝山区三邻桥体育文化产业园、杨浦区周家嘴路4395号全民运动健康中心、杨浦区控江路435号翼动羽毛球馆)的实地调查和对四个案例隶属企业负责人的深度访谈,试图了解四个案例顺利改建的过程、经验以及改建过程中面临的问题,以期为体育行政部门提供已有成功案例的实践操作经验信息,为后期探索制定符合本市实际情况的改建操作指南提供决策参考。

二、案例

(一)杨浦区市京体育产业园(祥铭城市运动中心)

1. 基本情况

(1)背景信息。上海市杨浦区市京体育产业园位于民京路781号,前身是市京工业园,该工业园的土地所有权归属上海市五角场集团,整个园区总占地面积约3万平方米,建筑面积约9 000平方米,共有8座单体独栋厂房。市京工业园始建于1998年,由五角场集团投资2 450万元兴建而成。在建成后期的十余年,园区周边陆陆续续建起了12个居民社区,附近居住总人口达到40万人左右。随着周边居住人口的持续增多,越来越多的市民开始抱怨园区工业生产噪声、污染对生活环境的影响。为降低对社区居住环境的负面影响,园区积极探索由工业园区向科技产业园区转型。然而,尽管是高科技制造业,在生产过程中依然无法达到零污染,如园区原有的精密光学制品制造企业,虽然科技含量很高,但在生产过程中仍然存在粉尘污染,对周边居民生活产生较大的困扰。直到2016年,摔跤运动员出生的孟祥恒与五角场集团负责人接触后,双方关于老厂房改建体育设施的提议达成高度共识,一致认为改建体育场馆设施具有潜在的可行性。具体而言,一是在厂房内部空间方面,市京工业园的厂房层高7米,单个厂房建筑面积达1 000平方米,具备改造体育场馆的潜力,对改建篮球馆和羽毛球馆具有天然的优势;二是在体育消费潜力方面,工业园所在位置是五角场城市副中心的核心地带,周边居住人口数量达到40万人,存在巨大的体育消费市场,并且园区周边缺乏优质的体育场馆资源;三是在环境保护方面,体育服务业是典型的绿色、无污染产业,对提升街道和社区健康形象,活跃城市全民健身运动氛围具有促进效应。因此,双方决定先拿出两栋厂房探索经验。自此,原市京工业园步入了由工业园向体育产业园转型发展的模式。

(2)体育场馆类型与经营业态。市京体育产业园的整体改造工作是分三个阶段完成的,2016年开启了一期改造工程,将1号和2号两栋厂房改建为篮球馆和羽毛球馆,后续在其他厂房完成旧有合同期限的基础上,又陆续开展了二期和三期改建工作。到2020年7月初,整个园区厂房改建体育设施工作全部完成,并于7月2日正式挂牌市京体育产业园。园区改建的体育场馆能够满足多个项目的体育培训和比赛,如篮球、羽毛球、乒乓球、游泳、高尔夫、击剑、平衡车、网球、体育舞蹈、跆拳道、围棋、武术等,另设有一座多功能用途的智能场馆、一条1000米的健身步道。此外,园区还配套建设了体育文化众创空间、咖啡厅等设施,方便园区创业人员商务工作和体育消费者休闲消费。除了正常的营利性收费外,市京体育产业园负责人孟祥恒成立的上海市祥铭体育有限公司积极践行企业社会责任,与上海市体育局、杨浦区体育局、长海路街道达成协议,推进园区体育场馆向周边社区居民免费、低收费开放工作。如篮球馆、羽毛球馆每日上午6时至9时为公益免费开放时间段,每周公益免费开放时间不低于56小时,工作日上午9时至下午4时为低收费时间段,以惠民价格对社区居民开放。

2. 改建过程与特征

上海市祥铭体育有限公司负责人孟祥恒在与五角场集团达成初步租赁意向后,孟祥恒以个人身份积极联络相关职能部门办理审批手续,但协调过程异常艰辛、四处碰壁,于是主动接触了上海市杨浦区体育局领导,详述了项目的概况以及困难、诉求。杨浦区体育局领导在了解具体信息后,实地考察了市京工业园。在确认改造方案可行的基础上,杨浦区体育局决定大力支持上海市祥铭体育有限公司改造市京工业园项目。于是,在2019年11月,由杨浦区体育局牵头,组织了由长海路街道、区市场监管局、消防、五角场集团共同参与的协调会,专门对市京工业园改建体育场馆设施的审批手续进行了讨论。协调会决定,同意上海祥铭体育有限公司在不改变原土地性质(工业用地)、不增加现有建造面积的基础上,对厂房建筑内外部进行装修,由上海祥铭体育有限公司向五角场集团和长海路街道申请办理施工许可,免于办理规划审批手续。同时,会议决定以记录备案的方式为市京体育产业园改造项目开通"绿色"审批通道。上海市祥铭体育有限公司在改建市京体育产业园的过程中存在以下几个重要特征:

(1) 以租赁方式获取土地使用权。在老厂房改建体育设施项目中,已有文献指出政府和社会资本合作(PPP)模式是改建废旧厂房的主要运作模式,但在市京体育产业园改造项目中,上海市祥铭体育有限公司作为承租方以租赁方式向出租方五角场集团获得市京工业园的土地使用权。市京工业园土地产权归属五角场集团,五角场集团是乡镇集体所有制企业。双方合同约定首期租赁时间为10年,除不可抗力外,在结束首个租赁期后,上海市祥铭体育有限公司享有优先承租权,可继续获得为期5年的租赁时间。

(2) 未对土地原有性质进行变更,以记录备案形式获得合法改造身份。市京工业园的土地性质是工业用地,在改建体育场馆设施过程中,上海市祥铭体育有限公司并未变更土地性质,所有施工工程是在不变更工业土地性质的基础上完成的。按照《城市用地分类与规划建设用地标准》,对市京工业园区厂房的利用和改造,必须符合工业用地性质。如果私自将工业用地改建为体育用地,将视为违法建设,城管部门有权进行依法拆除。上海市祥铭体育有限公司对园区厂房的利用并未变更工业用地性质,对厂房的合法利用是以记录备案的方式获得合法改造身份的。

(3) 未对原有建筑物进行翻建、改建、扩建。为简化审批手续,上海市祥铭体育有限公司对市京工业园的改造仅仅是对厂房内部空间的装修和外立面的粉刷,并未涉及对厂房建筑物的翻建、改建、扩建。倘若涉及局部的翻建、改建、扩建工程,就需要向区规划自然资源部门进一步申请建设工程规划许可、建设用地规划许可等手续。为加速项目的成功落地和降低不确定性,承租方承诺对市京工业园厂房的利用主要是内外部装修。因此,协调会仅要求承租方向长海路街道和五角场集体申办施工许可手续,无须办理规划审批手续。在访谈过程中,负责人孟祥恒反复强调,市京体育产业园是一项装修工程,并不涉及改造和改建工作,以装修为策略的思路是项目成功落地的重要因素之一。

(4) 杨浦区体育局的主导角色是成功改造的关键。在个案中,杨浦区体育局扮演了关键和主导的角色,正是因为区体育局的牵头动作,才促成了由长海路街道、区市场监管局、消防、五角场集团参与的协调会的召开,明确了在市京工业园改造过程中,上海市祥铭体育有限公司需要向哪些部门申办哪些手续。同时,协调会的成功召开,也为承租方申办相关规划手续开辟了绿色通道。

(5) 以"化整为零"的思路办理装修施工许可。承租方在装修过程中,以"化整为零"的策略向五角场集团进行逐步报备,以获得施工许可手续。他们的经验是尽量以逐步报备的方式开展行政审批,并及时向五角场集团报备装修进度。

3. 面临的问题

社会资本利用非体育用地建设体育设施在改造前、改造后面临一系列问题,以下以改建时间线为顺序着重分析上海市祥铭体育有限公司在改建市京体育产业园过程中遇到的问题。

(1) 改建前面临的问题:

第一,老厂房相关重要信息无从获晓。在访谈过程中,上海市祥铭有限公司负责人谈到,作为民营企业即使存在改建老厂房建设体育设施的意图和经济实力,但是关于老厂房的具体信息难以获取,在老厂房改造体育设施过程中存在诸多的信息鸿沟。例如,一是老厂房的土地所有权归属单位是谁?如何联系上能够直接"拍板"的负责人?二是老厂房土地所有权是否清晰?是否存在租赁风险?三是老厂房是否具备改造体育设施的基础条件和保障条件?诸如此类的信息需要民营企业利用自身的社会网络去获取,信息获取过程不仅存在难度,而且增加了民营企业的时间、经济成本。因此,信息不对称无疑提高了社会资本建设全民健身场馆的进入门槛。

第二,非体育用地性质制约改建工作。老厂房工业用地性质是制约改建体育设施的关键问题,从土地性质层面而言,利用老厂房改建体育设施有两种思路:一种是不变更原有工业用地性质,取得合法改造身份,另一种是将工业用地性质变更为体育用地性质。两种思路都存在较大的难度和障碍,对于变更土地性质的做法,主要存在以下困难:一是变更土地性质涉及的职能部门较多,审批手续较为复杂。二是社会资本需要缴纳高额的土地出让金,改造经济成本较高。对于不变更土地性质的做法,主要是关于利用非体育用地改建体育设施方面存在政策空白,难以获得合法改造的身份。

第三,缺乏明确的操作指南。尽管国家和地方层面积极鼓励社会资本利用非体育用地改建体育设施,但是目前尚没有具体的操作细则出台。社会资本在获得非体育用地使用权后,在申请办理合法改建的资质时,不了解需要对接哪些职能部门,具体需要办理哪些手续。在调研中,祥铭体育负责人反映,起初办理相关审批手续无从下手,自身能做的就是根据自己掌握的信息主动联系相关部门,完全是"摸着石头过河"。

第四,审批手续难以获得。由于非体育用地改建体育设施的相关政策不清晰,不同职能部门的解读程度和支持力度不一致,社会资本依靠自身力量办理相关手续存在较大的障碍,难以获得合法改造身份。在访谈中孟祥恒先生强调,办理消防安全手续无疑是最难的环节,老厂房的硬件基础基本很难满足现行的消防安全审批要求,民营企业利用老厂房改建体育设施在办理审批手续阶段绝对是步履艰难的。

(2) 改建后面临的问题:

第一,优惠政策信息不对称。在调研过程中,祥铭体育负责人孟祥恒谈到,对政策出台的相关优惠政策信息并不了解,也没有主动去关注。

第二,缺乏优惠政策支持。一是支持政策空白。目前包括国家层面、地方层面(市级和区级)未出台有关专门针对非体育用地改建体育设施的支持政策。二是未享受体育场馆房产税和城镇土地使用税优惠政策。市京体育产业园改建后享受不到现行的房产税和城镇土地使用税优惠政策。2015年12月财政部印发的《关于体育场馆房产税和城镇土地使用税政策的通知》覆盖不到以非体育用地改建体育设施的情况。三是未享受到疫情防控房租减免政策。由于土地出租方为集体经济,祥铭体育有限公司未享受到土地权属方的房租减免政策。

(二) 宝山区三邻桥体育文化产业园

1. 基本情况

(1) 背景信息。三邻桥体育文化园(简称"三邻桥")位于宝山区高境镇江杨南路485号,因地处宝山、虹口、静安三区交界点,因此该园区改建完成后,被命名为"三邻桥"。"三邻桥"总体规划改建面积102亩,分三期进行施工,其中一期改建项目占地总面积66亩,改建建筑面积大约为36 000平方米,共涉及14栋独立厂房。一期工程于2017年开始施工,2018年年底改建完成,2019年5月25日正式开园运营。一期地块原址为上海日硝保温瓶胆厂,该企业由于生产经营问题,于2005年停产,企业厂房也因此长期处于闲置状态。随着时间的推移,厂房周边陆续建起了居民楼,破烂的老旧厂房外观与周边崭新的居民楼形成了鲜明的对比。为更新城市面貌和市容,高境镇镇政府主动联系奉贤区区政府和奉贤国资委,建议盘活老厂房资源,调整产业结构。正是在此背景下,原上海日硝保温瓶胆厂地块开始了改造和转型。在改造初始,原本的改造定位是创意产业园,而非体育产业园。在经过运营团队市场调查和专业评估后,发现周边不具备轨道交通优势,并且缺乏商务办公氛围,不适合发展创意产业园模式。但在调研中进一步发现,周边半径3千米内居民楼林立,居住人口多达70万人,适合发展B2C模式,在比较互联网消费和体育消费两个方向后,团队最终敲定了体育产业发展方向。

(2) 场馆类型与经营业态。"三邻桥"一期项目按照"体育运动""文化艺术""特色市集""配套商业"四个板块对园区14座厂房进行改造,形成了集"体、文、旅、科、商"为一体的体育文化产业集聚区。体育运动板块涵盖了20多种业态,包括搏击、健身房、减重、潜水、冲浪、马术、篮球、攀岩、游泳、瑜伽、儿童体适能、亲子游戏俱乐部、舞蹈、轮滑、滑板、乒乓球、蹦床等。此外,园区配备了1500平方米的大会堂和总面积达到1300平方米的中央广场,以及围绕园区建立的400米环形跑道。

2. 改建过程与特征

"三邻桥"项目改建有几个关键的节点:一是宝山区高境镇镇府致函给奉贤区区政府和奉贤国资委,希望原上海日硝保温瓶胆厂地块能够尽快进行转型。二是为支持原上海日硝保温瓶胆厂地块转型,在奉贤区区政府的帮助下,由奉贤国资委下属企业开伦集团完全收购了原上海日硝保温瓶胆厂的土地与股权,明确了原上海日硝保温瓶胆厂地块的土地所有权完全归属开伦集团。三是开伦集团确定金地商置作为战略合作伙伴,共同开发"三邻桥"项目,具体由金地商置下属启客威新集团进行工程建设和商业运营。四是启客威新集团在市场调研和商业评估的基础上确定了体育消费发展方向。五是为顺利推进改造工作,2016年7月22日由时任宝山区副区长夏雨同志直接牵头,召集区发展改革委、区经委、区商务委、区建设交通委、区科委、区规划土地局、区市场监督局、区消防支队、高境镇、奉贤区国资委、上海保温容器玻璃有限公司、启客威新商业网络服务有限公司等13个部门专门讨论上海日硝保温瓶胆厂地块调整转型的专题会。会议确定如下内容:在不变更工业土地用地性质的基础上,支持对上海日硝保温瓶胆厂地块存量建筑进行改造,包括对园区整体改造实行"拆一还一"政策,允许对原有建筑进行合理分割改造以满足布局及配套需求;在改造中拆除各类违章违法建筑;对保留建筑进行加固修缮;要严格按照消防部门的有关要求做好消防设施建设。同时要求与会部门做好项目相关报批及实施的指导工作,对现阶段部分尚不具备办理证照条件的事项予以特事特办,全力支持项目改造工作。"三邻桥"一期项目在改建过程中存在以下几个重要特征:

(1) 土地所有权较为复杂。"三邻桥"项目所在地最早为上海保温容器有限公司(占地面积 102 亩),该公司是奉贤国资委下属企业。由于经营困境,在 1995 年以厂区 66 亩土地作为股本与日本企业尼普洛株式会社组建了上海日硝保温瓶胆厂(现为"三邻桥"一期地块)。厂区另外 36 亩土地在后期自营中同样因为经营困难,为支付职工下岗分流的社保费,将这 36 亩土地的产权质押给上海市社保中心。因此,造成上海保温容器有限公司地块土地所有权一分为二的境况,其中 66 亩归属上海日硝保温瓶胆厂,36 亩归属上海市社保中心。在上海日硝保温瓶胆厂的股权结构中,日方尼普洛株式会社持股比例最高,上海保温容器有限公司(隶属于开伦集团)持股仅为 8%。在 2005 年停产经营后,尽管多家社会资本提出改建体育场馆设施的想法,但由于该地块的土地股权绝大多数归属于日方企业,并且对中方企业回购土地股权"狮子大开口",阻碍了社会资本参与该地块改造升级的进程。这种困境一直持续到 2016 年,为支持宝山区城市发展规划,在奉贤区政府的帮助下,由奉贤国资委下属企业开伦集团收购了日方的全部股权。并且由于一期项目的成功转型,高境镇决定将另外 36 亩土地所有权从上海市社保中心赎回,规划改建二期和三期。

(2) 改建工作由政府部门主动发起。一般而言,社会资本投资改建老旧厂房是企业主动追求经济效益的商业行为。但"三邻桥"项目是由宝山区高境镇镇政府主动发起和推进的。高境镇镇政府积极推进"三邻桥"地块的转型升级主要有三个方面的原因:一是自 2005 年上海日硝保温瓶胆厂停产以后,随着周边居民住宅楼的持续增多,老旧厂房和住宅区形成了鲜明的对比,不仅影响城市形象,而且整体上影响到城市土地功能布局。二是老旧厂房长期闲置,基本处于无实质性管理状态,演变为周边的垃圾堆放点,存在潜在的安全隐患。2014 年 6 月 26 日,厂区 36 亩地块因垃圾堆放点自燃,导致附近一个仓库发生火灾。在这一事件的发酵下,宝山区下定决心调整厂区地块的产业结构,从源头消除隐患。三是老厂房地块的土地所有权较为复杂,只有通过政府部门的协调才能实现顺利推进。

(3) 以租赁方式获得土地使用权。在完全收购上海日硝保温瓶胆厂地块土地产权后,开伦集团作为该地块的权属单位选择了与社会资本共同开发经营的模式,与启客威新集团共同成立了上海启保企业经营管理有限公司,开伦集团作为房东向启客威新集团提供20年的租赁期,并以20年租金为股本持股30%,启客威新集团占股70%。启客威新集团是金地商置旗下专注于产业园区开发建设及运营管理的公司,在老厂房改造文化创意领域积累了丰富的经验,曾成功开发"8号桥"文创园项目。启客威新集团的母公司金地商置是一家主营房地产开发和资产运营管理的上市民营企业。"三邻桥"一期项目的施工建设与建成后的运营管理均是启客威新集团直接负责的。在一期项目建成后,启客威新集团以物业管理的角色运营园区,负责整合和设计园区业态,以及对外招商。值得一提的是,尽管该集团有独立的体育公司(弘金地体育),但是园区的运营管理并未遵循传统体育门店经营的模式,而是按照商场物业管理的逻辑运营园区的。

(4) 未变更土地性质,以记录备案方式获得合法改建身份。上海日硝保温瓶胆厂地块是工业用地,"三邻桥"一期项目在改造过程中,未对原有土地性质进行变更。按照《城市用地分类与规划建设用地标准》,对工业用地进行利用和改造,必须符合工业用地性质。如果私自将工业用地改建为体育用地,将被视为违法建设,城管部门有权依法拆除。"三邻桥"一期项目的改建工程并未变更用地性质,对厂房的合法利用是以记录备案的方式获得合法改造身份的。并且会议纪要赋予了项目申办消防、施工许可等方面特事特办的资格。

(5) 宝山区区政府扮演了关键角色。"三邻桥"项目牵涉的利益相关者众多,共有13单位参与了协调会。在所有利益相关者中,高境镇镇政府是项目改建的发起人,其他单位是项目改建的配合者,宝山区区政府扮演了绝对的关键角色。时任宝山区副区长夏清同志高度重视"三邻桥"项目,从牵头组织协调会到项目建设审批手续、项目取名和后期的评奖评优都给予了大力支持。可以说,该项目能够顺利落地和成功转型,宝山区区政府的直接支持起到了决定性的作用。

(6) 以评奖评优方式获得了相关支持。在调研中了解到,尽管"三邻桥"项目未享受到政府的直接经济支持和房产税、城镇土地使用税优惠政策,但是宝山区区政府以及高境镇在相关评奖评优方面还是给予了较多的支持。如"三邻桥"项目获得2021年度上海体育产业示范项目称号。在有关文化旅游部门的相关评奖评优中,"三邻桥"项目也受到了当地政府的认可。

3. 面临的问题

"三邻桥"项目实质上是由地方政府部门发起、主导的老厂房改建体育设施案例,是通过自上而下行政命令的形式完成项目改造的,与社会资本以自下而上参与老厂房改造有很大的区别。在宝山区区政府的主导下,"三邻桥"项目在改建过程中享受到了特事特办的资格,在申请办理相关改建手续中享受到了政府的政策红利,因此该项目在获得合法改造身份方面不存在障碍。

但是,该项目在改建前土地所有权较为复杂,涉及诸多利益相关方,尤其是还有外资持股的影响。为推进该项目的顺利落地,奉贤国资委下属企业开伦集团以高额代价回购了全部股份。此外,该项目仍然属于老厂房改建体育设施的案例,不属现有优惠政策的覆盖对象,享受不到房产税、土地使用税的优惠政策。

(三) 杨浦区周家嘴路 4395 号全民运动健康中心

1. 基本情况

杨浦区周家嘴路 4395 号全民运动健康中心的建筑面积达 4 000 平方米,该场地权属单位为国企光明集团下属企业上海申宏冷藏储运有限公司,申宏冷库建成于 1966 年,在 2016 年 6 月 28 日关停。厂区总占地面积为 55 亩,在厂区内有一块接近 6 000 平方米的空地,自厂区停止经营后一直处于闲置状态。2021 年上海金道体育有限公司(简称金道体育)负责人金旭东通过长白新村街道领导找到申宏冷库的企业负责人,提出租赁申宏冷库闲置土地改建体育设施的想法。由于疫情对企业经营的冲击和影响,为增加企业经营收入,上海申宏冷藏储运有限公司同意盘活闲置用地,将该公司的闲置场地租赁给金道体育进行改造。金道体育以租赁方式获得土地使用权后,在属地街道长白新村街道领导的支持下,获得了相关职能部门的改建许可。在顺利获得施工许可后,金道体育专门注册了上海市金灵体育有限公司,以上海金灵体育有限公司实际运营该场馆。该项目总投资超 200 万元,2022 年 1 月开始建设,于 2022 年 9 月初建成并开始试运营,并于 10 月 15 日正式营业。该场馆中主要有室内标准羽毛球场 9 片、室内标准篮球场 2 片、室外五人制足球场 1 片,室外标准篮球场 1 片。除了正常的营利性收费外,上海金灵体育有限公司与长白新村街道达成协议,积极为周边居民提供免费和低收费的公共体育服务。每周一到周五的中午 12 点至下午 2 点向周边居民免费开放,早上 7 点至 9 点所有场馆进行低收费,8 元钱一小时。

2. 改建过程与特征

在获得土地权属方认可和同意后,金道体育负责人金旭东先生联系了属地街道领导，向长白新村街道领导汇报了租赁申宏冷库闲置场地改建体育设施的项目规划。长白新村街道领导在了解该项目后，决定大力支持该项目的落地，街道领导主动联系了属地的城管部门、规划土地部门、消防部门、派出所等，召开关于该项目的专题协调会，向以上相关部门说明了申宏冷库闲置场地改建体育设施的规划，希望相关职能部门能够积极支持该项目的落地。在长白新村街道的支持下，金道体育负责人金旭东先生先后到属地的城管部门、规划土地部门、消防部门、派出所和杨浦区体育局进行了项目改建备案，并从长白新村街道方面获得了施工许可证。

（1）以租赁方式获得土地使用权。金道体育作为承租方以租赁的方式向土地出租方上海申宏冷藏储运有限公司获得土地使用权。在访谈中了解道，首个土地租赁期限为2年，在2年后，除非不可抗力，金道体育将继续获得下一个2年的租期权。租赁时间为2年的实际原因是，该项目按照临时建筑属性办理的审批手续，根据相关规定临时建筑的使用期限不得超过2年，因特殊原因需延长使用的，可在期满前申请延期使用。

（2）土地性质未作变更。本案例中，周家嘴路4395号全民运动健康中心的承租方金道体育是以未变更原有土地性质的方式进行体育设施建设的，该地块原有土地性质为工业用地。

（3）按照临时建筑类别办理建筑审批手续。案例中的闲置空地为临时用地，根据《中华人民共和国土地管理法》的相关规定，临时使用土地的使用者应按照土地合同约定的用途使用土地，不得建设永久性建筑物。为符合建设审批要求，案例中利用申宏冷库厂区闲置空地建设的9片羽毛球场地和2片篮球场地通过加装可移动顶棚，在建筑结构上力求符合临时建筑特征，按照临时建筑属性进行办理审批手续。永久建筑和临时建筑的区别主要体现在法律时效和建筑物形态两个方面：在法律时效方面，两者最大的区别体现在建筑物的存续期限，现行的建筑法规定临时建筑使用期限不得超过2年，而永久建筑允许超出2年的使用期限。在建筑形态上，临时建筑主体建筑结构采用非耐用物料或便于拆卸再利用的材料，其组织结构形式可以整体移动或拆卸再组装，不采用深入地下的基础；永久建筑在建筑材料上具有强制性规范标准，必须使用符合工程质量要求的耐用性材料。此外，与永久固定建筑的审批手续相比较，临时建筑的审批流程相对简单。在调研中金旭东强调，该项目能够获得合法身份的关键就是将建造的体育设施归类为临时建筑。

（4）长白新村街道发挥了决定性作用。该项目能够顺利获得合法改造的机会,得益于长白新村街道的支持。长白新村街道作为牵头方,主动联系改建工作涉及的相关职能部门,在长白新村街道的支持下,属地的城管部门、规划土地部门、消防部门、派出所均予以特事特办,为项目落地和办理相关手续提供了绿色通道。

(5) 社会资本的强社会网络关系发挥了重要作用。在与金道体育负责人金旭东的访谈中了解到,长白新村街道之所以愿意为该项目主动牵头联络相关职能部门,是因为金旭东个人与该街道的主要领导较为熟悉,在开展该项目之前就已经建立了相互信任关系。因此,金旭东先生在向长白新村街道汇报了此项目后,街道愿意为金道体育提供帮助。同时,金旭东先生还强调,街道愿意帮助自己另一方面得益于金道体育的行业背景和经验。金道体育是阿里体育的战略合作伙伴,在场馆运营管理方面有着丰富的实践经验。在改建周家嘴路 4395 号全民运动健康中心之前,金道体育就已有利用非体育用地改建体育设施的成功经验,在 2020 年金道体育对控江路长白电影院进行功能改建,利用原有的电影院建成了 5 片室内羽毛球场地。

(6) 以记录备案的方式获得改建合法身份。在本案例中,该项目获得合法改造身份的途径与之前两个项目(市京体育公园和宝山三邻桥体育文化产业园)一样,都是通过多方参与的协调会,并形成会议纪要,以记录备案的方式获得合法身份的。

3. 面临的问题

该案例中,金道体育负责人金旭东与长白新村街道领导的强社会网络关系,使得项目建设顺利获得了合法改建的身份。因此,在办理审批手续方面没有遇到较多的障碍。

但是利用闲置空地建设体育设施,需要实施主体保证建设的体育设施一定是可移动、可拆卸的,不能是固定的建筑物。为满足此条件,该项目在室内场地建设方面,设计了可移动的顶棚。可移动顶棚相对于固定顶棚的建设成本要高,提高了社会资本改建体育设施的投入成本。在访谈中金旭东先生提出,关于利用闲置空地建设体育设施方面,希望后期相关政策能够有所调整,允许利用闲置空间建设固定的体育设施。

(四) 杨浦区控江路 435 号翼动羽毛球馆(原长白电影院)

1. 基本情况

杨浦区控江路 435 号翼动羽毛球馆原址为长白电影院,土地权属方是杨浦区国资委下属企业上海杨浦文娱有限公司,该电影院建于1982年,1985年竣工营业,后因经营困难关停。电影院关停后,上海文娱有限公司将电影院租赁给个体私营经济,承租方将电影院改造成游戏厅和台球室。游戏厅是典型的"六小业态",容易滋生"三合一"等乱象,存在较大的安全隐患。2019年正值杨浦区国资委开展系统内部房地资产租赁专项整治行动,推进存量资产"退商还文",上海杨浦文娱有限公司几经努力,于2020年上半年将长白电影院收回。上海杨浦文娱有限公司收回长白电影院后,苦于如何盘活老旧电影院存量资产。在经过多次的招商后,最终在杨浦区体育局体育活动中心的推荐下,上海金道体育有限公司负责人金旭东先生接触了上海杨浦文娱有限公司相关责任人,双方同意将长白电影院改造成体育场地。上海金道体育有限公司接手长白电影院后,根据电影院建筑层高优势,结合多年的场馆运营经验,选择将电影院改造成室内羽毛球场地。历时两个多月的装修,将原有老旧电影院改造成5片羽毛球场,其中4片标准羽毛球场、1片单打羽毛球场,总体建筑面积700平方米,并于2020年12月正式对外营业。

2. 改建过程与特征

原长白电影院权属方上海杨浦文娱有限公司与上海金道体育有限公司达成改造协议后,上海金道体育有限公司向长白新村街道报备了项目改造计划,长白新村街道同意上海金道体育有限公司对原长白电影院进行装修、改造,并向对方发放了施工许可。翼动羽毛球馆的改造存在以下几点特征:

(1) 权属方发起改造。由老旧电影院改造体育场地设施是权属方上海杨浦文娱有限公司的主动选择,老旧电影院被出租用于游戏厅后,经营过程中产生了一些负面的影响和安全隐患,因此权属方上海杨浦文娱有限公司曾打算在结束租赁合同后终止租赁关系。2019年正值上海市杨浦区国资委房产资产租赁管理整治行动,上海杨浦文娱有限公司主动联系承租方,经过谈判结束了租赁关系。为继续盘活存量资产,上海杨浦文娱有限公司主动选择了体育产业发展方向,将老旧电影院改造为羽毛球场地。

(2) 以租赁获得土地使用权。在翼动羽毛球馆改造过程中,上海金道体育有限公司是通过租赁的方式获得土地使用权的,出租方为权属单位上海杨浦文娱有限公司。双方商定首期租赁期限为3年,在结束首个3年租赁期后,除不可抗力外,承租方上海金道体育有限公司享有优先承租权,继续获得下一轮3年的租赁合同。

(3) 无须变更土地原有性质。电影院土地性质为娱乐康体设施用地,因此,将长白电影院改造成羽毛球馆无需变更原有的用地性质。在该案例中,不需要变更用地性质,仍然保持原有地块的用地功能是改造成功的重要原因。

(4)未涉及改建、翻建、扩建。上海金道体育有限公司对原长白电影院的更新属于装修、改造,仅仅是对原有建筑室内与室外的功能改造,更新范围未涉及翻建、扩建、改建。因此,上海金道体育有限公司仅向属地街道报备改造计划和申办施工许可即可,无需办理其他审批手续,这也是该案例获得合法改造身份程序简单的另一个重要原因。

(5)杨浦区体育局体育活动中心与长白新村街道发挥了重要作用。由电影院改造成体育设施,杨浦区体育局体育活动中心发挥了重要作用。上海杨浦文娱有限公司在收回原长白电影院后,遇到了如何继续"合乎规定"地利用老旧电影院的难题,继续盘活老旧电影院需要满足"退商还文"的要求。在杨浦区体育局体育活动中心的引荐下,阿里体育场馆运营管理合作伙伴金道体育接触了上海杨浦文娱有限公司,从而确定了电影院改造羽毛球馆的方向。此外,在办理手续过程中,长白新村街道发挥了重要作用。金道体育主要运营场馆位于长白新村街道,是该街道的具有一定影响力的体育企业,在企业运营过程中与属地街道形成了较强的关联,良好的关联是帮助金道体育顺利办理施工许可的重要原因。

3. 面临的问题

在调研中,金道体育负责人金旭东反映,长白电影院改造成羽毛球场馆非常顺利,办理相关手续也很简单,几乎没有遇到障碍,但是从企业长期经营的角度,希望政府部门能够为小微体育企业提供更多的能够改造成体育场地的闲置用地信息。此外,针对当前利用非体育用地改造体育设施的支持政策空白的情况,体育行政部门能否将体育系统的相关群体赛事、各类考级(裁判员考级、教练员考级、运动考级)安排到利用非体育用地改造的场馆,提升小微体育企业在属地的知名度,助力小微体育企业规模化发展。

三、管理启示

(一)建立本市非体育用地建设体育设施的名录库

每年的《上海市全国体育场地调查分析报告》对上海市可利用体育场地的统计,仅仅登记了利用楼宇空间改建体育设施的类型。利用其他类型非体育用地建设体育设施的情况,被登记在"国家体育总局标准"的报表中,但是"国家体育总局标准"的调查报表不呈现哪些场地是由非体育用地改建而成的。因此,体育行政部门也就难以掌握全市利用非体育用地建设体育设施的具体信息。建议结合年度《上海市全国体育场地调查分析报告》填报工作,对非体育用地建设体育设施进行梳理并建立名录库。具体做法可以是在原有调查报表中增加关于是否为非体育用地改建的信息,主要信息应包括:改建体育设施的类别(如老厂房改建类、楼宇空间改建类、体绿结合类、闲置空地改建类、高架桥桥底空间改建类等)、土地性质等。

(二)建立非体育用地建设体育设施的问题采集清单制度

利用不同类型的非体育用地建设体育设施,实施主体需要对接的职能部门以及办理的审批手续存在一定的差异,在获得合法改造身份的过程中遇到的问题也不尽相同。因此,需要根据具体的非体育用地类型,整理改建过程中遇到的问题。建议结合全民健身联席会议制度,邀请全市利用各类非体育用地建设体育设施的场馆实施主体与会,如老厂房改建类、楼宇空间改建类、体绿结合类、高架桥桥下空间改建类、闲置空地改建类等,广泛收集在改造非体育用地过程中存在的问题以及在后续运营过程中出现的难题。基于现实问题制定符合自身实际的具体配套政策措施。

(三)建立本市闲置非体育用地信息采集和公开披露制度

为推进非体育用地建设体育设施,建议由上海市自然资源、规划和体育等部门在深入调查、摸底的基础上,梳理每年可建设利用的非体育用地信息,并明确每块用地的权属单位、联系人、招商条件以及建设与运营方式,通过官方渠道及时公开披露可建设体育设施的绿化用地、城市闲置土地等非体育用地信息,减少用地信息不对称状况,为社会力量利用非体育用地投资建设体育场地设施提供有效用地信息。

(四)建立多部门参与的联席会议制度和推动审批手续的数字化建设

建立由体育、自然资源和规划、住建、生态环境、市场监管、综合行政执法、消防等部门参与的联席会议制度,集中审议、协调非体育用地改建体育设施涉及的土地、规划、建设、环保、市场监督、消防等问题。联席会议办公室可设置在区体育局,区体育局负责联席会议的日常工作,并对接非体育用地改建项目的实施主体,接收实施方案并转发联席会议成员单位。加强联席会议成员单位协作,全面梳理非体育用地的建设审批许可手续,明晰相关部门的职责和任务,充分做好"店小二"服务角色,避免出现"踢皮球"现象,协助社会力量办理建设项目的相关手续,帮助改造项目快速落地。同时,结合上海市"一网通办"数字化政务管理系统,简化建设审批许可流程,将必要审批手续进行数字化设计,推动审批事项实现"一网通办"和"最多跑一次"。

(五)建立全市统一的非体育用地改建体育设施建设操作指引

明确非体育用地改建体育设施的实施主体需要对接的具体职能部门,以及应办理的相关手续,形成全市统一的改建操作指引和流程图(图1)。对于不改变原有土地性质且不涉及翻建、改建、扩建的,现存合法建筑进行内外部装修、改造的,在获得联席会议审批同意后,实施主体向区住建部门办理施工许可即可,无需申办规划审批手续。对于不改变原有土地性质、涉及局部翻建、改建、扩建的,在获得联席会议审批同意后,向区规划和自然资源部门办理建设工程规划许可、建设用地规划许可,并向区住建部门办理施工许可、竣工验收和验收备案。建议以市政府名义印发《上海市非体育用地改建体育设施建设操作指引》文件,提高文件的权威性和操作性,为实施主体彻底解决"审批难"的问题。

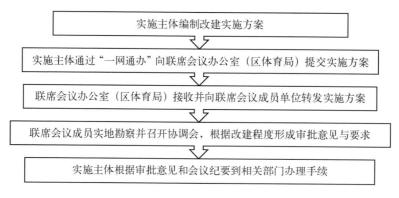

图1　上海市非体育用地改建体育设施审批手续流程图

(六)建立非体育用地改建体育设施的实施方案制度

要求改建项目的实施主体编制改建实施方案,并通过"一网通办"向联席会议办公室(区体育局)在线填报改建实施方案,实施方案内容应明确改建范围、内容、方式、建筑规模及使用功能、土地获得方式、建设计划、资金筹措方式、运营管理等内容。区体育局接收并转发联席会议成员单位进行审查。

（七）制定符合非体育用地建设体育设施的优惠政策

探索制定符合非体育用地建设体育设施的优惠政策,可考虑以评奖评优的方式间接支持和补贴利用非体育用地改建体育设施的实施主体。在满足基本办赛条件下,将市级、区级、街道、各级体育系统的群体赛事活动安排在非体育用地建设的体育场馆。结合非体育用地改建体育场馆的具体情况,将体育系统中裁判考级、教练员考级、运动员考级考点优先安排在相关场馆。

第 4 篇

体育治理

上海市体育健身行业单用途预付费卡的监管研究

——健身卡冷静期的实践困境与立法选择

胡 汨 罗诚诚[*]

[摘 要] 健身卡冷静期作为健身休闲领域的制度创新,来源于消费者冷静期对缺陷销售的纠正。自该制度设立以来,虽经历了媒体和消费者盛赞,但在实际操作中却面临重重困境。健身卡冷静期推行之初便酝酿了"跌落"的内因。毋庸置疑,该制度对抑制过度宣传销售具有一定的积极意义,在法理上体现为实质正义对消费合同的修正,父爱主义对真实意思表示的救济,且现有类似法律对该制度有一定的支撑和指引。但是,其面临的实践困境仍需在制度设计上予以优化完善,一方面可以明确健身卡冷静期的适用边界,增强经营的适用意愿;另一方面可适当扩大其适用的条件,促进健身服务行业的新一轮改革。

[关键词] 健身卡冷静期;消费者撤回权;规范模式;合同自由;适用边界

一、研究背景

当前《健康中国行动(2019—2030 年)》正如火如荼地开展落实,健身休闲产业的发展迎来新高潮,伴随着健身行业的发展,预付式消费健身也日益普

---

[*] 本文作者简介:胡汨,华东政法大学体育部,主任,副教授,博士研究生,研究方向:体育产业治理;罗诚诚,浙江省公安厅经侦科,科长,硕士研究生,研究方向:体育法学。

遍。该模式包括"充值办卡"与"实际消费"两个环节,是消费者向经营者先行付费,后按照约定的方式分次享受健身服务的一种消费模式。预付费模式既方便消费者刷卡消费,又加快健身企业资金回笼,可谓一举两得。但随着预付费模式的普及,也逐渐暴露出诸多问题,商家停业"跑路"、虚假宣传、过度宣传等问题频出,消费维权事件呈高发趋势。各地行政监管部门为有效监管该种健身消费模式出台了多种应对措施。其中,以上海和北京推出的"健身卡七天冷静期"最引人瞩目,并引发了强烈的社会反响。但在社会"盛赞"之后,健身卡冷静期的实践却迎来重重困境。在上海健身示范合同出台8个月后,《新闻晨报》曾进行健身冷静期调查,受调查对象为20家上海健身门店,其中仅有7家在合同中设定了冷静期条款,占比为35%,且其中6家均为首批承诺企业所属门店。鉴于此,课题组将在对健身卡冷静期的渊源、内涵及其产生的现实根源梳理基础之上,分析健身卡冷静期为何在"盛赞"之后,立马迎来"跌落",并对健身卡冷静期如何突破实践困境、如何重新焕发生命力予以探讨。

二、健身卡冷静期之现状与困境分析

(一)健身卡冷静期之历史渊源

依据《上海市体育健身行业会员服务合同示范文本》关于"健身卡冷静期"的规定,消费者自签署合同的次日起,有7天的冷静期。冷静期期间,在未开卡使用会员服务的情况下乙方可以要求单方面解除合同。北京《体育健身行业预付费服务合同》(BF-2022-2733)亦有同样的规定。从形式上看,健身卡冷静期,即指消费者通过预付费方式签订健身服务合同后,从次日起7天内,在未开卡使用前,单方享有无条件解除合同的权利。事实上,"冷静期"作为一个在法理学上早已存在的词汇,更具有其深层含义。因此,欲探究健身卡冷静期的实质内涵,我们须先厘清消费者冷静期的"前世今生"。消费者冷静期又称为消费者撤回权、消费者解除权或消费者后悔权,是指在法律规定的既定情形中,消费者可在一定期限内单方面解除消费合同且无须说明理由。该制度最早见于1964年英国的《租赁买卖法》,主要针对上门销售情形而设置,此后,欧盟各国、澳大利亚、加拿大、美国等陆续规定了与之类似的冷却期制度或消费者撤回权制度。2002年,上海市修订的《上海市消费者权益保护条例》首次出现冷静期相关规定,2005 年制定的《直销管理条例》首次在国家规定层面引入该制度。随着互联网及电商的兴起,远程交易逐渐登上历史舞台,消费者冷静期又被引入远程交易中。我国《消费者权益保护法》(简称《消保法》)第二十五条规定,消费者通过网络、电话、电视、邮购等方式购买的商品,可在收到商品起 7 日内无理由退货。关于上门交易和远程交易能适用消费者冷静期的主要原因如下:

1. 上门交易

消费者冷静期滥觞于上门交易。通常认为,销售员在消费者私人住宅、工作地点或者任何非交易公共场所推销时,利用了消费者毫无戒备的心理,"突袭"与之交谈;并采取高压推销方法,运用"语言轰炸",致使消费者无法理性思考,也不能"货比三家"。此种情形下,消费者可能违背其真实意愿订立合同。因此需要一个机会,在合同签订后能有充足的时间、充足的信息对该次交易再思考,并独立作出决定。上门交易,不仅指销售员在消费者私人住宅处推销产品,还包括销售员在经营地之外,可能对消费者造成"突袭"的任何地点之销售产品、达成交易。

2. 远程交易

在远程交易中,消费者不能目睹、触摸、感受商品,只能通过经营者提供的照片、文字描述等对商品的色彩、外观以及性能进行片面的了解。如此,经营者资质、经营者对商品之描述、已购消费者评论等将成为消费者购买网络商品的重要因素。又因网络的虚拟性,经营者可以通过伪造部分材料、隐瞒真实身份、虚构用户评价误导消费者(如频频爆出的网络刷单现象,就是经营者通过网络刷单,以自我交易和虚假交易制造商品畅销的假象,从而虚构用户评价),致使消费者在收到实物后才发现与经营者的描述存在差异,但此种差异又构不成质量瑕疵时,需法律提供一定的救济方式,让消费者思考能否接受此种差异。

对上门交易和远程交易中适用冷静期制度归纳总结,可以发现两者都包含以下特点:一是销售缺陷,消费冷静期的适用并非专门针对某一行业,而是为应对销售员销售商品所采用的缺陷销售方式;二是意思瑕疵,在消费合同形成过程中,消费者因该种有缺陷的销售方式产生意思不自由,从而订立了有意思瑕疵的合同。结合前述特点,我们可对健身卡冷静期的实质含义作如下理解:消费者在签订健身服务合同的过程中,因销售员采取了有缺陷的销售方式,致使其意思表示不自由,为纠正该"可能违背消费者真实意愿的合同",在订立合同后履行合同前,监管者再给予消费者一段充足的时间,让其排除销售干扰,冷静下来,再度思考该合同的签订是否违背其真实意愿、是否愿意继续履行。

(二)健身卡冷静期之现实根源

健身示范合同发布初期,上海市市场监管局二级巡视员、市消保委副主任兼秘书长陶爱莲女士在发布会上曾提到"为针对健身行业过度营销导致冲动消费,因合同条款限制消费者退卡难这一常见问题,为健身会员卡设置'七天冷静期'",也即政府部门期望通过冷静期制度解决健身卡"退卡难、退费难"问题。

为进一步厘清"退费难"之症结所在,笔者从案例分析着手,对引起消费者"退费"之原因进行深入分析。在威科先行法律数据库上对2021年度健身领域相关类案检索时发现,以"健身"和"冷静期"为关键词,检索到四个案例,但都是关于商业特许经营的,并不涉及健身消费合同,非本文讨论内容。以"健身"和"健身卡"为关键词,截至2021年8月,共检索到21 684个案例,其中,20 163个都是在近五年内发生的,占比达到92.99%。本文分别选取2017、2018、2019、2020、2021五个年度威科先行法律数据库排序为前二十的案例进行分析(总计100个案例)。具体分析如表1所示。

表1 健身卡退费难的原因分析统计表

退费原因	健身房原因(装修、租赁纠纷、配套设施不完善)	消费者原因(工作或身体不适)	总计
案件数(个)	90	6	96

数据来源:威科先行法律数据库。

在收集的100个案例中,除4个案例为劳动争议纠纷、合同买卖纠纷以及租赁合同纠纷,与本文关联性不大外,余下96个案例都为健身消费合同纠纷,且诉讼请求都为消费者"请求退费",不同之处在于申请退费的原因,故将不关联的4个案例排除。其中,以"张雪龙与许昌帝溪健身服务有限公司服务合同纠纷案"为代表的90个案例中,消费者退费都是由健身房装修、租赁纠纷、设施重建等原因引起的,占比高达93.75%;以"赵问雪与沈阳赛顿健身服务有限公司服务合同纠纷案"为代表的6个案例,则是因消费者自身原因,无法继续使用健身卡而申请退费,占比为 6.25%,如图 1 所示。

从上文分析可知,健身卡退费问题绝大多数都由经营者引起的,主要原因包括因健身房装修、租赁纠纷、设施重建等长时间关门停业,以及健身房擅自改变重大设施、场馆用途或配套健身卡无法使用、拒不按照合同退还活动押金等。不难得出,退费难主要是健身房自身经营管理不善,致使消费者无法正常享受健身服务,不能实现健身目的,从而产生退费要求,而健身房经营者又不愿或者不能退费所引起的。因此,我们也可以理解,行政主管部门为何如此"偏爱"消费者

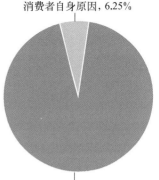

图 1 健身卡退费原因占比分析图

而希望赋予其"七天冷静期",让其在合同签订后实际履行前,享有单方合同解除权。

(三)健身卡冷静期之实践困境

1. 健身卡冷静期规范模式强制力

从现有规定来看,《消保法》第二十五条仅涉及远程销售产品可适用 7 天无理由退货;《直销管理条例》第二十五条虽提到消费者购买直销产品未开封的,30 天内有权换货、退货,但从条例"直销产品上标明产品价格""本企业生产的产品"等用语来看,立法者显然未将"服务"纳入"产品"外延。健身服务本身是"无形产品",并不具备物质载体,也无法在其上标注价格。在现有的法律规定中并未明确健身消费服务是否可以适用冷静期的前提下,关于健身卡冷静期的规定唯见于会员服务合同示范文本。示范合同作为行业协会发布的行业合同范本,属于行业指导规范,虽具有指导性意义,但并不具备强制效力。上海市的《关于推广使用〈上海市体育健身行业会员服务合同示范文本〉的通知》(简称《推广通知》)本身也载明:在本市从事健身休闲活动、场所已开业的经营者均可适用《会员服务合同》,也可参照《会员服务合同》自行制定合同文本。不可否认,在一定程度上,行业协会制定的管理规则或标准性文件,对本行业的市场参与者具有相当的规范和指导作用,但这样的规则或标准文件只有成为本行业大多数参与者遵守的准则时,才会具备类规范属性。行业协会的规定若要获得本行业大多数参与者的支持,其发布的本文应当遵循"为全体会员

之利益"的原则,通过提升本行业生产、服务之标准化水平,促进本行业的发展。但健身卡冷静期之内容显然并未如此,或许从长远来看,健身卡冷静期是有利于健身行业发展的,但从形式和其带来的实际效用看,该制度打破了私法上的形式平等,使消费者享有优于经营者的权利。通常情况下,若要此种"优先特权"获得普遍的约束力,通常须由法律对符合条件的特定事实作出详细规定(即类型法定)。遗憾的是,健身卡冷静期的规定并非如此,也不具备法律上的强制约束力。

2. 经营者适用健身卡冷静期之动力不足

在健身消费中,健身消费合同通常由经营者提供,合同示范文本也仅用于经营者参考。无论是上海的《会员服务合同》,还是北京的《预付费服务合同》,都是用于经营者,让其作为对外提供服务的参考。但在示范合同不具备强制力的前提下,经营者必然会倾向于选择更有利于自身的条款。很难想象,以营利为目的的经营者会主动放弃自己的权利,而自缚于一份没有强制效力的"示范合同"。

何为商人?《日本商法典》第4条第1款规定,商人是以自己的名义实施商行为并以此为业的人;《法国商法典》第1条规定,从事商事活动并以其作为经营性职业者,为商人;《德国商法典》规定,"商人是经营营业的人"。从学界对各国规定的条文解读来看,商人应当包括三个要素:第一,实施商行为;第二,以实施的商行为为业;第三,能够以自己的名义实施商行为。首先,商人是实施商行为的人。何谓商行为?也即营利行为,商人从事商行为的目的是为了获利,这是商人的本性,也是商人的灵魂。故此有学者甚至认为,商法的"人"是以个人主义为典型,追逐利润、趋利避"损"的人。其次,以实施商行为为业。这是指有计划地实施同种营利行为,即实施的营利性行为不是偶尔为之,须反复、持续地实施。最后,能够以自己的名义实施商行为。商人能够以自己的名义独立经营营业,也即能够独立承担商事义务和责任,并能独立地享有权利和行使权力。由此,我们很难指望一个追逐利润、反复实施营利性行为、自担风险、自享收益的人会仅因别人的提倡,就将到手的利益"拱手让人"。

因此,健身卡冷静期自设立以来就蕴含了"跌落"的内因,规范模式强制效力的缺失,经营者主动适用意愿的不足,注定其在实践中必会遭遇重重困境。若要健身卡冷静期在社会实践落地生根,我们需给予其法律上的供给。当然,这样的供给应当具有法律上的正当性。

三、健身卡冷静期之法理分析

综合以上消费者冷静期产生的原因来看,冷静期内蕴了"消费者保护思想"这一抽象理念,但消费者冷静期法律上的正当性不能仅因这一抽象概念获得。若仅因"消费者弱势需要保护"这一论断即赋予消费者"无理由解除合同"的优待,而无其他坚实基础支撑,可能会对民法平等、公平之基造成毁灭性打击,甚至会被质疑是对"法律面前人人平等"原则的违背。因此,我们有必要从法理上对消费者冷静期之正当性基础进行深入探析。

(一)实质正义对消费合同的修正

正义是社会制度的首要价值追求,也是法律最重要的基本价值,"正义环绕着法权,她一手提着天平,以此衡量法权,一手握有干戈,用之去维护法权","如果法律不是建立在正义的基础之上,便没有法律"。法是捍卫和维护正义的手段,而根据主体利益关系,法律上的正义可分为实质正义和形式正义。前者为法律制定中的正义,涉及制定何种规则来公正地分配社会资源;后者是法律执行和适用中的正义,仅涉及如何实施这些规则以及规则被违反时如何处置,对规则本身是否公正分配社会资源并不关注。

民法作为调整平等主体之间的法律关系的社会规范,本身就蕴含着正义,也始终贯穿着对社会正义的追求。但孕育和发展于不发达市场经济的近代民法,其追求的社会正义只是形式正义。近代民法中的"平等"是对民事主体高度抽象的结果,是基于抽象人格的平等,也是理性化的、高度形式化的、假定的平等。但实际生活中,"人生而不平等"才是真实写照,且当掌握大量资源、信息的法人作为法律上的"人"出现时,不平等的根源已经酝酿。在不发达市场经济下,交易主体间不显著的经济实力差别或优势,因交易主体地位不断互换而被抵消,平等性的不足,可因交换性而得到弥补。因此,国家对契约双方采取放任态度,契约规定不仅是交易双方履行权利义务的准则,也是法院裁判的依据。法官在案件裁判中采取契约严守原则,严格按照契约内容判决,不对契约内容加以干涉,无论个案是否公平。此即形式上的正义。

随着科学技术的进步以及生产力水平的提高,整个社会发了巨大变化。社会经济的发展,带来社会分工愈发明确,专业程度不断提高,生产过程和生产技术高度复杂化,导致消费者根本无从判断商品质量,而不得不依赖生产者;再者,生产组织形式的变革,现代化大集团、大企业乃至跨国共公司登上历史舞台,它们拥有强大的经济实力,在市场交易中具有显著优势。这些都导致交易主体之间的差异或优势已经超出法律所追求的平等限度,交换性已经无法弥补该种差距。作为近代民法判断基石的平等性和交换性已经丧失,企业和劳动者、生产者和消费者间的对立,引致劳动者和消费者处于弱势地位。这样的地位悬殊在消费合同中尤为明显。消费合同往往由经营者和消费者共同订立,前者为消费者提供其生产、销售的商品或服务,通常以公司、企业的形式出现,后者因生活消费需要购买、使用商品或接受服务,通常为自然人。两者掌握的人力、财力、物力悬殊,专业技术水平、信息掌握程度相差甚远,致使消费者在合同订立、议价能力、合同履行、事后纠纷处置均处于弱势地位。且随科学技术的发展,面对日益繁多的商品和花样百出的消费手段,普通消费者早已眼花缭乱、无所适从,其消费生活几乎被经营者主宰。由此,引发了法学界对正义的重新定义,对实质正义的追求逐渐成为现代民法的价值目标。政府以更强势的姿态介入私法自治中,力求社会资源能够得到更加公正的分配。如违背公序良俗的民事法律行为无效;因重大误解、胁迫、欺诈导致的民事法律行为可撤销;法官可依据情势变更原则对客观条件发生重大变化的契约进行干预。针对消费合同,立法者更是专门制定特别法对消费者权益予以倾向性保护,如我国《消保法》第一条规定:"为保护消费者的合法权益,维护社会经济秩序,促进社会主义市场经济健康发展,制定本法。"

(二)父爱主义对真实意思表示的救济

事实上,对个人自由和私法自治的限制源于 20 世纪凯恩斯主义的盛行,以及政府"看得见的手"对市场经济的干预。随着法治的现代化发展,法律人格逐渐从自由的立法者转变为法律的保护对象。政府逐渐从"守夜人"的角色转变为"父亲",国家比以前更紧密、更广泛地参与到公民生活中,并秉着"父爱精神"对公民的行为予以关注。这实际上又是对个人意思自治的限制和约束。此即我们常说的"父爱主义"(或称"家长主义"),像家长对待孩子一样对待他人。法律中的父爱主义包含两层含义,即软父爱主义和硬父爱主义。前者的核心为,只有"真实"的意思表示会得到尊重,因强制、虚假、冲动或兴奋蒙蔽判断力,而判断能力是不成熟或欠缺的,由此做出的选择未反映其真实内心,法律对此提供救济途径,如《民法典》中规定的撤销权、合同效力待定等；后者是指，法律出于对个人利益的考虑，不顾当事人的主观意志，对其行为予以限制，如劳动合同的签订应当采取书面形式、强制缴纳机动车交强险等。如果说软父爱主义是"将溺水的人拉上岸"，硬父爱主义则是"强制个人佩戴安全帽"。

健身服务合同中普遍存在"不得解除合同""经营者享有最终解释权"等不公平的格式条款，实践中该类格式条款的不法性认定不存在过多争议，法院判决中也依此保障消费者的合法权益。就限制消费者意思自由表示的格式条款而言，在硬父爱主义下会被强制无效。不公平的格式条款正是基于合同签订双方不平等市场地位造成的，但不公平格式条款的救济往往是事后救济。而冷静期制度的引入，正是国家基于软父爱主义，对消费者的真实意思予以事前救济，更为全面地保障消费者的根本权利。具言之，在上门交易中，销售员在经营地之外推销宣传，可能利用场地优势对消费者进行"突袭"，运用言语攻势和高压推销方式，致使消费者真实意愿受到压抑，进而与其订立合同。为了使消费者的真实意愿在合同订立后能够得以"释放"，法律向其提供一段充足的时间再次对该交易进行思考，给予消费者一个选择的机会——即是否撤销该合同。同理，在远程交易中，消费者无法亲眼看到、亲身感受商品，又受网络销售便捷省事与极可能存在的虚假陈述之诱导，在缺乏一般实体商店提供的"警告性形式"下，无法对合同约束力进行准备判断，做出意思表示时，违背其真实意愿。软父爱主义由此介入其中，为消费者真实意思表示提供救济，让其有充足的时间思考是否需要继续该段交易。投诉、调解、诉讼等事后救济途径固然重要，但面对庞大的消费群体，事后纠纷解决机制面临耗时长、成本高、举证难等现实问题，不仅增加了纠纷解决部门的压力，还无法快速解决争议，严重打击了消费者维权和消费的积极性。因此冷静期的设立，增加了消费者的事前救济途径，并简化了维权之路。

（三）合同自由之内在要求

合同交易中，合同自由原则一直被奉为圭臬。何谓"合同自由"？合同当事人按照自己的意思决定法律关系，其做出的法律行为都是按照本人自由之意思发生的。当然，"按照本人意思"并不意味着合同自由会为每个单个的合同当事人提供绝对的、无限制的自由。在合同订立过程中，如果一方当事人在践行合同自由原则时，影响到另一方当事人，则该涉及两方当事人的合同形成，亦需另一方基于合同自由原则，依据自己的本意做出决定。这表明，合同自由的实现,是双方当事人在依据自己意思自由及尊重他方意思自由的基础上,共同合意作用而成的。这也意味着合同中体现的自由意思是天然受限的(须为对方的意思自由妥协和让步)。除此之外,合同当事人的缔约行为不受外力的干涉,合同的形成是双方真实意思表示,不存在重大误解,也不受欺诈、胁迫。在这一逻辑框架下,当事人对外作出决定是依据自己的真实意思,作出的决定是其真实意愿的表达。故当事人形成的自由合意之法律约束力,以当事人外在表示行为为依据,双方约定的合同内容具有法律上的约束力,不受他人干涉。但是,该结论的得出须建立在一个推定的基础上——每个当事人在合同订立和内容决定上拥有平等的权利。

前文提到,在现代社会中,因社会分工精细化、科学技术复杂化、生产资源垄断化,消费者往往处于弱势地位,合同自由预设的"平等主体"模式也不再是现实生活的真实写照。若继续坚守合同内容,不过是对形式合同自由的尊重和对实质合同自由的漠视。通过冷静期对消费者进行保护,不仅是因为消费者在市场交易中处于弱势地位,更深层次的含义是消费者在意思形成阶段的"不真实"以至于其意思表示不自由,这种不真实的意思形成是信息不对称和精神意志冲动两个层面所造成的。合同自由是对真实意思表示的尊重,倘若在特定消费合同中消费者往往不能表达其真实意愿,那形成的这一纸契约不过是一副披着"自由"外壳的枷锁。因此,欲使消费者从非基于真实意思的合同约束中摆脱出来,立法者应当预设某种法律机制,使得合同自由预设主体能从"事实上的不平等"变为"法律上的平等"。此恰恰是消费者撤回权不同于传统意思瑕疵之救济手段的根本原因所在。

传统意思瑕疵之救济,主要有合同订立阶段的撤销权和合同履行中的解除权。其中,合同履行阶段的解除权与作用于合同订立阶段的消费者撤回权存在本质差异,在此不再赘述。而消费者撤回权与重大误解、欺诈、胁迫情形的撤销权的本质差异在于,后者中,撤销权人负有证明其存在意思错误,或遭受欺诈、胁迫的责任,进而表明其外在行为非真实意愿的表达。合同撤销权只能在举证充分的个案中才能适用,但在消费者撤回权中,消费者无须说明理由,更无须举证,即可解除合同。前者的理论逻辑在于并非每个合同中合同当事人都会存在意思错误,或受欺诈、胁迫。据此,消费者撤回权的正当性也呼之欲出——特定消费合同中消费者通常都会受到意思阻碍。这一类型化的推定也为法律提供类型化保护提供了正当性基础,这一推定以两个社会生活经验为基础:第一,因经济实力、信息优势等差异,消费者被推定处于合同弱势地位,且在具体合同形成过程中其意思自由表达更容易受到经营者的阻碍;第二,在特定内容合同或销售方式中,消费者的意思形成更容易受到经营者影响。正是基于这一推定,合同自由所预设主体模式在特定类型化的消费合同中遭到破坏,需立法者重新设立法律机制予以修正,通过法律类型化保护,赋予此类合同中消费者选择是否解除合同的权利,使得双方当事人重新回到"法律的天平"上。

四、健身卡冷静期之立法建议

(一)现有法律的支撑与指引

在法学上,存在"类推适用"一说,即法律对发生争议的案件没有规定时,可根据该案件的性质与有法律规定之相关案件的相似性,将已有法律规定通过类比推理的方式适用到争议案件中。健身卡冷静期虽非争议案件,但仍可借用类推适用之精神,从现有类似法律规定中,瞥见法律对健身卡冷静期的部分支撑和指引。

《直销管理条例》第二十五条规定,消费者自购买直销产品之日起 30 日内,产品未开封的,可以向直销企业及其相关机构、人员申请进行退换货,后者在收到申请之日起 7 日内应当办理退换货。何谓直销?该条例第三条第一款已经释明,直销为"直销员在固定营业场所之外直接向最终消费者推销产品的经销方式",这里的"在固定营业场所之外",不仅包括上门销售的情形,还包括在公共场所或交通工具上销售的情形。《消费者权益保护法》第二十五条规定,经营者采用网络、电视、电话、邮购等方式销售商品,除部分商品因性质特殊,购买时被确认不宜退货外,消费者有权自收到商品之日起七日内退货,且无需说明理由。上述两条规定,对适用消费者冷静期的典型模型——上门交易和远程交易做了规定。无论是上门交易还是远程交易,立法者都建立了冷静期制度,赋予消费者无理由撤回权。其中的正当性在于这两类销售方式都对消费者意思形成造成了阻碍,导致消费者在消费合同中遭受意思不自由,未能完全按照自己的意愿订立合同。而这样的意思不自由和瑕疵,又不是民法典中合同无效或合同撤销权所能救济的,唯有通过冷静期制度修正此种不自由,给予消费者一段时间充分、认真地考虑其意思形成是否为自我的真实意志。在现有的健身服务宣传中,也同样存在通过这类销售方式过度宣传的情形,特别是健身房经营者往往会利用"上门"宣传的优势,在公共场所,如地铁、公园、街道等地对消费者进行"突袭"宣传,从而使部分没有购买健身服务欲望的消费者产生购买行为。冷静期直接赋予该部分"冲动"消费者7天冷静时间,让其在合同实际履行前就脱离出来,避免陷入"退费难"的冗长纠纷中,为健身消费纠纷的解决提供事前救济路径。

(二)明确健身卡冷静期的适用边界

上文提到,只要在消费合同形成过程中,消费者可能遭受意思不自由,冷静期制度的适用就具有正当性。冷静期之正当性源于缺陷销售方式导致的意思不自由,而非专门针对某一行业领域。依据上海市现有《健身示范合同》规定:"乙方自签署本合同的次日起,有7天冷静期。冷静期期间,在未开卡使用会员服务的情况下,乙方可以要求单方面解除本合同……"北京市《健身预付服务合同》也同样有类似规定:"甲方自签署本合同的次日起,有7天冷静期,冷静期期间,在未开卡使用健身服务的情况下,有权无条件解除本合同……"(此处的"乙方"和"甲方"都是指消费者)从两市的规定来看,现有示范合同中并未区分不同情形下签订的健身合同,而是无差别赋予消费者7天冷静期。笔者以为,在健身服务合同中无差别适用冷静期并不可取。此不仅会不当扩大消费者的权利,也将抑制经营者采用冷静期条款的意志。

鉴于此,有必要对冷静期适用的具体情形进行分析,探究健身卡冷静期适用之边界。囿于健身消费合同为亲身体验的服务合同,合同主要以面对面方式签订,故在此不再讨论以网络方式销售的其他健身服务。在健身合同订立过程中,存在两方当事人,故可将面对面签订合同的情形分为两大类——经营者上门和消费者上门,再将所有面对面签订情形分为五小类(如表2所示)。

表2 健身合同签订的不同情形分类表

类 别	签 订 情 形	消费者是否存在意思不自由
经营者上门	经营地外宣传,当场签订合同	存在意思不自由的可能
	经营地外宣传,随后回经营地签订合同	存在意思不自由的可能

续　表

类　别	签　订　情　形	消费者是否存在意思不自由
消费者上门	经营地外宣传,事后消费者登门签订合同	不存在,即消费者真实意思表示
	通过网络宣传或线下传单,消费者登门签订合同	不存在,即消费者真实意思表示
	无宣传,消费者登门签订合同	不存在,即消费者真实意思表示

1. 经营者上门

在经营者上门宣传中,存在两种情形:一是消费者当场与经营者签订合同;二是消费者当场产生购买健身服务的欲望,随后与经营者共同到经营场所签订合同,笔者以为此两种与"上门销售"这一经典模型相匹配,可适用健身卡冷静期。

(1) 经营地外宣传,当场签订合同。该种情形中,健身房经营者在固定营业场所外进行宣传,通常在公共场合(如露天广场、公园门口、街道旁等),消费者受经营者宣传的影响,当场与经营者签订健身服务合同。该场景中,销售员通过上门推销或者在公共场合这种非交易场所,与消费者交谈,利用消费者放松、毫无戒备的心理,给消费者造成吃惊或猝不及防的心理压力,使其处于合同订立的优势地位。消费者居家或在公共场合闲逛时,本身处于休闲放松状态,并不存在购买商品的意思,因此也不会对商品产生任何期待和要求。在遭遇销售"突袭"当时,消费者并不能立即对商品作出正确的认识,也没有充分的时间对自己是否真的需要这件商品作出深思熟虑。相反,因消费者对商品缺乏期待和要求,当销售员在销售过程中,不断向消费者灌输"好且需要"的理念,填补了消费者内心的"期待空白",往往会造成消费者意思的扭曲,从而使其购买该商品。

(2) 经营者在经营地外宣传,消费者随后与其回到经营地签订合同。该情形下,消费者虽没有当场与经营者签订合同,但并不能排除经营者对消费者意思自由的影响。在上门交易场合,对经营者的归责不仅源于特定场合对消费者意思自由的威胁,更取决于经营者制造、利用该特定场合而产生威胁的因果关系。消费者在特定场合受到经营者营销策略的影响,产生购买健身服务的意向,其与经营者一同前往经营地的过程中,双方时刻处于同一场景,并不能阻断经营者对消费者意思自决的影响,自然也不能中断此种"因果关系"。

在途中,经营者甚至可能运用营销手段向消费者灌输更多的观念,进一步扩大对消费者决定自由的影响。故该情景下,健身卡冷静期也可适用。

2. 消费者上门

在消费者上门与经营者签订合同中,存在三种情形:一是经营者在经营地外宣传,之后消费者主动上门;二是消费者通过网上宣传或线下传单知晓,主动上门;三是消费者未看到任何宣传,主动寻找上门。"消费者上门"表明消费者本身就具有购买的健身服务的意志,前两种可能存在受宣传因素的影响,但并不意味着消费者意思自由受到限制。

经营者在经营地外宣传,事后消费者主动前往经营地。此与经营者上门的第二种情形存在不同——消费者有一段足够长的时间进行单独思考。虽然消费者可能因经营者的营销行为,产生购买健身服务的意思,但是消费者并未当场签订合同,也未与经营者一同前往健身房签订合同。在离开该特定场合后,消费者经历一段时间充分的思考,又再次产生购买欲望,再次前往健身房签订的合同。在此过程中,经营者对消费者意思自决的影响已经阻断,消费者有充足的时间和自由检视自己的内心真意。事后,消费者再次去健身房签订合同,说明其对于购买健身服务存在极大的意愿,为个人意思自由的真实表示,此并不符合冷静期适用之前提。相反,若在此类情形中扩大对冷静期的适用,反而有助长消费者不诚信之风以及"出尔反尔"行为的嫌疑。故对于这类情形,冷静期并无适用空间。同理,举重以明轻,在消费者上门的第二、第三种情形中,经营者对消费者意思自决的影响力更是有限,经营者的线上或线下宣传只是让消费者了解到该健身房之存立和位置所在,并无影响消费者意思自由之可能(非虚假陈述等不正当手段宣传),消费者自己深思熟虑主动找上门,并对健身场所进行实地考察后签订合同。这些情形皆无适用冷静期之空间,否则有违消费冷静期设立之目的。

综上,冷静期在健身服务领域适用空间有限,仅能适用于经营者在经营地之外宣传,当场与消费者签订合同,及经营地外宣传,随后同消费者一起回到经营地签订合同两类情形。而经营地外宣传,或通过网络宣传或线下传单宣传,甚至无宣传,消费者主动登门签订合同的,属消费者意思自决的体现,经营者并未施加不良影响,此三类情形适用冷静期并不恰当。

(三)适当扩大健身卡冷静期的适用条件

1. 健身卡冷静期不能直接作用于退费难

上文所说的陶爱莲女士提到健身卡冷静期的设立是为了应对健身行业过

度宣传的问题,这也是"冷静期"制度诞生的根源。但正如上文所述,并非所有的合同都适用健身卡冷静期,也并非所有的退费难问题都可以通过健身卡冷静期前置化解决。从北京、上海健身示范合同文本中关于冷静期的规定来看,冷静期的适用存在两个前提条件:第一,自签订合同之日起7日内提出解除合同的请求;第二,健身卡未开卡使用。对上述96个案例进一步分析发现,健身卡冷静期并不能适用于任何一个案例中。为便于理解和直观展示,笔者对96个案例进行一一梳理(如表3所示)。

表3 健身卡冷静期法律实效分析统计表

健身卡使用状态 (纠纷期间)	纠纷起因源自 健身房经营者	纠纷起因源自 消费者	总 计
已开卡使用(个)	78	6	84
未开卡使用(个)	12	0	12
未超过7日(个)	0	0	0
已超过7日(个)	90	6	96

从表3中,我们可以看到有84个案件都是已经开卡使用后引起的纠纷,占比高达87.5%;只有12起案件在未开卡使用前产生纠纷,占比为12.5%。此外,无论是因为健身房经营者,还是消费者引起的退费案件,自消费者签订合同到其要求退款的时间都超过了7天,也即在上述96个案例中,无一例外,都不符合健身卡冷静期的适用条件。事实上,冷静期并不能直接作用于"退费难",两者在时间轴上本就存在不兼容。健身消费合同作为继续性合同,其难点问题的产生,多因合同履行过程中,出现脱离合同订立当时可能预见的情形,导致合同不能继续履行,当事人由此产生退费要求。而冷静期更似一种"反悔权",在合同订立之后未开始履行前,法律赋予当事人一段时间充分考虑合同是否依据自己的真实意愿订立。也即冷静期和"退费难"本就存在时间上的不匹配。若合同符合冷静期实现情形,且消费者提出解除合同,各要素恢复到合同成立前的情形,自然也不会产生因履行合同导致的"退费难"。若进入到合同履行阶段,消费者已开卡使用,自然也不再符合冷静期适用的情形。

2. 通过适用条件扩张促进健身服务行业改革

"退费难"的主要原因在于健身房经营者自身,而这与健身服务行业门槛不高、经营者资质不一、服务质量不高、抗风险能力差有着密切相关,更有经营者抱着"打一枪换一个地方"的心思直接跑路。为此,可以适当扩大健身卡冷静期的适用范围,通过倒逼的方式促进健身服务行业的改革,推动健身行业的发展。从上文中的分析来看,健身卡冷静期适用的主要条件是"未开卡使用"和"合同订立后7日内"。从上海和北京的示范合同文本的表述来看,健身卡冷静期条款的制定未免有照搬《消费者权益保护法》第二十五条"消费者有权自收到商品之日起七日内退货""退货的商品应当完好"的嫌疑。继续性合同与一时性合同终归有所不同,前者是反复持续交易,而后者是"一锤子"买卖。后者的消费冲动,往往在消费者实际接收到商品后,即会慢慢消退。但人身性继续合同,只有消费者自己亲身感受、体验之后,才会逐渐恢复消费理性。因此,健身卡冷静期可以适当扩大适用范围,不要仅限于未开卡使用,应当允许消费者开卡使用一段时期。若消费者不愿继续履行合同的,可根据消费者实际使用的次数,无理由退还剩余款项。至于"允许开卡使用的期限"也不应当直接强制规定,而应当根据消费者预付费金额的多少、合同订立的期限、已付费次数酌情确定。

五、结语

健身卡冷静期,作为健身休闲领域的制度创新,在诞生之初迎来诸多媒体和消费者的关注,为解决"退费难"问题引入了新的解法。但其在创立时就酝酿了"跌落"的内因,在"盛赞"之后,健身卡冷静期逐渐消失在大众的视野当中,也逐渐为经营者所忽视。健身卡冷静期起源于消费者冷静期,其具有法理上的正当性,在现有法律规范中也有相关的法律支撑。但现有制度设计中,健身卡冷静期过于保护消费者权利,抑制了经营者适用意愿。其将"退费难"前置化处理,也仅能部分解决"退费难"问题。故有必要重新划定健身卡冷静期的适用边界,适当扩大健身卡冷静期的适用条件,明确其在立法上的选择,这样,方能促进中国健身市场发展,推动"健康中国"行动。

参考文献

[1] 王叶刚.论预付式消费交易的法律构造[J].现代法学,2015(3).

［2］　王洪亮.消费者撤回权的正当性基础[J].法学,2010(2).

［3］　汪渊智.我国消费者无理由退货权的解释论[J].山西大学学报(哲学社会科学版),2017(3).

［4］　禹竹蕊.从盛行到自持:法律父爱主义在行政管理中的演进[J].深圳大学学报(人文社会科学版),2017(5).

［5］　许德风.合同自由与分配正义[J].中外法学,2020(4).

［6］　施天涛.商人概念的继受与商主体的二元结构[J].政法论坛,2018(3).

［7］　闫庆凯.经济法视角下预付卡消费的法律风险及防范[D].黑龙江大学,2018.

［8］　张迁.辛颖与上海美力健身有限公司服务合同纠纷案的法律分析[D].兰州大学,2016.

［9］　Luyat, Jean J. A Tale Of Regulation In The European Union And Japan: Does Characterizing The Business Of Stored-Value Cards As A Financial Activity Impact Its Development Pacific Rim Law & Policy Journal[J],2009(3).

贯彻落实新修订《体育法》的地方立法研究

向会英[*]

[摘 要] 2022年6月24日修订的《体育法》通过以后,贯彻落实新修订《体育法》是必然要求。本文采用文献资料、专家访谈、调研法,基于《体育法》新修订条文的核心要义分析上海建设全球著名体育城市的主要矛盾、上海体育工作的成熟经验和发展的先试先行,结合地方立法相关法律、行政法规、理论及地方立法实际,认为上海体育的立法应是基于新修订《体育法》的实施性立法、地方自主性立法和先行性立法三位一体的综合性立法,也即上海体育立法既要符合上位法的要求,又要满足地方体育发展的需要,还要凸显上海先行先试的地方特色。

[关键词] 贯彻落实;《体育法》;地方立法

一、贯彻落实《体育法》地方立法研究的背景

(一)新修订《体育法》正式通过并于2023年1月1日实施

2022年6月24日,第十三届全国人大常委会第三十五次会议正式通过新修订的《中华人民共和国体育法》(简称《体育法》)。此次修订是自《体育法》颁布以来最具开创性的、幅度最大的,对于新时代规范引领体育事业高质量发展,加快推进体育强国、健康中国建设具有十分重要的意义,也标志着我国将要形成以《体育法》为基本法,涵盖各体育行政法规、规章和地方立法共同组成

---

[*] 本文作者简介:向会英,上海政法学院,教授,博士研究生,研究方向:体育法学。

的较为完善的体育法制体系。为贯彻落实新修订的《体育法》，国家体育总局在 2022 年 6 月 30 日召开全国体育系统《体育法》贯彻实施动员大会。各省市也纷纷着手开展基于新修订《体育法》的地方立法工作，如甘肃省出台的《体育法实施办法》、太原市制定的《体育发展条例（草案）》等。

（二）实现全球著名体育城市的目标迫切需要法治保障

自 2015 年上海市人民政府在《关于发展体育产业促进体育消费的实施意见》中明确提出建设全球著名体育城市的目标以来，围绕这一目标，上海的体育发展已采取了相应方针和各种举措。2020 年 10 月，上海市政发布了《上海全球著名体育城市建设纲要》（沪府办发〔2020〕12 号），进一步提出建设全球著名体育城市的目标和形成"一城一都四中心"的发展格局，要在体育赛事、体育产业、市民健身、体育文化、体育设施等方面取得高质量的发展，就需要相应的法制规范、指引和保障。实现全球著名体育城市的建设目标，法制建设不能缺位，应通过加大体育立法和政策研究力度，完善体育法规政策制度体系，推进依法治体，保障目标的实现。

（三）上海现行的地方体育法规明显滞后于发展需求

法治是现代化治理的重要方式。2021 年 8 月，上海市发布的《法治上海建设规划（2021—2025 年）》《上海法治社会建设规划（2012—2025 年）》提出以维护人民合法权益、提升社会治理法治化水平为主线，建成具有世界影响力的社会主义法治城市的目标，并在举措上强调加强各领域的立法，健全城市治理亟须的法律制度。就上海现有的体育法律法规来看，其已不符合城市治理现代化的要求，也不匹配上海建立全球体育著名城市的目标定位。从立法数量来看，目前上海仅有一部地方体育法规即《上海市市民健身条例》，两部部门规章即《上海市体育赛事管理办法》《上海市体育设施管理办法》，两部行政规范性文件即《上海市高危险性体育项目（攀岩）经营许可实施办法》《上海市高危险性体育项目（游泳）经营许可实施办法》，不仅数量少，而且效力位阶低。在内容上，2017 年 11 月 23 日上海市人大常委会通过的《上海市市民健身条例》是目前上海市唯一的体育法规。对标新修订《体育法》的全民健身章节，在概念上，《体育法》提出的国家战略、全民健身公共服务体系、全民健身与全民健身深度融合等；在举措方面，除了规定了体育锻炼标准和体质测试外，《体育法》增加了全民健身计划、全民健身活动状况调查等；在机制上，《体育法》增加了全民健身工作的协调机制和社会体育指导员制度。总体而言,新修订《体育法》深化了全民健身的概念和内涵,丰富了全民健身工作的手段和举措,也强化了制度建设。这也说明《上海市市民健身条例》已经落后于当前全民健身事业的发展。体育发展所涉及体育产业、青少年与学校体育、兴奋剂、体育争议解决、体育组织、监督管理等重要事务也缺乏相关法规依据与保障。

二、《体育法》修订的核心要义分析

我国地广人多,各地经济、文化和社会发展不平衡,这种情况决定了各项事业的法治化建设不能仅靠中央立法,还须制定地方立法。《中华人民共和国立法法》(2015年版)第四章明确规定了地方制定法规的权限。《全国人民代表大会和地方性各级人民代表大会代表法》第四十三条规定:"省、自治区、直辖市的人民代表大会及其常务委员会可以根据本法和本行政区域的实际情况,制定实施办法。"为贯彻落实新修订的《体育法》,推进新修订《体育法》实施落地,地方立法应坚持科学立法原则,根据《宪法》第一百条第二款"谨慎放权"的意图,首先应准确把握新修订《体育法》的核心要义。此次修订,在原有《体育法》8章54条的基础上增加到12章122条,新增了反兴奋剂、体育产业、监督管理和体育仲裁4章内容,原大众体育章节改为全民健身,原学校体育章节改为青少年和学校体育。《体育法》修订的核心要义主要包括以下几个方面。

(一)新修订《体育法》确定以人民为中心的立法理念

坚持以人民为中心的习近平法治思想是新修订《体育法》的根本遵循。在坚持以人民为中心的习近平法治思想的指导下,充分发挥体育促进人的全面发展的作用。新修订《体育法》在总则第二条增加了"坚持以人民为中心"的内容,在第十五条增加了"每年8月8日全民健身日所在周为体育宣传周"的内容,为宣传和弘扬体育精神,传播体育文化,普及体育文化,倡导健康、文明、快乐的生活方式,满足人民群众对美好生活的向往,促进人的全面发展发挥了重要作用。以人民为中心,是保证全民健身的基础地位。党的十九大把健康中国作为国家战略,确立了人民健康在党和政府工作中的重要地位。新修订《体育法》在全民健身章节强调全民健身、全民健康的国家战略,明确了通过体育促进健康并构建全民健身公共服务体系,促进全民健身和全民健康深度融合,来实现全民健康的国家战略。除了全民健身之外,以人民为中心还体现在对于青少年的体育发展权的保护,对运动员权利的保护,以及对未成年人、妇女、老年人、残疾人等参加体育活动的权利的保障。以人民为中心,保障公民的体育权利,实现全民健康、美好生活的目标,是"执政为民""体育惠民"执政理念的体现,也是中国特色社会主义的本质要求。

(二)新修订《体育法》构建了体育法权利体系

立法的价值性实质上就是立法者与公民之间围绕着某项立法所发生的价值关系,包括促使立法者出台特定法律的价值理念、立法者在制定法律过程中面对多重价值所做出的权衡与选择、立法者对于特定立法的价值期望以及公民对于立法者的价值理念、价值权衡与价值期望所做出的判断、评价和回应。党的十九大明确提出,要加强人权法治保障,保证人民依法享有广泛的权利和自由。习近平总书记在中央全面依法治国工作会议上指出,推进全面依法治国,根本目的是依法保障人民权益。体育活动主体范围大,从参与者的角度来看,体育行政部门、从事体育互动的组织和个人,以及广大人民群众,都是《体育法》覆盖的主体。新修订《体育法》在总则第五条规定了"保障公民平等参与体育活动的权利",并进一步对未成年人、妇女、老年人、残疾人等参加体育活动的权利给予特别保障,强化了对公民体育权利保障的理念。少年强则国强,为实现青少年身心健康和体魄强健,新修订《体育法》在青少年和学校体育章节从机制、体育教学、体育活动及比赛、体育师资及教练、考评、监督及配套都作了规定,充分体现了对青少年体育的优先发展和特别保障。运动员是竞技体育发展的核心要素,为保障运动员的权利,新修订《体育法》在竞技体育章节明确规定了运动员的身心健康权、受教育权、交流和注册权、升学和就业优待、参赛权及退役保障权等,并在第九十条规定了"建立健全运动员伤残保险、体育意外保险和场所责任保险制度",从安全、健康和发展角度为运动员从事竞技体育运动提供全方位的保障。此外,新修订《体育法》还在第八章规定了体育仲裁方面的内容,落实了体育纠纷当事人的救济权。上述种种均体现了落实"国家尊重和保障人权"的宪法精神,体现了从义务本位到权利本位立法理念的转变。

(三)新修订《体育法》补充了青少年体育,夯实了学校体育

世界各国和国际体育领域都高度重视青少年体育。按照人群划分,青少年体育应包含学校体育中的学生群体。按照原《体育法》以学校体育的范围界

定,实际上是缩小了青少年体育的范围。由于直接命名"青少年体育",会涉及教育行政部门和体育行政部门的工作职责的重新调整界定,并且学校体育是青少年体育的重要组织组成部分,最终保留"青少年和学校体育"的名称。新修订《体育法》新增了体育行政部门在传授体育知识技能、组织体育训练、举办体育赛事活动、管理场地设施、配合教育行政部门推进学校运动队和高水平运动队建设以及青少年体育培训的规定,实际上是增补了原《体育法》对青少年体育的遗漏部分,也为体育行政部门开展相关工作提供了依据。新修订《体育法》还对学校体育工作、体育课、体育活动等作了明确、具体、可操作的规定,为实现体教融合、提升学生体育素养、培养锻炼习惯的培养目标和成长要求提供了切实的法律保障。

（四）新修订《体育法》压实了体育监管

在体育行政部门推行"放管服"的过程中,该"放"的事项已经放得差不多了,但"管"和"服"却没有到位,出现了从"大包大揽"到无人管的局面,缺乏法律层面的整体规定,在规范层面具体流程不清晰、责任落实不彻底,成为导致体育赛事活动中事故频发的原因之一。新修订《体育法》增加了监督管理章节,通过明确体育行政等部门的监管职责,建立体育行政执法机制,强化各行政部门的统一、协调,规定了体育行政监管"不越位""不缺位",压实体育行政监管。此外,新修订《体育法》加强了对高危险新体育项目和赛事活动的监管,设置了突发公共安全事件时的熔断机制,细化赛事有关责任方的安全监管义务以及执法,对于防范和应对这类项目的公共安全事件起到了指引和保障作用。

（五）新修订《体育法》促进体育产业发展

体育产业已成为国民经济新的增长点。《体育强国建设纲要》明确提出,到2035年体育产业成为国民经济的支柱型产业。为促进体育产业发展,国家已出台了一系列体育产业政策,然而,为保障体育产业长期稳定健康发展,仅仅有政策是不够的,需要更具稳定性和连贯性的立法保障。新修订《体育法》第六十九条到第七十六条将体育政策上升为体育产业立法,实现了政策法律化。在内容上,规定了发展体育融合业态、体育产业创新驱动、职业体育体系及职业俱乐部内部治理、体育产业区域融合发展、体育产业投资、政府规划和多部门协调的促进机制以及体育产业人才和体育产业统计,从体育产业要素的角度为体育产业发展提供了指引。

（六）新修订《体育法》加强了产权保护

产权保护是市场经济的基石，产权明晰是市场优化资源配置的前提条件。为促进体育产业高质量发展，新修订《体育法》第五十二条规定"在中国境内举办的体育赛事，其名称、徽记、旗帜及吉祥物等标志按照国家有关规定予以保护"，强调了体育赛事相关标志权的保护，并规定"未经体育赛事活动组织者等相关权利人许可，不得以营利为目的采集或者传播体育赛事活动现场图片、音视频等信息"，进一步明确了体育赛事组织者的体育无形资产开发和保护的权利，以激励体育赛事活动组织者，从而激发体育赛事活动的活力。

（七）新修订《体育法》坚决反对使用兴奋剂

公平公正是体育运动的基石，也是奥林匹克精神的重要内核。在体育运动中使用兴奋剂，动摇体育运动公平竞赛的基石，已成为全世界反对的共识。自党的十八大以来，党中央高度重视反兴奋剂工作，习近平总书记多次在讲话中强调，对待使用兴奋剂问题坚持"零出现""零容忍"。新修订《体育法》设置了反兴奋剂章节，解决了我国反兴奋剂治理主要依赖规范性文件的位阶较低、重点难点问题在立法上空缺的问题。在内容上，新修订《体育法》第五十三条至第六十条明确禁止任何主体在体育运动中使用兴奋剂，明确建立国际反兴奋剂制度及机制，并明确相关行政机关的职责，形成相应的治理体系；规定了兴奋剂检测、教育及科学等相关工作，并确立了履行反兴奋剂国际义务与实现国内国际反兴奋剂工作的衔接。总体来看，形成了以《体育法》为核心，配合《刑法》、行政法律法规及规则等共同组成的反兴奋剂法律体系，为中国反兴奋剂工作保驾护航，为世界反兴奋剂工作贡献中国智慧。

（八）新修订《体育法》推进多元化纠纷解决机制

有权利必有救济，无救济即无权利。针对我国体育仲裁制度的缺失，导致体育中的一些纠纷得不到有效的救济的问题，新修订《体育法》设立体育仲裁章节，对仲裁机构的设置、仲裁范围、仲裁的效力、体育仲裁程序的内部和外部衔接以及规则制定作了规定，从立法上确立了独立、专业的体育仲裁制度，从而推进了体育多元化纠纷解决机制的构建，为当事人在体育活动中的权益保障奠定了基础。

三、上海建设全球著名体育城市的突出矛盾分析

上海正在积极打造全球著名体育城市,围绕这一目标确立了建设人人运动、人人健康的活动之城,建设世界一流的国际体育赛事之都,打造辐射全球的体育资源配置中心,建设全球领先的体育科技创新中心,建设国际知名体育消费中心,建设具有全球影响力的文化中心的任务。与全球著名体育城市相对应的是城市治理的现代化,而城市治理现代化的核心就是治理的法治化。体育治理的法治化与实现全球著名体育城市建设相辅相成。就建设任务而言,目前主要存在以下矛盾:

(一)满足市民对体育美好生活的向往与场地设施不足的矛盾

为满足市民对体育美好生活的向往,实现健康中国战略,上海积极推进全民健身普及率有效扩大,力争到2025年达到全市经常锻炼的人数比例达到46%以上,人均体育场地面积达到2.6平方米左右,秉持健康为本的理念,促进人人运动、人人健康。围绕这一目标任务,一方面增加市民身边的体育健身场地设施,使场地设施更加亲民便利;另一方面优化体育基本公共服务体系,使科学健身指导更加有力。但是,上海体育设施总量还不足、分布还不均、运营管理水平仍有待提升。2021年,上海市人均体育场地面积为2.44平方米,处于全国平均水平,低于北京、南京、苏州等国内城市。中心城区人均体育场地面积仅为1平方米左右。从增量上看,体育设施建设的制度设计实施效果还不理想。一些居民住宅区特别是大型社区未按规定配套建设相应的体育健身设施,未做到与居民住宅区的主体工程同步设计、同步施工、同步投入使用;滨水公共空间体育设施布局还不完善;受土地政策、用地成本、审批手续等制约,社会力量新建或改建体育场所的难度较大,利用废旧厂房、屋顶、高架桥下等空间建设体育设施还存在合法性不足的问题。这些都是阻碍市民参与体育的主要原因之一。

(二)持续提升竞技体育综合竞争力与竞技体育后备人才不足的矛盾

为贯彻体育强国战略,不断提升竞技体育综合竞争力和国家贡献率,形成

具有领先性、时代性、开放性、国际性的都市型竞技体育发展格局。上海坚持政府体制与市场机制相结合,推动竞技体育集约化、科学化、社会化、职业化发展,提升科技助力水平,构建更加开放、更加科学、更可持续、更高水平的竞技体育发展新体系。其中,体育体制内与体制外的交流、办队仍存在障碍。竞技体育后备人才选拔、培养面临较大困难。按照教育部义务教育阶段免试就近入学规定,上海市体育后备人才幼升小、小升初跨学区选材和升学的政策全部取消,选材范围全面收缩,优秀体育学生集中训练、学业管理等存在客观障碍,普通学校又缺乏专职教练,导致现有成型的后备人才梯队衔接不畅,基础性人才不断流失。现有精英人才、后备人才的规模明显不足,人才引进力度、培养机制仍有待完善,需要通过法律手段进一步加强体育人才的培养、引进、输送及保障。

（三）体育产业高质量发展与体育产业活力不足的矛盾

为加快构建与全球著名体育城市相匹配的体育产业格局,上海通过构建现代产业体系、优化体育产业布局、激发体育市场活动、促进智能体育发展、挖掘体育消费潜力等,全面促进体育产业发展。虽然体育产业长期向好的发展态势依然没有变,但作为新兴产业还缺乏具体扶持政策,上海市尚未设立体育产业专项引导资金,社会力量参与体育的积极性未充分调动,区域协同资源配置的优势还未充分显现,市民体育消费潜力未得到充分释放。这些现象背后的实质仍然是体育体制改革不充分,管办不分,政社不分,政企不分,导致优质资源集中在政府手里,遏制了市场和社会办体育的积极性和活力,需要进一步简政放权,推进行业协会与行政机关脱钩,实现管办分离,进一步完善市场机制,充分调动和培育多元主体参与体育产业高质量发展,从而激发体育活力。

（四）体育市场规范化发展与监管乏力的矛盾

随着体育改革的深入推进和体育产业的快速发展,体育市场领域的监管任务日益增加。2021年,"12345"市民服务热线共受理体育健身行业预付费消费投诉16 049件,各级消保委共受理投诉8 436件,全市有437个体育健身品牌涉及"经营者关店不能兑付或退卡"的消费投诉。受新冠肺炎疫情和监管等多重因素影响,依靠现金流支撑的传统健身企业面临重大发展困境,青少年体育培训机构也面临重新调整,投诉、纠纷可能将进一步增加。

由于国家相关法律法规和行业标准相对滞后,体育市场管理范围和监管部门职责边界还不清晰,基层体育执法检查人员力量配备明显不足,管理方式以政府行政指导和行业自律相结合为主,消费者纠纷调解满意度偏低,体育市场还有待规范。

四、上海体育工作的成熟经验和发展的先行先试

近年来,上海市通过深化体育融合发展,纵深推进体教融合,加速推广体绿融合、"体医养"融合,实施社会力量办训、多元化体育人才培养模式等,在整合各方资源的过程中,探索、发展出了一系列推动体育事业健康发展的经验、成果及方法。对此,有必要通过立法加以固定化、规范化,并逐步进行推行。

(一)强化基层体育发展,提升服务供给模式,全面保障市民健身的获得感、幸福感

1. 全面建设社区体育生活圈

上海市根据城市体育的特点,坚持重心下移、活动下移、资源下移,促进社区体育发展,充分发挥体育在社会治理中的作用。制定社区体育工作标准,实施"社区主动健康计划",在社区建设"15分钟体育生活圈",积极创建体育生活化社区。

2. 实行基本公共体育服务均等化

按照"保基本、补短板、兜底线"的要求,推进基本公共体育服务,增强市民共享体育发展成果的获得感。加强全民健身设施服务,公共体育场馆、社区体育设施每周累计开放时间不少于56小时,全民健身日免费开放;学校体育设施开放率不低于86%,每周累计开放时间不少于21小时;健身苑点、健身步道常年免费开放,其他公共体育设施公益开放。市民享有公益健身技能指导,每千人配备2名社会体育指导员。

3. 推进全民健身多元供给发展

坚持政府、社会、市场"三轮驱动",更大范围、更深程度地调动社会组织和市场力量自主参与全民健身的积极性。政府主要承担提供基本公共体育服务、制定全民健身公共政策、加强全民健身宏观管理、开展全民健身监督评估等职责;社会组织在日常体育健身活动的引导、培训、组织、交流、项目

普及和体育赛事活动的承办等方面发挥作用,参与全民健身公共服务体系建设;市场在资源配置中起决定性作用,企业自主经营、公平竞争,市民自由选择、自主消费,积极扩大体育服务和产品供给,促进全民健身市场繁荣发展。

4. 促进全民健身互促融合发展

全面落实全民健身国家战略,将全民健身作为城市发展战略,结合科技、教育、文化、卫生、养老、商贸、绿化、旅游等领域的发展,统筹谋划全民健身重大项目工程,发挥全民健身在促进素质教育、文化繁荣、社会包容、民生改善、民族团结、健身消费、大众创业、万众创新等方面的作用,形成融合发展、互促并进的生动局面,助力城市经济社会全面协调可持续发展。

(二) 深化体教融合,扎实推进青少年体育发展,全面促进青少年身心健康和体魄强健

1. 深化体教融合

重视"体育核心价值"的塑造与传播,深入挖掘体育的文化内涵和育人价值;倡导"健康第一、全面发展"的人才观,坚持以青少年发展为本,遵循青少年身心发展规律,激发青少年体育兴趣和体育需求,使青少年在体育活动中实现人格完善、心智成长、意志磨炼、人际交往、社会融合;依托体教结合联席会议制度,促进多部门协同行动做好总体设计、统筹规划,强化资源共享、责任共担、人才共育、特色共建、多元共治;坚持普惠性、保基本、均等化、可持续方向,促进青少年基本公共体育服务均等化,鼓励部门协同、社会参与、家庭自助等多种方式参与青少年体育人才培养。

2. 扎实推进青少年体育发展

充分发挥体育育人功能,促进青少年身心健康成长。贯彻实施国家"青少年体育活动促进计划",推进青少年体育公共服务建设,构建"学校、社区、家庭"三位一体的青少年体育发展模式。建设 300 所以上国家级和市级青少年体育俱乐部。推进"草根教练"计划,加强青少年体育健身指导人员培养。推进公共体育场馆向青少年免费或优惠开放,建设青少年校外体育中心。打造青少年体育活动品牌,大力推进青少年"未来之星"阳光体育大会、阳光体育大联赛、人人学游泳、暑期青少年体育赛事、青少年体育俱乐部联赛等青少年品牌体育赛事活动。深化体教结合,大力发展学校体育,强化体育课及课外锻炼,加强各级体育传统项目学校及校园三大球联盟建设,推动校园足球全面普

及。学生掌握两项体育运动技能，养成终身锻炼习惯，青少年体质健康水平不断提高。

（三）多元化体育后备人才培养体系，多方位提升竞技体育能力，全面提升竞技体育综合竞争力

1. 多种模式协同的体育后备人才培养体系

上海已初步形成了普通学校办训、传统体校办训、社会力量办训三种模式协同的体育后备人才培养体系。加强学校体育"一条龙"人才培养体系建设，优化运动项目布局，完善课余训练制度。推进各级各类体校改革，加强体校标准化建设，推进走训形式的区级体校逐步转型发展成为青少年体育训练中心。进一步夯实社会力量办训基地建设，在训练管理、组队参赛、师资培训、场地设施等方面给予支持和保障。切实提高青少年体育科学训练水平，实现体育后备人才信息管理系统与学生体育素养管理平台数据对接，加强科学选材、科研监测和科医保障，完善发现、培养、跟踪、输送紧密衔接的体育后备人才培养机制。

2. 多方位提升竞技体育能力

通过动态认识综合评估竞技体育项目发展潜力和价值，坚持突出重点、优化结构、提高效益，构建科学合理的项目布局；通过科学把握竞技体育人才培养规律，学习借鉴国内外的成功经验，注重训练理念、方法和手段的研究和创新，提高训练的科学系、针对性、有效性和自觉性，整体加强运动员队伍建设；强化教练员对运动训练客观规律和项目特点的认识，科学计划和组织实施训练，建立教练员业务交流、培训机制，并通过规范管理和优化评价等手段，提升教练员的执教能力；通过鼓励体育专业研究人员、体育专业院校教师和社会各界人才开展体育训练科学技术研究、开发和应用，支持竞技体育科研中心和运动队复合型训练管理保障团队建设，构建多学科、跨部门的体育科技协同创新平台，促进科研成果的有效转化，为教练员在选材、训练、竞赛过程中提供科学的理论依据和数据支持。

3. 大力促进职业体育发展

不断优化职业体育发展环境，推进具备条件的运动项目社会化、市场化、职业化发展，支持运动员、教练员职业化发展。建立运动员、教练员、俱乐部权益保护制度。优化"以奖代补"等政府资助方式，培育、激励职业俱乐部发展，提升职业体育竞技水平。

(四) 全面激发体育产业活力，促进体育产业繁荣、高质量发展

1. 构建现代体育产业体系

突出发展重点，优化产业结构、提升质量效益，形成以竞赛表演、健身休闲等服务业为主要引领的体育产业体系。推动体育产业与相关产业复合经营、融合发展；推动传统体育产业与新兴体育产业互动发展；推动互联网、人工智能、大数据等新技术在体育领域的应用；鼓励体育用品制造和销售企业研发新产品、创新供给模式，发展体育智能制造，有效提升体育装备的科技含量和智能化水平。

2. 鼓励体育产业融投资、交易及创业

积极引导社会资本参与体育产业发展，支持各种类型的体育企业发展壮大，打造体育产业发展的良好生态。培育一批具有较强市场竞争力的大型体育产业集团、体育领域"独角兽"企业和上市公司，打造国内领先的体育企业，扩大体育服务和产品供给。提升资源配置能力，建设更加规范专业、运行高效的体育资源交易平台，促进体育资源汇集。鼓励设立各类体育产业孵化平台，培育一批体育产业众创空间。

3. 促进体育消费

扩大优质体育赛事供给，优化观赛配套服务；丰富全民健身服务供给，进一步拓展体育健身、体育培训、体育旅游、体育用品等消费新空间。支持各区创新体育消费引导机制。

(五) 大力发展体育赛事，加快国际体育赛事之都建设

以国际重大赛事、顶级商业性赛事和职业联赛为引领，全面提升体育赛事发展能级，优化体育赛事结构布局。结合新城特色，引入优质文体资源，支持新城举办高水平专业性体育赛事，打造区域体育名片。建立体育赛事品牌认证制度，制定体育赛事品牌认证标准、办赛规范，定期开展体育赛事品牌认证。

(六) 区域化体育发展先试先行，推动落实长三角一体化发展战略

贯彻落实《长江三角洲区域一体化发展规划纲要》，更好地发挥上海在长三角体育一体化协作中的龙头作用，完善沟通协调机制，在群众体育、竞技体

育、体育产业、体育赛事等领域形成一批具有重大影响和示范作用的高水平合作成果,努力建设长三角体育高质量发展示范区。

(七)深化体育改革,推进体育治理体系

推进管办分离,促进社会共治,增强内生动力,优化管理服务。大力推进体育领域政务服务"一网通办"、城市运行"一网统管",打造全市统一的智慧体育服务平台;完善市体育总会治理架构,加强对体育社会组织的指导和服务。加快体育社会组织"社会化、实体化、专业化、国际化、规范化"改革,增强体育社会组织自我管理、自我约束、自我发展的能力。健全体育社会组织综合评价机制,加强第三方监管,促进体育社会组织规范化发展,提高服务质量。

五、贯彻落实新修订《体育法》地方立法建议

从本质上分析,地方性法规具有与国家法律法规同样的国家意志性、行为规范性、法律强制性三大属性,也具有与国家法律法规同样的指引、教育、评价、预测和强制等作用。但地方性法规除具有法的共同特征、功能作用外,还有从属性、实施性、自主性、补充性、地方性、探索性等自身特性和配套细化、补充完善、先行首创等功能作用。综上所述,上海体育立法既是贯彻落实新修订《体育法》的必然要求,又要符合建设全球著名体育城市的发展诉求和创新探索,还要规范体育工作中丰富的经验和解决实际矛盾。从实际来看,上海的立法资源也不可能给予三者不同的体育立法,因此,上海体育立法应是基于实施性立法、自主性立法和先行性立法[①]三位一体的综合性立法,也即上海体育立法既要符合上位法的要求,又要满足地方体育发展的需要,还要凸显上海先行先试的地方特色。

(一)实施性立法:细化配套,增强实操性

法规的生命在于执行,只有让法条的规定具有可执行、可操作性,才能在

---

① 实施性立法就是地方性法规的立法事项属于为执行法律、行政法规的规定,即根据本行政区域的实际情况作具体规定的事项。自主性立法是立法的发布为属于地方性事务需要制定地方性法规的事项。先行性立法是除法律专属事项规定的事项外,对国家尚未制定的法律或者行政法规的事项,地方人大根据具体情况和实际需要,先制定的地方性法规。引自史建三、吴天昊《地方立法质量:现状、问题与对策——以上海人大地方立法为例》(《法学》2009 年第 6 期)和《立法法》第七十三条规定。

实践中真正发挥效力。地方立法在上位法的基础上明确权责、细化举措，才能进一步加强针对性、实用性和可操作性，让法律规定的条文落到实处。贯彻落实新修订《体育法》应以充分理解其要义为基础，将其通过地方立法进一步解释、充实、明确、细化、落实，而这也有利于增强条文的可操作性。

例如，新修订的《体育法》第十六条规定："国家实施全民健身战略，构建全民健身公共服务体系，鼓励和支持公民参加健身活动，促进全民健身与全民健康深度融合。"根据上海市全民健身工作的开展情况，在地方贯彻落实立法的条款中可以对此更加细化和明确，从规划、经费保障、机制等方面将新修订《体育法》的条款内容落实到可以操作的条款中，如可以规定为："市、区人民政府应当落实全民健身国家战略和全民健身服务，将全民健身事业纳入国民经济和社会发展以及基本公共服务规划，保证全民健身事业经费投入与其他领域事业经费同步增长。构建全民健身公共服务体系，推动全面健身与全民健康深度融合。市、区人民政府应当加强对全民健身工作的领导，明确镇（乡）人民政府、街道办事处统筹本辖区全民健身工作运行机制；镇（乡）人民政府、街道办事处指导、支持居民委员会组织开展全民健身活动。"

（二）自主性立法：回应上海体育发展诉求

自主性立法是指对于不可能通过国家制定法律和行政法规进行调整的事项予以规定，具有自主性、地方性和针对性。其中，自主性是根据《宪法》《地方各级人民代表大会和地方各级人民政府组织法》和《立法法》的规定自主制定地方性法规；地方性是指在地方处理事务时，根据现实情况和现实需要对本辖区进行立法；针对性意味着地方在进行自主立法时只能针对本辖区内地方事务的现实需要和具体情况来制定相关法律规章，不能超越授权范围。针对上海体育发展中存在的一些特有的事务，只能通过自主性立法加以规定。

例如，上海已经成功举办了很多全民健身赛事，并形成了有影响力的品牌赛事。对此，在地方立法中可以规定为："本市鼓励举办各类群众基础好、社会参与度高的全民健身赛事，支持采用多元主体办赛模式，办好市民运动会、城市业余联赛等全民健身品牌赛事。"

（三）先行性立法：上海体育先行先试创新发展

创新是地方立法的生命力。只有创新，才能体现地方立法的价值，才能促使地方立法不断提高质量。《立法法》第七十三条第二款为地方立法创新提供了依据。在坚持国家法制统一的原则下,结合上海体育在全国范围内先行先试的地位,上海地方立法的创新应当具有领先示范的风范。然而,《宪法》《地方各级人民代表大会和地方各级人民政府组织法》《立法法》在赋予地方立法权限时均强调应"在不同宪法、法律、行政法规相抵触的前提下",确立了地方立法与上位法"不抵触原则"。不抵触原则意味着:第一,地方立法不能越权,对于宪法、法律明确规定应由法律规定的事项,地方不能越权管理;第二,地方立法不能与宪法、法律、行政法规的基本原则相违背,对于法律、行政性法规作了原则性规定的,地方立法加以细化,且必须遵守其原则性规定,对于中央尚未立法而地方急需规范调整的事项,地方立法在创制立法时必须服从宪法、法律规定。第三,地方立法不得与法律、行政法规的具体规定相抵触。总之,地方立法的创新应当在坚持国家法制统一的前提下进行。

例如,《民法典》对人格权的规定在一定程度上确认了个人对于其肖像权等人格权的使用、商业开发的权利。运动员的肖像权尤其是知名运动员的肖像权通常具有较高的商业价值,通过合同约定授权使用和商业开发是较为普遍的做法。针对体育行政部门提出的非知名运动员的肖像权集体开发问题,可作规定:"鼓励运动和训练管理单位通过合同方式规定其肖像权、姓名权等人格权的使用、授权、开发等相关事宜。运动员可以将前述人格权授权体育组织或机构集体使用、授权、开发,并按照合同约定分配收益。法律、法规另有规定的,从其规定。"

参考文献

[1] 谭小勇,成瑜,张成龙.上海建设全球著名体育城市语境下体育法治建设的探索[J].体育科研,2021(1).

[2] 郑毅."谨慎放权"意图与设区的市地方性法规制定权实施——基于《宪法》第 100 条第 2 款的考察[J].当代法学,2019(3).

[3] 田思源.坚持以人民为中心的习近平法治思想是《中华人民共和国体育法》修改的根本遵循[J].体育科学,2021(10).

[4] 江国华.论立法价值——从"禁鞭尴尬"说起[J].法学评论,2005(6).

[5] 肖永平,陈星儒.我国《体育法》中政府职责与体育权利的错位与调适[J].广西大学学报(哲学社会科学版),2018(4).

[6] 向会英.《瑞士体育运动促进联邦法》解析及对我国《体育法》修改的启示[J].西安体

育学院学报,2020(12).
[7] 袁钢.不"越位"不"缺位":体育行政监管的法定化[J].成都体育学院学报,2022(4).
[8] 姜世波.促进与规制:体育产业立法的双重进路[J].成都体育学院学报,2022(4).
[9] 马宏俊.从法规到法律——《体育法》修改增设专章反兴奋剂的内容[J].成都体育学院学报,2022(4).
[10] 向会英.增设专章补强反兴奋剂法律体系——《体育法》修订的重要任务[N].上海法治报,2021-9-16.
[11] 李智.保障体育权利 维护竞技公平:法治推进竞技体育新发展[J].成都体育学院学报,2022(4).
[12] 刘东锋.全球著名体育城市的演进、特征与路径——兼论上海的目标定位与发展策略[J].体育科研,2021(1).
[13] 柳经纬,黄洵.关于地方立法创新问题的思考[J].理论与改革,2004(3).

"建设全球著名体育城市"语境下上海市体育产业联合会治理结构与路径选择研究

齐 超 张叶涵[*]

[摘 要] 在上海建设全球著名体育城市的战略指引下,为了实现体育全领域、全方位高质量发展,创新治理理念必将成为上海市体育产业联合会建设与发展的核心竞争力。本研究基于治理机制、职能发挥、服务监管的数据挖掘和画像描绘,以广东、浙江、河北、福建、四川等地的五家具有代表性的省级体育产业协会为研究样本,全方位显示目前我国省级体育行业组织的发展现状及普遍存在的问题。相较于传统的组织管理和运行模式,上海体育产业联合会的组织治理应当根植于体育治理体系的现代化。为了实现全球著名体育城市建设目标,早日形成"一城一都四中心"发展格局,对体育产业联合会的组织整合、资源配置以及自身持续性发展能力都提出更高的要求。

[关键词] 体育产业联合会;治理结构;资源整合

一、研究背景

行业协会等社会组织作为政府和市场以外的第三方组织,在充当政府智库、为企业提供咨询、加强行业监管和行业自律、积极承担社会责任等方面扮演着重要角色。然而在很长一段时间内,行业协会受到传统管理体制的影响,

---

[*] 本文作者简介:齐超,上海体育学院,副教授,博士研究生,研究方向:管理理论与公共政策;张叶涵,上海体育学院,副教授,博士研究生,研究方向:企业战略管理。

严重依赖政府,自身"造血"能力不足,制度建设不完备和监管缺乏等问题在各个经济产业部门普遍存在。2014年10月,国务院印发《关于加快发展体育产业促进体育消费的若干意见》明确提出要"加快体育产业行业协会建设,充分发挥行业协会作用"。2015年5月,中共中央办公厅、国务院办公厅联合颁布的《行业协会商会与行政机关脱钩总体方案》进一步为各行业协会组织的发展提供了明确的政策依据。自此,一系列新兴体育产业的行业社团组织在各地纷纷涌现。据不完全统计,迄今我国已成立省级体育产业的行业社团组织十余家、地市级行业社团组织百余家。实践中,尽管这些行业社团组织的名称各不相同,有××协会、××联合会之分,但会员均以体育产业的经营管理企业单位为主,属于民政部门登记具有法人资格的非营利性行业社团组织。

2022年3月,上海市体育产业联合会获批成立,标志着上海市在围绕"建设全球著名体育城市"这一战略目标,以增强城市国际竞争力,建设国际化大都市为发展主线,致力于提高政府管理能力的道路上又迈出了坚实的一步。然而,与纽约、伦敦、墨尔本这些国际知名体育城市相比,上海的体育行业社会组织发展较为缓慢;在加强政企沟通、提高行业自治水平、资源配置优化等方面发挥的作用仍然较少;自身可持续发展能力和组织影响力亟待提升。

在发达国家,行业协会被视为经济体系的重要组成部分,其对经济发展的促进作用主要表现为以供给公共服务来增强市场功能的市场支持,以协调企业间决策来弥补市场缺陷的市场补充。此外,行业协会的功能实质在于建立行业内企业间的信任机制,体现在交易过程、交易联动、制度自省等方面。目前我国学术界对于体育产业行业组织的研究较少,对群众体育社团、单项运动协会的研究相对较多。现有研究表明,多数协会仍然存在治理结构和运行机制不合理、自我发展能力不足、与政府机构之间的权责划分不明确等问题,无法得到行业企业的广泛认同。

通过研究体育产业发展规律,借鉴美国社会学家帕森斯结构功能主义理论的 AGIL 模型,从组织适应、目标达成、资源整合、模式持续四个维度,按照成立时间的先后,兼顾地域划分,选取广东、浙江、河北、福建、四川等地的五家具有代表性的省级体育产业联合会(或名体育产业协会)为研究样本,对其运作模式和发展路径进行比较分析,同时结合上海实际,提出上海市体育产业联合会发展和建设的政策建议。

二、发展现状

截至 2022 年 10 月,国内有据可查的省级体育产业协会共计 16 家,成立时间最早的是广东省体育产业协会。从表 1 可见,2010 年以前,国内省级体育产业协会发展缓慢,成立时间大多集中在 2017 年以后。从地理分布来看,东部地区为 8 家,中部地区为 2 家,西部地区为 4 家,东北地区为 2 家,在经济较发达的省份,体育产业协会发展也较为迅速。以下将从样本对象的各省级体育产业联合会的基本情况入手,对其基本信息、内部治理、活动开展及服务、政社关系等方面进行深入梳理和归纳,了解这些体育行业组织的发展现状及问题所在。

表 1 国内省级体育产业协会名单汇总(截至 2022 年 10 月)

成立时间	地理分布			
	东 部	中 部	西 部	东北地区
2001 年	广东省体育产业协会			
2005 年				辽宁省体育产业协会
2009 年		山西省体育产业协会		
2010 年	浙江省体育产业联合会			
2014 年	北京市体育产业协会			
2016 年	天津市体育产业协会			
2017 年	河北省体育产业协会		广西壮族自治区体育产业协会	
2019 年	福建省体育产业协会		青海省体育产业协会	

续 表

成立时间	地理分布			
	东 部	中 部	西 部	东北地区
2020 年	山东省体育产业联合会	湖南省体育产业协会	四川省体育产业联合会	
2021 年				黑龙江省体育产业协会
2022 年	上海市体育产业联合会		云南省体育产业联盟	

（一）基本信息

广东省体育产业协会成立于2001年，最初是以广东省体育用品厂商和省内体育经营单位/个体经营者为主，自愿结合建立，经广东省民政厅登记注册的非营利性社团组织，也是国内第一家省级体育产业协会。该协会成立之初主要为会员单位提供服务，旨在加强政府与企业之间的交流沟通，代表各类体育企业向政府部门反映诉求和愿望，业务主管单位是广东省体育局。2007年，协会的组织关系转到一家民营企业康威公司，开启了从官办转向民办的历程。

浙江省体育产业联合会成立于2010年，原业务主管单位是浙江省体育总会，后为浙江省体育局，负责对联合会进行政策和业务指导。联合会下设体育用品联合会和体育服务业联合会两个专业委员会。联合会的办公场所由政府提供。

河北省体育产业协会成立于2017年，其业务主管单位是河北省体育局。协会设立7个工作委员会，分别是传统体育工作委员会、赛事表演工作委员会、场馆会展工作委员会、健身休闲工作委员会、装备制造工作委员会、品牌推广工作委员会和产业研究工作委员会。

福建省体育产业协会成立于2019年，业务主管单位是福建省体育局。企业会员单位基本涵盖了体育用品制造与销售、场馆设施建设与服务、竞赛表演、健身休闲、体育培训与教育、体育传媒与信息服务等领域，还有部分高校专家学者和相关体育产业管理人员。

四川省体育产业联合会成立于2020年，联合会是在新形势、新时代"体育强国、体育强省"大背景下,为改变四川体育产业"散、弱、小"的发展现状,适应四川体育产业迅猛发展需要,由四川省川威集团有限公司、成都远鸿置业集团、四川金强集团有限公司、宏义实业集团有限公司、四川劲浪体育用品有限公司、四川匹克体育文化传播有限公司、成都舒华体育用品有限公司七家单位共同发起成立的省级体育产业协会,业务指导单位是四川省体育局。

(二)内部治理

广东省体育产业协会在2007年的第一届会员大会上,由康威集团体育用品股份有限公司董事长黎伟权担任会长,该公司也是协会的最初挂靠单位,名誉主席由政府官员兼任。自2017年起,协会的管理制度进一步完善,在第三届会员代表大会上以无记名投票形式选举产生理事会、监事会,广东省体育局副巡视员王小康当选为协会会长,广东跃速体育董事长林超贤当选为副会长,回归了政府牵头、企业会员集中的模式。协会的经费来源仍主要依靠会员单位的会费及活动参展费,办公场地由过去的体育用品公司提供调整为事业单位提供场所,协会的工作人员由体育公司员工兼任调整为政府人员兼任。

浙江省体育产业联合会目前的会长由浙江省体育局副局长李华担任,副会长兼秘书长由省体育局经济处处长姜建成担任,执行会长由浙江大丰体育设备有限公司董事长丰岳、阿里体育有限公司首席运营官穆旸担任。联合会的经费全部来自会员会费,针对会长单位、副会长单位、理事单位、会员单位均设置了不同的会费标准。联合会的工作人员均由政府人员专任,但由于联合会收入来源单一、资金紧张,无法为专职人员提供较高的薪资,且没有建立市场化薪酬管理制度,不具备专职工作人员薪资制定的自主权,一定程度上影响了人才吸引以及联合会自身的专业化建设发展。

河北省体育产业协会由省经济处处长马金亮任协会第一届主席,省经济处副处长李奇为副主席兼秘书长,大厂回族自治县夏垫佳美体育用品有限公司董事长刘世胜等二十一人任协会副主席。现任协会主席为原河北省燕赵体育经济研究服务中心主任、河北省体育产业协会原副主席苏树友。协会的经费主要来自会员会费。协会的工作人员主要由事业单位人员兼任。

福建省体育产业协会在其第一届会员代表大会上,由福建省体育局原经济处处长杨巧平当选为会长;特步集团当选为荣誉会长单位;鸿博股份公司、匹克中国有限公司、舒华体育股份公司、康乐佳运动器材有限公司、浩沙健身俱乐部公司、太姥山万博华旅游开发公司、京鼎体育文化发展公司、安攀体育产业公司等八家企业为副会长单位；福建富士华运动健康产业公司、福建怡和电子公司、福建浔兴篮球俱乐部、福州中体场馆管理公司等22家单位为体育产业协会理事单位。协会的经费来源主要是会员会费。协会的工作人员主要由政府人员兼任。

四川省体育产业联合会现任会长是四川省川威集团有限公司董事长王劲，联合会常务副会长是四川体育产业集团有限公司总经理林继华，联合会副会长单位共有六家。联合会设有理事、监事以及分会、专委会负责人。联合会虽具备独立的法人资格，但实际操作中同四川体育产业集团属于"两块牌子，一套班子"。四川省体育局的政策无缝对接至四川体育产业集团，而四川省体育产业联合会服务于四川体育产业集团。会长单位和副会长单位的会费标准较高，均为10万元以上，理事单位为1万元，而普通会员单位则免收会费。其会费主要用于工作场地、人员薪资、联合会相关活动的支出。在核心会员的选择上，四川省体育产业联合会均选拔对体育事业拥有极高情怀的企业担任，从而确保整个联合会的生命力与活力。

（三）活动开展及服务

广东省体育产业协会虽然从2007年开始由官办转向了民办，但开展活动的模式基本延续，以举办历届体育用品博览会系列活动为主。除了博览会以外，还组织省内各系统单位的群众体育活动，利用协会会员单位的资源，进行协会会员单位的推广。自2017年开始，协会进行了机构和业务改革，着力打造体育产业服务平台，进一步将会员服务拓展到政府购买、政策咨询等领域。

浙江省体育产业联合会开展的活动种类丰富，紧扣会员需求。除了承办国际体育休闲博览会、参与举办浙江省运动休闲旅游节等届时活动，还承办省大学生体育产业创新创业大赛，参与举办"共富浙江 快乐操场"等公益活动。在媒体发布方面，联合会拥有官方微信公众号，负责编辑《浙体产业周刊》，打造"Hi运动浙江"短视频宣传矩阵。此外，定期举办浙体产业精英培训班和浙江省体育产业沙龙，提供组织会员企业赴省外考察、参加展会以及金融授信平台、培训监管平台等智慧平台的会员服务。

河北省体育产业协会的服务内容包括：开展行业调查研究，为政府部门制定行业政策、标准提供参考，开展技术推广、学术交流、法律咨询等服务。以推动实施京津冀体育产业协会战略合作为重点，组织体育产业活动，举办体育展会、论坛和营销活动。设立体育投融资平台。设立河北省体育产业引导股权投资基金,以1∶3的资金比例,政府出资20亿元、撬动社会60亿元,进行总规模不低于80亿元的大型项目投资计划。建立京津冀体育创业创新孵化平台。一方面吸引国内一线成熟的孵化空间在河北落地生根,另一方面针对高校大学生和退役运动员等群体,给予资金和政策扶持,进行从无到有的创业孵化。

福建省体育产业协会由于成立时间不长,业务开展仍处于逐渐推进的状态。主要活动包括2019年下半年开始协办筹办厦门体博会;在2020年一届二次会员大会上,成立了体彩专业工作委员会,为涉及体育彩票领域的本省企业及个人提供专业服务与指导。

四川省体育产业联合会的组建目的清晰,主要是为了克服四川体育产业"散、弱、小"的发展现状,通过组建体育产业联合会的方式共享信息、人才、项目等资源,谋求更多发展机遇。因此致力于为会员单位提供优质、稳定的服务,如:打造数据与信息系统,完善会员单位的信息共享;做好调研工作,为会员单位解决现实所需;利用好体育局的政策引导,做好体育产业与省体育局的桥梁等。同时把握好行业准入规则,对于违背行业规则的单位坚决予以清退,保障联合会其他会员单位的平等发展的利益诉求。

(四)政社分离情况

广东省体育产业协会经历了从官办到民办、再回归到政府指导的模式,其管理机制的调整与变迁也从另一个角度说明了在协会发展过程中,政府与企业职能的边界划分,对企业需求的及时响应以及政府应当发挥的必要的引导性、指导性作用。

浙江省体育产业联合会仍然属于政府业务主管单位,在场地使用、财务、人事、决策等方面与政府部门联系密切。从联合会的活动开展也能看出,很多活动内容与政府部门的工作内容高度相关,两者互相支持、互为补充。然而,由于行政干预因素过多,在人事任用、会员民主管理以及内部规章制度建设等方面均存在一定缺陷。

河北省体育产业协会正在尝试政社分离改革,除了政策咨询和必要的业务指导以外,自主决策权和人事聘用权已经移交。同时,协会自行租赁单位办公场所,与业务主管单位分开办公,基本实现了机构分离。

福建省体育产业协会也采用的政府指导模式,与浙江体育产业联合会类似,实际负责人仍然由政府部门人员担任,当地体育行政部门对其负有政策和业务指导作用,协会的主要工作内容也与政府部门的工作计划紧密相关。

四川省体育产业联合会由企业牵头,实际控制权属于四川体育产业集团。四川体育产业集团是由四川省体育局发起组建的全国首家混合所有制省级体育产业集团,属于市场主体。办公场所由联合会独立租赁,市场化运作程度相对较高,因此,联合会也具有较大的决策自主权。

三、存在问题

在了解了样本协会的发展现状之后,通过数据挖掘和分层画像,对样本对象的组织管理、职能发挥、服务反馈等方面存在的短板与不足进行系统呈现,以全方位了解省级体育行业组织的运行机制、议题分布。

(一)治理模式差异较大

研究样本的五家省级体育产业协会代表了三种典型的治理模式:传统型、自治型和混合型。传统型是指以行业主管部门为依托,人事任用、组织机构依然沿用政府管理模式,如浙江体育产业联合会和福建体育产业协会就属于传统型。自治型则是由企业牵头的独立法人实行自治,如四川体育产业联合会,这种类型的协会基本可以实现组织管理模式的独立法人运作,政社分离较为明确,协会自主性较强。混合型是指处于政社分离过程中,部分职能已经独立的治理模式,河北体育产业协会就属于混合型。广东体育产业协会原属于自治型后又转为传统型。

(二)政策扶持普遍较弱

作为省级体育产业协会,组织的良好发展需要政府购买服务、税收优惠、人事保障等一系列的政策措施扶持,然而,研究表明针对体育产业协会的政策扶持普遍较弱:一是协会的政策实际落地效率不高。优惠政策和政社分离后的保障政策不够明确,导致协会人员存在后续经费缺乏、没有活动场所、承接服务减少等顾虑。二是对于协会作为社会组织整体参与政府购买服务的措施尚未完善。目前主要是会员单位个体自行参与政府购买的竞标。三是人才吸引和保障政策难以落实。省级体育产业协会需要面向全省的体育产业经营管理者服务,其业务内容具有综合性和专业性双重属性,要求工作人员既要具有体育领域的专业知识,了解体育,同时又要具有管理、协调等综合能力。但目前协会的人才结构普遍不合理,年龄梯队分层严重,高层次人才显著不足。

(三)法人治理存在不足

登记注册是社团成为独立承担民事责任主体的必要条件。调查样本的省级体育产业协会均已在民政部门登记注册。业务主管部门主要是各省体育局,并且由政府在职工作人员兼职会长、副会长以及秘书长的情况较为普遍,政社合署办公的情况也不少见,协会的行政依附性依然较强,官办色彩浓厚,其自主性和独立性以及组织功能发挥均受到一定程度的影响。调查中还发现,研究样本的五家省级体育产业协会的日常管理工作均主要由秘书长负责,不论是对内的组织协调还是对外的沟通联络,秘书长的职责都非常重大,直接影响了协会作用的发挥、活动的开展、组织形象的塑造和组织的社会影响力。此外,也有部分工作人员是从政府机构改革中分流到协会的,或者由退(离)休领导干部或其他人员担任负责人及工作人员,虽然在组织活动开展和办赛及培训等方面具有一定专业优势,但是因为人员老龄化问题普遍,后继乏人,也导致组织活力不足,创新性和灵活性受限。

在经费来源方面,会费是样本协会的第一选择,培训和咨询服务收费、政府购买服务以及社会捐赠、企业赞助均占比较低。五家样本协会均没有行政部门扶持资金或专项财政拨款。调查中发现,协会自行租赁办公场地的协会,其管理成本从高到低依次是场地物业费、工作人员薪资、办赛及活动费用;由政府或事业单位提供办公场地的协会,场地费用可忽略不计,经费支出比例最高的是工作人员的薪资,其次是赛事活动支出。可见,在协会普遍资金来源单一、经费紧张的情况下,除去必要的场地、人工开支,可用于赛事和活动举办的资金非常有限,从而制约了协会服务项目的开展数量、服务质量以及赛事活动的规模。

(四)内部自治有待完善

虽然研究样本的五家协会均采用了会员制和会员代表大会选举制,但选举结果的行政化倾向比较明显。在内部治理机构设置方面,五家协会均设有会员代表大会、理事会、秘书处,但不同程度存在监事会空缺或监事会虚设的情况。监事会的存在对于保障组织决议的合理性、财政收支的合法性、问题事件的及时处理和纠偏都发挥着不可或缺的作用。另外,作为省级体育产业协会,也有必要建立"重大事项报告制度",即凡是涉及重大活动或事件均应向业务主管部门登记备案。实际操作中，由于很多协会的负责人由政府官员兼任，实行人治代替了法治，这一制度常常被忽略。可见，组织管理的有效监督、信息披露制度的建立以及对于工作人员的职责履行约束均有待于进一步完善。

四、对策建议

2020年11月印发的《上海全球著名体育城市建设纲要》中提出，到2050年，上海全面建成全球著名体育城市，形成"一城一都四中心"发展格局。即建设人人运动、人人健康的活力之城，建设世界一流的国际体育赛事之都，打造辐射全球的体育资源配置中心，建设全球前沿的体育科技创新中心，建设国际知名的体育消费中心，建设更具全球影响的体育文化中心，六方面共同构成全球著名体育城市建设的内涵。在这一重大战略指引的背景下，上海市体育产业联合会的成立就被赋予了搭建一个开放多元平台、深化企业间合作交流、促进产业资源共享、构建跨板块跨业态间的互惠共荣等历史使命，对联合会的治理机制优化和可持续发展提出更高的要求。根据前述分析结果，提出对策建议如下。

（一）建立"小中心、大网络"的内部治理模式

治理结构是组织内不同层级之间的权力分配和授权情况，治理结构的合理与否直接影响协会组织的合法性、运行效率和组织成员的共识达成、责任一致。

建议联合会建立"小中心＋大网络"决策机制，即以会长、副会长和理事单位为"小中心"表决单元，全体会员单位构成"大网络"的决策管理体系。协会的重大决策通常由会员大会决议完成，紧急情况下由理事会单位决议，协会的日常决策则交由会长、副会长单位达成一致便可。保证每次决议的时间、内容、参会、表决情况均记录在案。会员大会可以每年一次或两年一次，理事会成员需要具有一定的行业代表性，兼顾中小企业的比例。此外，需要格外重视否决权的制度保障，保障会员参与决策的独立性和真实意见表达。

（二）完善"共商共议"的决策参与机制

产生组织凝聚力和内部协调行为最关键的要素是人或者说是参与者、参与组织。"共商共议"的决策参与机制，一方面能够培养会员单位的参与意识

和集体主义精神,另一方面可以鼓励成员关注协会公关事务,不仅能维护会员单位的利益,也是提高会员单位社会责任和社会伦理道德的有效途径。

建议联合会建立集体决策议事机制和非常规议事表达机制,鼓励会员单位积极参与决策,给予正向的意见反馈,使协会和会员单位对自身的组织定位均具有清晰的认知,避免将权力集中在少数管理者或大企业手中。协会需要主动联系企业会员代表,参考他们的观点作为决策依据,可以每两个月或每个季度由协会工作人员与会员定期联系走访。工作中遇到问题,也要积极征询会员意见。打通会员与协会之间非常规的决策讨论与沟通协商渠道,尤其是中小企业的发声渠道,建构会员对协会的日常信任和日常反馈通路,会员之间出现矛盾时,协会应积极介入座谈协商,增强会员归属感和组织内聚力。

(三) 搭建"伞状"的人才、知识、技术资源整合平台

信息的传递和分享是协会培育凝聚力的重要方式,不仅有利于加强会员单位之间的交流与互动,还有助于组织快速适应不断变化和充满不确定性的外部环境。

建议联合会搭建以行业核心企业为树状主体,其他中小型企业与核心企业之间按照产业链环节纵向串联,以日常沟通和定期座谈会等分享机制作为横向链条的"伞状"平台,增加会员间的知识分享和技术合作交流。一方面解决会员单位之间信息壁垒、资源短板的问题,另一方面增强协会对会员的人才、知识与技术支撑。

(四) 培育"竞合互通"的社会资本凝聚力

维护行业秩序和会员利益是协会进行资源配置优化、推动行业发展的根本宗旨。通过与组织内外利益伙伴之间的竞争合作、互通有无的关联机制,提高联合会在国内乃至国际上的体育文化话语权。联合会对政策制定的参与深度、政策对联合会的意见反馈都一定程度上反映了联合会的政策影响力和行业引领性。

建议联合会建立会员动态跟踪服务机制,作为联合会的日常工作之一,使联合会组织能够保持动态跟踪企业情况,一方面引导企业学习政策性文件,并在日后反馈政策落实情况。另一方面定期走访调研,及时了解会员单位的利益诉求,在产生矛盾和分歧时积极沟通协调。经常邀请会员单位参加政府共商会,讨论相关政策的出台,使会员的利益诉求在政策反馈中得到体现。在联

合会与政府之间建立长期稳定的合作及业务往来,为政府提供必要的行业咨询和市场建议。另外,条件允许的情况下可举办国际行业论坛或商务洽谈会,为会员单位拓展更广阔的社会资本。

五、对上海体育立法的启示

2022年6月24日修订通过的《中华人民共和国体育法》,为我国体育强国和健康中国建设提供了新的战略发展方向。参考其中第六章和第七章针对体育组织和体育产业的相关规定,上海市体育产业联合会未来可以被纳入市级体育产业发展规划的智囊团和专家智库,广泛征询和吸收会员单位意见。针对财政、税收、土地等优惠政策,发挥联合会的多部门协商作用,与相关政府部门共同出台指导意见,尤其针对一些非体育部门出台政策的监管,相应扶持政策会员单位不一定能享受到的情况。对于会员单位的创新发展或产业融合新业态培育,希望可以提供专项扶持和奖励资金。

参考文献

[1] 玛丽·切尔哈特.非营利组织管理[M].北京:社会科学文献出版社,2021.
[2] 佩内洛普·卡格尼.公益组织治理:来自全球的经验[M].上海:上海财经大学出版社,2021.
[3] 柳桂云.我国体育非营利组织治理机制研究[M].武汉:武汉理工大学出版社,2019.
[4] 孙发锋.当代中国社会组织治理研究[M].北京:中国社会科学出版社,2019.
[5] 杨涛.非营利组织公益链管理:社会服务机构伙伴关系[M].南京:南京大学出版社,2018.
[6] 朱士华.行业组织参与国家治理现代化研究[M].武汉:武汉大学出版社,2017.
[7] 张翼,等.社会组织与社会治理[M].北京:经济管理出版社,2016.
[8] 徐家良.行业协会组织治理[M].上海:上海交通大学出版社,2014.
[9] 张冉.现代行业协会组织能力[M].上海:上海财经大学出版社,2009.
[10] 丘海雄,陈健民.行业组织与社会资本——广东的历史与现状[M].北京:商务印书馆,2008.

体育安全管理体系的构建与评价研究

吴 莹 李 海 孙 晨 徐先瑞[*]

[摘　要]　安全管理对体育治理能力提出更高的要求,本课题从系统观出发,认为体育安全管理的目标是最佳的安全程度,其关键在于过程管理,在体育活动开展过程中尽可能做到"无人因失误、无设施器材故障、无环境危险、无管理漏洞"。首先研究了体育安全事故与安全管理现状,以事故预防理论、安全管理理论作为基础,开展了创新性研究。一是以《安全生产法》为依据,提出了体育安全管理体系的运行机制:体育安全风险防控和隐患排查双重预防机制、体育安全监管机制、体育安全应急救援管理机制。其中,监管机制全面融入另外两项中;二是在前述基础上,研究了其他行业广泛存在并被认可的安全管理国际标准、行业标准,提出了体育安全管理模式,将安全管理机制建立在体育活动的每一个资源要素、每一个环节和终末结果上;三是提出了安全管理体系的指标框架,共计6个一级指标、13个二级指标、33个三级指标,作为体育生产运营单位建立安全管理体系的参考。四是提出进行体育安全管理数据资源统一管理,将安全监管、应急、标准等进行一体化管理,从而实现以风险预防和隐患排查为核心的动态化的过程安全的建议。

[关键词]　体育安全管理;体育活动过程;安全管理体系

---

[*]　本文作者简介:吴莹,上海体育学院,副教授,博士研究生,研究方向:体育管理、系统工程;李海,上海体育学院,教授,博士研究生,研究方向:体育管理;孙晨,上海体育学院,副教授,硕士研究生,研究方向:体育数字化;徐先瑞,上海体育学院,副教授,博士研究生,研究方向:管理科学与工程。

安全管理对体育治理能力提出更高的要求,安全是一种不受威胁和避免危险的状态,是一种客体对人类可能的危害低于人类所能承受限度的状态,为达到这种状态,需要消除带来人员伤亡、危害、财物损失的危险源。从系统观出发,不可能彻底消除所有危险源,故而所谓安全,是不存在超过允许限度的危险的状态,系统安全的目标是最佳的安全程度。

生产是广义的概念,包括有形产品的制造,也包括提供无形产品的服务。生产运营体育用品和体育服务的主体有:各类体育企事业单位、组织和政府部门,这些主体是《中华人民共和国安全生产法》(简称《安全生产法》)[1]规定的"生产经营单位"的适用主体,理应遵循《安全生产法》开展安全生产工作[2]。

安全生产关系到企业的生存和发展,同时也影响着整个行业的发展。根据其他行业的安全管理经验,"一切事故都可以避免"[3],85%的事故与管理有着直接或间接的关系。2021年5月甘肃省白银市景泰县黄河石林百公里越野赛事故,政府联合调查组的调查报告称,是一起"赛事组织管理不规范、运营执行不专业,导致重大人员伤亡的公共安全责任事件"[4]。随后,整个行业被重新审视,当年的五六月份,原本是马拉松赛事集中举办的时段,公共安全事件发生后,国内大量的相关赛事紧急宣布取消或延期,各管理部门展开对域内各大赛事活动的全面安全排查。

安全管理在一个行业和企业的发展中有着重要的意义,是各项工作在激烈的市场竞争中稳步前进的基础,有效的安全管理能预防或减少事故发生。另外,安全是一种责任,一种对生命的责任、对体育活动所涉及的人员及其家庭幸福的责任,树立"安全第一、生命至上"的理念,是体育行业发展的根本保障和底线,有必要将安全管理应用到体育企业的运营管理中。

---

[1] 2021年9月1日,新修订的《中华人民共和国安全生产法》正式实施。
[2] 《安全生产法》第二条规定:"在中华人民共和国领域内从事生产经营活动的单位(以下统称生产经营单位)的安全生产,适用本法。"
[3] 该内容为杜邦公司十个安全基本理念之一。美国杜邦公司是以制造火药起家的,在公司200多年的历史上,旗下有30%的工厂连续超过十年没有发生过安全生产事故,为全球工业典范。
[4] 白银景泰"5·22"黄河石林百公里越野赛公共安全责任事件调查情况通报. 人民资讯[EB/OL]. (2021-06-11)[2022-11-12]. https://baijiahao.baidu.com/s?id=17022602744493467 32&wfr=spider&for=pc.

一、概念界定

（一）体育安全管理体系

体育安全，是指在全民健身、青少年和学校体育、竞技体育[①]等领域开展体育活动的过程中，使得其中的人和物能够处于安全的状态。体育安全管理，是指为了在体育活动过程中达到安全状态所需要进行的管理工作，需要实施的管理措施，需要建立的管理制度，需要用到的科技、教育、经济、行政、法律等手段。建立体育安全方针和目标并实现这些目标的体系，应当包括所有体育安全管理的工作、措施、制度、手段以及综合运用这些管理要素进行体育活动的组织并使之安全的过程。

基于以上出发点，本研究将体育安全管理体系定义为：在合理的组织结构下，通过对体育活动的过程进行安全监管，并且对安全结果考核和评价，检验是否达到了预期的体育安全目标，进而完善和优化；在体育安全管理的方针下，实现体育活动过程的人力资源、物质资源、技术资源的有机整合，促进体育活动安全水平的提升。

（二）体育活动内涵

对"体育活动"概念的理解是构建体育安全管理体系的基础。依据《体育法》的精神，体育活动包括体育赛事活动、训练活动、全民健身活动、校内外体育活动，相应的场馆场地和设施器材要保障体育活动的安全管理和运动伤害风险的防控。体育活动的核心之一是身体活动，虽然"体育"的概念在国内外学界仍存有争议，但"身体活动"是体育的自然属性，已得到专家学者们的高度认同，所以体育活动的安全管理，一定是"以人为本"，以人的安全为终末结果的。

二、体育安全管理现状

（一）体育安全事故

事故（accident）的定义：已经引起或可能引起伤害、疾病和（或）对财产、环

---

① 2023年1月1日起正式实施的《中华人民共和国体育法》的第二章至第四章将体育分为全民健身、青少年和学校体育、竞技体育。

境或第三方造成损害的一件或一系列事件①,事件(incident)是导致或可能导致事故的情况,事件的结果未产生疾病、伤害、损坏或其他损失的,称为"未遂事件(near-miss)"。

近年来体育行业发生的一系列安全事故,主要包括户外运动事故、运动健身事故、学校体育伤害事故等。

1. 户外运动事故

可以从探险协会和登山协会发布的两份报告的数据看出,随着生活水平提高,参与休闲运动的人数增加,事故率近年呈上升趋势。

中国探险协会发布的《2021年度中国户外探险事故报告》称,2021年有1.7亿人参与过户外探险活动,其中6000余万人参与到较专业的探险活动,并以每年10%的速度增长。据不完全统计,2021年共发生户外探险事故352起,涉及人员伤亡的事故有287起,受伤128人,死亡308人,失联19人。与2020年相比,事故总数增加187起,增长率为113%;伤亡事故数增加174起,增长率为154%;死亡人数增加227人,增长率为280%;失联人数增加11人,增长率为138%。2021年,死亡人数最多的事故是5月22日第四届白银景泰黄河石林百公里越野赛,170人参加,21人死亡,死亡率为12%。

与上年相比,野外游泳、登山、徒步穿越、滑雪的事故发生率明显上升,其中事故上升最显著的是大众参与度较高的野外游泳和登山两个项目。据中国登山协会不完全统计,2020年,我国共发生297起登山户外运动事故,其中登山和徒步穿越共计造成16人死亡,104人受伤。

2. 运动健身事故

运动健身事故主要为运动猝死、健身伤害事故等。"十三五"时期,经常参加体育锻炼者比例达到37.2%②,超过5.25亿人次③,我国现役运动员2.5万人④,非竞技运动员人数远大于竞技运动员人数,非运动员人群发生安全事故的概率更大,德国的一项研究显示,98%运动相关的猝死发生在非运动员人群,发生体育安全问题的绝对数以非运动员为主。此外,几乎每年都会有关于

---

① 中华人民共和国石油天然气行业标准(SY/T 6276—1997)。
② 国务院. 全民健身计划(2021—2025年)[EB/OL]. (2021-08-03)[2022-11-12]. http://www.gov.cn/zhengce/content/2021-08/03/content_5629218.htm.
③ 国家统计局,国务院第七次全国人口普查领导小组办公室. 第七次全国人口普查公报(第一号)——第七次全国人口普查工作基本情况[J]. 中国统计,2021(5).
④ 苟仲文. 新中国体育70年[EB/OL]. (2019-09-24)[2022-11-12]. https://www.sport.gov.cn/n10503/c927997/content.html.

马拉松选手中途猝死的报道。权威杂志《跑者世界》指出,数十年来大量相关研究的结论非常相似,马拉松参赛者的死亡率约为 0.68/10 万人,参考国内赛事报道,跑马参赛者的死亡率为 0.44~1.54/10 万人。健身伤害事故中,一般而言轻度的扭伤、拉伤、挫伤、擦伤、磕碰等看作正常的运动损伤,骨折、中暑、晕厥、休克、心源性脑源性疾病意外等给受伤者带来巨大损失的才是伤害事故。本课题组曾参与《中国健身行业数据报告》的调研,2019 年数据显示,俱乐部和工作室的平均会员训练受伤比例分别为 8.56% 和 12.76%,考虑沉默会员的存在,运动受伤的实际发生数量更多。

3. 学校体育伤害事故

研究报道,造成体育教学伤害事故的主要因素之一是运动场地器材设施,如器材断裂、场地光滑、设备严重陈旧等。据调查,此项因素引发的伤害事故占体育伤害事故的 29%,轻者造成皮外伤,重者骨折甚至死亡。

(二)体育安全管理现状

在全民健身背景下,在 5 亿人次以上经常参加体育锻炼的非竞技运动员的日常休闲体育活动中,体育安全事故时有发生,而体育安全管理的认知和水平仍停留在较低层次,与我国体育事业发展的趋势不相匹配。

课题组调研了体育安全事故的研究资料,并对部分体育场馆进行了实地调研和问卷调研,从中梳理归纳,体育安全管理的现状主要包括:

1. 安全观念和安全意识缺失

安全观念和安全意识较为缺失,使得安全责任落实不够,不能有效传达政府部门有关安全的指令,部分从业人员认为安全管理即应付检查。实际上,依据《安全生产法》规定的全员安全生产责任制,安全管理的工作是每位从业人员的法律责任,每个人都应该明确认识到自己岗位的安全管理事项和职责。

2. 安全管理责任不明确

从业人员素质有高有低,安全管理责任不够明确,没有牵头负责的人员,使得安全管理工作没有系统性的规划与计划,存在较多管理漏洞和安全隐患。

3. 安全管理规章制度缺失

安全管理的规章制度与标准缺失或者不完善,或有管理规定或者办法但缺失标准流程,使得安全管理执行不到位,从而经常无法可循、无章可依。如 2013 年,国家体育总局公布了第一批高危险性体育项目,包括游泳、滑雪、潜水和攀岩四项,在这一名单之外,还有很多国家标准与行业标准的空白。行业标准的缺失,使得体育监管和执法只能更多依循国家通用规定。再以白银景泰"5·22"事件为例,国内越野赛事并没有统一的行业标准,专业的体育赛事一般会有标准,在执行过程当中也非常严格,但在群众性赛事方面,为降低成本,赛事运营方经常简化标准、降低安全门槛。同时,技术标准和赛事规范的缺失,也使事中事后监管缺少抓手和依据。制定规范性、基础性的行业标准,是目前业内的共识。

4. 安全预算投入不足

必要的安全投入是安全管理的基础,然而现实中在预算不足的情况下,往往第一个被省下的预算是安全预算。有些运营单位虽然配备了兼职的安全管理人员,但常常是从其他岗位临时调用,缺乏安全管理工作经验。

5. 业务水平不高

业务水平有待提高,在体育安全管理方面,还未能充分有效地利用信息技术开展管理工作。

三、体育安全管理的理论基础

(一)事故预防理论

为达到最佳的安全程度,切实保障体育活动过程中的人身安全,事故的预防及控制是体育安全管理的核心工作。

事故属于意外事件,事故预防理论就是在千变万化的事故中找到共性,将感性认识与经验抽象出来的理论,研究事故发生的原因以及如何防止事故,避免不断在形式各异的事故后面被动"奔跑"。事故预防理论最早起源于工业生产管理,从1919年至今已有100多年的研究历史,随着技术的发展,生产制造流程、工艺愈发复杂,研究不断深入,一些事故预防理论成为经典,并且仍然发挥作用。

事故因果连锁理论是事故预防理论的经典之一。1931年,海因里希(W. H. Heinrich)把工业伤害事故的发生、发展过程描述为具有一定因果关系的事件的连锁,认为事故的发生并不是一个孤立的事件。海因里希在对5 000多件伤害事故进行调研后,得到一个结论:严重伤害、轻微伤害和无伤害的事故件数的比例为1∶29∶300。也就意味着,伤害事故发生之前,已经存在了数百次未遂事故。随后博德(Frank Bird)、亚当斯(Edward Adams)、北川彻三等学者均对此理论进行了丰富和扩展。

除了事故因果连锁理论之外，还有事故频发倾向理论、能量意外释放理论、轨迹交叉理论、系统安全理论等研究，这些事故预防理论研究帮助我们理解事故发生的规律，指导我们进行系统性的分析，从而为评估风险并进行安全决策奠定了基础。

现有安全管理的研究多集中于建筑、煤矿、石油、化工、航空等行业，在这些行业里已有多年安全管理研究的经验，虽然某一行业的理论主要用于指导该行业的事故预防，但这些研究，可以帮助我们理解事故发生机理，能够系统化和科学化地设计体育安全管理体系。

（二）安全管理、风险预防与隐患排查、应急管理

安全管理，从广义来说即为事故预防，从狭义上讲即为安全行为控制，其本质是避免事故的发生，起到事故预防作用。

风险与隐患都有发生事故的可能性，但是风险与隐患有三点不同：一是内涵不同。风险是指危险发生的一种可能性，是先天绝对性的一种客观存在。只要进行生产经营活动，就会有风险，未必是错误带来的结果。隐患是后天形成的，是指引发事故的人、机、法、料、环等方面的管理缺陷，一定是由错误引起的，必须消除。二是管理时机不同。风险防控，是指在风险未发生之前，提前辨识并采取相应措施进行有效防控，有利于防止或减少隐患，风险防控不好，会转化为隐患。隐患排查是指对曾经出现过的隐患开展排查工作，并不是预防隐患的产生，能够使得风险受控。三是管理周期与频率不同。风险辨识与评估是安排在固定周期或者生产经营系统发生变化的特定条件下开展的专项工作，应当由政府或者行业出台相关标准，由企业管理部门对标实施。而隐患排查是日常性工作，涉及企业的每一个岗位的人员，进行所有岗位的隐患排查并采取措施予以消除。

但风险和隐患又具有同一性，是事故的两个方面，都是对事故进行事前控制的方法，都是辨识和管理事故危害因素。做好风险防控可以有效减少事故隐患，通过隐患排查能够找到风险防控过程中的失效环节，两者共同构建预防事故发生的保护屏障。

应急管理是根据突发事件的危害程度、控制事态发展的能力及其影响范围的大小，进行的响应管理与处置，是安全管理的最后屏障，是事后环节，主要指管理主体对突发事件的预防与应急准备、应急处置与救援、事后恢复与重建

这一系列措施中的应对管理。

安全管理应以预防为主,通过风险预防与隐患排查的双重预防,能够推动安全生产关口前移,管理工作也将更多地从事后应急转向为事前预防,变被动管理为主动管理。

（三）体育法相关法条

我国正处在体育事业发展的快速时期,在全民健身、青少年和学校体育、竞技体育等领域的实践中存在诸多体育安全事故,新修订的《体育法》从原则、制度、管理责任、监管责任、防控、义务等角度给予了体育安全相关法条,彰显了法律对于国家体育事业发展的时代关怀,同时也是本研究的基础依据。

四、体育安全管理体系构建概述

（一）逻辑架构

体育安全管理首先是管理活动,管理活动包括决策、计划、组织和控制四个阶段。在这个领域可以运用管理学科的原理、方法和工具,对不安全因素进行调查研究和分析,并从管理、组织和技术方法等方面实施措施,消解不安全因素,预防事故的发生,确保安全生产。本研究以《安全生产法》为依据,结合体育行业自身特点,提出体育安全管理体系的运行机制由三个部分组成：体育安全风险防控和隐患排查机制、体育安全监管机制、体育安全应急救援管理机制（图1）,其中,监管机制是全面融入风险防控和隐患排查机制以及应急救援机制中的。

（二）理论体系

1. 体育安全管理机制的运行载体

体育活动是体育安全管理的对象,由如下三个要素组成：开展体育活动的人（简称体育人）、开展体育活动的环境和条件、体育活动的听众与观众（简称观赏者）。

任何一种体育活动从开始到结束,都是利用一定的资源和管理过程,使得体育人和观赏者在一定的环境和条件下完成体育活动的过程。这一过程是体

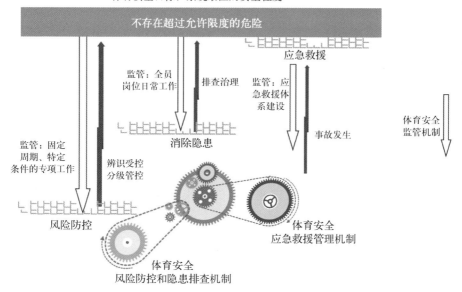

图1 体育安全管理逻辑架构

育安全的载体,是体育安全的形成过程,按照"结构—过程—结果"划分为"要素安全—环节安全—终末安全"三个子过程:要素安全是由符合安全要求、满足体育活动需求的各要素(如所有在场人员、技术、物资、设施、设备、器械、场地、时间等)构成,也称为基础安全;环节安全指体育活动过程的安全,包括事前、事中与事后三个阶段,是体育活动全过程的安全,又称为过程安全;终末安全是体育人和观赏者在体育活动中的人身安全(图2)。

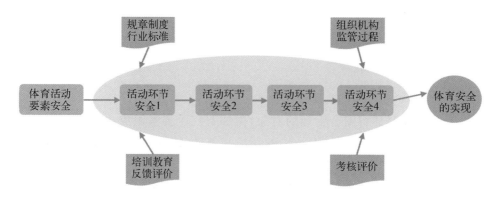

图2 体育安全形成过程模型

体育安全三个子过程是密切联系、互相制约的。要素安全是保证体育活动正常运行的物质基础和前提条件，贯穿于整个安全的始末；环节安全是体育安全中最为关键的部分，决定着终末安全的好坏；终末安全是基础安全和环节安全的综合结果，并且对基础安全和环节安全起到反馈作用。

体育安全管理的风险防控和隐患排查机制、安全监管机制和应急救援机制均以"要素安全—环节安全—终末安全"三个子过程为管理对象和运行载体。

2. 融入监管的风险预防和隐患排查机制

风险是指不确定性对目标的影响①。体育安全风险是指在开展体育活动的过程中客观存在的、可能会引发体育安全事故或险情的环境条件，可能造成伤害、伤亡、损失、环境污染以及社会负面影响；体育活动安全隐患是指开展体育活动的生产经营单位，存在违反安全生产法律法规、标准、制度、规程的管理缺陷，或在体育活动过程中存在可能导致体育事故发生的物的不安全状态、人的不安全行为的因素以及管理缺陷。

体育风险防控和隐患排查机制用于对可能引发的体育安全事故进行控制或抑制，主要内容包括两部分：一是风险辨识、风险评估、风险分级和管控，二是实行隐患排查，对隐患进行分级、评估并治理。

（1）将双重预防机制和监管工作对接。体育部门依法履职开展监管工作的建议均可以作为体育安全风险源、依法履职查处的问题均可以作为体育安全隐患。

（2）将体育安全风险分级管理。对于其中的重大风险，应建立如下机制：

第一，重大风险的研判机制。主要内容有研判风险源并进行分析，给出研判结果，形成重大风险清单，如体育场馆重大安全风险清单、户外运动重大风险清单等。

第二，重大风险评估机制。能够对辨识出的重大风险进行分析评定，制定针对性防范措施，明确责任主体和监管主体，把风险限制在可防、可控范围内。在这一过程中，可以展开讨论、调研、论证、访谈，采集信息，识别风险，并评估分级。

第三，重大风险防控协同机制。重大风险的防控往往涉及多个部门，体育管理部门在履行法定职责、采取管控措施的基础上，还应当协调地方政府相关

---

① 《风险管理术语》(GB/T 23694—2013/ISO Guide 73，2009)。

部门一起进行综合治理,可以将重大风险纳入同级地方政府的风险防范工作内容。

第四,重大风险防控责任机制。《安全生产法》明确规定了生产经营单位的主要负责人是安全生产第一责任人,管行业必须管安全,管业务必须管安全,管生产经营必须管安全,强化和落实生产经营单位主体责任与政府监管责任,建立生产经营单位负责、职工参与、政府监管、行业自律和社会监督的机制。所以在重大风险防控中,建议根据法律法规落实各方职责:一是落实主体责任。在《安全生产法》中,主体责任有七条,体育管理部门可以通过通知、商谈、检查等方式,督促落实主体责任。二是落实安全监管责任。可以成立安全工作委员会,制定安全生产工作任务与责任清单,履行安全监管责任。同时,还可以借助重大风险基础信息清单、任务分工清单、措施清单、监控清单和应急处置清单等,强化对关键区域、关键时期、关键工作和关键环节的体育安全监管。三是落实监督考核与激励措施。对重大风险管控措施执行不力的,在考核中予以体现。对因重大导致严重后果的,依法依规追究风险防控责任。也可与其他考核评优挂钩。

(3)体育安全隐患分级管理。对于重大隐患,如可能导致无法开展体育活动的隐患,或者存在重大的管理隐患,并且在短期内很难整改的,可以采取活动取消、停产停业等措施进行隐患治理。

(4)方法方面。对于风险源辨识与分级管控,可以通过询问、交谈、查阅记录、现场观察、获取外部信息(文献资料、专家咨询、监管工作记录)、标杆类比获取有关风险源信息。对于隐患的排查,应当做到有属地、有职责、有标准、有检查、有记录、有确认、有整改、有考核。定期进行安全风险与隐患监管工作报告,每年至少开展一次安全风险排查评估工作,形成重大风险清单,实现重大风险新增、措施优化和退出的动态调整。

应用信息技术,建立相关的系统平台。按照规定将风险源和隐患录入相应的系统,可以有针对性地进行督促整改、宣贯培训、公示管理、绩效考核等,实现闭环治理,有利于体育部门将更多的精力和措施放在重大风险防控上,减少对正常工作的影响,促进风险防控和隐患排查的可持续推进。

3. 融入监管的应急救援管理机制

在风险防控和隐患排查工作基础上,对重大风险和隐患就有了辨识、监控和预警,进而能够制定有针对性的、可操作性较强的应急预案,能够进行有效的响应和联动。

应急救援管理体系包括建立组织结构、预案管理(编制、审批)、应急培训演练、应急物资保障、应急响应(工作程序和记录)等,主要包括应急准备、应急响应与恢复。应急准备包括:根据应急预案要求,进行应急人员队伍、资金、技术、装备、场地等资源的准备。应急响应可以分为主动响应和被动响应,主动响应即根据安全监控的临界值发出预警和响应,被动响应即在事故发生以后迅速响应,开展响应的应急救援处置工作。恢复是指经过救援处置,使秩序和状态恢复到可以接受的程度。

4. 广泛认可的安全管理体系

(1) 国际广泛认可的安全管理体系。国际上得到广泛认可的安全管理体系有 ISRS、HSE、OHSMS 等。

ISRS(International Safety Rating System)即国际安全评级系统,其基于"损失控制理论",主要内容如图 3 所示,ISRS 被世界 500 强企业广泛认可。

1. 领导和行政	11. 个人防护设备
2. 领导培训	12. 健康与卫生控制
3. 定期检查和维护	13. 系统评估
4. 关键任务分析和程序	14. 工艺与变更管理
5. 事故/事件调查	15. 个人沟通
6. 任务观察	16. 小组沟通
7. 应急准备	17. 一般宣传
8. 制度和工作许可	18. 聘用与配工
9. 事故/事件分析	19. 材料与服务管理
10. 知识和技能培训	20. 职外安全

图 3　国际安全评级系统 ISRS 的主要内容

HSE 是石油化工企业常用的安全管理体系,是健康(Health)、安全(Safety)和环境(Environment)的简称,是运营单位为进行健康、安全与环境综合治理而建立的一套管理体系,主要内容包括组织结构、职责、方法、程序、过程和资源等。

OHSMS(Occupational Health and Safety Management Systems)即职业健康安全管理体系,与 ISO9000 和 ISO14000 等标准体系一起,是国际通用认

可的安全生产管理模式,核心内容包括方针、计划、实施、改进、审核五个模块和持续改进循环,主要用于厂矿企业。

(2) 国内广泛认可的安全管理体系和规范。我国在一些高危行业也有广泛应用的安全管理体系,如《职业健康安全管理体系要求》(GB/T 28001—2011),多用安全检查表法进行安全管理评价,但该方法往往应用于现场安全的管理;2016年年底国家质量监督检验检疫总局、中国国家标准化管理委员会发布的《企业安全生产标准化基本规范》(GB/T 33000—2016)。这些规范和标准可以作为体育安全管理体系建设的参考。

五、体育安全管理体系的构建与评价

(一) 发展与类型

1. 发展演化的阶段

体育安全管理体系从无到有再到成熟,必然会经历一个长期发展演化的过程,在这个过程中,行业对于体育安全管理的适应也会经历"强制—自律—自觉"三个发展阶段。

(1) 第一阶段,从责任心到责任制,通过经验和制度约束,侧重于安全强化,体系目标为:要求的要做到,这一阶段的体育安全管理工作应以加强监管为主,并在此过程中逐渐形成行业标准与规范体系。

(2) 第二阶段,推行标准,发展演化为制度约束和标准规范,侧重于监督执行,体系目标为:做到的要有效,这一阶段的体育安全管理工作应以对标为主,并在此过程中培养全行业全员的安全自律意识。

(3) 第三阶段,在完善的制度和标准体系上形成体育安全文化,侧重于文化与价值,体系目标为:共同遵守持续改进,这一阶段的体育安全管理工作以建立安全文化与价值观为主。

2. 安全管理体系类型

被广泛接受的安全管理体系由于注重普适性,或者面对某一行业,无法直接应用于体育安全管理实践,需要结合体育安全理念和监督检查实际,建立适合体育行业的安全管理与评价模型。管理的侧重点不同,评价模型的形式就有所不同,在进行安全管理体系的构建和评价之前,应当明确体育安全管理及其评价的侧重点和需求。一般而言,对安全管理体系的需求有三种:

（1）对标认证型。需要按照相关体系标准的要素要求编制管理文件，强调管理职责、管理行动与体系文件的符合性，通过体系管理文件的编制，推动安全管理工作的标准化，一般由第三方单位评审。

（2）审核评估型。核查体系文件是否符合审核要求，不符合要求时需组织整改，一般由上级单位组织专家团队开展评审。

（3）水平提升型。对为实现安全管理战略所采取的行动进行效果评价，不局限于符合性评价，评价要素更关注实际管理情况。

（二）水平提升型安全管理体系

1. 一般要求

（1）原则。《安全生产法》给出的安全生产方针为"安全第一、预防为主、综合治理"，明确要求"管行业必须管安全、管业务必须管安全、管生产经营必须管安全"。生产经营单位的主要负责人是本单位安全生产第一责任人，建立生产经营单位负责、职工参与、政府监管、行业自律和社会监督的机制。安全生产是每一个岗位上全体人员共同的责任[①]。

（2）建立和保持。按照体育安全管理体系的建议框架，以"策划（Plan）—实施（Do）—检查（Check）—改进（Action）"的动态循环模式（PDCA）为基础，结合运营单位的自身业务类型和项目特点，自主建立安全管理体系并维护安全生产标准化管理体系。通过自我检查、自我纠正和自我完善，构建安全生产的长效机制，持续提升安全管理水平。应当定期或不定期地开展安全生产标准化管理体系的运行情况的评估和评审以确保持续改进。

2. 体育安全管理模式

本研究构建的是水平提升型安全管理体系和评价模型，需要融入安全和质量的管理理念，与监督、检查、监管紧密结合，以期为体育组织的安全管理水平的评价提供统一标准，同时缩短评价周期，推进安全管理水平持续提升。

在研究了其他行业的国际企业、高危企业的安全管理体系基础上，依据国家标准《企业安全生产标准化基本规范》（GB/T 33000—2016）以及《安全生产法》，结合体育活动过程特征，提出体育行业的体育安全管理模式（图4），在衡量评价的基础上进行管理，促进行业安全管理水平的提升。

---

① 《安全生产法》第二十二条规定："生产经营单位的全员安全生产责任制应当明确各岗位的责任人员、责任范围和考核标准等内容。"

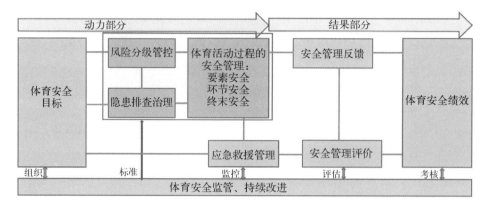

图 4 以体育活动过程管理为基础的体育安全管理模式

(1) 动力部分:

第一,体育安全目标。生产经营单位应根据自身的业务类型,制定总体安全目标和防疫等公共卫生目标,并在运营目标中有所体现,与运营目标一样进行分解、实施、检查和考核,将目标按照各级职能分级为指标,确保落实。安全目标以安全事故控制为主,需根据自身业务类型以及体育活动的过程,设定体育安全目标,可以从伤亡事故率、疾病率、运动损伤率、财物损失金额、治安事件等方面设定具体控制目标值。

自身业务类型包括场馆、户外、赛事、训练、活动、教学、运动项目特殊需求(高危项目)等;体育活动要素包括人员、技术、设施、设备、器械、场地、工具、物料、运动项目特殊需求等(按照人—机—料—法—环展开);体育活动环节包括事前、事中、事后;体育活动终末包括对所有在场人员的人身安全风险划分类别进行相应管理。

第二,风险与隐患分级。建立体育活动的风险和隐患等级标准,结合自身业务类型以及体育活动过程,辨识体育活动风险和隐患并分级管理。这里在未来应逐步建立相应的分类标准,如场馆活动、竞赛活动、学校体育活动、日常训练活动、健身活动、特殊运动项目活动等,同时针对每一业务类型根据规模划分等级,通过对体育活动进行分级分类,建立相应风险及隐患的分级分类参考清单和辨识管理标准。一般体育活动中的主要风险和隐患有如下几个方面:一是疾病损伤,包括突发疾病类(如心源性猝死、运动性猝死、癫痫等)、运动损伤类(如挫伤、擦伤、肌肉拉伤、关节韧带拉伤、肌肉痉挛、骨折、脑震荡、腹痛等);二是治安事件,包括个人行为、群体治安事件;三是意外事故,包括踩踏伤亡、爆炸、火灾、洪涝、天气(冰雪、暴雨、雷电、大风)、中毒、溺水、疫情;四是活动环境,包括场地、路线、设施、环境、器材、工具、其他物料、公共卫生等;五是经营环境,包括政治政策、舆情、资金、意识形态等。

第三,体育活动过程的安全管理。对于体育活动过程的安全管理,未来也应逐步建立体育活动分级分类的安全管理标准、技术标准和工作流程标准。应结合自身业务类型定制相应的安全管理清单与标准,如大型群众性活动①过程的安全管理内容有如下几个方面:一是体育活动要素安全管理,包括人(安全工作人员的数量、任务分配和识别标识,人、车管理,人员许可与资质管理)、机(设备设施、器械工具的维护保养与检查,如监控设备、安检设备、广播对讲、应急照明系统、临时搭建物等,确保安全可靠可用)、料(体育活动物料、安全管理物料,如安全用具、指引标识、消防器材标识等安全告知和警示、应急物料,确保安全可靠可用)、法(确保技术方法、技术标准满足要求)、环(活动场所消防安全措施、活动场所可容纳的人员数量以及活动预计参加人数、功能区域设定及其标识、场地安全、各功能区域安全管理、交通疏导措施、确保场所安全等)。二是体育活动环节安全管理,包括事前(如场馆、安保、运动器械供应等合作方的安全责任管理,制定各部门、岗位、场所、设备设施的风险隐患排查治理标准或清单,明确隐患排查的时限、范围、内容、频次和要求,组织开展相应的安全培训、应急演练等)、事中(报告与调查,调整偏差)、事后(跟踪处理,统计分析,提升与改进)等环节的安全管理。三是体育活动终末安全管理,包括运动员、裁判员、志愿者、工作人员、安保人员、保洁服务人员等所有在场人员的管理(如入场人员的票证查验和安全检查措施;现场秩序维护、人员疏导措施等,确保所有在场人员的人身安全)。

第四,应急救援管理。应急救援管理体系由应急预案与应急处置两部分组成。根据国家标准《生产经营单位生产安全事故应急预案编制导则》(GB/T 29639—2013),应急预案管理的工作内容主要包括:成立应急预案编制工作组、资料收集、风险辨识评估、应急能力评估、编制应急预案和应急预案评审等步骤。在开展风险分级管控和隐患排查治理的基础上,根据本单位的生产规模、风险隐患的性质以及可能发生的事故类型确定应急预案体系,并可根据业务类型等实际情况,确定是否编制专项的应急预案。

应急处置,包括应急响应、先期处置、事故上报(补报、续报)、研判事故危

---

① 国务院第505号文《大型群众性活动安全管理条例》中明确,将面向社会公众举办的每场次预计参加人数达到1 000人以上的活动定义为大型群众性活动,需要活动承办方向公安机关申请安全许可,即需要体育赛事承办方向公安机关主动提交赛事活动安全工作方案。

害及趋势、请求救援、建立事故档案和管理台账,并将承包商、供应商等相关方内部发生的事故纳入本企业安全事故管理。

（2）结果部分：

包括安全管理反馈、评价和绩效评定,用于持续改进和提升。应定期评估安全管理的法律法规、标准规范、规章制度、操作规程的适用性、有效性和执行情况。根据评估结果、安全检查情况、自评结果、评审情况、事故情况等,及时修订安全生产和公共卫生规章制度及操作规程。客观分析自身安全管理体系的运行质量,定期向有关部门报告安全生产情况,并向社会公示,及时调整完善相关制度文件和过程管控,持续改进,不断提高安全生产绩效。

（三）指标框架

体育安全管理体系是一个复杂的系统,由多个模块、多个层级组成。以公开资料及实践中被广泛认可的安全管理体系为指标原始来源,然后进行指标的整合与调整,不同的安全管理标准、安全管理对象、应用的行业与场景,对于同样的安全问题所做出的定义不同,需要修改补充,以适用于体育活动安全管理体系,建立的指标体系有较高的认同率和覆盖率。

指标框架总体按照安全管理的流程,从纵向上分为体育安全组织规划、体育活动要素的安全管理、体育活动环节安全管理、体育活动终末安全、应急救援管理、安全管理评价六个模块,在每个模块中依据计划、组织、实施流程的思路横向展开每个模块层次,以流程的形式表述,便于建立组织标准、技术标准与流程标准,实现标准规范与实践的有效对接。

通过纵向和横向结构进行有机结合完成指标体系框架的搭建,共有 6 个一级指标、13 个二级指标、33 个三级指标(表 1)。尽可能将多体系多标准的指标进行融合,通过 PDCA 理念的贯穿,强化过程管控,以及安全生产的规范化、标准化。

表 1　体育安全管理体系指标框架

一级指标	二级指标	三级指标	指　标　说　明
体育安全组织规划	安全引导	安全目标	使命目标,对员工、消费者和社会的责任
		安全氛围	传递安全文化信息功能的物质载体和展现,如展板、标语、标识、用品、主题活动等

续　表

一级指标	二级指标	三级指标	指　标　说　明
体育安全组织规划	组织结构	主要负责人	《安全生产法》第二十五条规定的七条职责①
		安全管理岗位设置②	保证安全管理体系的执行，推动安全工作的规范性和系统性
		安全职责划分	全员参与③，明确各岗位的安全责任，具有合理的协调机制
	安全管理计划	安全计划	有明确的安全工作管理计划
		计划控制	体现组织对既定计划的落实水平和控制能力，形成任务清单
		风险预防和隐患排查	对风险和隐患进行分级，可分为重大和一般两个等级： （1）对于重大风险预防和隐患排查，需要建立管理机制：辨识、研判、评估、协同、责任机制等。通过讨论、调研、论证、访谈等方式听取意见，采集信息，信息共享、联手共防 （2）形成风险和隐患的基础信息清单、责任分工清单、防控排查措施清单、监测监控清单以及处置整改清单

---

① 《安全生产法》第二十五条规定："生产经营单位的安全生产管理机构以及安全生产管理人员履行下列职责：（一）组织或者参与拟订本单位安全生产规章制度、操作规程和生产安全事故应急救援预案；（二）组织或者参与本单位安全生产教育和培训，如实记录安全生产教育和培训情况；（三）组织开展危险源辨识和评估，督促落实本单位重大危险源的安全管理措施；（四）组织或者参与本单位应急救援演练；（五）检查本单位的安全生产状况，及时排查生产安全事故隐患，提出改进安全生产管理的建议；（六）制止和纠正违章指挥、强令冒险作业、违反操作规程的行为；（七）督促落实本单位安全生产整改措施。生产经营单位可以设置专职安全生产分管负责人，协助本单位主要负责人履行安全生产管理职责。"
② 《安全生产法》第二十四条规定："前款规定以外的其他生产经营单位，从业人员超过一百人的，应设置安全生产管理机构或者配备专职安全生产管理人员；从业人员在一百人以下的，应配备专职或者兼职的安全生产管理人员。"
③ 《安全生产法》第一百零七条规定："生产经营单位的从业人员不落实岗位安全责任，不服从管理，违反安全生产规章制度或者操作规程的，由生产经营单位给予批评教育，依照有关规章制度给予处分；构成犯罪的，依照刑法有关规定追究刑事责任。"

续　表

一级指标	二级指标	三级指标	指 标 说 明
体育安全组织规划	安全管理计划	风险预防和隐患排查	(3) 绩效考核,对于重大风险和重大隐患的管控措施落实与年度考核、评先评优挂钩,导致严重后果的,进行追责。注重宣贯培训、公示管理 (4) 制定部门、岗位、场所、设备设施的风险隐患排查治理标准或清单,明确隐患排查的时限、范围、内容、频次和要求
体育活动要素的安全管理	设备设施器械用具、物料管理	设备设施器械用具管理	(1) 保障体育设备设施的维护保养与检查,临时搭建物安全管理,确定安全可靠 (2) 保障其他设备,例如监控、安检、广播对讲、应急照明、医疗设备等设备的维护保养与检查,确定安全可靠 (3) 将各类设施设备的供应商纳入安全管理,明确承包、供应的安全管理责任,确保安全可控
		物料管理	(1) 体育活动所需物料管理 (2) 安全物料管理,例如各类标识、告知、警示牌、路锥、警示带等,再如消防器材、医疗物资等物料的管理,视业务类型与体育活动规模不一而足 (3) 物料使用流程管理
	活动场所安全管理	场所功能区域管理	(1) 功能区域布局、动线设计与管理、场所功能区设定及其标识管理 (2) 活动场所可容纳人员数量、活动预计参加人数 (3) 场所内外疏导措施 (4) 消防、防雷、防风、防雨、防冻等措施
	人员管理	工作证件管理	(1) 证件分类:有效期、使用区域、人证、车证、资格资质证件 (2) 证件技术管理:芯片、二维码、照片、人脸识别、标识、副券、实名制等 (3) 人员分类管理:参与人员有运动员、裁判员、赞助商、嘉宾、媒体等;工作人员有业务人员、工程技术人员、体育活动志愿者、安保人员、保洁人员等服务人员、医疗急救人员、临时聘用人员等 (4) 证件管理流程:发证、查验、回收、注销、补发,防止错发、信息泄露

续　表

一级指标	二级指标	三级指标	指　标　说　明
体育活动要素的安全管理	人员管理	工作安全管理	包括工作许可管理与行为规范管理,为安全性要求较高的关键性任务提供更加严格的控制程序以及有效的防护用品
		工作人员任务管理	(1) 工作人员数量管理、任务分配、识别标识以及职责权限划分 (2) 变更管理,工作内容变化,规避交接不当而带来隐患和风险 (3) 外服人员管理
		安全培训管理	(1) 确保组织所有人员的安全意识满足工作要求,并不断提升 (2) 进行日常安全培训与专项安全培训
体育活动环节安全管理	事前阶段	沟通与交流	为组织内各种安全管理信息提供畅通的沟通渠道,建立规范化沟通机制 建立会议制度、发布制度、公示制度,规范各类要求
		激励方式	通过恰当的激励方式强化安全信息沟通效果,包括表扬、惩罚和关怀措施等,传达安全管理意图
		合规保障	满足法律法规、标准规范、行政规定等各种外部规定的安全要求,建立组织与外部的联系接口
		文件管理	规章制度方面,通过内部制度的规范控制,确保安全管理体系切实有效,并使得安全管理过程具有可追溯性 技术文档方面,实施技术文档控制措施,保证技术支持和实施的规范性
		安全检查	(1) 按照风险预防和隐患排查工作要求,利用清单法进行常态化安全检查 (2) 全员安全职责与安全工作标准明确,能够进行自查 (3) 开展多种形式检查:定时巡查、检查确认、专项检查、定期抽查等

续　表

一级指标	二级指标	三级指标	指　标　说　明
体育活动环节安全管理	事中阶段	报告调查	规范、及时报告各类非正常事件,发现固有缺陷,及时调整系统运行偏差
	事后阶段	跟踪处理	跟踪非正常事件处理,查缺补漏,避免问题再现
		统计分析	进行总结,判断现状,预测趋势,以便提升与改进
体育环节终末安全	人身安全	秩序维护	体育活动中现场秩序维护、疏导措施
		行为管理	工作人员沟通礼仪规范管理、观众行为正确引导,避免治安事件发生 注重意识形态安全,营造积极向上氛围,呈现良好精神面貌
应急救援管理	应急预案	组织计划	(1) 应急准备,从组织、制度、人员能力、人员数量、物质等方面满足应急需求 (2) 应急计划,成立预案编制组,进行资料收集,制定有序可行的预案,并进行预案评审
		应急演练	适当的模拟演练,以验证应急计划的可能性与应急能力的充分性
	应急处置	应急响应	(1) 应急准备,根据应急预案要求,进行应急人员队伍、资金、技术、装备、场地等的资源准备,根据处置方案编制重点岗位、人员应急处置卡 (2) 主动响应和被动响应,主动响应即根据安全监控的临界值发出预警和响应,被动响应即在事故发生以后迅速响应,开展响应的应急救援处置工作 (3) 恢复,经过救援处置,使秩序和状态恢复到可以接受的程度
		上报事故	上报规定、上报程序、上报内容,在事故处理过程中进行续报、补报
		事故处理	(1) 在上报的同时进行先期处置,如报警、阻断隔离事故源、撤离等 (2) 研判危害,现场维护秩序,疏散处理,人员物资转移,请求救援等

续 表

一级指标	二级指标	三级指标	指 标 说 明
应急救援管理	应急处置	事故文件	事故档案、管理台账,将相关方内部安全事故纳入本组织安全管理
安全管理评价	绩效评估	定期评估	建立评估指标和准则,评价安全管理体系的运行状况和管理水平,反映体系的运行质量和有效性,如管理人员配备率、安全检查率、从业人员培训完成率、演练次数、特殊作业持证上岗率、承包商供应商检查合格率、事故率、关键点位监测整改率、是否有外部投诉等
		评估应用	向社会公示,及时调整完善,持续改进

六、对策建议

体育活动,无论是竞赛、训练还是活动,都是与外界通过人员、资金、设施器材、场地、信息等资源要素的流动,所形成的多种输入与输出的动态运行的系统,是一个开放系统,对这样一个开放系统进行安全管理的系统,是由管理信息、制度、方法等部分组成的。

（一）安全管理渗透在日常工作中,并非管理工作的一个独立分支

安全管理体系的中心任务是对整体系统的安全状况进行管理和控制,预防事故的发生。组织的结构、所有业务流程、规章制度及其履行实施,均是安全管理功能实现的载体和功能的表现。通过安全管理的业务流程和资源要素的流动,为职能部门间提供联系,为日常管理中的信息、职责、任务等提供整体动态的运行方式,并与组织结构、安全责任落实、安全制度实施等紧密联系,脱离日常工作是无法做好安全管理的,因此《安全生产法》规定生产经营单位的从业人员有责任和义务落实岗位安全责任,规定"管行业必须管安全、管业务必须管安全、管生产经营必须管安全"。

（二）以风险预防隐患排查为核心，注重动态化的过程管理

事故致因理论为安全管理提供了直接的指导思想，通过体育活动过程的管理以及风险预防分级管控和隐患排查治理双重机制，全员参与，对体育活动的"要素—环节—终末"过程，进行人、机、料、法、环的管理和动态监控，尽量达到体育活动过程中"无人因失误、无设施故障、无环境危险、无管理漏洞"。

（三）开展标准化建设工作，建立体育安全管理一体化数据中心

建议建立风险源、隐患数据的上报渠道以及数据共享和交换机制，保障国家、省、市、区（县）各级体育管理部门及时掌握其所辖单位、组织的安全状况，互联互通，进行数字化管理，预留与国家安全监控中心、与公安消防平台的接口（图5）。

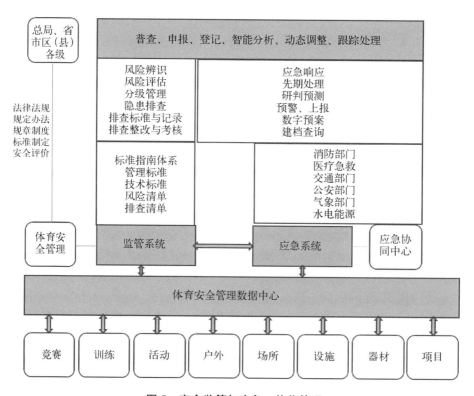

图5 安全监管与应急一体化管理

在该数据中心中可以建立信息资源库（空间数据、风险隐患数据等）、业务数据库（行政执法、许可管理、安全管理等级等）、安监信息库、体育安全知识库（标准、法规、指南、制度等）等。

建议建立体育安全管理标准体系，同时根据业务类型（如场馆、户外、赛事、训练、活动、教学、运动项目等）设计风险清单、风险分级清单、隐患排查清单等，并进行优化和退出等动态调整，如体育场馆重大安全风险清单、设备设施安全风险分级管控清单等。

建立体育安全管理标准体系，结合业务类型进行管理标准、工作流程标准和技术标准的制定：管理标准，如体育安全目标计划标准、安全检查标准、教育培训标准、预案标准等；工作流程标准，如许可管理工作流程、模拟演练工作流程、风险分级管控工作流程、物料管理工作流程、隐患排查工作流程、应急协调组织工作流程、调度物资工作流程、指挥疏导工作流程等；技术标准，如某器材设施维护检修标准等。

参考文献

[1] 刘跃进."安全"及其相关概念[J].江南社会学院学报,2000(3).
[2] De Noronha S V, Sharma S, Papadakis M, et al. Aetiology of sudden cardiac death in athletes in the United Kingdom: A pathological study[J]. Heart, 2009(17).
[3] Sweeting J, Semsarian C. Sudden cardiac death in athletes[J]. Heart Lung Circ, 2018(9).
[4] Bohm P, Scharhag J, Egger F, et al. Sports-related sudden cardiac arrest in Germany[J]. Can JCardiol, 2021(1).
[5] 张陵,刘苏.学校体育伤害事故的法律分析与预警干预机制[J].经济研究导刊,2013(6).
[6] 伍永生,王超群.企业安全管理工作评价方法的探讨[J].安全,2006(1).
[7] 张海波.应急管理的全过程均衡：一个新议题[J].中国行政管理,2020(3).
[8] 赵毅,曹田夫,徐坚.新《安全生产法》对体育赛事风险防控的影响[J].体育学刊,2022(5).
[9] 马成栋,吴秋萍,赵乾皓,等.广东地区运动相关性猝死的流行病学调查[J].法医学杂志,2022(2).
[10] 史林.浅谈规范化管理与安全生产[J].四川水利,2011(6).

[11] 中华人民共和国体育法.[EB/OL].(2022 - 06 - 24)[2022 - 11 - 12]. http://www.npc.gov.cn/npc/c30834/202206/ad515e98ae274e44b1cd2c02687db07f.shtml.

[12] 中华人民共和国安全生产法.[EB/OL].(2021 - 06 - 10)[2022 - 11 - 12]. http://www.mohrss.gov.cn/SYrlzyhshbzb/dongtaixinwen/shizhengyaowen/202205/t20220513_448176.html.

[13] GB/T 33000—2016《企业安全生产标准化基本规范》解读[J].机械工业标准化与质量,2020(3).

[14] 徐善雷,周军.水上交通安全双控预防机制优化分析[J].航海,2021(6).

上海社区体育社会组织规范发展路径研究

陈光普[*]

[摘　要]　进一步加强上海社区体育社会组织的规范发展,是进一步推进社区体育服务资源供求对接、提升社区体育服务质量的重要途径。近年来,上海市在推进社区体育社会组织规范发展方面有不少有效探索,并取得了不少成效。但与新时代上海体育治理的新要求和社区居民公共体育服务多样化、多层次、多方面的需求相比,上海社区体育社会组织的规范发展还存在总量与结构不能有效满足社区居民体育服务需求、对社区体育社会组织规范发展的监管有待进一步加强、社区体育社会组织自身发展缺乏自主性等短板,因此,需要进一步研究制定社区体育社会组织相关管理规范、加强社区体育社会组织服务与社区居民需求精准对接、健全对社区体育社会组织的考核评估机制、进一步加强对社区体育社会组织的监管和社区体育社会组织的自身建设。

[关键词]　社区体育社会组织;规范发展;供求对接;监管;自主性

社区体育社会组织是指经各区体育局同意、在民政部门注册登记、在社区提供专业体育服务和实施自律管理的非营利性体育社会团体和民办非企业单位。社区体育社会组织作为从事各种体育运动、健身活动的重要主体和组织平台,是政府职能转移的重要承接者,也是体育多元治理结构中的重要组成部分,在有效配置体育资源、助力全民健身发展、弘扬体育文化以及人民城市建

---

[*] 本文作者简介:陈光普,中共上海市金山区委党校基层党建研究室主任,上海市委党校特聘研究员,上海市习近平新时代中国特色社会主义思想研究中心研究员,博士研究生,研究方向:社会组织发展。

设中发挥着重要作用。近年来,上海社区体育社会组织稳定发展,已成为服务社区居民、参与体育社区治理的重要力量和社区体育公共服务的重要载体。上海是全国社区体育社会组织建设的领头羊,目前已逐步形成政府部门牵头、社会力量参与的多元化发展方向。近年来,上海市整合了各类社区体育服务资源,基本建立了社区与健身专业机构紧密合作的"实体化"社区体育服务新模式。近年来,上海市不断加强体育社会组织培育和发展,取得了一些成效。

一、上海社区体育社会组织培育发展的实践探索

"十三五"期间,上海市体育社会组织的发展取得了长足进步。从2012年12月开始,在上海市体育局的支持下,上海市体育总会主动强化和改进枢纽功能,采取给政策、给项目、搭平台、建机制等举措,对体育社会组织进行鼓励、引导与支持,积极地引领体育社会组织走向社会化、实体化、规范化、专业化和国际化。

(一)加强体育社会组织政策制度的规范引领

1. 制定"十四五"专项规划

为进一步提高上海市体育社会组织的基层治理能力,把握新时期体育社会组织"推广运动项目、服务会员群体、培养后备人才、传播体育文化、促进行业自律"的新职能定位,发挥体育社会组织在推进健康上海和全球著名体育城市建设进程中的独特作用,2021年上海市体育局根据《上海市体育发展"十四五"规划》《上海社会组织发展"十四五"规划》,编制了《上海市体育社会组织发展"十四五"规划》。

2. 加强培育发展的政策扶持

在财政资金扶持方面,2016年,上海市财政局、上海市体育局共同出台了《上海市促进体育发展财政专项资金管理办法》。2017年,上海率先在市财政专项资金中设立体育社会组织专项资金,并首次发布《体育类社会团体专项资金奖励意见》,于2018年至2020年期间每年发布,并逐步扩大专项资金奖励范围,涵盖了除基金会外的所有市级体育社会组织和区体育总会,确保了制度建设框架先行。制定出台《上海市体育社会组织专项资金文件汇编》,设置社会服务、人才培育、管理规范和优秀赛事等单项奖励,这些奖励在推广运动项目、服务会员群体、培养后备人才、传播体育文化、促进行业自律等方面起到了引领作用。在人才扶持方面,推行人才"沃土计划",举办专场招聘会、完善薪

酬体系、探索人才轮岗和晋升机制。在规范管理方面,根据上海市体育社会组织相关管理办法,围绕"人、财、物、组织、活动"等核心要素制定了涉及社团管理、换届工作、负责人任职、会费缴纳与使用、体总名称和标志使用、议事规则、涉外事项等方面的十多项管理办法,在全国率先开展市级体育社会组织财务审计和法定代表人述职,并将综合评价结果与年度检查、购买服务、专项奖励等工作挂钩,完成市级体育协会赛事活动标准化体系(试点);规范体育社会组织无形资产保护,成功注册上马图标及字样、上海国际大众体育节图标、上海城市业余联赛图标等五个项目商标,保障赛事品牌权益。

(二)加强社区体育社会组织转型发展

随着经济社会不断发展,社区居民的体育健身需求日益增长,且呈现个性化和多元化趋势,作为推动社区体育发展的基础,社区体育社会组织发挥了重要作用。社区体育健身俱乐部是社区体育社会组织的主要形式,上海已有171个街道(镇)建立了社区体育健身俱乐部,并提出到2025年将实现社区体育健身俱乐部全覆盖。

1. 依托数字化加强社区体育服务精准配送

群众需要在哪里,服务就延伸到哪里。社区体育服务配送是社区体育社会组织承接的政府公共体育服务项目,以社区居民为服务对象,以街镇社区为配送终端,为市民提供免费的健身技能培训、科学健身讲座等内容。通过数字化的"你点我送"形式,配送服务已经实现了供给侧和需求侧的精准对接。通过构建网络平台,不仅实现了社区体育社会组织工作的数字化和智能化转型,还提高了社区居民信息传递的效率和准确性,实现了社区体育公共服务的信息化管理。同时,配送内容在"上海社区体育"网站和同名微信平台上都有信息的更新和发布,社区居民可以随时随地进行查询,"足不出社区"就能享受到贴近社区生活、满足健身需求的体育健身讲座和体育技能指导服务。

2. 加强培育枢纽型体育社会组织

将部分具备一定管理职能的体育社会组织发展为体育管理体系中的各个枢纽节点,逐步构建起分类、分级、分层、自主、自律、自给的体育管理新格局。

二、上海社区体育社会组织规范发展中存在的短板

与新时代上海体育治理的新要求和社区居民公共体育服务多样化、多

层次、多方面需求相比,上海社区体育社会组织的规范发展还存在一些短板。

(一) 总量与结构不能有效满足社区居民体育服务需求

1. 在总量方面,现阶段社区体育社会组织总量偏少

目前上海社区体育健身俱乐部是社区体育中主要的社会组织形式,上海215个街镇中已有173个建立了社区体育俱乐部,覆盖率达到80%,黄浦、杨浦、宝山、长宁、徐汇、嘉定、青浦、崇明、金山、静安等区已经做到俱乐部全覆盖,但还有20%的街镇(主要集中在浦东、闵行、松江、虹口、普陀等区)未建立社区体育健身俱乐部,距离"到2025年要实现社区体育健身俱乐部全覆盖"的目标还有一定差距。截至2021年底,市区两级具有独立法人资格的体育社会组织共1400多家,每万名常住人口体育社会组织数量为0.6个;其中市级体育社会组织152家,区级体育社会组织约1300多家,群众身边的健身组织不断丰富。但与社区居民联系最为紧密、提供最直接服务的社区体育社会组织总量较少,且体育社会组织在各个区之间发展不平衡,中心城区相对较少,郊区相对较多,比如虹口区有29家、青浦区有86家。

2. 在结构方面,运动项目和覆盖人群分布不均

社区体育社会组织提供的服务内容、质量不能有效满足居民多样化、多层次的需求,运动项目和覆盖人群分布不均,部分社区体育社会组织运作不畅,自身发展能力有待提高,尤其是在规范化程度、资源配置、优质项目、专业化与职业化人才、社会公信力等方面都有所欠缺。

(二) 对社区体育社会组织规范发展的监管有待进一步加强

对社区体育社会组织的监管缺乏一定力度和深度,导致承接政府职能转移和购买服务困难,发展质量暂时无法满足基层社会治理需求和人民群众多样化体育服务需求。

1. 思想认识有一定偏差

一些街镇的社区体育社会组织规范化建设还没有得到街镇党(工)委应有的重视,街镇分管工作部门仍习惯于行政管理方式,加强指导服务不够,把社区社会组织当作下属部门,不重视社区社会组织的独立性。

2. 缺乏培育主体平台

社区体育社会组织具有层次性、多样性和成长性的特点,这决定了社区体

育社会组织需要一个整合性、扶持性的培育主体平台。调研发现，当前政府在培育社区体育社会组织的实践中易出现培育主体的官僚化和政府规模的扩张，社区居委会由于其自身结构和功能定位，无法成为社区体育社会组织培育的有效主体，有必要在体制外建构社区体育社会组织培育的专门性平台。当前，还缺乏这样一个具有整合性和扶持性的培育主体平台。

3. 缺乏对社区体育社会组织的分类治理

调研发现，当前上海市对社区体育社会组织的管理主要参照社会组织的管理办法和实施意见，没有专门针对社区体育社会组织的相关管理制度和文件。同时，对社区体育俱乐部、体育协会、体育基金会等不同类型的社区体育社会组织缺乏有针对性、分类的管理措施和办法，不能有效提高各类社区体育社会组织参与社区体育服务供给的积极性和实效性。

4. 社区体育社会组织参与社区体育服务供给的机制渠道较窄

需要政府进一步明确权责，充分向社区体育社会组织转移职能，制定明确的社区公共体育服务购买计划，全方位激发社区体育社会组织活力，充分发挥社区体育社会组织在为人民群众提供高质量体育服务中的独特优势。

（三）社区体育社会组织自身发展缺乏自主性

由于当前社区体育社会组织的培育主体仍以政府为主，社区体育社会组织的发展具有高度的外部依存性和资源依赖性，对政府和社区居委会的依赖度较高，自治功能不强，缺乏自主性。主要表现为：对自身属性和功能定位不明确、内部管理规范不够、社会公信力与影响力不足、专业化能力与竞争力不强。同时，一些社区体育社会组织的账户不独立，无资金收入或资金收入低，无专职工作人员，社区体育社会组织与文体中心是"两块牌子一套班子"等情况，社区体育社会组织未实体化运行。

三、进一步加强上海社区体育社会组织规范发展的对策建议

推进社区体育社会组织规范发展是一项长期性、系统性工作，是全面提高社区体育社会组织整体质量和能力水平的重要举措。针对以上对上海社区体育社会组织规范发展存在的短板分析，借鉴国内外相关先进经验，本课题提出以下对策建议。

(一)研究制定社区体育社会组织相关管理规范

建议市级层面在《上海市体育社会组织发展"十四五"规划》的基础上进一步研究制定出台《加强上海市社区体育社会组织规范发展指导意见》,区级政府结合本区特点和实际情况,制定出台各区"社区社会体育组织规范发展实施意见"。

将培育发展社区体育社会组织列为市委市政府、区委区政府重点推进工作。明确社区体育社会组织培育发展的目标、相关部门职责任务;在组织架构上,可以考虑成立社区社会体育组织综合党委,加强对规范发展社区体育社会组织的综合协调推进;进一步简化登记程序,明确培育发展重点,促进社区体育社会组织参与社区治理能力提升。建构一个具有整合性、扶持性的社区体育社会组织培育主体平台。探索建立社区体育社会组织从业人员薪酬体系。加强政府适度监管,进一步提高社区体育社会组织发展的自主性,增强社区体育社会组织自治功能。同时,把弥补数量缺口作为短期内主要任务,并进一步提升社区体育社会组织服务能力和竞争力,更加精准满足社区居民公共体育服务需求。

社区体育社会组织规范发展,主要包括基础建设、组织建设、制度建设、能力建设、信息化建设、党建等六大方面。

1. 规范基础建设

(1)组织机构依法登记。社区体育社会组织要在办公场所悬挂社会组织机构标识牌和社会组织登记证书。

(2)社区体育社会组织有与所从事业务范围相适应的体育场所和条件。

(3)办公场所相对固定。满足社区体育社会组织基本工作需要,配备必要的办公设施、设备。

(4)配备与社区体育社会组织规模、业务范围、和业务量相一致的专兼职工作人员以及财务人员。

(5)财务经费单独核算。社区体育社会组织要按照国家法律、法规和政策,在规定允许的范围内,根据登记管理机关核准的社会组织章程开展活动。收入要合法、支出要规范。严禁利用社会组织账户资金为行政、事业单位职工搞福利、报销等费用支出。不属于社会组织的经济往来,不得在社会组织的银行账户里办理结算。任何单位或个人不得侵占、私分或挪用社会组织的资产。

(6)财务账户独立。社区体育社会组织要在银行设立独立的账户,并严格按照银行有关规定和《民间非营利组织会计制度》进行规范管理。

2. 规范组织建设

(1) 定期召开社区体育社会组织会议。根据社会组织章程,社区体育社会组织要规范会员大会(或会员代表大会)、理事会、工作例会等各项会议制度,定期研究推进工作,发挥民主集中制,工作上通下达、有章可循。

(2) 社区体育社会组织法定代表人符合规定。社区体育社会组织的社会团体法定代表人必须在社会团体章程中明确,并应具备完全民事行为能力,未曾受到剥夺政治权利的刑事处罚。

(3) 社区体育社会组织机构负责人符合规定。社区体育社会组织的社会团体主席、副主席、秘书长(会长、副会长)等领导职务人员,应身体健康,能够坚持正常工作,年龄一般不超过70周岁,任职期限不得超过两届。社会团体负责人一般由该项目领域中具有一定影响力的人担任,也可由区体育局根据社会团体实际情况推荐候选人。

(4) 严格规范领导干部兼职。社区体育社会组织要严格执行组织部门有关规定,坚持"先批后选"的原则,规范领导干部在社会组织兼职。确因工作需要必须兼职的,应严格按干部管理权限进行报批。

(5) 规范社区体育社会组织章程。社区体育社会组织章程应符合区民政局《章程示范文本》的要求,载明社区体育社会组织必须遵循的规定和开展业务的活动范围。未经核准的章程,不作为社会组织开展活动的依据。

(6) 规范社区体育社会组织的社会团体换届选举。社区体育社会组织应依照章程规定按期进行换届。凡因特殊情况需提前或延期换届的,应事先以书面形式报业务主管单位审查,并经登记管理机关批准同意,但延期换届最长时间不超过1年。社会团体换届大会前,应向业务主管部门提交相关申请材料,经审查后批复方可进行换届。

(7) 规范社区体育社会组织事项办理。社区体育社会组织名称、业务范围、业务主管单位、住所、原始资金、负责人、章程等重要事项变更,社会组织证书有效期延续,以及社会组织申请注销登记,应按照业务主管单位对社会组织事项办理的要求提前上报相关申请材料,经业务主管单位审查同意后,再向区民政局申请办理事项变更、证书有效期延续或注销手续。

(8) 依法设立分支机构。社区体育社会组织设立分支机构必须符合法定程序,应经业务主管单位审查同意,报经登记管理机关批准登记。设立分支机构、办事机构不具备法人资格,其分支机构不得再设立分支机构。民办非企业单位不得设立分支机构。

3. 规范制度建设

(1) 管理工作制度完善。社区体育社会组织重大活动报告、信息披露、廉政建设、会议制度、会员管理、岗位管理、文件签发、档案管理、证章管理等制度完善。

(2) 财务管理制度健全。社区体育社会组织要严格按照《民间非营利会计制度》，建立和完善内部财务管理制度，依法合理筹集、管理和使用资金。要严格执行社会团体会费标准收取办法。除会费以外，其他收费不得使用社会团体会费收据。

(3) 重大事项报告备案制度建立。社区体育社会组织举行成立登记、换届选举、变更登记、注销登记、学术研讨、设立机构、党组织建设、举办赛事活动、涉外活动等重大事项的，除按有关规定报批外，要在活动前主动向业务主管单位和登记管理机关书面报告活动时间、地点、议程安排等有关事项。

4. 规范能力建设

(1) 有工作规划。社区体育社会组织应结合自身发展实际，按照要求制定发展规划，制订年度竞赛、活动、培训、交流等工作计划。每年工作有总结、有计划、有步骤地开展工作。

(2) 重视服务功能。社区体育社会组织要从服务社会经济发展、服务体育事业发展大局出发，把提升发展能力、增强服务功能作为第一要务，不断拓展服务范围、内容、方式，积极参与社会管理和公共服务。第一，坚持"培养与使用相结合"的思路，建立健全体育人才选拔、培训、输送机制，积极培养体育策划、管理、教练、裁判和社会体育指导员等体育行业骨干人才，服务群众健身；第二，充分发挥社区体育社会组织在体育运动方面的专业性、权威性，开展技能培训、健身讲座、运动项目普及等科学指导活动；第三，积极发挥自身优势，以打造各具特色的品牌赛事为抓手，带动各类体育项目的全面发展，形成"一协会一品牌""一俱乐部一品牌"；第四，加强合作交流，坚持"请进来、走出去"的工作思路，积极引进优质赛事资源，培育品牌赛事。

(3) 注重社会诚信度。社区体育社会组织要不断增强公益意识，广泛开展社会公益服务活动，树立公益形象，不断提高社会影响力和诚信度。要积极引导会员开展诚信活动，提高社会组织整体的社会诚信度。

(4) 依法参加年检。社会组织要按照民政部门的相关规定，根据登记管理机关对年检工作提出的各项要求，于每年3月底前完成年检填报工作，经业务主管部门初审后报登记管理机关办理年检。

5. 规范信息化建设

（1）主动做好信息化工作。信息化建设是实现社区体育社会组织工作决策、开展业务工作科学化、管理规范化、服务现代化的重要保证，也是对外宣传社会组织的重要途径。要注重社区体育社会组织信息化建设，积极弘扬社会主义核心价值观，弘扬体育文化，传播体育正能量，规范信息发布流程，制定应急预案，及时有效地做好舆情防范、处置和上报工作。

（2）主动接受社会监督。社区体育社会组织制定的各类行业规则、相关收费性质的培训指导服务等，应符合相关规定，并向社会公布。不得通过制定行业规则妨碍相关体育活动，损害群众和其他社会组织的合法权益。坚决防范乱收费行为，严禁巧立名目乱收费，防止只收费不服务、只收费不管理等现象。

6. 规范党的建设

（1）党组织全覆盖。社区体育社会组织工作人员有三名以上正式党员的，就要建立党支部。正式党员不足三人的，可本着"业务相近、地域相邻"的原则，就近与同一业务指导单位的其他社区社会组织建立联合党支部，并指定一名党员担任党建工作联络员或由上级党组织选派党建工作指导员，实现党组织在社区体育社会组织中的全覆盖。

（2）工作全覆盖。社区体育社会组织要落实党务工作人员、经费保障等政策措施，为工作开展创造条件，确保工作运行顺畅。要建立完善会议、学习、党费缴纳和管理等制度。定期开展党员活动，做好会议和活动记录，推进社区体育社会组织党建工作的制度化、规范化。

（3）加强党员队伍建设。注重在社区体育社会组织负责人、管理层和业务骨干中培养和发展党员。要有计划地组织党员进行集中学习，要结合实际，配合做好上级党组织交办的各项工作任务。

（二）加强社区体育社会组织服务与社区居民需求精准对接

1. 制定社区体育服务供求菜单

市级层面要做好顶层设计，引导社区体育社会组织服务项目向"专业化、精细化、差异化"转型升级，实现社区公共体育服务项目由"政府配餐"向"居民点菜"转变，因地因时制宜，动态调整，解决社区体育社会组织参与社区治理中的结构性失衡问题，提供更加人性化、专业化、多样化的治理服务。以满足社区居民多样化体育需求为出发点,把握国际体育项目发展趋势,结合上海全民健身和竞技体育重点项目布局,鼓励体育社区体育社会组织发展多样化项目,积极培育针对儿童、青少年、妇女、老年人等不同人群的体育社会组织,实现各类群体的社区体育社会组织全覆盖。

2. 借鉴"互联网+"思维,提升社区体育社会组织智慧服务水平

建议由上海市体育局牵头,上海市社工委、市民政局、市财政局、市文化局等部门协同配合,通过借鉴"互联网+"思维,建立"社区体育社会组织服务对接信息平台(数据库)",由各社区(居民区)提供各自个性化"社区体育服务需求菜单"。社区居民的体育服务需求可以通过信息平台实现与社区体育社会组织服务供给的自由对接联系,从而实现社区体育服务供求对接的精准化和信息化。建立社区体育社会组织线上服务渠道。积极引导各社区体育社会组织建立健全线上平台,在组织日常运营、公共体育服务供给方面形成对线下模式的常态化补充。依托互联网产品,如直播、短视频、互联网应用程序等不断丰富线上体育服务,加快社区体育社会组织服务渠道与模式的拓展。

(三)建立综合评估标准,健全考核评估机制

1. 建立社区体育社会组织综合评估制度

建议基于当前上海市社会组织管理部门评估方式,联合第三方专业团队制定专门针对社区体育社会组织的评估标准和评估机制,制定针对社区体育社会组织规范程度和业务水平的综合评估方案。建议市级层面制定出台社区体育社会组织考核评估办法,各区根据本地实际情况细化考核评估办法,街镇层面可以针对各个社区体育社会组织建立管理档案,通过引入第三方评估机构,定期组织开展社区体育社会组织培育发展工作评估和效果考核,把评估、考核结果及时反馈到区级层面,评估结果将与今后政府购买服务、准入社区体育服务供给领域并继续享受财政资金支持相挂钩,及时清理不合格、不符合相关政策规定的社区社会组织,并将其退出社区体育服务供给。

2. 完善社区体育社会组织评估联动机制

形成财政、税务、审计、金融等多部门的监督合力,评估社区体育社会组织在内部治理、财务公开、税收优惠等方面的执行情况,评估结果纳入社区体育社会组织奖惩依据。开展存量组织评估,对社区体育社会组织的资质、信用、场地、赛事、服务等状况开展综合评价,提高社区体育社会组织发展的整体质量。同时,对社区体育社会组织的评估制度,需包括专业指导人员培训及考核

方面工作开展情况。

3. 建立对社区体育社会组织评估的社会监督机制

（1）鼓励社会公众监督社区体育社会组织评估活动。根据国外经验，社会公众的参与及评价是评估监督信息的重要源头。因此要大力鼓励社会公众积极参与社区体育社会组织评估活动的监督，一旦发现评估机构、社区体育社会组织或者相关行政工作人员在评估工作中存在权钱交易、弄虚作假、不作为等现象，应及时向应主管部门及相关纪律管理组织进行举报。同时，相对的，政府也要加快建立畅通而高效的监督参与渠道，如设置专门的监督机构，开通举报电话、举报信箱等；而相关部门对于这些意见应当及时审查、积极反馈，从而提升社会公众参与社区社会组织评估监督的满意度和综合效能。

（2）充分发挥新闻媒体的监督作用。各类新闻媒体在对社区社会组织评估监督中发挥着不可替代的作用。新闻媒体的监督群体广泛、监督效果反应迅速、影响范围较大，无论是对于评估机构、相关行政人员，还是对于社区体育社会组织的声誉都影响极大。因此，虽然新闻报道本身并不具有法律效力，但对保障和促进社区体育社会组织评估活动的合规、合法却具有广泛而有力的作用。为此，应充分发挥新闻媒体"政府镜鉴，人民喉舌"的作用，对社区体育社会组织评估活动进行实时跟踪和监督，并及时向公众发布评估工作的相关信息，保障评估各环节在群众的监督之下运作，从而构建良好的评估生态，推动社区体育社会组织评估工作的有序开展。

（四）加大扶持，进一步加强对社区体育社会组织的监管

1. 建立健全专项基金管理制度

对社区体育社会组织使用专项基金的活动实施全过程监管，对专项基金人员实施严格管理。加强对专项基金的监督检查，进一步推进专项基金健康有序发展。增加重点行业、重点领域的单项运动项目基金会，为运动项目的快速发展提供资金保障。同时，在分配财政补贴资金方面，建议区级政府进一步采取鲜明的导向政策，重点向引入社区体育社会组织工作成效明显的社区体育社会组织和体育服务项目倾斜，加大支持力度。同时，各区要进一步加强对社区体育社会组织服务项目的宣传，通过财政专项资金扶持，引导社区体育社会组织加强品牌建设，提高品牌的社会知晓度。

2. 建立社区体育社会组织分类目录管理制度

结合上海市社区体育服务需求和社区体育社会组织发展实际情况，对社

区体育社会组织培育发展制定分类目录管理制度。对社区体育俱乐部、体育协会、体育基金会等不同类型的社区体育社会组织制定相应的管理章程,健全组织机构,完善运行机制,加强组织人员、重大活动、收费标准等信息公开,自觉接受社区居民监督。对不同类型社区体育社会组织登记实行分类管理、分类指导。

3. 加快社区体育社会组织孵化培育

借助市、区、街镇的社会组织孵化基地和社会组织服务中心搭建孵化平台,为社区体育社会组织提供政策、资金、项目、第三方服务等"四位一体"综合服务,打造赛事活动和社区体育社会组织产业化经济链,强化社区体育社会组织的"造血"能力,推动社区体育社会组织的实体化发展。鼓励各社区体育社会团体积极采集信息,建立分级分类名录,明确服务项目和支持举措,向社会体育俱乐部提供信息发布渠道和便捷高效的服务。

(五)加强社区体育社会组织自身建设

1. 落实社区体育社会组织主体职责

(1) 对于各类社区体育社会组织来说,要按照前文提出的"社区体育社会组织规范化建设"的六个方面主要内容认真对照检查,有针对性地逐条进行规范和完善,彻底解决社区体育社会组织建设中存在的不规范问题。要不定期地开展社区体育社会组织规范化建设检查和评估工作。

(2) 对于各区体育局来说,一方面,要发挥党的政治引领作用,重点培育枢纽型体育社会组织,发挥枢纽型党组织统筹、管理、服务社区社会组织的功能,同时积极整合党建资源,创新党建工作载体,强化社区体育社会组织党建阵地建设,以枢纽型体育社会组织为抓手,推动社区社会组织党建的有效开展。另一方面,要将社区体育社会组织规范化建设作为加强监督管理的长期性工作,并将社区体育社会组织规范化建设内容作为年度年检工作的重要考评内容,作为承接政府购买服务的重要参考指标;对不按规范化建设内容开展活动的社区体育社会组织,在年检结论中不给予年检合格,责令限期整改,并不予承接服务的资格准入。

2. 加强社区体育社会组织内部建设

加强社区体育社会组织内部治理,完善社区体育社会组织重大事项议事规则、资金管理办法、收入支出管理办法、资产管理办法、合同管理办法等内部管理制度,及时对制度进行补充修订。

（1）建立行业自律监督体系。建立行业间的相互监督，对于社区体育社会组织及其评估而言，因体育行业的专业性和特殊性，只有行业共同体，即同一领域的专家和学者，才能更好地理解评估规律及其价值。通过更加专业的同行监督，可使得评估权力的行使更加规范和严谨。

（2）建立社区体育社会组织评估行业诚信体系。评估者和被评社区体育社会组织在评估过程中，一旦遭到投诉或出现违规行为，就将被记录和发布到监管网站上，任何一个利益相关者都可以查询了解。毫无疑问，这将直接影响到社区体育社会组织评估者个人的职业发展、评估机构的信誉以及被评组织的公信力。

3. 完善社区体育社会组织服务配送流程

一是街镇（社区体育配送需求方）提交配送订单；二是社区体育社会组织核对并批准街镇需求；三是社区体育社会组织根据需求联系配送教师；四是社区体育社会组织与街镇联系匹配授课时间及内容，匹配成功，社区体育社会组织发送确认单给教师，并在配送系统内提交教师联系方式，若匹配不成功，协会另外安排配送教师；五是街镇查看教师信息、教案，招募参与者，安排场地；六是配送教师与街镇主动联系对接具体需求；七是社区体育社会组织利用微信公众号等平台发布"配送一周一览"，向社区居民公布下一周配送信息。

编 后 语

党的二十大胜利召开,科学谋划了未来五年乃至更长时期党和国家事业发展的目标任务和大政方针,进一步指明了党和国家事业的前进方向,也对体育工作提出新的更高的要求。上海体育系统认真贯彻落实党的二十大精神和习近平总书记关于体育工作的重要论述,聚焦办人民满意的体育,积极统筹疫情防控和各项事业发展,努力发挥体育在促进市民健康、助力经济发展、彰显城市精神、推动国际交流等方面的功能,在全民健身、竞技体育、体育产业和体育文化建设等领域取得了新进展。

2022年,上海体育决策咨询研究工作在有限的时间内取得了丰硕的成果,共收到申报课题114项,经组织专家评审,给予立项22项。本年度课题研究更加注重成果的政策参考价值和体育领域政策研究学者的沟通交流,经评审顺利结题20项,共评出6项优秀课题、14项合格课题,现将研究成果汇编出版。

本书的顺利出版离不开有关各方的参与和支持。课题评审专家、体育决策咨询研究工作者以及上海大学出版社等各界人士对本书出版给予很大支持,我们对此表示衷心感谢!

本书汇编课题有关文字内容、观点由作者负责。按照有关课题的规范化要求,我们对部分课题的内容和文字做了适当调整和编辑。由于编辑水平有限,本书难免存在疏漏之处,敬请批评指正。

编 者

2023年6月